PAGE 46 SUR LA ROUTE

RÉGIONS, VILLES, VILLAGES
Visites, activités et bonnes adresses

Hébergement p. 200

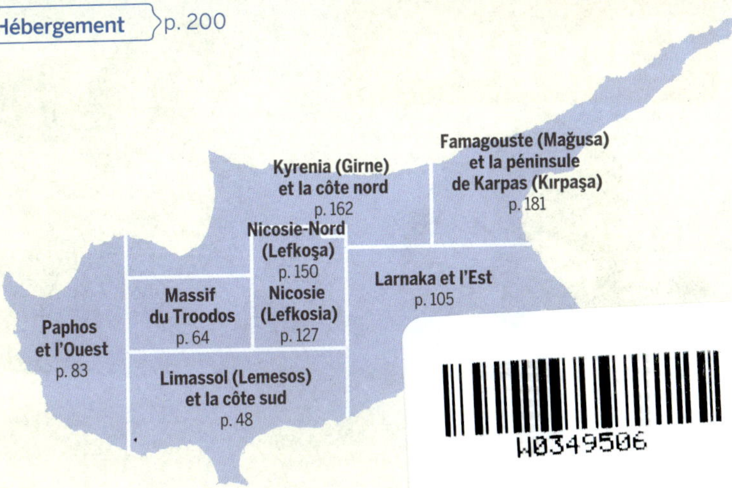

PAGE 249 CHYPRE PRATIQUE

TOUT POUR S'ORGANISER
Liaisons aériennes, location de voiture, organismes à connaître

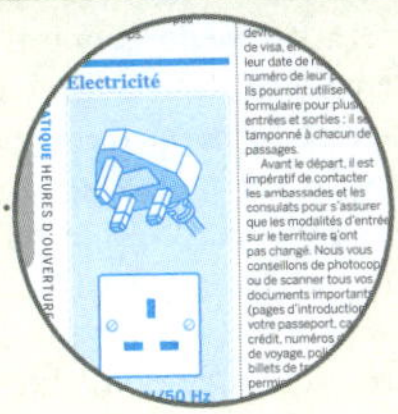

ÉDITION ÉCRITE ET ACTUALISÉE PAR

Josephine Quintero,
Matthew Charles

Bienvenue à Chypre

La Ligne verte

Il est relativement facile aujourd'hui de partir à la rencontre des cultures grecque et turque, intrinsèquement différentes, qui composent la Chypre moderne. À ce jour, il existe sept points de passage reliant les parties grecque et turque de l'île, notamment deux checkpoints piétons à Nicosie. En théorie, les touristes sont autorisés à franchir la ligne de partition et à séjourner jusqu'à trois mois de l'autre côté, bien qu'il soit encore interdit d'entrer à Chypre d'un côté et d'en repartir de l'autre.

Sport et activités

Avec ses paysages somptueux et son climat essentiellement tempéré, Chypre se vit au grand air. Les plages, qu'elles soient sauvages et balayées par le vent ou familiales et très fréquentées, offrent toutes sortes de sports aquatiques, de la plongée à la planche à voile et au kitesurf. Lassé de tant de bleu ? Direction l'intérieur des terres où des montagnes couvertes de pins, de vastes vallées et de denses vignobles plantent un décor propice à une foule d'activités, de la randonnée au cyclisme en passant par la visite de caves viticoles, ou le ski en hiver.

Un parfum d'histoire

Les sites historiques, les ruines romaines, les musées et les rues poussiéreuses de Chypre racontent son passé tumultueux. Partout l'histoire est à portée de main,

MOX/IMAGEBROKER ©

Chypre, c'est une identité divisée, un peuple passionné, une culture, des paysages et un style de vie captivants et pleins de surprises.

À gauche : Petra tou Romiou (plage et rocher d'Aphrodite), Paphos
Ci-dessous : mezze chypriote

ROBERT JOHN/ALAMY ©

comme à Paphos, où l'un des principaux sites archéologiques de l'île s'étend à deux pas d'une résidence hôtelière pour touristes. En fouillant son passé, l'île a mis au jour d'incroyables vestiges, notamment des foyers néolithiques, des tombeaux phéniciens et de l'âge du bronze, et de superbes mosaïques romaines. Quand vous flânerez dans ses rues, votre regard sera accroché par des remparts vénitiens, des châteaux et des églises byzantines, des monastères romains ou encore des mosquées islamiques.

Un feu d'artifice culinaire

Comment résister au mezze ? Rien de tel que sa farandole de mets (houmous crémeux, saucisses épicées au barbecue...) pour titiller vos papilles gustatives. Bien que largement influencée par les cuisines turque, grecque et orientale, la nourriture chypriote a également ses spécialités, comme le fromage *halloumi*. Les kebabs sont un véritable régal, grésillants et savoureux à souhait, que vous optiez pour un accompagnement au piment rouge ou pour de simples oignons au poivre. Feuilles de vigne farcies, ragoût d'agneau, moussaka, jus de fruits frais : vous n'aurez que l'embarras du choix. Et les desserts – ah, les desserts ! – à l'amande, à l'eau de rose ou à la pistache, le riz au lait onctueux, le baklava... Cela va sans dire, vous ne pourrez pas goûter à ces délices sans faire preuve de discernement : fuyez les restaurants dont les photos passées vantent une cuisine internationale.

› Chypre

Vers Alanya (Turquie ; 150 km)
Vers Taşucu (Turquie ; 60 km)
MER MÉDITERRANÉE
Kyrenia
Promenez-vous sur le ravissant vieux port de Kyrenia (p. 103)
Château de Saint-Hilarion
Visitez un château en ruines enchanteur (p. 1 72)
Massif du Troodos
Faites le plein de grand air et de nature (p. 64)
Omodos
Parcourez les vignobles des environs (p. 76)
Lara Beach
Foulez le sable d'une plage sauvage (p. 94)
Paphos
Découvrez les incroyables mosaïques de ce site antique passionnant (p. 85)
Petra tou Romiou
Détendez-vous sur une plage mythique (p. 60)
Vouni
Laissez-vous attendrir par de vieux canassons au sanctuaire des ânes (p. 60)
33°E
35°N
Koruçam Burnu (cap de Kormakitis)
Lapithos (Lapta)
KYRENIA (Girne)
Geçitköy (Panagra)
PÉNINSULE DE KORMAKITIS (KORUÇAM)
Château de Saint-Hilarion
Bellapaïs (Beylerbeyi)
MASSIF DE PENTADACTYLOS (BEŞPARMAK)
Zone tampon de l'ONU
Baie de Morfou
MORFOU (Güzelyurt)
Yilmazköy (Skylloura)
NICOSIE-NORD/ NICOSIE
Checkpoint d'Agios Dometios
Kokkina (Erenköy)
Pomos
Site de Vouni
Yeşilirmak (Limnitis)
Site de Soloi
Checkpoint de Zodhia
Peristerona
Orounda
Cap d'Arnaoutis
Baie de Chrysochou
PÉNINSULE D'AKAMAS
TYLLIRIA
FORÊT DE PAPHOS
MARATHASSA
SOLEA
FORÊT D'ADELFI
MÉSORÉE
Site de Tamassos
Monastère d'Agios Irakleidios
Latsi
Polis
Neo Horio
HAUTEURS D'AKAMAS
Mt Tripylos (1 362 m)
VALLÉE DES CÈDRES
Monastère de Kykkos
Kakopetria
MASSIF DU TROODOS
Stavros tou Agiasmati
PITSILIA
FORÊT DE MACHAIRAS
Terra Kritou
Lara Beach
Ano Arodes
Mt Olympe (1 952 m)
Troodos
Makria Kontarka (1 680 m)
Monastère de Trooditissa
Monastère de Machairas
Pano Lefkara
Kato Lefkara
Mt Kionia (1 423 m)
Mt Papoutsa (1 554 m)
RÉPUBLIQUE DE CHYPRE
Vouni
Omodos
Choirokoitia
Baie de Corail
PAPHOS
Aéroport international de Paphos
Sanctuaire d'Apollon Hylatès (Ylatis)
Kouklia
Zygi
LIMASSOL (Lemesos)
Episkopi
Château de Kolossi
Petra tou Romiou (plage et rocher d'Aphrodite)
Site de Kourion
Cap Aspro
Baie d'Episkopi
Akrotiri
Lac salé
PÉNINSULE D'AKROTIRI
Baie d'Akrotiri
Base souveraine britannique d'Akrotiri
(route des bateaux de croisière uniquement)
(route des bateaux de croisière uniquement)
Vers Rhodes (Grèce ; 400 km) et Le Pirée (Grèce ; 800 km)

Nicosie-Nord (Lefkoşa)
Flânez le long des remparts de la vieille ville (p. 150)

Nicosie (Lefkosia)
Profitez des bienfaits d'un hammam (p. 127)

Choirokoitia
Visitez un site néolithique admirablement bien préservé (p. 117)

Massif du Troodos
Admirez de sublimes fresques médiévales (p. 71)

Limassol (Lemessos)
Dégustez d'étonnants crus locaux au musée du Vin de Chypre (p. 51)

Site antique de Kourion
Explorez ce spectaculaire site archéologique avant les foules (p. 61)

DISTANCES ROUTIÈRES (km)

Remarque : les distances sont approximatives

	Kyrenia	Famagouste	Agia Napa	Nicosie	Larnaka	Limassol
Famagouste	76					
Agia Napa	97	22				
Nicosie	26	61	80			
Larnaka	71	43	41	44		
Limassol	93	124	107	82	66	
Pafos	128	179	175	150	134	68

22 FAÇONS DE VOIR CHYPRE

Vieux port de Kyrenia

1 Avec la silhouette romantique de la montagne en toile de fond, le vieux port de Kyrenia (p. 162) vit au rythme tranquille de la vie moderne à Chypre-Nord. Les charmants édifices et les anciens entrepôts qui le jalonnent étaient autrefois pleins à craquer de graines de caroube, l'or noir chypriote. Aujourd'hui, les entrepôts sont devenus des cafés et des restaurants branchés où l'on se plaît à siroter un café ou à fumer le narguilé, en contemplant les goélettes turques – ces bateaux traditionnels en bois –, amarrées au pied du château.

Site archéologique de Paphos

2 C'est dans la ville touristique de Paphos, sur la côte sud, que se trouve l'un des sites archéologiques les plus impressionnants de l'île. Très étendu (pensez à prendre un chapeau en été), le site de la ville antique (p. 83) date de la fin du IVe siècle avant notre ère, et ce que l'on peut en voir aujourd'hui ne serait qu'une petite partie des vestiges encore enfouis. Ne manquez pas les mosaïques romaines aux motifs complexes et colorés, situées au cœur du site d'origine et mises au jour en 1962 par un agriculteur qui labourait son champ.

1

STF/IMAGEBROKER ©

2

OLIVER STREWE/LONELY PLANET IMAGES ©

Merveilleux mezze

3 Tradition conviviale autant que délicieuse, le mezze est un arc-en-ciel inoubliable de saveurs, composé généralement de quelque 30 plats différents. Les grands classiques : houmous, tzatziki, *taramasalata* et légumes marinés à l'ail, au citron et à l'huile d'olive ouvrent le bal, suivis d'une pléiade de plats traditionnels de poisson et de viande, tels que les *calamari* et les *sheftalia* (crépinettes de porc et d'agneau). Tous ces petits plats finissent par faire un gros repas, alors allez-y *siga, siga* (doucement).

Randonnée dans le massif du Troodos

4 Ces montagnes recouvertes de forêts de pins regorgent de chutes d'eau, rochers à pic et ruisseaux bouillonnants, et abritent une faune, une flore et une géologie d'une grande richesse. Depuis le mont Olympe, point culminant du massif à 1 952 m d'altitude, le panorama spectaculaire balaye toute la côte sud, et l'air frais que l'on respire à pleins poumons est un délice en été. Randonneurs, campeurs, amateurs de fleurs ou d'oiseaux seront tous fascinés par les crêtes, pics et vallées qui composent cette région, sillonnée par les sentiers les plus riches et les plus sauvages de l'île (p. 65).

CHRIS CHRISTO/LONELY PLANET IMAGES ©

MOX/IMAGEBROKER ©

Vieille ville de Nicosie-Nord

5 Franchir la Ligne verte à Nicosie (Lefkosia) pour rejoindre Nicosie-Nord (Lefkoşa ; p. 148), la partie turque de la ville, est une véritable expérience. De ce côté, l'élégante Ledra Street de la république de Chypre se prolonge en un dédale où des petites boutiques vieillottes vendant des jeans délavés et des T-shirts à fanfreluches côtoient des stands de brochettes, des cafés et des étals de douceurs surmontés de pyramides de halva frais. Visitez l'extraordinaire mosquée, le paisible hammam ou l'un des nombreux musées, ou bien contentez-vous d'arpenter les rues jusqu'au soir, lorsque la silhouette du croissant des minarets se détache sur le ciel étoilé.

Villages viticoles des environs d'Omodos

6 Extrêmement étendu, le vignoble des *krasohoria* (villages viticoles ; p. 76) recouvre toutes les vallées autour d'Omodos. Visiter cette région, où l'on dit que tous les habitants étaient naguère vignerons, nécessite discipline et modération, tant les prétextes à déguster du vin sont nombreux. Aujourd'hui, on compte plus de 50 exploitations, réparties autour de six ou sept villages traditionnels, et qui offrent un grand choix de crus et de cépages. Les vins locaux les plus prisés sont issus des cépages mavro (fruit rouge foncé) et xynisteri (raisin blanc), aux côtés de dix autres variétés.

Lara Beach

7 Les hauteurs d'Akamas sont une région encore très sauvage, et l'accès à la plage de Lara (Lara Beach ; p. 94) se fait par une route cahoteuse traversant une garrigue désertique, teintée d'ocre foncé et émaillée de genêts, de pins et de fleurs sauvages. Bordée de pierres calcaires, cette plage de sable doux et fin, baignée d'une mer chaude et calme, est considérée comme la plus belle de la république de Chypre et demeure heureusement encore épargnée par le tourisme de masse. Prenez garde où vous posez les pieds : c'est un lieu de ponte des tortues. L'endroit est magique au coucher du soleil.

Séance détente au hammam

8 Les bains turcs du Hammam Omeriye (p. 136), au cœur de la vieille ville de Nicosie (Lefkosia), sont un véritable havre de paix. Datant du XVIe siècle, ils ont été rénovés avec goût en 2004, dans le cadre du projet Nicosia Master Plan. Dans un décor de marbre, encens et chandelles, l'Omeriye vous propose massages et autres soins aux huiles essentielles, à la boue et aux pierres chaudes. Il y a des horaires réservés pour les hommes et pour les femmes, ainsi que pour les couples.

7

ROS DRINKWATER/ALAMY ©

PICTURESTORY/ALAMY ©

NPR/IMAGEBROKER ©

Sensations fortes à fleur d'eau

9 Imaginez-vous en train de glisser à la surface de l'eau, comme si vous voliez, sans aucun obstacle à l'horizon hormis le bleu étincelant de la mer (p. 27). La côte est de l'île, avec ses innombrables plages de sable fin, criques et baies, offre tous les types de vents et de vagues dont les amateurs de sports nautiques pourraient rêver. Et lorsque vous aurez apprivoisé le souffle d'Éole, pourquoi ne pas essayer le kitesurf pour vraiment décoller ?

Plongée sous-marine

10 Avec ses eaux tièdes et limpides abritant une riche faune aquatique, des grottes sous-marines, des récifs et des hauts-fonds, l'île est un paradis pour les plongeurs. Si toutefois cela ne vous suffisait pas, elle compte en outre, grâce à l'envasement de ruines et d'anciens ports peu profonds – fatals aux mauvais navigateurs – de multiples épaves à explorer (voir p. 25), dont la plus célèbre est le *Zenobia*, qui sombra au large de la baie de Larnaka en 1980 et compte aujourd'hui parmi les dix épaves les plus célèbres au monde.

Musée du Vin de Chypre

11 Visiter les vignobles de l'île est de plus en plus intéressant à mesure que la viticulture chypriote se développe et s'améliore. Le musée du Vin de Chypre (Cyprus Wine Museum ; p. 51) permet de s'initier à l'histoire et aux techniques de la viticulture locale, et bien sûr de goûter aux principaux vins du pays. Plusieurs options de visites sont proposées, selon le nombre de dégustations souhaité. La courte présentation audiovisuelle et l'exposition du musée retracent le développement du commerce du vin dans l'île. *Şerefe* !

Souvenirs chypriotes

12 Dentelle fine, soie brodée, mosaïques, poterie, maroquinerie, narguilés ou jeux de backgammon sont des souvenirs intéressants à rapporter. Évitez les magasins attrape-touristes et préférez les boutiques des villages, les petites rues de Nicosie ou les centres d'artisanat de Chypre (Cyprus Handicrafts Centres ; p. 144), soutenus par l'État, qui proposent des prix raisonnables, une excellente qualité et comportent des ateliers que l'on peut visiter. Ces centres se trouvent dans la capitale et dans plusieurs grandes villes de la République.

11

12

Petra tou Romiou

13 Également connue sous le nom de plage et rocher d'Aphrodite (p. 60), Petra tou Romiou est la plage la plus célèbre de Chypre, et certainement l'une des plus étranges et impressionnantes. On dit que les vagues qui viennent s'écraser contre le rocher d'Aphrodite forment une colonne d'écume à la silhouette presque humaine. C'est au coucher du soleil, en vous plaçant au niveau du pavillon touristique idéalement situé, que vous ferez les plus belles photos. Dans la journée, l'eau est délicieusement fraîche et la plage parfaite pour pique-niquer.

Site néolithique de Choirokoitia

14 Classé au patrimoine mondial de l'Unesco, ce site (p. 117) est l'un des habitats préhistoriques les plus importants et les mieux conservés de la Méditerranée. Datant d'environ 7 000 ans avant notre ère, il plonge le visiteur dans la vie quotidienne des premiers Chypriotes. Il est possible de se promener parmi les ruines des huttes cylindriques à toit plat, situées sur un flanc de colline et protégées par un ancien mur d'enceinte. En utilisant les techniques de l'époque, des archéologues ont reconstitué cinq huttes sur le site, ce qui rend le lieu d'autant plus vivant.

Danse folklorique chypriote

15 Trouvant ses racines dans les anciennes cérémonies religieuses, la danse folklorique chypriote tient aussi des coutumes du début du XIXe siècle, où la danse était indissociable des mariages, moissons et fêtes. Une danse complète est composée de multiples scènes, aux significations diverses. Les premières symbolisent l'harmonie et le rôle traditionnel des genres (tels que la grâce et l'humilité féminines, ou l'agilité et la virilité masculines). Les fêtes s'achèvent en général avec le *kalamatianos*, une ronde qui symbolise la joie de vivre.

RUN/IMAGEBROKER ©

Églises byzantines du Troodos

16 Dans les montagnes du Troodos se nichent une myriade d'églises et chapelles (p. 71) datant du VIIIe au XIIe siècle, aux fresques incroyablement colorées, œuvres de peintres virtuoses. Elles furent construites par les Chypriotes orthodoxes, le clergé et les artisans qui trouvèrent refuge dans le massif du Troodos, fuyant l'oppression des Lusignan. Dix d'entre elles sont classées au patrimoine mondial de l'Unesco, ce qui justifie le surnom donné à Chypre : "l'île des Saints".

Château de Saint-Hilarion

17 Cette forteresse enchanteresse (p. 172) aurait inspiré Walt Disney pour le palais de la cruelle reine dans *Blanche-Neige*. La silhouette tourmentée de ses ruines qui se détache sur le ciel évoque le charme gothique de la cour des Lusignan, qui y prenaient leurs quartiers d'été. On accède à la tour par une ascension difficile à travers des jardins et des sentiers envahis d'herbes et des escaliers escarpés. La vue spectaculaire sur la mer et la côte d'Anatolie récompense tous les efforts.

Pide et lahmacun

18 Une partie du plaisir consiste à observer la façon dont ils sont fabriqués. La pâte levée est pétrie encore et encore, puis recouverte de fromage et parfumée à l'ail. Pour les *pide*, les bords sont repliés. Le *lahmacun*, lui, est plat, généralement parsemé de petits morceaux de bœuf et relevé de jus de citron. Les "pizzaiolos" turcs les font ensuite habilement glisser dans un four à bois grâce à une pelle de 1,2 m de long. Quinze minutes plus tard, ils en ressortent tout chauds et dorés à souhait. Ils composent à eux seuls un repas simple et délicieux.

BON APPETIT/ALAMY ©

Siroter un café frappé

19 Ne quittez pas l'île sans avoir dégusté un café frappé, summum de la culture du café à Chypre – il y a fort à parier qu'après y avoir goûté, vous achetiez votre propre machine à café frappé. On vous servira un grand verre de café glacé surmonté d'une montagne de mousse onctueuse, à siroter à la paille. Vous pouvez commander votre café sucré (deux cuillères à soupe de café, quatre de sucre), moyen (deux cuillères à soupe de café, deux de sucre), ou sans sucre. Tous sont délicieux.

STEFANO PATERNA/ALAMY ©

Cité antique de Salamine

20 Jadis étendard de la civilisation et de la culture helléniques à Chypre, la grandiose Salamine (p. 191) était la plus célèbre des anciennes cités-royaumes. À partir de l'Antiquité, les rois dévolus à l'expansion de l'Empire athénien s'y sont succédé, faisant connaître à la ville une grande prospérité et de profondes souffrances. Aujourd'hui, l'immense site se visite, révélant les vestiges de grandes statues, portiques, gymnases, bassins, bains, cours, agora et même les ruines d'un immense temple dédié à Zeus.

Site antique de Kourion

21 Fondée à l'ère néolithique sur un site magnifique surplombant la mer, l'ancienne cité de Kourion (p. 61) a connu son âge d'or sous les Mycéniens, les Ptolémées, les Romains puis, plus tard, les chrétiens. C'est le plus spectaculaire des sites archéologiques du Sud. Il recèle de superbes mosaïques bien conservées, une basilique paléochrétienne et un magnifique amphithéâtre, qui accueille toujours des opéras en plein air. Après la visite, une baignade à la plage de Kourion s'impose ; vous y découvrirez non loin les vestiges d'une basilique paléochrétienne du Ve siècle.

CHRIS CHRISTO/LONELY PLANET IMAGES ©

BRIAN SHAW/ALAMY ©

Sanctuaire des ânes de Vouni

22 Le sanctuaire des ânes de Vouni (p. 60) est parfait pour une sortie familiale. Venez saluer Narka, son vénérable doyen, qui a fêté récemment ses 50 ans (150 en années d'âne), écoutez l'histoire de chacun des pensionnaires et laissez vos enfants s'occuper des ânes et les promener. Ne manquez pas non plus la présentation audiovisuelle de l'histoire des ânes à Chypre. Si vous le souhaitez, vous pouvez aussi participer au programme d'"adoption" d'un âne : en échange d'une contribution annuelle, vous recevez régulièrement des nouvelles de votre protégé.

L'essentiel

Monnaie

» République de Chypre : euro (€)

» Chypre-Nord : livre turque (TL)

Langues

» République de Chypre : grec chypriote, anglais

» Chypre-Nord : turc

Quand partir

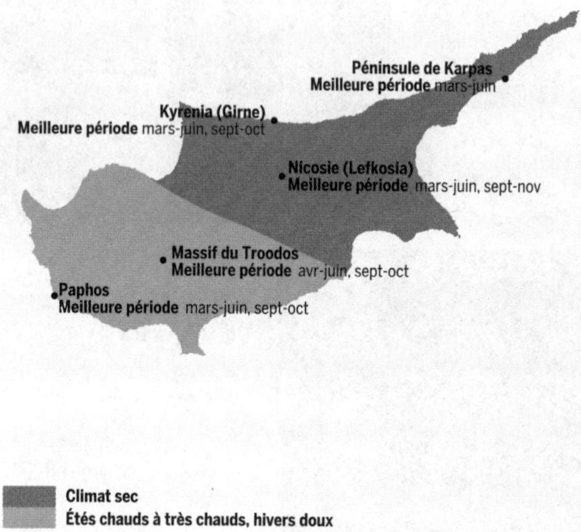

Haute saison

(juin-août, jours fériés)

» Les hôtels sont complets, les prix grimpent de 30%

» Les stations balnéaires font le plein, notamment de familles

» Hausse marquée du tourisme local

» Les températures peuvent atteindre 40°C

Mi-saison

(mars-juin et septembre-octobre)

» L'époque idéale : une météo agréable et peu de monde

» Parfaite pour les activités extérieures, notamment la randonnée à pied et à vélo dans le Troodos

» Explosion de fleurs sauvages en avril-mai à l'intérieur des terres

Basse saison

(novembre-février)

» Ski dans le Troodos

» Le temps peut être humide et froid ou doux et agréable

» Certains hôtels et restaurants des principales stations touristiques ferment

Budget quotidien

Moins de

60 €

» Hôtel petits budgets (avec sdb commune) : 30-40 €

» Excellents marchés et supermarchés pour faire ses courses

» Cibler les musées gratuits et les promenades organisées par les offices du tourisme

60-120 €

» Chambre double dans un hôtel de catégorie moyenne : 60 €

» Repas complet dans un restaurant correct : 25 €, sans le vin

» Grands musées et sites touristiques : environ 6 €

Plus de

120 €

» Hôtel de catégorie supérieure : 120 €

» Repas raffinés au déjeuner et au dîner

» Location de voiture à partir de 35 € par jour

Argent

» DAB largement répandus. Cartes de crédit acceptées dans la plupart des hôtels, des restaurants et des grands magasins.

Visa

» En général, aucune contrainte pour les séjours ne dépassant pas trois mois en République de Chypre et en Chypre-Nord.

Téléphone portable

» Portables avec forfait prépayé à partir de 25 €. Il est facile d'acheter une carte SIM locale, utilisable avec un téléphone européen.

Hébergement

» Voir le chapitre *Hébergement* (p. 200).

Sites Internet

» **Lonely Planet** (www.lonelyplanet.fr). Informations sur la destination, forum des voyageurs et bien plus encore.

» **Cypnet** (www.cypnet.com). Renseignements sur l'histoire, l'hébergement, les restaurants, etc.

» **Cyprus Tourism Organisation** (www.visitcyprus.org.cy). Site officiel de l'Office du tourisme de Chypre (CTO), fournissant des informations touristiques générales.

» **Go North Cyprus** (www.gonorthcyprus.com). Vols, hôtels et séjours tout compris en ligne.

Taux de change

Zone euro	1 €	2,37 TL
Canada	1 $C	1,83 TL
Suisse	1 FS	1,96 TL

Pour connaître les taux actuels, consultez www.xe.com

Numéros utiles

Code du pays (République de Chypre)	☎357
Code du pays (Chypre-Nord)	☎90 392
Code d'accès international	☎00
Ambulance	☎199 ou 112
Police	☎155

Arriver à Chypre

» **Aéroport de Larnaka** (p. 114)

Bus : jusqu'à 7 par jour, de 6h20 à 21h (17h45 en hiver)

Taxis : 15-20 €, environ 10 minutes

» **Aéroport de Paphos** (p. 93)

Bus : 2 par jour au départ de l'aéroport à 7h30 et 18h30

Taxis : 25 €, environ 20 minutes

» **Aéroport d'Ercan**

Vols en provenance de Turquie uniquement. Peu de transports.

Conduire à Chypre

Avant tout, soyez sur vos gardes. Chypre possède l'un des taux d'accidents les plus élevés d'Europe, malgré le bon état général des routes. En République, des autoroutes (*autopistas*) relient les aéroports aux principales villes et stations touristiques, et les routes secondaires sont généralement goudronnées et bien entretenues. Si vous explorez la région montagneuse du Troodos, une voiture d'au moins 1 600 cm^3 sera utile pour conduire confortablement sur ces routes abruptes et sinueuses qui sont aussi les plus belles de l'île. En dehors des stations balnéaires et des grandes villes, il est facile de se garer. Pour louer une voiture en haute saison, réservez longtemps à l'avance. Enfin, n'oubliez pas qu'à Chypre, on roule à GAUCHE.

Quoi de neuf ?

Pour cette édition du guide Chypre, nos auteurs ont traqué les lieux nouveaux, rénovés, transformés et dans le vent.

La renaissance de Limassol (Lemesos)

1 Crise économique ou pas, Limassol (p. 49) poursuit sa croissance ambitieuse et ses projets d'aménagement conçus pour mettre en valeur le centre-ville. Outre la luxueuse marina qui sera inaugurée en 2013, le quartier historique est devenu piétonnier et s'est embelli, dominé par le majestueux château médiéval, plus fier que jamais.

Voyage à petits prix

2 Depuis que le réseau des bus est subventionné par le gouvernement, les tarifs ont chuté : 1 € par trajet, 2 € par jour, 10 € par semaine et 30 € par mois pour un nombre de trajets illimité dans une zone donnée (encadré p. 145).

Mousio Theasis, Larnaka

3 Basé à Larnaka, cet intrigant musée (p. 111) consacré aux hiboux est également un centre culturel aux multiples facettes, qui organise des expositions, des concerts hebdomadaires et des projections de films en plein air les soirs d'été.

Plateia Eleftherias, Nicosie (Lefkosia)

4 Cette célèbre place, entourée par les vieux murs vénitiens de Nicosie, comportera bientôt des allées piétonnières et un espace vert bienvenu en plein centre-ville (voir l'encadré p. 134).

Bedesten, Nicosie-Nord

5 Jouxtant la mosquée principale et rouverte après avoir été fermée pendant des années, cette ancienne église (p. 153) présente une histoire fascinante, un intérieur évocateur et des informations didactiques. C'est également un centre culturel très dynamique.

Solar Car Challenge, Paphos

6 Cette course de voitures (p. 90), qui a fait son entrée dans les grands événements annuels de Paphos en juin 2010, rassemble des véhicules fonctionnant à l'énergie solaire. Les participants viennent présenter leurs inventions, toutes plus ingénieuses les unes que les autres.

Musée d'Histoire naturelle, Pomos

7 Pour vous familiariser avec la faune et la flore chypriotes, notamment les oiseaux et les reptiles, visitez ce petit musée (p. 102) dans la jolie ville balnéaire de Pomos.

En tricycle, Larnaka

8 Délaissez le vélo et les guides classiques et choisissez un tricycle (p. 111) pour effectuer un circuit dans la ville sur le thème de l'histoire locale ou de l'artisanat traditionnel, entre autres.

Marina de Paphos, Potima

9 Dotée de 1 000 emplacements de mouillage, la marina de Paphos (p. 94), située non loin, à Potima, sera inaugurée en 2013 et devrait être tout aussi luxueuse que celle de Limassol.

Aéroport de Larnaka, Larnaka

10 Le tout nouvel aéroport de Larnaka (p. 114) a coûté la coquette somme de 656 millions d'euros. Vaste, moderne et clinquant, il dispose d'excellents équipements. L'ouverture d'un luxueux hôtel juste à côté est prévue pour 2012.

Envie de...

Archéologie

Vous avez vraiment choisi la bonne île. La richesse des sites antiques de Chypre – des deux côtés de la Ligne verte – en fait l'une des destinations les plus appréciées des amateurs d'histoire et d'archéologie.

Cité antique de Salamine Le site le plus célèbre de l'île comporte d'impressionnants monuments romains, dont un gymnase, des bains et un amphithéâtre fascinant (p. 191).

Site archéologique de Paphos Ces merveilleux vestiges d'une ville du IVe siècle av. J.-C. comptent des mosaïques aux motifs complexes et colorés, situées au cœur du site d'origine (p. 85).

Tombeaux des Rois Ces anciennes tombes et chambres funéraires souterraines bien conservées étaient en fait destinées aux habitants de la cité antique de Paphos (p. 87).

Site antique de Kourion Fondé à l'époque néolithique, le superbe amphithéâtre de Kourion offre un fabuleux panorama sur la mer et accueille toujours des concerts sous les étoiles (p. 61).

Plages

Pour choisir une plage, vous devrez vous décider entre du sable doux et fin, des galets lisses ou un sol plus rocailleux. Vous devrez aussi vous prononcer entre un pique-nique en solo ou une terrasse de café avec transats et possibilité de déguster une glace.

Lara Beach La plage la plus spectaculaire du pays, avec une baie ponctuée de rochers en calcaire, du sable doré immaculé et des eaux tièdes et paisibles. Marchez avec précaution : vous êtes sur un important lieu de ponte des tortues (p. 94).

Golden Beach (baie de Nangomi) La plus longue plage de l'île, avec des kilomètres de sable et de dunes et des ânes sauvages broutant tranquillement. Les levers de soleil sont somptueux et la baignade très sûre. Les tortues pondent aussi sur cette plage, donc là encore, attention où vous marchez (p. 196).

Petra tou Romiou Également appelée plage et rocher d'Aphrodite, c'est la plage la plus célèbre de Chypre. Les vagues se brisant sur le rocher forment une colonne d'écume à la silhouette presque humaine (p. 60).

Art et artisanat

La culture chypriote se porte bien. L'archéologie mise à part, le monde artistique s'exprime dans des musées d'art contemporain d'envergure mondiale. Parmi les formes plus traditionnelles, on trouve de superbes broderies, des jeux de backgammon sculptés et de la vannerie raffinée. Pour les arts vivants, misez sur les festivals, en particulier le carnaval de Limassol.

Cyprus Handicrafts Centre Une bonne adresse pour faire tous vos achats au même endroit à Nicosie (Lefkosia) : dentelle chypriote, articles en cuir, jeux de backgammon et mosaïques (p. 144).

Chrysaliniotissa Crafts Centre Plusieurs ateliers d'art et d'artisanat entourent une cour centrale. Vous y trouverez également un restaurant végétarien, ce qui est rare sur l'île (p. 137).

Büyük Han Faites vos achats dans une auberge traditionnelle de style ottoman à Nicosie-Nord. Bonne sélection d'ateliers d'artisanat installés dans les anciennes "chambres-cellules" (p. 157).

» Église sur le site archéologique de Paphos

Vin

Très fidèles à la production nationale, les Chypriotes accompagnent systématiquement leurs repas de vin chypriote. La tradition viticole de l'île remonte à l'Antiquité et même si les crus locaux ne peuvent être comparés aux grands vins français, ils méritent largement d'être dégustés.

Routes des vins Dans les offices du tourisme de la République de Chypre, procurez-vous la brochure présentant six routes des vins, avec des informations concernant les visites de domaines viticoles et les dégustations.

Festival du vin de Limassol Ce festival annuel est empreint d'une atmosphère joyeuse, propice à la découverte des breuvages locaux. Une multitude de vins produits localement sont proposés à la dégustation (p. 53).

Domaine viticole de Saint-Hilarion Unique domaine viticole du nord de Chypre lors de notre passage, il produit un bon cabernet syrah rouge et rosé. Consultez le site www.northcypruswines.com.

Se faire dorloter

Se faire passer de la crème solaire dans le dos par son (ou sa) partenaire est un bon début, mais cela ne vaut pas un massage au chocolat, dans une pièce éclairée aux bougies et parfumée à l'encens.

Hôtels avec spa Les luxueux spas d'hôtel, comme le magnifique Ayii Anargyri Natural Healing Spa Resort (p. 208), non loin de Paphos, proposent généralement des forfaits à la journée. Pour une sélection d'adresses, consultez www.cyprusspahotels.com.

Hammam Omeriye Lors de votre séjour à Chypre, repérez les hammams (bains turcs traditionnels). Joliment restaurés, les bains historiques d'Omeriye, à Nicosie (Lefkosia), comptent parmi les meilleurs et offrent une détente bienvenue, dans un cadre luxueux, loin de la frénésie urbaine (p. 136).

Croisières Les principales stations balnéaires proposent des excursions en bateau idéales pour se détendre. À Kyrenia, en Chypre-Nord, les croisières, à thème, incluent même un barbecue au coucher du soleil. Si vous désirez un yacht privé et un équipage aux petits soins, consultez www.cyprusyachtcharters.com.

Réveiller ses papilles

Chypre se targue d'offrir quelques spécialités que vous pensiez peut-être connaître... avant de les goûter vraiment sur place. On retrouve des influences grecques, turques et moyen-orientales, préparées avec le souci constant de cuisiner des produits frais du marché.

Jus de fruits Ne ratez pas l'occasion de goûter un jus de fruits fraîchement pressé, en particulier les breuvages les plus exotiques à base de papaye, mangue ou ananas. Bon marché *et* sain.

Kebabs complets Oubliez les kebabs que vous dégustez habituellement chez vous et découvrez cette spécialité du Nord. Commandez un kebab complet avec des morceaux de rognons d'agneau, des côtelettes et des saucisses : succulent et épicé.

Pizza La version chypriote, appelée *pide*, est beaucoup plus parfumée que la pizza classique : la pâte est garnie de viande ou de poisson épicés et agrémentée de fromage fondu et de jus de citron. Délicieux !

Mois par mois

Le top 5

1. **Carnaval de Limassol**, février
2. **Festival international d'art et de culture de Famagouste**, juillet
3. **Festival de musique de Bellapaïs**, mai
4. **Festival du vin de Limassol**, septembre
5. **Festival de l'olive de Kyrenia**, octobre

Janvier

Le mois de janvier est généralement doux, mais le massif du Troodos peut être enneigé : pensez à emporter vos skis ! C'est la basse saison, et certains hôtels et restaurants touristiques ferment.

Hiver culturel d'Agia Napa

Tous les jeudis à 20h, des concerts, récitals et spectacles de danse gratuits sont proposés à la salle municipale d'Agia Napa (www.agianapa.org.cy).

Février

Les températures douces du mois de février sont propices aux promenades à vélo et à la randonnée, mais vous ne serez jamais à l'abri d'une averse ! C'est également une époque festive, marquée par un carnaval annuel haut en couleur.

Carnaval de Limassol

Parades déguisées, chars bariolés et festivités en tout genre envahissent les rues (p. 53).

Mars

Admirez la flore sauvage de l'île, particulièrement sa trentaine de variétés endémiques d'orchidées. C'est le mois idéal pour des vacances printanières, avec, au programme : randonnée, observation des oiseaux et bain de soleil pour les plus chanceux.

Festival international du film documentaire de Nicosie

La sélection de documentaires internationaux de cet excellent festival est une bonne occasion de vous familiariser avec la problématique chypriote (www.filmfestival.com.cy).

Avril

Les températures sont souvent délicieuses, mais l'île est bondée et les prix des vols et de l'hébergement flambent en raison des vacances scolaires.

Parades de Pâques

La semaine de Pâques, les chars religieux ornés de fleurs défilent à l'occasion d'une parade solennelle, qui s'achève en beauté sur de spectaculaires feux d'artifice.

Mai

Un excellent mois pour découvrir l'île : les plages sont désertes, la température moyenne est de 26°C et les soirées sont tièdes, idéales pour les dîners à la fraîche.

Festival de musique de Bellapaïs

Le 21 mai marque l'ouverture de ce festival de concerts et de récitals auquel l'abbaye de Bellapaïs sert de décor (www.bellapaisfestival.com).

Juin

Avec une moyenne de 11 heures d'ensoleillement par jour, les conditions météo sont optimales. Pensez à réserver bien à l'avance : c'est le début de la cohue des vacances estivales.

Voitures anciennes

Début juin, l'île accueille le rallye Aphrodite de voitures anciennes, un circuit de 300 km (www.fipa-cyprus.org.cy).

Juillet

Le mercure grimpe, mais les températures dans le sud de l'île, 32°C en moyenne, restent tolérables. Il s'agit du meilleur mois pour les mélomanes, qui auront l'occasion d'assister à des festivals de renom.

Festival international d'art et de culture de Famagouste

Le plus grand festival du nord de l'île : représentations musicales, théâtrales et artistiques sont organisées à la citadelle ainsi qu'aux ruines de Salamis pendant la dernière semaine de juillet (www.magusa.org/festival).

Paradise Jazz Festival

Dans un cadre et une ambiance exceptionnels, ce festival de jazz attire les foules à Pomos le temps d'un week-end.

Festival international de musique de Limassol

Musiques du monde, classique, jazz et expérimentale, déroulent leurs notes dans le décor splendide de l'amphithéâtre romain de Kourion.

Août

C'est le moment de sortir votre parasol : le soleil tape, mais les températures dépassent rarement 35°C. C'est le mois le plus touristique, alors attendez-vous à des plages bondées et à des prix gonflés.

Festival rural du film documentaire et d'animation

Films d'animation, documentaires, ateliers et concerts en plein air se succèdent pendant cinq jours dans le village pittoresque de Plataniskia (www.cyprusanimafest.org).

Fête du Raisin de Mehmetcik

Participez à l'élection du roi et de la reine du raisin, et laissez-vous entraîner dans une folle danse folklorique à la fête viticole et culinaire de ce petit village de la péninsule de Carpas.

Septembre

Chaleur et cohue. Fuyez la frénésie des stations balnéaires pour le massif du Troodos, le cadre idéal pour des dégustations de vin, des pique-niques et d'agréables promenades automnales.

Festival du vin de Limassol

Organisé dans l'enceinte des jardins municipaux de Limassol. Touristes et gens du coin hument, trempent leurs lèvres et crachent à l'unisson à l'occasion de ces dégustations festives.

Festival d'Aphrodite

Opéra à la belle étoile au château de Paphos.

Octobre

Les températures, autour de 27°C, sont idéales pour explorer les sentiers du massif du Troodos dont les forêts se parent de teintes or et orange.

Festival de l'olive de Kyrenia

Ce festival célébré à Kyrenia donne lieu à des danses folkloriques, du théâtre d'ombres et d'autres activités éclectiques. L'occasion aussi de déguster des olives et de participer à la plantation d'oliviers.

Festival du film

Vous avez manqué Cannes ? Rattrapez-vous au Festival du film de Nicosie, où sont projetés gratuitement les films de metteurs en scène internationaux.

Novembre

Attendez-vous à une météo changeante, avec quelques journées estivales. Novembre est un mois tranquille sans fêtes ou manifestations, et de nombreux hôtels et restaurants en profitent pour fermer.

Cyprus International 4-Day Challenge

Quatre courses sur quatre jours, du niveau amateur au marathon, qui ont lieu dans la splendide péninsule d'Akamas (www.cypruschallenge.com).

Décembre

Un mois festif pour les Chypriotes, qui rentrent chez eux pour célébrer Noël en famille. Le temps est changeant mais plutôt doux, permettant d'occasionnelles journées à la plage. Attention : la mer est très froide à cette époque de l'année !

Nouvel An

Pour le Nouvel An, de la musique et des feux d'artifice résonnent jusque tard dans la nuit sur la place Eleftherias de Nicosie et dans de nombreuses villes de l'île.

Sports et activités

Le top des : Plongées sur épave

Zenobia, 17 à 43 m de profondeur (p. 122)
Vera K, 10 m de profondeur (p. ci-contre)
Helicopter Wreck, 16 m de profondeur (p. 27)
M/Y Diana, 21 m de profondeur (p. 27)

Spots de planche à voile et de kitesurf

Baie de Pissouri, Limassol (Lemesos) (p. 60)
Protaras, district d'Agia Napa (p. 125)
Plage de Makenzy (y compris le cap Kiti), district de Larnaka (p. 115)

Randonnées

Sentier d'Aphrodite et **sentier d'Adonis**, péninsule d'Akamas (p. 98)
Mont Olympe, **Platres** et **Troodos** (p. 65)
Kyrenia Mountain Trail, chemin de grande randonnée (p. 170)
Sentiers de la réserve forestière de Stavros tis Psokas, Tylliria (p. 103)

Centres d'équitation

Kiniras Horse Riding Centre, Paphos (www.horseridingpaphos.com)
Drapia Horse Riding Farm, Tochni, district de Larnaka (www.drapiahorseriding.com)
Moonshine Ranch (p. 126)

Adresses de paintball

DNA Paintball, Geroskipou, Paphos
Lapatsa Paintball Ranch, Nicosie (Lefkosia)
Souni Paintball Arena, Souni, district de Limassol

Avec une météo fantastique à longueur d'année, des paysages variés et des eaux comptant parmi les plus chaudes de la région méditerranéenne, Chypre est un paradis pour les amateurs d'activités de plein air de tous âges, qui trouveront sur l'île de quoi satisfaire toutes leurs envies.

Plongée sous-marine

Les eaux cristallines de Chypre, dont la température oscille entre 16 et 28°C, attirent des foules de touristes venus découvrir les vestiges anciens, récifs, corniches et autres épaves de l'île. Certains des meilleurs sites de plongée se trouvent le long de la péninsule du cap Greco et dans la baie de Protaras.

Plongée sur épave

Classé parmi les 10 meilleures plongées sur épave dans le monde, le *Zenobia* est un cargo suédois de 200 m de long, qui a coulé au large de Larnaka en 1980. Désormais envahi par des thons géants, des barracudas, des sérioles et des anguilles, il est accessible aux plongeurs expérimentés. Pour plus de détails concernant les plongées sur le *Zenobia* (et au cap Greco), voir p. 122.

Le *Vera K* est une épave fascinante située à 5 km du port de Paphos. Ce cargo

ICONOTEC/ALAMY ©

» Ci-dessus : exploration de l'épave du *Zenobia*
» À gauche : planche à voile à Limassol

SNORKELING

Extrêmement populaire partout sur l'île, le snorkeling est une activité amusante, sûre et accessible à tous. Certains des meilleurs sites sont situés dans les criques abritées à l'est de Chypre, en particulier autour de Protaras (p. 125). Les eaux y sont chaudes et peu profondes, avec d'excellents récifs et une vie marine abondante. Vous observerez aussi une grande variété de coquillages, oursins et bernard-l'ermite. Le matériel de snorkeling, notamment les masques et les palmes, s'achète ou se loue à bas prix partout sur l'île.

turc a coulé dans les années 1970 et offre aujourd'hui un cadre romantique pour des photographies sous-marines ; ses arches submergées sont particulièrement originales. Cette plongée est idéale pour les débutants.

Officiellement appelé Helicopter Wreck, cet ancien hélicoptère de l'armée de l'air britannique se trouve à 15 minutes en bateau au large de Larnaka. L'excellente visibilité (jusqu'à 25 m) attire de nombreux plongeurs, qui peuvent admirer une myriade de pieuvres, sérioles et mérous.

M/Y Diana, à côté du port de Limassol, est un yacht russe de 15 m, échoué en 1996. Désormais planté à la verticale sur le fond marin, il est souvent utilisé pour la formation des plongeurs et les plongées nocturnes. Les gros calamars et les innombrables poissons qui y évoluent font la joie des photographes.

Le cargo *Pharses II* a fait naufrage à 800 m du port de Limassol lors d'une violente tempête en 1980. Parfaitement conservé et avec un pont ouvert, il grouille de vie aquatique. L'accès à l'épave est très contrôlé, puisqu'elle se situe dans l'alignement de l'entrée principale du port.

Grottes et antiquités sous-marines

Les belles grottes sous-marines comme Big Country (23 m de profondeur), une cavité sur plusieurs niveaux à proximité de Limassol, et la réserve de poissons d'Akrotiri (9 m de profondeur) sont des sites parfaits pour les plongeurs débutants (mais motivés). Vous verrez des bancs de poissons, des mérous et des bars.

À Larnaka, Octopus Reef (10 m de profondeur) est un autre spot idéal pour les novices, qui pourront observer des pieuvres dans leur habitat naturel.

Les plongeurs expérimentés exploreront les Mushroom Rocks (50 m de profondeur) près de Larnaka ; on y voit quantité de poissons et des canyons creusés dans le fond marin. La plupart des formations rocheuses ressemblent à des champignons, d'où le nom du site.

Pour une tranche d'histoire sous-marine, Amphorae Reef (5 à 10 m de profondeur), à Paphos, est recommandé. De nombreuses amphores et poteries gisent au fond de l'eau, à l'ombre d'une épave échouée sur le récif.

Des centres de plongée louent tout l'équipement nécessaire et assurent des formations certifiées à Larnaka (p. 107), Agia Napa (p. 121), Protaras (p. 125), Limassol (p. 49), Paphos (p. 85), Coral Bay (p. 94), Latsi (p. 99), Kyrenia (p. 163) et Famagouste (p. 184).

Consultez également www.oceanssearch.com pour les dernières nouvelles de la communauté des plongeurs de Chypre.

Sur l'eau

Planche à voile, kitesurf et stand-up paddle

Grâce à des vents constants et à une météo clémente, les différents sports de glisse sont devenus les activités nautiques les plus pratiquées et les plus répandues sur l'île.

La planche à voile est la discipline la plus populaire. La saison haute s'étale d'avril à septembre ; comptez environ 70 € la journée pour un cours avec matériel.

Vous voulez plus de sensations ? Le kitesurf, plus jeune cousin de la planche à voile, est un sport beaucoup plus extrême, consistant à se faire tracter par une voile tout en glissant sur l'eau grâce à une planche de type wakeboard. La vitesse obtenue permet d'effectuer des sauts pouvant atteindre 10 m de haut ainsi que d'autres acrobaties impressionnantes. Le kitesurf est considéré comme l'un des sports extrêmes les plus faciles à apprendre ; quelques jours d'apprentissage suffisent pour découvrir les pre-

» Ci-dessus : les eaux translucides du cap Greco
» À gauche : le superbe massif du Troodos

mières sensations de glisse. Une fois votre formation terminée, vous pourrez même participer à des "safaris kitesurf", organisés pour les surfeurs débutants ou expérimentés. Des instructeurs itinérants vous feront découvrir différents sites de l'île, avec des eaux calmes ou des vagues impétueuses. Consultez www.windsurfingcyprus.com.

La fièvre du stand-up paddle, discipline née à Hawaï, a gagné l'île. Appréciée des adeptes de surf, planche à voile et kitesurf, c'est une activité très amusante pour laquelle il suffit d'avoir une planche (plus large que celle de surf) et une pagaie. On peut tenter l'expérience à tout âge et aucune compétence n'est requise pour ce sport qui améliore la tonicité et l'équilibre. En outre, il peut se pratiquer par tous les temps, même sans vent. Pour essayer, le meilleur site est la plage de Makenzy (p. 115), à Larnaka, où vous pourrez louer le matériel nécessaire et recourir aux services d'un moniteur.

Pêche

Outre cuisiner et manger, pêcher est l'activité la plus populaire de l'île. Les eaux bleues de la Méditerranée et de nombreux réservoirs bien fournis font de la pêche un passe-temps très prisé des habitants comme des visiteurs.

Les barrages de l'île sont accessibles aux pêcheurs tout au long de l'année, et on peut y attraper toutes sortes de poissons : gardons, brèmes bordelières, bars, sandres, truites, poissons-chats, tanches, mulets gris, carpes miroirs et carpes koï. La qualité est excellente et le poids des prises oscille entre 1 et 10 kg.

Si vous préférez la pêche en mer, vous ne serez pas déçu puisque les eaux chaudes baignant Chypre abritent quelque 250 espèces de poissons. Dans beaucoup de villages de pêcheurs de la côte, il est possible de louer un bateau, et dans les marinas des stations balnéaires, de nombreux pêcheurs seront prêts à vous emmener ou à organiser une sortie (les enfants sont les bienvenus). Ces excursions comprennent généralement le déjeuner.

Si vous voulez offrir un dîner à tout le village, louez un bateau et partez en haute mer. À vous le frisson des grosses prises : tassergals, bars, barracudas, thons et sérioles. Où que vous soyez à Chypre, vous ne serez jamais loin d'un bon spot de pêche !

Consultez les dernières nouvelles sur www.fishingcy.com.

Sur terre

Vélo et VTT

Les sentiers jadis arpentés par des mules et des caravanes de dromadaires comptent désormais parmi les meilleures zones de VTT de l'île. Le massif du Troodos et ses vallées sont sillonnés de routes goudronnées ou non. Des chemins longs, sinueux et faiblement pentus montent et descendent à flanc de montagne, offrant certains des plus beaux paysages de Chypre (p. 68). Plus à l'ouest, la péninsule d'Akamas offre des kilomètres de sentiers à travers la pinède, des chemins caillouteux et des routes en virages dignes d'un maillot jaune. Outre un bon VTT, il est essentiel de prévoir un kit de crevaison et des cartes.

On peut louer des VTT à Troodos (p. 65) et Platres (p. 69). Sur www.mountainbike-cyprus.com, vous trouverez des renseignements concernant l'entraînement, les courses, les circuits, les réparations et les prestataires dans la péninsule d'Akamas.

Le cyclotourisme est devenu très populaire à Chypre, grâce notamment aux cyclistes d'Europe du Nord, et de nombreuses équipes internationales viennent s'entraîner sur l'île. Les distances relativement courtes et les routes plus calmes, parallèles aux autoroutes, sont parfaites pour des parcours pittoresques au grand air. Ces anciennes routes relient Nicosie aux principales villes de la côte sud que sont Larnaka, Limassol et Paphos. Des pistes cyclables et des routes bien goudronnées sont aménagées quasiment partout sur l'île, et la météo est propice à l'effort, même s'il peut faire chaud sur le bitume.

La péninsule de Karpas, dans la partie Nord de Chypre, dispose d'agréables routes plates et sans circulation le long du littoral. En été, de nombreuses plages isolées vous attendent pour piquer une tête, ce qui est un bonus appréciable. Consultez www.cypruscycling.com pour des renseignements sur les clubs, courses et événements cyclistes. Buvez beaucoup d'eau et ne forcez pas trop aux heures les plus chaudes de la journée. Si le vélo est votre principale activité, prévoyez un séjour au printemps ou à l'automne.

Randonnée

Chypre affiche plus de 250 km de sentiers bien balisés à travers une nature sauvage

LOOK DIE BILDAGENTUR DER FOTOGRAFEN GMBH/ALAMY ©

» Ci-dessus : VTT sur la péninsule d'Akamas
» À gauche : randonnée sur le sentie[r] d'Aphrodite

» À droite : expédition en vélo à travers Chypre
» Ci-dessous : paysage de montagne à côté du château de Buffavento

et préservée. De nombreux chemins permettent de découvrir l'histoire de l'île, en passant par des églises byzantines, des monastères pittoresques, des ponts vénitiens, des arcs gothiques, des ruines antiques et des cascades, entre autres.

Les marcheurs pourront s'enfoncer dans les vastes étendues de la péninsule d'Akamas (p. 96) et du massif du Troodos (p. 65), au sud, ou gagner le massif de Kyrenia (p. 163) et la péninsule de Karpas (p. 195), au nord. Sur la côte est, le cap Greco (p. 124) possède aussi de merveilleux sentiers, bordés de fleurs au printemps, qui descendent jusqu'à d'impressionnantes grottes marines.

Ski

La station de ski de Chypre, l'une des plus méridionales d'Europe, ne s'anime que pendant l'hiver, de début janvier à mi-mars.

Le pic spectaculaire du mont Olympe (1 952 m), dans le massif du Troodos, est idéal (p. 65) et ses infrastructures, récemment améliorées, attirent de plus en plus de monde.

Le domaine skiable de Troodos comprend quatre pistes, entretenues et gérées par le Cyprus Ski Club : sur le versant nord du mont Olympe, vous trouverez deux pistes, l'une de 350 m pour les débutants motivés et l'autre de 500 m, plus difficile. Sur le versant sud du massif, dans la paisible Sun Valley, deux pistes de 150 m chacune, plus pentues, s'adressent, l'une aux débutants et l'autre aux skieurs de niveau moyen.

Sur le versant sud de la montagne, une boutique de ski loue tout le matériel nécessaire. Les équipements les plus récents partent toujours en premier, essayez donc d'arriver tôt. Consultez www.cyprusski.com pour obtenir des informations sur le club de ski et les conditions d'enneigement.

Équitation

Grâce à la variété de ses paysages, Chypre est une excellente destination pour pratiquer l'équitation. L'amour et le respect des Chypriotes envers leurs chevaux se traduisent par des infrastructures équestres bien organisées et un réseau d'itinéraires au sud de l'île. Les différents clubs et centres de l'île proposent des balades au coucher du soleil, des randonnées équestres de plusieurs jours, des cours et des initiations pour enfants. Vous pourrez même vous improviser cowboy (ou cow-girl) le temps d'une journée.

Les tarifs s'échelonnent entre 25 et 40 € l'heure. Les sentiers passent souvent par des ruines et des sites historiques, ce qui fait de chaque promenade une expérience inoubliable. Alors n'hésitez pas : en selle !

Paintball

Peut-être est-ce dû au penchant des Chypriotes pour la chasse ou à la montée d'adrénaline lorsqu'il faut élaborer une stratégie rapide tout en évitant les billes de peinture, toujours est-il que le paintball est devenu une activité très populaire, qui se pratique aussi bien en équipe, de façon sérieuse, qu'en famille ou entre amis pour s'amuser.

L'île compte désormais plusieurs complexes de paintball sûrs et bien équipés, offrant tous les scénarios imaginables, pour des joueurs novices ou confirmés. Idéal pour passer un moment entre amis. Les missions les plus divertissantes sont la capture du drapeau adverse, la lutte pour être le dernier ainsi que les batailles nocturnes.

Les billes de peinture sont facilement expulsées avec le pistolet à air comprimé. Elles sont assez molles et constituées de peinture à l'eau aux couleurs vives. Elles explosent sans provoquer de douleur et ne servent qu'à signaler les personnes touchées et éliminées. Elles peuvent faire un peu mal si l'on ne respecte pas les distances de sécurité, mais avec les équipements de protection et les lunettes, le paintball est quasiment moins risqué que le bronzage. On peut jouer sans expérience ou compétence particulière, quelle que soit sa condition physique.

Alors n'ayez pas peur, lancez-vous dans le jeu et préparez-vous à devenir accro.

Itinéraires

Que vous disposiez d'une semaine ou de deux mois, ces itinéraires constituent des bases pour élaborer un voyage inoubliable. Encore en manque d'inspiration ? Consultez le forum des voyageurs de Lonely Planet à l'adresse www.lonelyplanet.fr/forum.

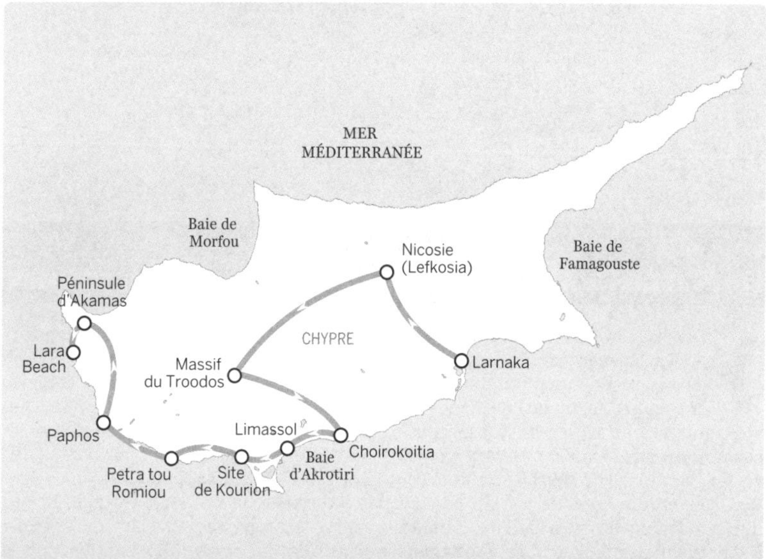

Deux semaines

Les incontournables de la République de Chypre

Fraîchement arrivé à **Larnaka**, prenez le temps de vous détendre à la plage, puis partez à la découverte de la ville et du musée Piérides. Le troisième jour, mettez le cap sur **Nicosie**. Comptez deux jours pour bien profiter de son centre historique et de ses musées, de ses boutiques et restaurants traditionnels. Accordez-vous un massage relaxant au hammam. Le cinquième jour, partez pour le **massif du Troodos** avec, au programme : randonnée, balades à vélo et visite de splendides églises byzantines.

Prenez la voiture en direction de **Limassol** en vous arrêtant au site néolithique de **Choirokoitia**. Consacrez deux jours aux paysages variés et aux délicieux restaurants de la deuxième ville de l'île. Le jour suivant, partez à la découverte du site voisin de **Kourion**. Ne manquez pas de piquer une tête à **Petra tou Romiou** (rocher d'Aphrodite).

Le onzième jour, reprenez la route en direction de **Paphos**, ses mosaïques et ses mystérieux tombeaux des Rois. Logez dans l'un des nombreux gîtes ruraux de la **péninsule d'Akamas**, à proximité des plus belles plages du Sud, comme **Lara Beach**. Reprenez l'avion à Larnaka ou à Paphos.

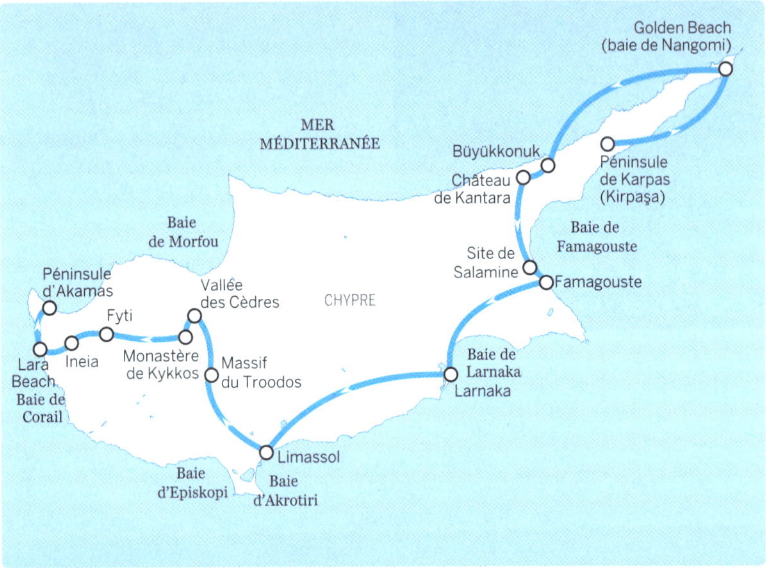

10 jours

De Karpas à Akamas : à la découverte des péninsules

Depuis l'aéroport de **Larnaka**, dirigez-vous vers la **péninsule de Karpas** (**Kırpaşa**), un lieu qui marquera vos souvenirs. C'est là que sont concentrées les meilleures plages de l'île, propres, désertes, au sable fin et doré. La plage de **Golden Beach (baie de Nangomi)** est un lieu de ponte des tortues, protégé par un programme officiel. Les ânes, autrefois un moyen de transport et même une monnaie à Chypre, flânent dans les champs à perte de vue. Consacrez au moins deux jours à la péninsule, sans manquer de visiter l'écovillage de **Büyükkonuk** et de grimper au **château de Kantara**.
Repartez en direction du sud en passant par **Salamine**, le site archéologique le plus impressionnant du nord de l'île. Baignez-vous sur la plage voisine, avant de déjeuner à l'intérieur des remparts de **Famagouste** dans l'un des restaurants surplombant la mosquée Lala Mustafa Paşa. Reprenez la route et arrêtez-vous pour la nuit à **Larnaka**. Consacrez une journée à la visite de la ville sans oublier son superbe lac salé, véritable aimant pour les oiseaux migrateurs, notamment les flamants roses. Le jour suivant, mettez le cap sur **Limassol** pour profiter de l'offre culinaire la plus sophistiquée de l'île et y passer la nuit. Après un réveil matinal, direction le **massif du Troodos** pour de grandes balades dans un cadre époustouflant, idéal pour brûler les calories de la veille ! Avec ses quatre chemins de randonnée, cette région est l'une des meilleures pour la marche. Après une nuit ou deux dans cet environnement bucolique, poursuivez votre route en traversant la **vallée des Cèdres**, et marquez une pause spirituelle au **monastère de Kykkos**.

Arrêtez-vous pour le déjeuner à la taverne centrale du joli village de **Fyti**, laissez-vous séduire par une broderie en souvenir et optez pour l'un des gîtes ruraux du coin où profiter de la verdure environnante et du chant des oiseaux. Continuez de longer la côte en vous arrêtant dans les villages traditionnels, notamment **Simou**, **Drouseia** et **Ineia**. Depuis ce dernier, roulez vers l'ouest jusqu'à **Lara Beach**, la meilleure plage du sud de l'île ; comme les plages de la péninsule de Karpas, c'est un lieu de ponte des tortues. Vous vous trouvez désormais sur la **péninsule d'Akamas**, l'endroit idéal pour marcher, se baigner et découvrir la vie rurale de la région. Dans ce paysage rocheux typiquement méditerranéen poussent des genévriers, caractéristiques de la région, et des pins. On y trouve, tout comme Lara Beach, des plages délicieusement sauvages et balayées par les vents.

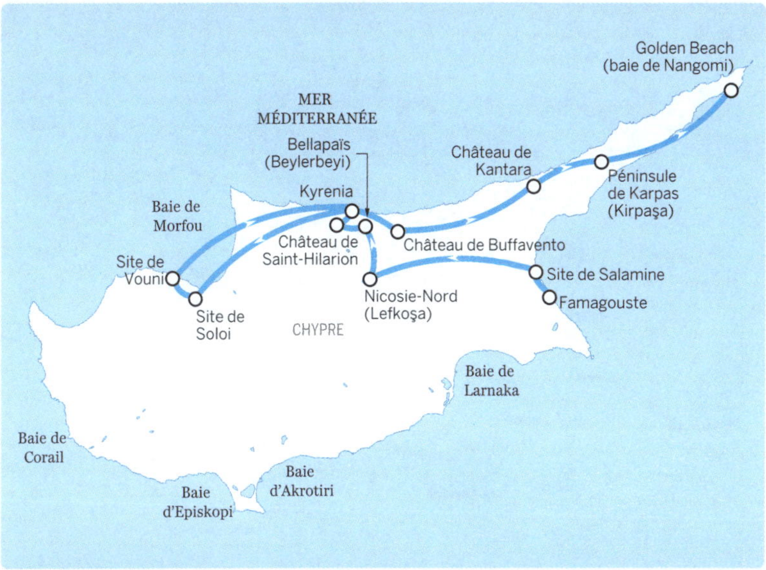

10 jours

Un tour en Chypre-Nord

Une fois que vous avez atterri à l'aéroport d'Ercan, situé en territoire turc, votre première escale sera **Famagouste**, une ville évocatrice avec ses remparts vénitiens, ses édifices gothiques en ruine et le monument Lusignan le mieux préservé de l'île : la splendide mosquée Lala Mustafa Paşa. Ne manquez pas de déjeuner au Ginkgo Cafe & Restaurant, qui possède l'une des plus belles terrasses de la ville. Remontez le cours de l'histoire en mettant le cap sur **Salamine**, un site archéologique spectaculaire dont la visite vous prendra au moins deux heures. Après l'effort, le réconfort : rejoignez la plage la plus proche pour un bain de mer relaxant.

Suivez l'autoroute jusqu'à la partie nord de la capitale, **Nicosie-Nord (Lefkoşa)**, et consacrez deux jours à l'exploration de sa vieille ville. Découvrez ses incontournables, comme le caravansérail Büyük Han et la cathédrale Sainte-Sophie, et offrez-vous un massage rajeunissant au hammam Büyük si vous en avez le temps. Rejoignez ensuite le beau village de **Bellapaïs (Beylerbeyi)** ; vous comprendrez pourquoi l'écrivain britannique Lawrence Durrell y vécut tant d'années. Partez à la découverte des ruines de l'abbaye de Bellapaïs, puis du non moins enchanteur **château de Saint-Hilarion**. Arrêtez-vous une journée ou deux à **Kyrenia**, une ville pittoresque où vous pourrez déguster d'excellents fruits de mer, explorer les salles obscures de son château et admirer la plus vieille épave de Chypre. Laissez-vous tenter par l'une des croisières, parties de pêche ou sorties de plongée proposées par les nombreux opérateurs établis sur le port.

Partez ensuite à la découverte des sites archéologiques de **Soloi** et de **Vouni**. Reprenez la route jusqu'à Kyrenia, puis mettez le cap à l'est et grimpez jusqu'au **château de Buffavento**, l'un des trois châteaux Lusignan perchés au sommet du massif de Kyrenia. Continuez de longer la côte vers l'est, et empruntez la route sinueuse menant au **château de Kantara**, d'où vous jouirez d'un superbe panorama. Enfin, concluez votre circuit par la **péninsule de Karpas (Kırpaşa)**, la plus belle région de l'île, qui comblera les amateurs de paysages sauvages. Vous y trouverez les meilleures plages de Chypre, notamment **Golden Beach (baie de Nangomi)** où les tortues viennent pondre. Reprenez l'avion à l'aéroport d'Ercan.

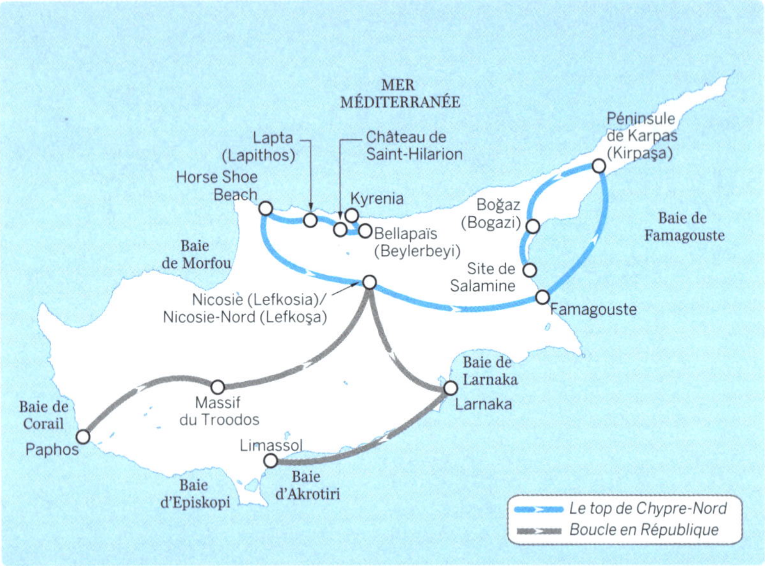

Une semaine
Le top de Chypre-Nord

Atterrissez à Ercan et effectuez votre première étape à **Kyrenia**, dont le port pittoresque est dominé par un imposant château byzantin. Accordez-vous un petit caprice en séjournant deux (voire trois) nuits dans l'un des hôtels du front de mer. Avant de reprendre la route, imprégnez-vous de la beauté naturelle de la région en parcourant une partie du spectaculaire **Kyrenia Mountain Trail**. Afin de jouir du meilleur panorama sur la région, rendez-vous à **Bellapaïs (Beylerbeyi)** et passez la nuit dans son ravissant monastère augustinien, puis rentrez à Kyrenia en passant par le **château de Saint-Hilarion**. Longez la côte nord-ouest en vous arrêtant à **Lapta (Lapithos)** et à la plage de Horse Shoe Beach pour y déguster de succulents fruits de mer. Les amateurs de vieilles pierres ne manqueront pas de faire un détour par les sites archéologiques de **Vouni** et de **Soloi** ; les autres se rendront directement à **Nicosie-Nord**, à laquelle ils pourront consacrer une journée avant de poursuivre vers **Famagouste** et les somptueux paysages de la **péninsule de Karpas (Kırpaşa)**. Profitez de ses plages et passez la nuit à **Boğaz (Bogazi)**, un authentique village de pêcheurs, avant de reprendre l'avion à Ercan en faisant un crochet par **Salamine**.

Une semaine
Boucle en République

Atterrissez à **Paphos** et mettez le cap au nord, à la découverte d'une bande de terre admirablement préservée : la **baie de Kissonerga**. Le jour suivant, immergez-vous dans le passé de Chypre sur le splendide **site archéologique de Paphos**, et visitez les tombeaux des Rois avoisinants. Le soir venu, dînez à la fraîche et poussez la porte du dernier endroit à la mode pour prendre un verre. Le troisième jour, prenez la route pour un circuit dégustation dans la région de Troodos, et séjournez dans un paisible gîte rural. Revenez ensuite à la civilisation, direction **Nicosie (Lefkosia)**, la fascinante capitale chypriote. Au programme de la journée : la visite de son centre historique, avec ses musées, ses cafés traditionnels, et une plongée dans son ambiance survoltée aux parfums d'Orient. Reprenez la route pour **Larnaka**. Imprégnez-vous de l'effervescence de sa vie quotidienne et craquez pour les souvenirs artisanaux vendus directement dans les ateliers de l'ancien quartier turc. Poursuivez votre circuit en faisant étape à **Limassol**, dont la vieille ville élégante compte les restaurants les plus raffinés de l'île. Faites un crochet par l'ouest pour visiter le musée du Vin de Chypre avant de reprendre l'avion à **Paphos**.

La cuisine chypriote

Les produits de saison

Octobre-décembre : le coup d'envoi de la saison est donné par la récolte des olives lors du festival de l'olive de Kyrenia (p. 24). Viennent ensuite les champignons sauvages, les artichauts, les avocats et les légumes verts, à déguster en mezze. Vers Noël, les pâtisseries débordent de *kourabies* et *melomakarona* (gâteaux au miel et aux amandes), tandis que fraises, goyaves et grenades jouent les stars.
Janvier-avril : la bonne saison pour se réchauffer autour d'un *kleftiko* (agneau au four). À la mi-saison apparaissent fenouil sauvage et asperges, mais aussi les *koupepia* (feuilles de vigne farcies).
Juillet-septembre : figues, mangues, pêches, prunes : un vrai défilé de fruits frais. En septembre, le Festival du vin de Limassol (p. 24) porte un toast à l'automne.

Variée et colorée, la cuisine est l'une des plus belles découvertes à faire à Chypre. Les Chypriotes sont de fins gastronomes et ne plaisantent pas avec la nourriture. Aucune fête ou rassemblement familial ne saurait avoir lieu sans de longues tablées croulant sous une myriade de petits plats : mezze sans fin, poisson frais, légumes savoureux et fruits juteux. Il serait réducteur de dire que la cuisine chypriote n'est qu'une combinaison des gastronomies grecque et turque (bien qu'elles en soient les piliers). L'influence du Proche-Orient est bien sensible, notamment à travers des saveurs venues de Syrie et du Liban.

Pour connaître les fourchettes de prix des restaurants dans ce guide, voir p. 250.

Spécialités régionales

Bien qu'il n'y ait pas beaucoup de différences entre les régions au sein même de la République et de Chypre-Nord, la variété est de mise au Nord comme au Sud en raison des influences turque et grecque.

République de Chypre

Méfiez-vous des endroits trop touristiques et préférez les enseignes fréquentées par des Chypriotes. C'est dans la péninsule d'Akamas que vous goûterez aux meilleurs plats de fruits de mer et de poisson.

» *afelia :* porc mariné au vin rouge et à la coriandre

» *dolmades :* feuilles de vigne farcies (tomates, oignons, poivrons, aubergines et courgettes sont d'autres légumes farcis courants)

- *guvech* : ragoût de viande (traditionnellement bœuf ou agneau), courgettes, aubergines, pommes de terre, ail et oignons
- *kleftiko* : agneau au four
- *koupepia* : jeune feuille de vigne farcie à la viande et au riz généralement revenus dans une sauce tomate
- *louvia me lahana* : légumes verts et doliques (sorte de fèves) assaisonnés d'huile d'olive et de jus de citron : un plat délicieux que les végétariens apprécieront
- *melintzanes yiahni* : aubergines cuites au four, avec de l'ail et des tomates fraîches
- *mucendra* : accompagnement composé de lentilles, d'oignons frits et de riz
- *ofto* : viande et légumes rôtis
- *pilaw* (pilaf): blé concassé cuit dans du bouillon de poulet avec de l'oignon frit, servi avec du yaourt nature. Très courant au déjeuner, accompagné de viande et légumes
- *sheftalia* : saucisse grillée à base de viande hachée
- *souvla* : mouton rôti à la broche
- *souvlaki* : brochettes de viande grillée
- *spanakopita* : tourte ou chausson de pâte filo garni d'épinards, de feta et d'œufs
- *stifado* : ragoût consistant de bœuf ou de lapin avec beaucoup d'oignons et de tomates et mijoté au vinaigre de vin
- *tava* : plat d'agneau et de bœuf mijoté avec des tomates, des oignons, des pommes de terre et du cumin, portant le nom du pot en terre dans lequel il est cuit
- *trahana* : mélange de blé concassé et de yaourt, traditionnellement dégusté au petit-déjeuner
- *yemista* : courgettes farcies au riz et à la viande

DÉLICES SUCRÉS

Les desserts chypriotes marient de riches saveurs venues de Turquie et du Proche-Orient.

- *Baklava* : pâte feuilletée au miel et aux noix
- *Galatopoureko* : sorte de millefeuille sucré, fourré à la crème pâtissière
- *Irmik kurabiyesi* : gâteaux de semoule aux noix
- *Kandaifi* (en grec, *kadaif* en turc) : rouleaux de cheveux d'anges fourrés
- *Katméri* : sorte de crêpe fourrée à la banane, au miel et à la crème
- *Lokma* : beignets au sirop de miel
- *Mahalepi* (en grec ; *muhallebi* en turc) : pudding au riz moyen-oriental, très parfumé, à l'eau de rose et aux pistaches
- *Shammali* : gâteau au yaourt et à la semoule
- *Tahinli* : pains fourrés au *tahiné* (pâte de sésame)

Malgré cette variété, les fruits restent le dessert le plus courant dans l'île.

Chypre-Nord

Là encore, dans les lieux touristiques tels que Kyrenia, soyez attentif au choix du restaurant. Si vous avez envie de poisson, attention : dans les stations balnéaires, les prix figurant sur la carte s'entendent souvent au poids.

- *adana kebab* : kebab assaisonné de piment rouge
- *adana köfte* : boulette aplatie de veau ou d'agneau haché épicé, assaisonnée de persil, cumin, coriandre et oignon
- *dolmades* : la version turque et sans viande des feuilles de vigne, farcies de riz, raisins secs et pignons
- *kebab* : viande (généralement de l'agneau, parfois du poulet ou du poisson) enveloppée dans un pain plat avec de la salade. Souvent accompagné d'*ayran*, une boisson rafraîchissante à base de yaourt salé
- *lahmacun* : sorte de pizza à la pâte fine et croustillante recouverte de viande d'agneau hachée et de persil frais
- *patlıcan* : kebab aux boulettes de viande et aubergine
- *pide* : une pâte levée garnie de viande ou de poisson et de fromage, aux bords repliés, cuite au feu de bois
- *şiş köfte* : brochette de viande hachée
- *urfa kebab* : kebab avec beaucoup d'oignons et de poivre noir

Manger et boire comme un Chypriote

Quand manger

Les Chypriotes prennent généralement trois repas par jour, le dîner étant le principal.

- **Petit-déjeuner** Vers 8h. Il est normalement composé d'olive, de *halloumi* (en grec, *helimi* en turc) frais ou grillé, de pain, de tomates et bien sûr de café. C'est une composition parfaite pour commencer la journée.

» **Déjeuner** Généralement pris vers 14h ou 15h. Le repas ne dure habituellement pas plus d'une heure, celui du dimanche excepté : des deux côtés de l'île, c'est le moment où la famille se rassemble à la maison ou au restaurant, et passe trois à quatre heures à table, à manger, boire et discuter.

» **Dîner** On dîne souvent tard à Chypre. Les restaurants se remplissent vers 21h. C'est au dîner qu'est généralement servi le mezze, au minimum pour deux personnes, et le plus souvent pour une dizaine, qui n'hésitent pas à se faire bruyamment entendre d'un bout à l'autre de la table pour faire passer les plats : n'ayez pas peur d'en faire autant si vous dînez avec des Chypriotes.

Choisir son restaurant

C'est à la *taverna* que vont les Chypriotes grecs lorsqu'ils ne mangent pas à la maison. Tous les villages et les villes de Chypre en ont une. Une taverne peut être un établissement tout simple ou bien un restaurant plus raffiné mais avec un penchant pour le traditionnel. La *psistaria* est spécialisée dans les souvlakis (brochettes), tandis que la *psarotaverna* sert surtout du poisson. Le mot grec pour restaurant est *estiatorio*, mais tous les restaurants de Chypre possèdent une enseigne "restaurant" et une carte en anglais.

Le *kafeneio* est le cœur de tout village chypriote grec qui se respecte. Traditionnellement, les *kafeneia* servent du café et des en-cas de *halloumi*, tomates et olives, et ne sont fréquentés et que par les hommes (âgés).

Les *meyhanes* sont des tavernes turques où l'on peut déguster mezze, viande, poisson et bien d'autres choses accompagnées d'une bonne rasade de raki. Dans le Nord, une *lokanta* est un restaurant informel tandis que le *restoran* est plus chic. Là encore, les indications en anglais figurent partout. Les restaurants *Hazir yemek* ("repas tout prêts") proposent des plats qu'il vaut mieux manger tôt dans la journée, lorsqu'ils sont encore frais. Dans les *kebapči* (échoppe de kebabs) et *oakbaş* (kebabs au feu de bois), vous pourrez suivre la préparation de votre kebab.

Ne manquez pas les *pastanes* (pâtisseries) et les délices qu'elles confectionnent : *kiru* (biscuits), gâteaux et autres baklavas irrésistibles. Attention à ne pas confondre *pasta* (pâtisserie) et *makarna* (pâtes).

En-cas et boissons

Des deux côtés de l'île, le repas pris sur le pouce est souvent un kebab ou des souvlakis. La viande est grillée à la braise, déposée dans un pain pita ou roulée dans un pain plat, accompagnée d'une grande salade et relevée de jus de citron.

Ne manquez pas les incroyables bars à jus de fruits. Mangue, papaye, fraise, goyave : tous les mélanges possibles et imaginables, pleins de vitamines, sont réalisés à la demande pour un prix modique.

Le défi mezze

Préparez-vous à une véritable déferlante, sous la forme d'une trentaine de plats à goûter ou à déguster jusqu'au bout. Les petites coupelles paraissent inoffensives, mais attention, leur défilé ininterrompu peut vous valoir de merveilleux souvenirs gustatifs, comme une nuit d'indigestion !

Le mot mezze est le diminutif de *mezedes*, "petits délices". Il est partagé par les Grecs et les Turcs. Le mezze n'est pratiquement jamais servi pour une personne, mais au minimum pour deux, et pour trois, c'est déjà le début d'une belle fête. Essayez de dîner en groupe, car partager le mezze fait tout autant partie du rituel que la variété des plats proposés. Passer et repasser les coupelles, demander le *tahiné* ou le pain en hurlant à tue-tête crée du lien entre les Chypriotes, qui se livrent à l'exercice plusieurs fois par semaine.

Pensez au mezze comme à un match de boxe, en plusieurs rounds certes, mais très agréable et absolument pas douloureux.

Premier round : le serveur apporte des olives luisantes, de la salade et du pain frais à tremper dans du *tahiné*, du *taramasalata*, du *talatouri* (tzatziki) et du houmous. Allez-y doucement sur le pain, picorez une olive ou deux, grignotez une feuille de salade.

Deuxième round : les légumes. Certains sont assaisonnés de citron, d'autre crus, d'autres encore marinés ou accompagnés de *halloumi*. Saucisses et *lountza* (longe de porc fumée) chypriotes suivent. Là encore, goûtez quelques légumes, une rondelle de saucisse et un dé de fromage, mais sachez que les choses sérieuses restent à venir.

Troisième round : cette fois, ça y est, la viande est là (sauf si vous avez commandé un mezze végétarien). Agneau, poulet, bœuf, porc, souvlakis (brochettes), *kleftiko* (agneau au four), *sheftalia* (saucisses grillées épicées), boulettes et viande fumée vont défiler dans le cas du mezze à la viande. Si vous avez choisi un mezze au poisson, on vous servira de tout, du bar au rouget en passant par les crevettes et le poulpe, sans oublier les *calamari*.

Au **quatrième round**, vous devriez être quasiment KO, et l'arrivée du serveur avec les fruits et les pâtisseries vous paraîtra relever de l'acte d'hostilité. Si cela vous semble physiquement possible, goûtez une figue de barbarie, c'est un véritable délice.

En prévision d'un mezze, ne mangez rien au déjeuner. Adoptez un rythme posé et mangez lentement, *siga siga,* comme disent les Chypriotes. Prenez le temps de humer les plats, de les savourer, d'en apprécier la texture : il ne s'agit pas de ne plus rien pouvoir avaler avant même que les plats de résistance arrivent. Comme pour tout bon repas, il est recommandé de choisir un bon vin. *Kali orexi* (bon appétit) !

Pour les téméraires

Pas d'inquiétude, si vous souhaitez jouer la sécurité et rester dans le domaine du connu, c'est possible à Chypre. Mais si l'aventure gustative vous tente, voici quelques pistes à explorer. Goûtez également au café grec ou turc servi dans les *sketos* (en grec) ou *şekersiz* (en turc), sans sucre, fort et très amer.

» *mialle arnisha vrasta* (cervelle d'agneau bouillie) : tranchée en deux, assaisonnée d'un filet d'huile d'olive, de persil haché, de jus de citron et de sel.

» *amelitita hirina vrasta* (testicules de porc bouillis) : cuisinés aux oignons et au céleri, servis avec une sauce à l'ail, clou de girofle, huile d'olive et jus de citron.

» *karalous keftedes* (beignets d'escargots) : escargots bouillis hachés, mélangés avec des oignons, des pommes de terre et de l'œuf, puis façonnés en boulettes, farinés et frits.

» *karaolous me pnigouri* (escargots au boulgour) : Escargot bouillis puis frits avec des oignons hachés et des tomates, servis sur un lit de boulgour.

» *kokorets* (abats enveloppés dans des intestins et grillés à la braise) : foie, poumons, cœur, rate, glandes d'agneau en gros morceaux, enveloppés dans des intestins et grillés à la braise pendant environ une heure et demie.

» *zalatina* (porc en gelée) : une petite tête et deux pieds de porc, huit oranges et quelques piments rouges composent ce plat.

LE TOP 5 DES RESTAURANTS DE CHYPRE

» **Mattheos, Lefkosia** (p. 139). Les Chypriotes viennent y déguster une cuisine locale, comme le *kleftiko* (agneau au four), le *stifado* (ragoût de bœuf ou de lapin) et d'autres plats réconfortants de ce genre.

» **Argo, Paphos** (p. 92). Tout le charme d'une taverne de village, servant moussaka et autres *kleftiko*.

» **Kyrenia Tavern, Kyrenia** (p. 167). Cuisine traditionnelle chypriote turque, dans un joli jardin.

» **Platanos, Pedoulas, massif du Troodos** (p. 72). Assis sous le platane, dégustez un *afelia* (porc mijoté au vin et aux herbes).

» **Voreas, Oroklini, Larnaka** (p. 111). Dans un village en haut d'une colline, une adresse réputée pour son mezze.

Plats de fêtes

Nouvel An Toutes les familles préparent la *vasilopitta*, un gâteau spécial qui contient une pièce porte-bonheur.

Épiphanie (6 janvier) Les *loukoumades*, beignets au miel, sont les chouchous de cette fête religieuse.

Carnaval (février) On déguste à cette occasion des *bourekia* (chaussons au fromage et à la menthe) et des sucreries telles que les *daktyla* et *kandaifi*. Le dernier jour du carnaval, le Lundi vert (premier jour du carême), les Chypriotes vont pique-niquer à la campagne.

Carême On mange de la *klokopitta* (citrouille, raisin et blé concassé), de la *tahinopitta* (à la purée de sésame) et de la *spanakopita* (tourte de pâte filo aux épinards et à l'œuf).

Pâques La soupe *avgolemono*, à l'œuf et au citron, est un plat traditionnel de Pâques, et accompagnée de délicieux gâteaux comme les *flaounes* (petits pains au fromage, œuf, épices et herbes). Le plat principal est la *souvla* (viande grillée) cuite à la broche en extérieur.

Noël Naguère, les familles chypriotes tuaient un cochon à cette époque avant d'en saler, fumer et sécher la viande pour la conserver tout l'hiver. Aujourd'hui, la tradition se limite à fabriquer et à fumer les *loukanika* (saucisses d'agneau et de porc). Le dessert traditionnel est une version chypriote du pudding anglais, aux fruits secs et au massepain.

Voyager avec ses enfants

Les meilleures régions avec des enfants

Paphos et l'Ouest

L'offre en activités nautiques est vaste à Paphos : sorties en bateau, pêche, snorkeling, parc aquatique... Pour les amateurs de frissons, les tombeaux des Rois sont une alternative idéale.

Limassol et la côte sud

Les plages de Limassol se prêtent à de multiples activités, et l'eau y est peu profonde. Faites également un tour au centre sportif, au club d'équitation ou au refuge pour ânes.

Larnaka et l'Est

Les plus grands apprécieront les activités sous-marines, sans parler des plages de sable fin, du parc aquatique et du passionnant musée marin.

Kyrenia et la côte nord

Châteaux de contes de fées, plages désertes, balades nature et l'imposante épave du musée de Kyrenia : vos enfants n'en reviendront pas !

Famagouste et la péninsule de Karpas

La ville fortifiée de Famagouste stimulera leur imagination. Sur la péninsule, place aux balades en bord de mer, à pied ou à vélo, à la visite d'écovillages ou à l'observation des tortues de mer.

Chypre avec des enfants

Chypre est une destination idéale pour un séjour en famille. La culture est axée autour de la famille (élargie) et les enfants sont accueillis comme des rois aussi bien au Nord qu'au Sud. Les ingrédients de base (plages, châteaux, sites archéologiques et soleil à peu près toute l'année) sont des valeurs sûres. Ajoutez-y une pincée de sports nautiques, de musées, de parcs, de sorties en bateau et une ribambelle de glaces, et vous obtenez la recette de vacances réussies ! Notez que les parcs à thème et autres attractions pour enfants sont concentrés dans la partie sud.

Pensez à vous renseigner auprès des offices du tourisme sur les manifestations auxquelles participer en famille, comme les fêtes traditionnelles, et sur les hébergements adaptés à des enfants.

Pour plus d'informations sur le voyage en famille, consultez notre guide Lonely Planet *Voyager avec ses enfants*.

À ne pas manquer

Nos amis les animaux

» **Sanctuaire des ânes de Vouni** (Vouni Donkey Sanctuary ; p. 60). Une sortie formidable pour les enfants, qui pourront participer au soin des ânes recueillis dans ce sanctuaire et visionner une présentation audiovisuelle pédagogique.

» **Parc ornithologique de Paphos** (Pafos Bird Park ; p. 90). Outre nos amis à plumes, ce superbe parc ornithologique abrite également des girafes et des tortues géantes.

ICÔNE

Dans ce guide, une icône (👪) a été attribuée aux curiosités et aux options d'hébergement particulièrement adaptées aux familles, ou faisant des efforts pour les accueillir. Cela ne signifie pas que les autres lieux indiqués dans ce guide ne conviennent pas. Si rares sont les restaurants qui font un effort tout particulier, la plupart d'entre eux se montrent accueillants vis-à-vis des enfants, c'est pourquoi nous n'avons pas utilisé cette icône dans les rubriques *Où se restaurer*.

» **Camel Park**, Mazotos, Larnaka (p. 118). Pour se remettre d'une bonne promenade à dos de chameau, rien de tel qu'un plongeon dans la piscine de ce parc.

» **Ostrich Wonderland**, Nicosie (p. 142). Cette ferme d'autruches, la plus grande d'Europe, est une mine d'informations pédagogiques.

Activités

» **Zet Karting**, Nicosie-Nord (www.zetkarting.com). Un excellent circuit de kart pour les enfants de tous âges.

» **African Queen**, Kyrenia (www.sailcyprus.com). Excursions en bateau avec possibilité de se baigner et de s'essayer à un sport aquatique.

» **Amphora Diving**, Kyrenia (www.amphora diving.com). Cours de plongée pour débutants, s'adressant aux enfants de 8 ans et plus.

» **Santa Marina Retreat**, Limassol (p. 55). Ce centre propose de nombreuses activités, notamment de l'équitation.

Parcs d'attractions

» **Extreme Park**, Nicosie (p. 142). Cet immense terrain de jeu propose tout un tas d'activités d'intérieur et de plein air, du trampoline à la course d'obstacles en passant par le mini-bowling et les toboggans gonflables géants.

» **Parko Paliatso**, Agia Napa, Larnaka (p. 121). Une fête foraine traditionnelle avec ses manèges à sensations fortes, ses barbes à papa et son lot d'enfants survoltés.

» **Parc folkorique et botanique d'Eleouthkia**, Anarita, Paphos (www.eleouthkia.com/cy). Ce parc botanique propose également des jeux traditionnels, de l'art et de l'artisanat, de la musique et de la cuisine, un terrain de jeu et une piscine.

Parcs aquatiques

» **Water World**, Agia Napa, Larnaka (p. 121). Ce gigantesque parc a remporté une déferlante de prix internationaux.

» **Octopus Aqua Park**, Kyrenia (p. 174). Avec ses nombreux toboggans, son restaurant et son bar au bord de la piscine, c'est le lieu idéal pour se rafraîchir pendant les longues journées d'été.

» **Fasouri Watermania**, Fasouri, Limassol (p. 55). Ce grand parc aquatique propose des options pour tous les âges, de la pataugeoire aux toboggans géants pour les ados.

Musées et histoire

» **Château de Kyrenia et musée des Épaves** (p. 163 et p. 165). Authentique épave vieille de 2 300 ans stimulera à coup sûr l'imagination de vos bambins, de même que la visite des remparts du château.

» **Cité de Salamine**, Famagouste (p. 191). L'avantage de ce site archéologique est qu'il est bordé par de jolies plages : une bonne alternative en cas d'ennui !

Châteaux de contes de fées

» **Château de Saint-Hilarion**, côte nord (p. 172). Il aurait inspiré son *Blanche-Neige* à Walt Disney.

» **Château de Buffavento**, côte nord (p. 174). Les moins jeunes devraient apprécier la marche jusqu'à ce château perché sur une colline, plein de recoins à explorer et offrant un panorama magnifique.

» **Château de Kantara**, péninsule de Karpas (p. 197). Encore un château pour les plus grands, en raison de quelques dangereux précipices. Mais c'est un lieu enchanteur, avec ses tours et ses points d'observation.

Plages

Les principales stations balnéaires de l'île possèdent des plages de sable ou de galets aux eaux généralement peu profondes. De nombreuses activités y sont proposées (pédalo, sorties en mer, volley-ball, etc.). Vous trouverez toujours des restaurants à la clientèle familiale et des stands de glaces non loin.

S'organiser

Chypre est une destination accueillante pour les enfants, qui n'exige pas trop de planification. Notez pourtant que l'île connaît un afflux de touristes en juillet et en août, et qu'à cette période, les hôtels des principales villes touristiques sont pris d'assaut. Le printemps, (hors vacances de Pâques), est une bonne période pour s'y rendre avec de jeunes enfants : vous éviterez la canicule, avec des températures néanmoins assez douces pour profiter de la plage, et croiserez moins de monde lors des visites.

Les régions en un clin d'œil

Voici une île où le mot diversité prend tout son sens. Tandis que le Sud a misé sur les stations balnéaires et mis en valeur ses sites historiques, les principaux atouts du Nord restent la ville de Kyrenia, éminemment méditerranéenne, et les plages situées au nord de Famagouste.

De superbes sentiers de randonnée s'étirent des deux côtés de la Ligne verte, en particulier dans le massif du Troodos et sur la côte nord-ouest. Pour une escapade gastronomique, choisissez Limassol (Lemesos) et ses restaurants ou Nicosie-Nord (Lefkoşa) pour un simple kebab, étonnamment délicieux. Les amateurs d'histoire ne seront pas en reste, grâce à plusieurs sites archéologiques de renom, en particulier autour de Famagouste, Paphos et Limassol. Pour une tranche de vie rurale, découvrez les villages de montagne aux environs de Limassol. Quant au massif du Troodos, il offre un agréable répit, loin du tumulte de la côte, ainsi que d'excellents hébergements agrotouristiques.

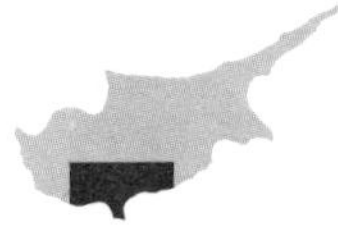

Limassol (Lemesos) et la côte sud

Restaurants ✓✓✓
Histoire ✓✓
Villages ✓✓✓

Excellents restaurants

Limassol est réputée pour ses restaurants sophistiqués et novateurs, en particulier dans le centre historique et ses environs ; tentez l'Old Carob Mill, superbement restauré.

Voyage dans le passé

La Kourion antique était l'un des quatre royaumes originels de Chypre et constitue l'un des plus beaux sites archéologiques de la région. La cité possède aussi des monastères, des musées et un château.

Villages de charme

Certains des plus beaux villages traditionnels de la région se situent à côté de Limassol, au pied du Troodos. Vous y serez au calme et éviterez les foules de la côte.

p. 48

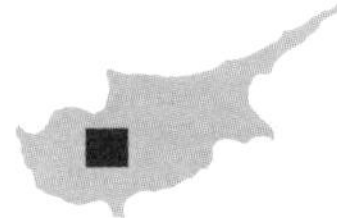

Massif du Troodos

Randonnée ✓✓✓
Églises ✓✓✓
Activités ✓✓✓

Bol d'air pur

Les sentiers balisés, dont le nombre augmente, offrent de nombreuses possibilités, allant de courtes balades émergeant sur des cascades bouillonnantes, à l'ascension vertigineuse du mont Olympe.

Fresques somptueuses

Beaucoup d'églises byzantines de la région abritent des fresques extraordinaires, dont les détails et les couleurs sont restés quasiment intacts malgré le passage des siècles.

Activités

Vélo, observation des oiseaux, équitation ou simples balades dans les villages : le principal atout de la région réside dans l'absence d'activités commerciales, à laquelle s'ajoutent d'innombrables trésors naturels.

p. 64

Paphos et l'Ouest

Plages ✓✓✓
Sites ✓✓✓
Nature ✓✓

Les meilleures plages
Des plages encore sauvages ponctuent l'île, notamment sur la péninsule d'Akamas. Plus près de Paphos, d'autres plages agréables agrémentées de tavernes permettent de grignoter un bout face à la mer.

Magnifiques mosaïques
Ne vous en tenez pas qu'aux superbes mosaïques du site de Paphos, partez à la découverte des tombeaux des Rois et des catacombes.

Campagne sauvage
Pour découvrir la Chypre sauvage, faites une randonnée dans la péninsule d'Akamas, visitez les villages au pied du versant ouest du massif montagneux ou admirez les arbres immenses dans la bucolique Cedar Valley.

p. 83

Larnaka et l'Est

Activités ✓✓✓
Vie nocturne ✓
Plages ✓✓

Sports nautiques et baignade
L'un des meilleurs spots au monde de plongée sur épave se trouve juste au large de Larnaka. À la surface, snorkeling, planche à voile, kitesurf, promenades en bateau et baignade (notamment autour des grottes sous-marines) rempliront aisément vos journées.

Vie nocturne
Si l'effervescence qui y règne n'est plus ce qu'elle était, la fougueuse Ayia Napa possède toujours la vie nocturne la plus intense de l'île.

Plages et caps
L'est de l'île comporte quelques belles plages, en particulier aux environs d'Agia Napa. Ici, les étendues de sable doré remplacent les habituels galets.

p. 105

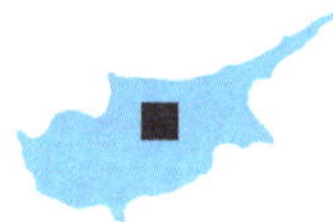

Nicosie (Lefkosia)

Musées ✓✓✓
Achats ✓✓
Restaurants ✓✓

Capitale culturelle
Incontournable, le Cyprus Museum est le meilleur de l'île. Riche en culture, la capitale sera aussi l'occasion de découvrir l'artisanat, l'histoire locale, des artefacts ottomans et des œuvres d'art de renommée internationale.

Shopping à gogo
Faites chauffer votre carte bleue dans les innombrables boutiques chics de la ville moderne. Pour des trouvailles plus originales, musardez dans les boutiques hétéroclites nichées dans les ruelles de la vieille ville.

Paradis des gourmets
La capitale dresse un éventail gourmand d'établissements : des gargotes à plat unique servant une cuisine familiale aux restaurants ultrasophistiqués à la cartes infinie.

p. 127

Nicosie-Nord (Lefkoşa)

Édifices ✓✓✓
Kebabs ✓✓✓
Souvenirs ✓✓

Trésors architecturaux
La ville est émaillée d'édifices historiques, parfois en ruine, parfois rénovés, mais toujours fascinants. Les plus célèbres sont la mosquée, le Bedesten et le Büyük Han.

Excellents kebabs
Oubliez les kebabs que vous avez l'habitude de manger : ici, il s'agit des vrais, succulents et parfaitement épicés. Girne Caddesi offre un bon choix d'échoppes de kebabs.

Souvenirs
Ancienne auberge ottomane, le Büyük Han abrite désormais, sur deux étages, de superbes boutiques d'art et d'artisanat qui proposent articles en soie brodée, cartes peintes à la main, céramiques, bijoux et confitures.

p. 150

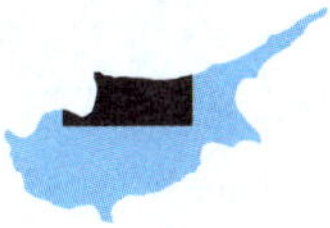

Kyrenia (Girne) et la côte nord

Châteaux ✓✓✓
Plages ✓✓✓
Randonnée ✓✓

Châteaux
Le château de Kyrenia renferme le passionnant musée des Épaves, tandis que, non loin, les châteaux de Saint-Hilarion et de Buffavento défendent leur gloire d'antan.

Plages
Pour des plages désertes et sauvages, gagnez la péninsule de Koruçam. À l'ouest de Kyrenia s'étirent d'autres étendues de sables attrayantes, notamment la plage de Çatalköy, située dans une jolie baie protégée.

Randonnée
Bien balisé, le chemin de montagne de Kyrenia suit toute la crête du massif de Kyrenia, avec, de part et d'autre, des plages désertes et des paysages sublimes.

p. 162

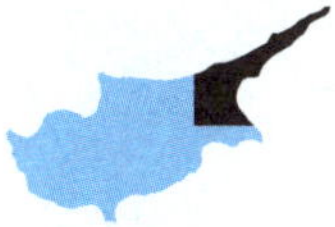

Famagouste (Mağusa) et la péninsule de Karpas (Kırpaşa)

Sites ✓✓✓
Nature ✓✓✓
Architecture ✓✓

Archéologie
La cité antique de Salamis, l'un des sites archéologiques les plus vastes de l'île, se trouve dans la région. À ne pas manquer.

Nature sauvage
Sur la péninsule de Karpas, merveilleusement sauvage et isolée, vous pourrez pratiquer la randonnée, le vélo et la baignade, dans des paysages de toute beauté.

Héritage architectural
Le centre historique de Famagouste est absolument inoubliable. Il offre un extraordinaire ensemble de ruines franques et vénitiennes ponctuées d'imposantes façades parfois effondrées.

p. 181

Les pictos pour se repérer :

- Les coups de cœur de l'auteur
- GRATUIT Les sites libres d'accès
- Les adresse écoresponsables

Voir aussi l'index où figurent toutes les localités couvertes dans ce guide

Sur la route

Limassol (Lemesos) et la côte sud

Dans ce chapitre »

Le top des restaurants

- Dino Art Cafe (p. 53)
- Noodle House (p. 54)
- Syrian Arab Friendship Club (p. 54)
- Il Gusto (p. 63)

Le top des hébergements

- Chrielka (p. 202)
- Curium Palace (p. 202)
- Apokryfo (p. 203)
- Bunch of Grapes Inn (p. 204)

Pourquoi y aller

Idéalement situées pour qui souhaite découvrir l'île en rayonnant, Limassol et la côte sud constituent une région aux attraits variés. En effet, on y trouve dans un rayon limité des sites archéologiques, de belles plages, une vie nocturne animée et les montagnes verdoyantes du Troodos.

Deuxième ville de Chypre par la superficie, Limassol est de plus en plus sophistiquée et se distingue par ses restaurants animés et novateurs. La luxueuse marina, attendue depuis longtemps, devrait être inaugurée en 2013. Le centre historique est très vivant, avec des rues commerçantes piétonnes qui se remplissent lorsque les bateaux de croisière déversent leurs flots de passagers.

Parmi les sites archéologiques importants de la région, Kourion, le plus impressionnant, est perché sur une falaise dominant les eaux azur de la baie d'Episkopi. La cité joua un rôle majeur dans la diffusion du christianisme sur l'île.

La région constitue une base centrale idéale pour explorer Chypre, à l'écart des stations balnéaires très touristiques de Paphos et d'Agia Napa.

Quand partir

Le printemps est la saison idéale : les montagnes du Troodos sont couvertes de fleurs sauvages et le soleil brille encore suffisamment pour s'autoriser des journées à la plage. Pendant la haute saison (juillet et août), les plages sont bondées. L'été est également la saison des festivals, avec beaucoup d'animations, en particulier lors du Festival international de musique et du Festival du vin, qui se tiennent tous deux à Limassol en septembre. La fin de l'automne et l'hiver sont les périodes les plus humides, la météo et les températures sont changeantes et la neige tombe sur les plus hauts sommets du Troodos.

LIMASSOL (LEMESOS)

228 780 HABITANTS

Limassol (Lemesos en grec, Limasol en turc) est l'une des villes de Chypre les plus sous-estimées. Conçue sur le modèle apparent d'une station balnéaire américaine, la ville, toute en longueur, est entièrement traversée par une route principale animée, bordée de cafés, boutiques et restaurants, qui s'étire vers le nord, tandis qu'une grande plage baignée par la Méditerranée s'étend au sud.

La vieille ville, ancien secteur turc, a subi d'importantes rénovations et le château est désormais entouré d'une vaste zone piétonne, parsemée de multiples lieux où boire et manger, des tavernes traditionnelles aux cafés en passant par les restaurants raffinés et les bars design. Dans le cadre du même projet d'aménagement urbain (qui comprend la nouvelle marina), le front de mer est également en cours de rénovation, et présente plus d'espaces verts et une longue promenade toute neuve.

Limassol est dotée d'une personnalité rude mais cosmopolite. Centre d'affaires international de Chypre, la ville est également située au cœur de l'une des régions les plus riches de l'île en matière d'attraits touristiques, avec à proximité des vestiges archéologiques, des plages et les montagnes vertes du Troodos.

Histoire

En 1191, le roi Richard Cœur de Lion, alors à la tête de la troisième croisade, ajouta Limassol, et Chypre dans son ensemble, à ses conquêtes, en écrasant Isaac Comnène, souverain de l'île.

Limassol prospéra pendant plus de 200 ans, dirigée par une succession de chevaliers de l'ordre des Hospitaliers et des Templiers, jusqu'à ce que des tremblements de terre et des pillages de Génois (1373) et de Sarrasins (1426) anéantissent la ville. Au milieu du XXe siècle, Limassol faisait encore assez mauvaise impression. En 1952, l'écrivain anglais Lawrence Durrell décrivait son arrivée à Limassol dans *Citrons acides* en ces termes : "Nous avons mouillé au lever du soleil dans une rade lugubre et informe, devant une ville dont la silhouette désolée évoquait un village minier des Andes."

Limassol se développa rapidement après l'invasion de Chypre par les Turcs en 1974 et remplaça Famagouste (Mağusa) comme principal port du pays. La ville devait aussi s'étendre pour répondre au boom touristique en République de Chypre. Constituée à l'origine de l'actuelle vieille ville, construite autour du port de pêche historique, Limassol a aujourd'hui dépassé ses frontières géographiques initiales pour englober une vaste banlieue touristique. Cette dernière, indiquée comme le "tourist center" (centre touristique), est en réalité un quartier confus où se mêlent des hôtels, des bars et des restaurants. Vous ne manquerez pas grand-chose en faisant l'impasse sur ce secteur.

DISTANCES ROUTIÈRES (KM)

	Vouni	Pissouri	Petra tou Romiou	Site antique d'Amathous
Pissouri	32			
Petra tou Romiou	37	8		
Site antique d'Amathous	43	36	51	
Governor's Beach	59	61	66	15

À voir et à faire

Il est possible de rejoindre à pied la plupart des sites importants à partir du vieux port. La principale artère commerçante est Agiou Andreou, située à une rue du front de mer. Les amateurs de plage pourront sortir de la ville en direction de l'ouest pour découvrir plusieurs stations balnéaires populaires le long de la côte. En avançant plus à l'ouest encore, les plages sont moins commerciales et plus attrayantes, notamment celles de Kourion, Melanda et Avdimou.

À NE PAS MANQUER

MUSÉE MÉDIÉVAL

Pour apprécier pleinement le château, ne manquez pas son **Musée médiéval** (adulte 3,40 € ; 9h-17h lun-sam, 10h-13h dim). L'édifice présente une fascinante enfilade de voûtes et l'intérieur du musée est composé de plusieurs salles réparties sur différents niveaux. Toutes exposent des objets byzantins et médiévaux, classés par thème, avec entre autres de la poterie ottomane, des objets religieux en or, des pierres tombales, des armures et des armes. Dans le grand hall, à droite en entrant et au sous-sol, on découvre des photographies en noir et blanc de différents sites byzantins de Chypre. La terrasse du toit offre un point de vue imprenable sur la ville.

À ne pas manquer

1 Un concert ou une représentation théâtrale en soirée dans le théâtre romain du **site antique de Kourion** (p. 61)

2 Un bain de mer et un pique-nique à **Petra tou Romiou** (plage et rocher d'Aphrodite ; p. 60), le site légendaire qui a vu la déesse Aphrodite sortir des eaux

3 Un repas dans l'un des restaurants de la vieille ville de **Limassol** (p. 53)

4 Une excursion mémorable en famille au **sanctuaire des ânes de Vouni** (p. 6)

5 Un tour au **musée du Vin de Chypre** (Cyprus Wine Museum ; p. 51) pour en savoir plus sur la fabrication des meilleurs breuvages de l'île

6 Une journée de farniente dans le cadre paisible et sauvage de la **plage d'Avdimou** (p. 58)

7 Une visite du **château de Kolossi** (p. 62), pour son aspect abandonné fascinant

VOTRE AVIS

Vous avez déniché un fabuleux restaurant et voulez partager votre découverte ? Vous n'êtes pas d'accord avec nos conseils ? Ou vous souhaitez parler de votre dernier voyage ? Rendez-vous à l'adresse lonelyplanet.fr/forum, pour poser vos questions, présenter un blog, montrer vos photos et proposer des conseils, et surtout pour discuter avec des voyageurs dont vous partagez les centres d'intérêt.

GRATUIT Château médiéval de Limassol SITE HISTORIQUE

(9h-17h lun-sam, 10h-13h dim ;). À l'ouest de la vieille ville, le château et ses jardins ombragés offrent une parenthèse rafraîchissante au cœur de l'été. Les environs ont été aménagés en une agréable zone piétonnière.

Datant du XIVe siècle, l'édifice fut érigé sur les ruines d'un château byzantin et connut de nombreux remaniements et destructions au cours de l'histoire tumultueuse de Chypre. Les Vénitiens le saccagèrent, les Ottomans le transformèrent en bâtiment militaire et les Britanniques l'utilisèrent comme prison coloniale. Il semblerait que Richard Cœur de Lion ait épousé Bérengère de Navarre dans la chapelle du château en 1191. C'est également ici qu'il s'autoproclama roi de Chypre et fit de sa femme la reine d'Angleterre.

L'édifice n'est pas particulièrement grandiose, mais la visite n'en est pas moins intéressante. Les jardins dissimulent un ancien **pressoir à huile d'olive** (entre le VIIe et le IXe siècle).

Musée archéologique MUSÉE

(angle Vyronos et Kaningos ; 1,70 € ; 9h-17h lun-sam, 10h-13h dim). Ce musée abrite une grande collection de poteries et une sélection d'objets datant des périodes néolithique et chalcolithique (principalement des tessons de poterie et des objets de la vie quotidienne), et jusqu'aux poteries mycéniennes. Parmi les pièces originales se trouvent des figurines en terre cuite, sans doute des vestiges d'offrandes votives. On découvre une belle exposition de poteries classiques, bijoux et lampes à huile, ainsi que des bouteilles et des fioles en verre aux formes étonnamment modernes. Une visite intéressante, même si on est loin de la splendeur du musée archéologique de Chypre (Cyprus Museum) de Nicosie.

Musée du Vin de Chypre (Cyprus Wine Museum) MUSÉE

(www.cypruswinemuseum.com ; Pafos 42, Erimi ; 4-7 € ; 9h-17h). À l'ouest de la ville, en retrait de l'autoroute Limassol-Paphos, le musée du Vin de Chypre retrace l'histoire de l'élaboration du vin sur l'île. Il est aménagé dans une maison en pierre bien restaurée et offre trois options aux visiteurs : la différence de prix dépend surtout de la quantité de vin que vous souhaitez déguster. L'option la plus onéreuse comprend 4 vins, accompagnés de fromage *halloumi*. La collection du musée comporte des jarres et des vaisseaux datant du Moyen Âge, et des explications sont données concernant tous les aspects de la production vinicole. Également une courte présentation audiovisuelle.

GRATUIT Grande Mosquée MOSQUÉE

(Kebir Camii ; Genethliou Mitella). Au cœur de l'ancien quartier turc, la Grande Mosquée est entourée de palmiers quasiment aussi hauts que le minaret. Elle est fréquentée par les derniers Chypriotes turcs et les musulmans du Moyen-Orient résidant à Limassol. Comme dans toutes les mosquées, il convient de porter des vêtements couvrants, de laisser ses chaussures à l'entrée et de venir en dehors des heures de prière. Les horaires ne sont pas fixes ; si la porte est ouverte, jetez un œil à l'intérieur.

Hammam HAMMAM

(9947 4251 ; Loutron 3 ; hammam et sauna 15 € ; 14h-22h lun-sam). Ce minuscule hammam se trouve à côté de la mosquée. Les touristes sont peu nombreux, car ils désirent souvent plus d'intimité pour prendre un bain de vapeur. Ne vous attendez à rien de luxueux, il s'agit d'un lieu très rudimentaire où les gens viennent se détendre, hommes et femmes mélangés. Massages du corps, shiatsu, massages suédois, massages indiens de la tête et massages antistress, à partir de 20 €.

Lanitis Art Foundation CENTRE D'EXPOSITIONS

(www.lanitisfoundation.org ; Old Carob Mill ; 10h-18h lun-sam). Ce centre accueille des expositions intéressantes et avant-gardistes. Consultez le programme sur le site Internet.

Circuits organisés

L'office du tourisme de Chypre (Cyprus Tourism Organisation, ou CTO) organise trois circuits pédestres à Limassol. Ils sont gratuits, mais pendant la saison haute, il est prudent de réserver.

Limassol (Lemesos)

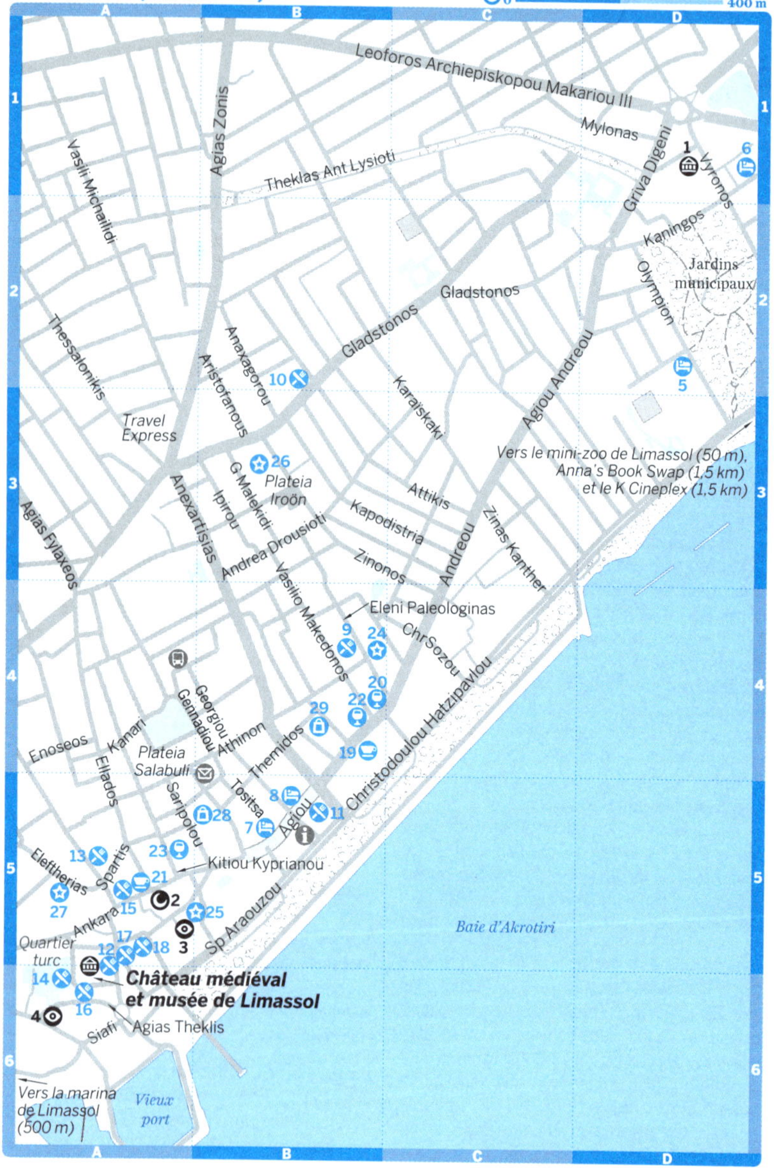

Le lundi à 10h, "Une balade à Neapolis, Nemesos, Limassol" part à la découverte des monuments, marchés et sites les plus remarquables du centre historique de Limassol.

À 10h, tous les mercredis d'octobre à avril, deux autres parcours sont proposés en alternance : le premier, "Germasogeia : un village béni par les eaux", se rend à Germasogeia et comprend la visite du barrage du village. Vous découvrirez aussi l'architecture et la vie du village lui-même. Le second parcours, "Découverte de l'environnement

Limassol (Lemesos)

Les incontournables
- Château médiéval et musée de Limassol A6

À voir
- 1 Musée archéologique D1
- 2 Grande Mosquée A5
- 3 Hammam A5
- Lanitis Art Foundation .... (voir 16)
- 4 Centre d'exposition des éponges de mer naturelles A6

Où se loger
- 5 Chrielka D2
- 6 Curium Palace D1
- 7 Luxor Guest House B5
- 8 Metropole B5

Où se restaurer
- 9 127 Cafe B4
- 10 Antonaros Tavern B2
- Artima Bistro .... (voir 16)
- 11 Bono B5
- 12 Castello A6
- 13 Dino Art Cafe A5
- 14 Karatello A6
- 15 Noodle House A5
- 16 Old Carob Mill A6
- 17 Ousia A5
- 18 Rizitiko Tavern A5

Où prendre un verre
- 127 Cafe .... (voir 9)
- 19 Adiexodo B4
- Draught .... (voir 16)
- 20 Moyo B4
- 21 Pi A5
- 22 Rogmes Piano Bar B4
- 23 Sousami A5
- Stretto Cafe .... (voir 16)

Où sortir
- 24 7-Seas B4
- 25 Alaloum B5
- 26 Rialto Theatre B3
- 27 Sesto Senso A5

Achats
- 28 Pana's Patchwork B5
- 29 Violet's Second Hand Shop B4

naturel de Germasogeia", est une balade dans les collines (bonne condition physique requise) le long d'un sentier aménagé par le département des Forêts.

Fêtes et festivals

Carnaval de Limassol CARNAVAL
(www.limassolmunicipal.com.cy/carnival). Limassol est la seule ville de Chypre offrant une véritable atmosphère de carnaval, particulièrement appréciée des enfants. Ce carnaval de 11 jours, organisé 50 jours avant Pâques, commence par l'arrivée en ville de "Sa Majesté Carnaval", escortée par une parade. Un défilé costumé des enfants est aussi organisé, et les festivités se terminent par une extraordinaire fête déguisée.

Festival du vin de Limassol FESTIVAL
(www.limassolmunicipal.com.cy/wine). Organisé chaque année dans les jardins municipaux, du 30 août au 11 septembre, ce festival est l'occasion de se familiariser avec une large gamme de vins locaux. Comme on peut s'y attendre, il est très prisé des jeunes touristes en quête de divertissements, qui profitent de la cuisine chypriote, de la musique, des danses traditionnelles, et du vin, bien entendu.

Où se restaurer

Le paysage culinaire de Limassol allie variété, qualité et modernité, en particulier dans la vieille ville (la plupart des établissements du quartier touristique sont très médiocres). Joliment restauré, l'Old Carob Mill, à côté du château, regroupe plusieurs restaurants et bars empreints d'une ambiance branchée et plaisante. Les voyageurs affamés pourront aussi se rendre dans le secteur piétonnier de Plateia Salabuli, à côté du marché municipal récemment rénové, une place entourée d'échoppes de kebabs bon marché et de cafés traditionnels.

Dino Art Cafe MÉDITERRANÉEN €€
(☎2576 2030 ; Irinis 62-66 ; plats à partir de 8 € ; wifi). Le Dino jouit d'une excellente réputation et d'une clientèle fidèle qui apprécie le décor élégant, le sympathique propriétaire (Dino Kosti) et l'excellente cuisine. Les copieuses salades sont délicieuses et comportent des ingrédients inhabituels, comme l'orange et le canard. Offre également un bon choix de pâtes et de sauces, ainsi que des sushis. Le Dino expose aussi des photographies et d'autres œuvres d'artistes chypriotes. Il est conseillé de réserver.

Noodle House FUSION ASIATIQUE €€
(www.thenoodlehouse.com ; Agiou Andreou 3 ; plats 10 € ; 👪). Voici la première adresse européenne de cette chaîne populaire dans les pays du golf Persique. Cuisine ouverte, décor soigné et menu comportant des plats thaïs et singapouriens, comme la soupe Tom Yam, le curry vert, le bar façon asiatique et le canard rôti. Si vous aimez les saveurs épicées, précisez-le, car les cuisiniers limitent le piment pour s'adapter aux palais chypriotes. Le dimanche à midi, des ateliers maquillage et des ballons sont prévus pour les enfants.

Syrian Arab Friendship Club CHYPRIOTE €€
(SAFC ; Iliados 3 ; mezze 15 €). Tout aussi bon que le restaurant de Nicosie du même nom, cet établissement séduira les adeptes de cuisine arabe, riche en pois chiches, haricots, herbes, épices, viandes grillées et marinées et desserts sucrés. Goûtez le succulent mezze et accordez-vous un narguilé après le repas. Pour trouver le Syrian Club (comme l'appellent les habitants), dirigez-vous vers l'est du centre-ville en suivant la route côtière sur environ 3,5 km. Le restaurant est situé en face de l'Apollonia Beach Hotel.

127 Cafe MÉDITERRANÉEN €€
(Eleni Paleologinas 5 ; salades et sandwichs à partir de 7,50 €). L'atmosphère évoque celle d'un bar lounge : œuvres d'art avant-gardistes, canapés noirs, hauts plafonds et belle terrasse à l'arrière. Choisissez entre les 10 salades créatives proposées, dont l'une est appelée "Orgasmic" (parmesan, avocat, champignons et sauce tomate épicée), les plats chauds et les cocktails rafraîchissants.

Bono INTERNATIONAL €€
(Anexartisias 3 ; petit-déj à partir de 4,50 €, salades à partir de 8 € ; ⏲fermé dim). Le propriétaire a passé plusieurs années aux États-Unis, où il a appris à préparer le meilleur cheese-cake de la ville. Les petits-déjeuners, burgers, *quesadillas*, salades et soupes maison sont largement au-dessus de la moyenne. Musique live le vendredi soir et 50 bières au choix.

Ousia MÉDITERRANÉEN €€
(Irinis 30-32 ; plats à partir de 8 €). Rouverte en mai 2011 après un agrandissement devenu nécessaire, cette adresse réussit un sans faute : décoration artistique et branchée et menu annonçant brunch, sandwichs et burgers, ainsi que des plats comme le carpaccio de poulpe, le poulet teriyaki et des souvlakis (brochettes de viande grillée) sauce barbecue. Les plats sont généralement accompagnés de riz sauvage et de légumes grillés.

Castello INTERNATIONAL €€
(Irinis 22 ; salades 8,50-12,50 €). Ne vous laissez pas décourager par l'aspect touristique du lieu : les plats sont délicieux. Les amateurs de verdure, en particulier, apprécieront les quelque 25 salades, composées d'ingrédients choisis avec soin comme la papaye, les noisettes, le saumon, les tomates séchées et la dinde fumée.

Artima Bistro FUSION €€
(Old Carob Mill ; plats 12 € ; 📶). C'est ici qu'est venue dîner la reine Sofia d'Espagne lors de son voyage officiel à Chypre en mars 2011 (pour le vernissage de l'exposition Miró). Plats à base de viande, poisson et pâtes, ainsi que des sushis, le tout agrémenté d'ingrédients originaux comme la mangue et les graines de sésame grillées.

Trata Fish Tavern POISSON ET FRUITS DE MER €€€
(☎2558 6600 ; Ioanni Tompazi 4 ; mezze de fruits de mer 20 €). Sans doute l'un des meilleurs restaurants de poisson de Limassol, réputé pour son mezze de fruits de mer. Malgré une décoration fade et une ambiance un peu maussade, l'endroit attire une foule d'habitants, surtout le week-end (il faut alors absolument réserver). Juste derrière l'imposant centre commercial Debenhams, à environ 400 m à l'est des jardins municipaux.

Rizitiko Tavern CHYPRIOTE €€
(Tzamiou 4-8 ; plats à partir de 8 € ; ⏲soir). Niché non loin de la mosquée, dans une rue piétonne depuis peu, ce restaurant bon et simple installe quelques tables sur les pavés en soirée. L'*afelia* (porc cuit dans du vin rouge et de la coriandre) et le *kleftiko* (agneau au four) sont excellents.

Karatello CHYPRIOTE €€
(Vasilissis 1 ; plats à partir de 8,50 € ; ⏲soir). Le haut plafond de cet ancien moulin ainsi que son immense espace intérieur constituent un cadre moderne parfaitement adapté à la cuisine artistique et novatrice de Karatello. Les meilleurs plats sont le lapin au yaourt et citron, les légumes verts de saison à la feta et le délicieux *kleftiko*, joliment présenté.

Antonaros Tavern MEZZE €€
(Attikis 1 ; mezze 14-16 € ; ⏲soir lun-sam). Venez ici pour déguster un authentique dîner chypriote. Choisissez entre le mezze de grillades ou le mezze complet, avec notamment des escargots et des moules ; il y a aussi du poisson. Les inscriptions sur les murs sont des pensées de philosophes grecs.

Où prendre un verre

La plupart des établissements de Limassol sont calmes jusqu'à au moins 22h. Les bars du front de mer ciblent plutôt une clientèle de touristes, avec de la bière à la pression et des matchs de foot sur grand écran. Pour une expérience plus authentique, préférez les bars autour de l'Old Carob Mill et dans le centre historique. La ville compte aussi quelques cafés modernes et branchés, où vous pourrez surfer sur Internet en sirotant un café frappé, tout en observant la clientèle à l'élégance naturelle.

Stretto Cafe CAFÉ

(Vasilissis ;). Le café le plus chic de Limassol. Dans le complexe de l'Old Carob Mill, il se distingue par ses hauts plafonds, ses canapés confortables et sa clientèle huppée. Pour autant, l'atmosphère reste agréable et détendue. Offrez-vous un repas branché composé de poulet à la croûte de caroube et de raviolis au chocolat à la glace.

Draught BAR

(Vasilissis). Prenez un verre dans une ambiance agréable et animée, surtout lorsque le bar est tenu par l'excellent Krisztian Gyokeres, qui a représenté Chypre lors du championnat du monde des Barmen 2010. Grand choix de bières, ainsi que des cocktails concoctés avec brio et des en-cas, par exemple des *fajitas*. DJ résident le week-end.

Moyo BAR

(Agiou Andreou 244 ; 11h30-2h). Imaginez des murs aux tons bordeaux et charbon, des coins intimes, des vidéos projetées sur des écrans géants, des canapés moelleux et un adorable jardin à l'arrière avec des petits pavillons en tissu et des DJ mixant tard dans la nuit. Restauration légère, notamment des burgers végétariens et des kebabs.

Sousami BAR

(Kitiou Kyprianou 8). L'ambiance est jeune et bohème dans ce modeste bar-café agrémenté

LIMASSOL AVEC DES ENFANTS

Si vos enfants ont un trop-plein de glaces et de châteaux de sable et ne veulent plus entendre parler de sites archéologiques, ne vous inquiétez pas : Limassol compte une bonne sélection de lieux dédiés au divertissement qui devraient leur plaire. Attention toutefois aux tarifs d'entrée, qui peuvent rapidement peser lourd sur votre budget.

Fasouri Watermania PARC AQUATIQUE

(2571 4235 ; www.fasouri-watermania.com ; adulte/enfant 29/16 € ; 10h-18h ;). Dans la région de Fasouri, à 15 minutes de route de Limassol, ce parc offre les divertissements aquatiques classiques, notamment un toboggan-kamikaze, une piscine-rivière, une piscine à vagues et des espaces de baignade pour adulte et enfant. Les parents apprécieront les transats et les parasols. Si vous venez en voiture, le parc est situé en retrait de l'autoroute Limassol-Paphos, à 5 km au nord-ouest de la ville. Si vous n'êtes pas motorisé, vous pourrez emprunter la navette ; téléphonez pour connaître les horaires et les lieux de passage.

Sea Sponges Exhibition Center MUSÉE

(Agias Theklis 3, vieux port ; 9h-19h lun-ven, 9h-15h sam ;). Ce Centre d'exposition des éponges de mer naturelles n'est peut-être pas une attraction familiale classique, mais les éponges ont un mode de vie qui leur est propre. L'exposition explique la récolte des éponges de mer et le processus qui les transforme en accessoires de salle de bains. Évidemment, vous pourrez aussi y acheter des éponges.

Santa Marina Retreat ACTIVITÉS DE PLEIN AIR

(9954 5454 ; www.santamarinaretreat.com ; village de Pareklisia ; 3 € ; 9h-19h mar-dim ;). Équitation, tir à l'arc, quad, VTT, mur d'escalade, sentiers nature (en quad électrique) et bien d'autres activités, notamment un golf pour les adultes.

Mini-zoo de Limassol ZOO

(Jardins municipaux ; 1 € ; 9h-12h et 15h-19h mai-sept, 9h-18h30 oct-avr ;). Ce petit zoo, récemment rénové, abrite une volière, des autruches et quelques singes facétieux qui amuseront les plus jeunes.

d'un jardin fermé et de tables sous les grenadiers. Le week-end, un DJ dynamise le tout.

Rogmes Piano Bar BAR

(Agiou Andreou 197). Un bar à bouzouki très couru, où l'atmosphère est survoltée les soirs de week-end, quand les musiciens jouent aussi tard et aussi fort que la clientèle le désire.

127 Cafe BAR

(Eleni Paleologinas 5). Venez manger ou siroter un cocktail coloré dans le joli jardin, à l'arrière.

Adiexodo CAFÉ

(Salaminos 8). Installez-vous sous le vieux ficus et affrontez l'un des habitués du café lors d'une partie de backgammon.

Pi CAFÉ

(Kitiou Kyprianou 27 ; en-cas 5 €). Un établissement propice à la détente et apprécié de la communauté gay, avec un charmant jardin, des repas légers, plus de 10 sortes de bières, de bons vins (en majorité italiens) et des cocktails sophistiqués.

☆ Où sortir

Tepee Rock Bar DISCOTHÈQUE

(www.tepeerock.com ; Ampelakion). Dévorez des *burritos* mexicains en écoutant un concert de rock dans ce restaurant-bar-discothèque populaire. Décoration sur le thème des Indiens et des cow-boys, murs en briques apparentes et ambiance superbement festive. Les mêmes propriétaires gèrent la discothèque Club 11 voisine, très fréquentée aussi. Les deux clubs sont au cœur du centre touristique, à environ 3 km à l'est du quartier historique sur la route côtière. Consultez la carte publiée sur le site Internet.

7-Seas DISCOTHÈQUE

(www.7seaslive.com ; Agiou Andreou 223, Columbia-Plaza). Les vêtements de plage sont proscrits dans cette nouvelle salle de concerts très sophistiquée, située dans un centre polyvalent ultramoderne. La clientèle huppée profite régulièrement des soirées de musique latino et des spectacles avant-gardistes.

Guaba Beach Bar DISCOTHÈQUE

(Agia Varvara Beach). À 5 km à l'est du centre historique, à côté de l'Aquarius Hotel (voir p. 203), ce bar rencontre un franc succès grâce à ses fauteuils installés sur la plage. Les soirées sont festives ou plus tranquilles, avec des DJ mixant toutes sortes de sonorités, du reggae à l'électro, au gré de leurs envies.

Alaloum DISCOTHÈQUE

(Loutron 1). Situé à côté du hammam, dans une vieille demeure rénovée, c'est le club homosexuel le plus ancien et le plus prisé de la ville. Gays, lesbiennes, bisexuels : tout le monde se déchaîne sur la piste jusqu'au petit jour.

Pour plus d'adresses gays et lesbiennes, consultez le site Internet www.cyprusgay-bars.com.

Sesto Senso DISCOTHÈQUE

(Eleftherias 45). L'une des adresses les plus en vue de la ville, avec une décoration époustouflante et des boissons extrêmement onéreuses.

Rialto Theatre THÉÂTRE

(☎2534 3900 ; www.rialto.com.cy ; Andhréa Dhroushióti 19). Grâce à d'habiles rénovations, le Rialto a retrouvé tout son faste Art déco d'antan. C'est la principale salle pour le théâtre, les concerts et les festivals de cinéma.

UNE MARINA À NULLE AUTRE PAREILLE

L'ancien port de pêche délabré de Limassol subit actuellement des rénovations dont le budget s'élève à 300 millions d'euros. Le projet de la nouvelle **marina de Limassol** a été remporté en 2007 par deux architectes de Nicosie, Dickon Irwin et Margarita Kritioti, du cabinet Irwin & Kritioti Architects. Très imaginatifs, ils ont conçu un port directement inspiré de la mer, avec une série de formes en acier évoquant les vagues. Outre son attrait esthétique, la marina a pour objectif de dynamiser le centre-ville tout au long de l'année : lorsque la saison touristique se terminera au début de l'hiver, le port se transformera en un centre de conférences actif.

Le projet est réalisé par étapes successives, la dernière étant prévue pour 2013, mais les travaux ont d'ores et déjà pris du retard. La marina sera le site le plus luxueux de l'île et constitue actuellement l'unique réalisation chypriote d'une telle envergure. Elle pourra accueillir 1 000 yachts et sera très animée : boutiques, bars, restaurants, cafés, accès Wi-Fi et autres espaces prestigieux. Un parc entourera la marina et tous les bâtiments du complexe seront construits en harmonie avec l'architecture traditionnelle de Limassol.

Consultez le site Internet clinquant www.limassolmarina.com.

IMPASSE SUR LES CABARETS

Nous déconseillons tous les "cabarets" de la ville, mais si vous décidez néanmoins de les fréquenter, sachez que beaucoup de femmes y travaillent sous la contrainte. Sachez également que certains touristes, en fin de soirée, se sont vu présenter une note de plusieurs centaines d'euros pour quelques bières. Et gare à ceux qui refusent de payer...

K Cineplex CINÉMA
(www.kcineplex.com ; Ariadnis 8, Mouttagiaka ; ⌚17h-22h30). Comme à Nicosie et à Larnaka, les cinéphiles de Limassol se rendent principalement au multiplexe K Cineplex, où sont projetés de nombreux films récents. Comme il est situé dans le centre touristique, le plus simple est de s'y rendre en taxi. Consultez la programmation sur le site Internet.

Achats

À Limassol, la plupart des magasins de vêtements, chaussures et accessoires sont concentrés dans la rue piétonne Agiou Andreou, en centre-ville. Pour des boutiques plus originales, explorez les ruelles de ce secteur.

Cyprus Handicrafts Centre SOUVENIRS
(Themidos 25). Comme c'est le cas dans d'autres villes à Chypre, ce magasin financé par le gouvernement est la meilleure adresse pour acheter de l'artisanat authentique, fait main et à des prix corrects. À environ 3 km à l'est du centre-ville.

Anna's Book Swap LIBRAIRIE
(Oktovriou 28). Cette petite librairie a la bonne idée de "recycler" vos livres. Vous achetez le premier au prix fort, puis lorsque vous l'avez lu et que vous le rapportez, vous obtenez 40% de réduction sur l'achat du deuxième. À côté du centre commercial Debenhams.

Violet's Second Hand Shop VÊTEMENTS
(Salaminos 10). Excellente adresse pour les vêtements et les bijoux, avec quelques belles pièces chypriotes vintage.

Pana's Patchwork ACCESSOIRES
(www.panas-creations.com ; Saripolou 21). La boutique déborde de décorations, tapisseries, poupées et broderies multicolores, toutes réalisées par la propriétaire, Pana.

Renseignements

Le site officiel du tourisme régional est www.visitcyprus.com.

CyberNet (Eleftherias 79 ; 2,50 €/heure ; ⌚13h-23h lun-ven, 10h-23h sam-dim). Accès Internet bien situé, dans la vieille ville.

Cyprus Tourism Organisation (CTO ; ⌚8h15-14h30 et 16h-18h15) centre-ville (angle Nikolaidi et Spyrou Araouzou) ; centre touristique (Georgiou 1, 22a). L'office du tourisme de Chypre dispose de plusieurs antennes à Limassol. Hormis en période estivale, les horaires d'ouverture sont sujets à changement.

Salamis Tours (☎2535 5555 ; www.salamisinternational.com ; Salamis House, Oktovriou 28). Située à côté de l'office du tourisme de Chypre (CTO), cette agence vend des billets pour le transport en bateau des véhicules à destination de la Grèce ou d'Israël.

Depuis/vers Limassol

AVION Limassol se trouve à distance quasi égale des aéroports de Paphos et Larnaka. Les taxis collectifs ou privés sont les seuls moyens de s'y rendre ; comptez environ 20 € pour un taxi privé.

BATEAU Des croisières onéreuses de 2 ou 3 jours partent de Limassol toute l'année. Elles vont à Haïfa (Israël), Port-Saïd (Égypte), vers quelques îles grecques et parfois (en été) au Liban. Vous pouvez effectuer les réservations auprès de la plupart des agences de voyages.

BUS InterCity (www.intercity-buses.com) assure des bus réguliers pour Nicosie (4 €, 1 heure), Larnaka (3 €, 45 min) et Paphos (3 €, 1 heure). Départ de l'arrêt situé au nord du château.

TAXI COLLECTIF Travel & Express (☎7777 7474 ; www.travelexpress.com.cy ; Thessalonikis 21) propose des liaisons régulières avec Nicosie (11 €, 1 heure 30), Larnaka (11 €, 1 heure) et de Paphos (10 €, 1 heure). Vous pourrez aussi vous faire déposer aux aéroports de Larnaka (13 €) et Paphos (13 €).

Comment circuler

BUS Emel (www.limassolbuses.com) dessert toute la ville mais aussi la région. Les billets coûtent 1 € le trajet, 2 € par jour ou 20 € par semaine, pour le district de Limassol, qui couvre quelques villages ruraux. Les lignes les plus fréquentes au départ de la gare routière de la ville sont :

Bus 1 10 min ; jusqu'au port

Bus 17 20 min ; jusqu'au château de Kolossi

Bus 30 35 min ; direction nord-est, longe le front de mer jusqu'au site antique d'Amathous

VOITURE Des parkings pratiques sont aménagés sur tout le front de mer.

ENVIRONS DE LIMASSOL

Il y a beaucoup à voir et à faire dans les environs de Limassol, des plages magnifiques pour adeptes de soleil et de sable aux ruines antiques pour les férus d'archéologie.

Comment s'y rendre et circuler

À de rares exceptions près, il est nécessaire de louer un véhicule ou de recourir à un taxi onéreux pour rejoindre les sites présentés ci-après. Une fois dépassées les limites de Limassol et de sa banlieue, il est facile de se déplacer à vélo. Les routes sont en effet assez plates jusqu'aux premières collines du massif du Troodos.

Plages

Les plages urbaines de Limassol sont assez fréquentées et conviennent pour une baignade rapide. Cependant, si vous souhaitez plus de tranquillité, mieux vaut choisir parmi les sites suivants.

Lady's Mile Beach PLAGE

Cette étendue de 7 km de sable très dense et de galets est appréciée le week-end. Baptisée du nom de la jument d'un gouverneur colonial qui venait ici entraîner sa monture, la plage s'étend au sud du port moderne de Limassol, le long de la côte est de la péninsule d'Akrotiri, sous contrôle britannique. Dépassez les grues du port et continuez de rouler, car plus on avance vers le sud, plus la plage et le point de vue s'améliorent. Les week-ends d'été, les habitants de Limassol viennent en nombre pour se détendre dans les eaux assez peu profondes. Quelques tavernes de plage donnent un peu de vie à ce paysage par ailleurs sauvage. Apportez un parasol si vous voulez passer la journée à la plage, ainsi que du répulsif antimoustiques si vous prévoyez de rester jusqu'au coucher du soleil – le lac salé voisin est un vivier d'insectes.

Governor's Beach PLAGE

L'attrait touristique de Limassol commence à 30 km à l'est de la ville, à Governor's Beach ("plage du gouverneur"), qui compte plusieurs criques de sable noir contrastant avec les rochers blancs crayeux. La centrale électrique de Vasilikos, située à 3 km à l'est, gâche malheureusement le fantastique point de vue sur la mer. Indiqué un peu avant d'arriver, le **Panayiotis** (www.panayiotisgovernorsbeach.com) est un bon restaurant tenu par le même propriétaire exubérant, Andreas, depuis 1963. Commandez la spécialité, le mezze de poisson, et installez-vous dans les luxuriants jardins plantés d'eucalyptus, de pins, de lauriers-roses et d'oliviers, avec la mer en contrebas. Andreas loue aussi quelques appartements à des prix raisonnables.

Plage de Kourion PLAGE

Voici une jolie plage de sable et petits galets. Le secteur est venteux, ce qui attire les adeptes de planche à voile et de kitesurf, mais également le grand public, qui vient profiter du cadre préservé et des falaises blanches en arrière-plan.

La plage se trouve à environ 17 km à l'ouest de Limassol, à l'intérieur de la base militaire britannique d'Akrotiri, ce qui explique l'absence d'infrastructures dans cette partie de l'île. La plage est accessible en transports depuis Limassol, mais les habitants aiment venir en voiture et garer leurs 4x4 quasiment au bord de l'eau. Il n'y a pas d'ombre naturelle, mais quelques tavernes louent des transats et des parasols à la journée (4 €).

Selon les gens du coin, le Blue Beach Bar & Restaurant est le meilleur des environs. Choisissez votre poisson ou poulpe dans le grand aquarium, ou optez pour le mezze de poisson (21 €/pers). Les végétariens se tourneront vers les burgers végétariens et les diverses salades. À l'extrémité est de la plage, la baignade peut s'avérer dangereuse (voir la pancarte), dirigez-vous donc du côté ouest si vous voulez faire trempette. Le mieux est d'associer une baignade sur cette plage à une visite du site archéologique de Kourion. Pour un avant-goût de ce qui vous y attend, admirez les vestiges de la **basilique du port** (VIe siècle) et ses 11 colonnes, en retrait de la plage.

Sur la plage est également installé le très réputé **Curium Beach Equestrian Centre** (☎9956 4232 ; www.curiumequestrian.com ; cours à partir de 25 € ; 👪), un centre équestre qui propose des randonnées à cheval et des cours d'équitation, notamment de dressage.

Plage d'Avdimou PLAGE

L'ouverture du Zigs Beach Club, doté d'un espace restauration et d'élégants transats en bois, est le signe du développement inévitable de cette plage jusqu'alors sauvage. Il fait partie de l'Aphrodite Hills Resort Hotel, juste à côté ; vous pourrez louer un transat et un parasol et commander un plat pour 15 € – ou simplement consommer votre pique-nique moyennant 3,20 €.

Le voisin immédiat, installé de longue date (et sans doute mécontent) est le Kyrenia Beach Restaurant, qui sert des plats chypriotes et internationaux. Grignotez du fromage *halloumi* et de la *lountaza* (jambon fumé) avant de déguster le dessert favori des Britanniques : le pudding au caramel.

DÉPART **LIMASSOL**
ARRIVÉE **LIMASSOL**
DISTANCE **74 KM**
DURÉE **4 À 6 HEURES**

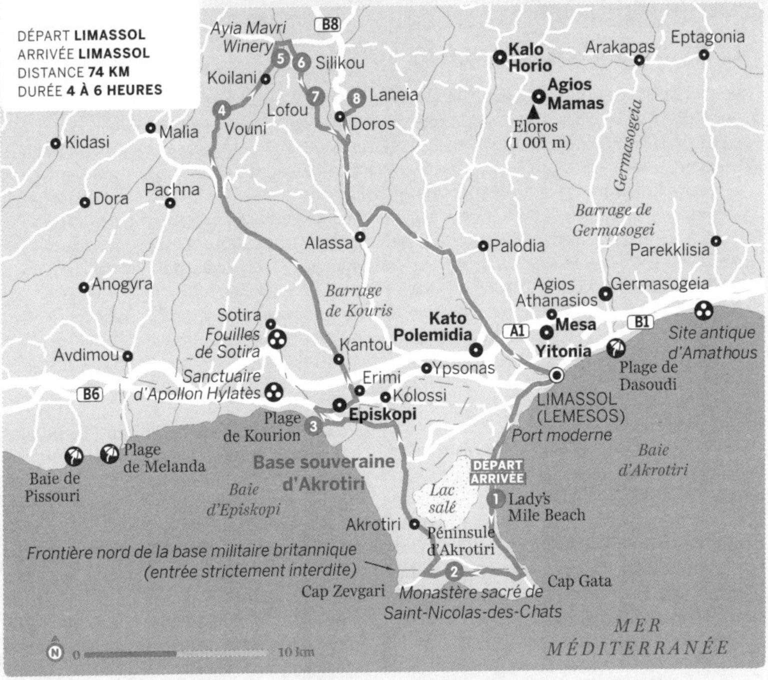

Excursion en voiture

Des chats, des ânes et du vin

Depuis Limassol, prenez la direction de l'ouest vers Paphos sur la E602, dépassez le domaine viticole KEO et tournez à gauche en suivant les indications pour rejoindre la plage 1 **Lady's Mile Beach**. Après une rapide baignade, prenez la route qui longe la côte en gardant la plage sur votre gauche pour visiter le 2 **monastère de Saint-Nicolas-des-Chats** ; admirez l'adorable petite chapelle et achetez des fruits et des biscuits pour le trajet. Longez le lac salé jusqu'à atteindre la 3 **plage de Kourion**, qui jouit d'un décor spectaculaire, pour prendre un café et un en-cas en milieu de matinée. La visite du site antique de Kourion prend deux à trois heures, aussi préférerez-vous peut-être vous y rendre un autre jour. Faites-vous une idée de ce qui vous attend en admirant les vestiges de la basilique du port (VIe siècle), en retrait de la plage de Kourion.

Ensuite, retournez en direction de Limassol sur la B6 et prenez la sortie Erimi E601 vers le nord en direction d'Omodos ; vous longerez un barrage à l'est. Suivez les panneaux jusqu'à 4 **Vouni**, arrêtez-vous au sanctuaire des ânes et baladez-vous dans cette jolie ville. Déjeunez à Takis, qui fait partie du programme Vakhis (voir l'encadré, p. 148). Continuez en direction du nord sur 5 km et faites escale à l' 5 **Ayia Mavri Winery**, qui produit un excellent cabernet sauvignon et un muscat sucré qui a remporté quatre fois le prestigieux prix français des Muscats du Monde®. Le village est également le fief du principal producteur chypriote de vins bio, Gaia Oinotechniki, qui propose des dégustations en semaine.

Environ 2 km après ce petit détour, tournez en direction de 6 **Silikou** et 7 **Lofou** ; la route traverse d'impressionnants paysages de montagnes et de terres agricoles en terrasses, avec la mer dans le lointain. À Lofou, arpentez les ruelles pavées bordées de chaleureux bâtiments en pierre calcaire. En outre, le bourg possède trois restaurants labellisés Vakhis.

Le dernier arrêt est le village de 8 **Laneia**, sans doute le plus joli des environs (voir l'encadré p. 61). Dégustez un café chypriote dans la cour verdoyante du restaurant Kapudia (à côté du parking) et flânez dans les rues pavées avant de regagner rapidement Limassol, via la route B8 bien indiquée.

VAUT LE DÉTOUR

LE SANCTUAIRE DES ÂNES DE VOUNI

Pour passer un bon moment avec vos bambins, prévoyez une excursion au **sanctuaire des ânes de Vouni** (Donkey Sanctuary ; 2594 5488 ; www.thedonkeysanctuarycyprus.org ; Vouni ; gratuit ; 10h-16h), situé au pied du massif du Troodos, à 36 km au nord-ouest de Limassol. Essayez de venir après 13h30 pour que les enfants puissent participer aux soins et à la promenade des ânes ; vous n'êtes pas obligé d'annoncer votre visite, mais c'est préférable. Le sanctuaire accueille 120 ânes, pour la plupart récupérés dans des fermes et des villages isolés – les visiteurs sont encouragés à écouter leurs histoires souvent tragiques. Le tout nouveau centre des visiteurs propose une présentation donnant quelques informations sur les ânes. Il est possible d'adopter l'une de ces charmantes créatures moyennant 20 € par an. En contrepartie, vous recevrez régulièrement des nouvelles de votre protégé.

Pour se rendre au sanctuaire, il faut quitter l'autoroute Limassol-Paphos à la sortie Vouni E601. En arrivant sur Vouni, suivre les pancartes "Donkey Sanctuary (Cyprus)".

Plage de Melanda PLAGE

C'est l'une des plus belles plages de la région : un croissant de fins galets et de sable abrité par de petites falaises blanches, avec des oliviers en arrière-plan. Elle est indiquée depuis la route B6 ; la route en mauvais état (mais praticable) traverse des vignes et des parcelles agricoles verdoyantes. Le Melanda Beach Restaurant dispose d'une terrasse sur la plage et loue des transats et des parasols (4 €). Hormis en juillet et août, quand il y a un monde fou, la plage de Melanda est un bon choix pour une journée de farniente.

Baie et village de Pissouri

Le complexe hôtelier Pissouri Bay Resort, situé à 10 km à l'ouest d'Avdimou, offre l'occasion de s'adonner au jet-ski, au surf, à la "banane" tractée et à d'autres activités aquatiques. Le club de plongée **Kembali Diving** (2522 2468 ; www.kembali-diving.com ; Columbia Hotel ; sortie plongée demi-journée 55 €) jouit d'une excellente réputation.

Malgré l'afflux de touristes (et le fait que Pissouri soit une zone Wi-Fi gratuite), le village d'origine compte encore quelques endroits authentiques. Pour un repas dans un cadre pittoresque, choisissez le **Bunch of Grapes Inn** (2522 1275 ; Ioannou Erotokritou 9 ; plats à partir de 8 €), qui constitue également un excellent choix d'hébergement (p. 204). Régalez-vous du canard rôti à la sauce abricot-cognac ou du mulet rouge à l'ail, à l'ombre des figuiers, de la vigne vierge et des platanes. Les Chypriotes appréciant l'endroit, il est conseillé de réserver.

Sur la plage, le meilleur restaurant est le **Limanaki** (2522 1288 ; plats à partir de 8 € ; fermé lun), un ancien moulin à caroubes. L'établissement est célèbre pour ses curries maison et ses plats du Moyen-Orient plus élaborés, comme l'agneau cuit dans le yaourt, agrémenté de menthe séchée et de pignons et servi avec du riz basmati. Réservations recommandées.

Two Friends (2522 2527 ; plats à partir de 8 €) est fier d'annoncer que tous ses plats sont faits maison, y compris les raviolis au fromage frais et à la menthe et le *tahiné* (pâte de sésame). Sur la route principale menant à la plage, juste à l'extérieur du village.

Petra tou Romiou (plage et rocher d'Aphrodite)

La plage d'Aphrodite, sans doute la plus célèbre de Chypre, se distingue par ses deux rochers verticaux, faciles à repérer, d'autant plus que des baigneurs sont souvent perchés en équilibre précaire à leur sommet. Pour s'y rendre, prendre l'ancienne route B6 entre Limassol et Paphos (un bel itinéraire vivement recommandé).

L'endroit est appelé rocher d'Aphrodite car selon la légende, Aphrodite, déesse protectrice de Chypre, a surgi des flots à cet endroit précis, dans une vague d'écume. Les habitants de l'île de Kythira, en Grèce, affirment que le même phénomène s'est produit chez eux. Après tout, une déesse est bien capable d'être à deux endroits à la fois !

La plupart des visiteurs font une halte ici, en chemin vers un autre site, ou viennent pour le **coucher du soleil**, particulièrement beau depuis le **pavillon touristique de Petra tou Romiou**, ou depuis le parking situé en bord de route, environ 1,5 km plus à l'est. N'achetez rien à manger à la cafétéria du pavillon touristique, car les en-cas, insipides, sont très chers ; mieux vaut apporter de quoi composer un pique-nique.

Un passage souterrain piétonnier mène à la plage depuis le kiosque et le parking de l'autre côté de la route, à environ 500 m du pavillon touristique en direction de Paphos ; il est bien indiqué.

Site antique d'Amathous

(1,70 € ; ⏲9h-19h30 juil-août, 9h-17h sept-juin). Ce site archéologique, situé à environ 11 km à l'est de Limassol, ne laisse rien paraître de son prestige passé : il s'agissait pourtant de l'un des quatre royaumes originels de Chypre (les trois autres étant Salamis, Paphos et Soloi). Selon la légende, la ville fut fondée par Cinyras, le fils de Paphos. On raconte aussi que c'est lui qui introduisit le culte d'Aphrodite à Chypre. Créée autour de 1 000 av. J.-C., la cité connut un développement sans heurts jusqu'au XIVe siècle, malgré des pillages de corsaires au cours des VIIe et VIIIe siècles. Cependant, lorsque Richard Cœur de Lion entra en scène en 1191, la ville était déjà sur le déclin. Comme le port était envasé, le roi Richard fut contraint de débarquer sur la plage pour s'approprier cette cité jadis fière et prospère. Il lui donna ensuite le coup de grâce, détruisant tout sur son passage, et Amathous fut rayée de la carte.

Sans repères visuels, le site peut paraître déconcertant car la plupart des pierres et marbres ont été retirés depuis longtemps pour construire d'autres édifices. À l'entrée, vous trouverez plusieurs panneaux informatifs, notamment une carte du secteur et des explications en anglais, qui vous aideront à comprendre la disposition originale de la ville. Les fouilles n'ont sérieusement commencé qu'en 1980.

En été, des concerts gratuits sont parfois organisés sur le site. Repérez les affiches ou renseignez-vous à l'office du tourisme de Chypre (CTO) de Limassol.

Episkopi

3 170 HABITANTS

Visiter le **musée de Kourion** (1,70 € ; ⏲8h-19h30 juil-août, 9h-14h30 lun-mer et ven, 9h-14h30 et 15h-17h jeu sept-juin) est l'une des principales raisons de se rendre dans le village d'Episkopi, à 14 km à l'ouest de Limassol. La collection, qui comprend surtout des objets en terre cuite provenant du site antique de Kourion et du sanctuaire d'Apollon Hylatès, est exposée dans l'ancienne résidence privée de l'archéologue George McFadden. Le musée est indiqué depuis la route Limassol-Kourion, ainsi qu'à Episkopi.

Old Stables (☎2593 5568 ; kleftiko 10 € ; ⏲soir lun-sam) est un bon restaurant servant un *kleftiko* tendre et juteux et de savoureux mezze. Des plats à emporter sont aussi proposés. Vous le trouverez sur la route Limassol-Paphos, en face de la station-service Eko. C'est le genre d'endroit qui semble exister depuis toujours ; dommage que la petite terrasse ombragée ne bénéficie pas d'un meilleur point de vue.

Site antique de Kourion

Perché fièrement à flanc de colline et bénéficiant d'un magnifique point de vue sur un

VAUT LE DÉTOUR

LE VILLAGE DE LANEIA

Certains des plus beaux villages chypriotes sont situés au nord de Limassol, dans la région montagneuse de Mandaria. Vouni, Silikou et Lofou méritent tous une visite et sont assez proches les uns des autres, mais le plus beau village du secteur est sans doute Laneia, indiqué depuis la route B8, juste après Doros – encore un autre trésor. Apprécié des artistes et des résidents étrangers, le village de Laneia se distingue par ses rues pavées débordant de fleurs et ses chaleureux bâtiments en pierre calcaire. Plusieurs tavernes invitent à savourer un repas modeste et le village recèle quelques superbes galeries d'art et boutiques d'artisanat. Pleiades, à côté du restaurant Kapudia, vend de la poterie locale, des bijoux et les magnifiques objets en verre et les mosaïques réalisés par la propriétaire, Phoebe. Cette dernière gère aussi un café sur place (n'hésitez pas à goûter son cheese-cake au caramel maison).

Le peintre professionnel Michael Owen (www.michaelowengallery.com) possède une galerie bien indiquée et produit des œuvres fidèles à l'esprit des paysages chypriotes. Le village renferme également deux modestes musées agricoles présentant de vieux pressoirs à huile d'olive et à raisin. Mais le plus grand plaisir consiste simplement à flâner dans les rues, à faire de belles photos, à s'arrêter dans un café traditionnel et à rêver d'acheter ici une jolie maison de vacances pour s'offrir des escapades régulières.

patchwork de champs et sur la mer, le **site antique de Kourion** (1,70 € ; 8h-19h30 ;) est spectaculaire, à tel point qu'il figure au programme de tous les circuits organisés et voyages scolaires. Pour échapper aux foules, venez tôt le matin ou en fin d'après-midi.

À côté de la billetterie, un petit centre d'information des visiteurs abrite une maquette du site qui vous aidera à vous orienter. Sachez que Kourion est très proche de deux autres sites majeurs : le sanctuaire d'Apollon Hylatès et le château de Kolossi. Les trois sites peuvent se visiter dans la même journée. Pour vous rafraîchir, prévoyez une pause à la plage de Kourion, qui se trouve en contrebas.

La cité antique de Kourion fut probablement fondée à l'époque néolithique en raison de son emplacement stratégique, sur une falaise surplombant la mer. Elle devint une colonie permanente autour du XIIIe siècle, lorsque les Mycéniens s'y installèrent.

La cité prospéra également sous le règne des Ptolémées et des Romains. À l'époque romaine, les habitants de Kourion pratiquaient activement le culte d'Apollon, comme le prouve le sanctuaire d'Apollon Hylatès, non loin. Le christianisme eut finalement raison d'Apollon, et malgré des tremblements de terre dévastateurs dans la région, une **basilique paléochrétienne** fut érigée au Ve siècle, témoignant de l'influence du christianisme à Kourion à cette époque. Quelque 200 ans plus tard, des attaques de pirates affaiblirent gravement l'évêché ; l'évêque de Kourion fut contraint de déplacer son siège dans le village voisin d'Episkopi ("évêché" en grec). Kourion périclita et sombra dans l'oubli jusqu'en 1876, date à laquelle commencèrent les fouilles.

La basilique paléochrétienne comporte toutes les caractéristiques d'une église primitive, avec des fondations montrant clairement l'existence d'un narthex, d'un *diakonikon* (espace de stockage pour les produits agricoles, utilisé par les prêtres et les moines), de plusieurs salles, d'un baptistère et d'un atrium. Certaines mosaïques sont encore visibles au sol parmi les vestiges.

Le site est dominé par son **théâtre romain classique**. Il s'agit de la réplique d'un théâtre plus petit qui existait au même emplacement, sur les hauteurs dominant la mer, mais qui fut détruit lors de tremblements de terre au IVe siècle. Néanmoins, on peut se faire une bonne idée de l'édifice d'origine. Désormais, il est utilisé pour des événements culturels, notamment des représentations de pièces de Shakespeare et des concerts donnés par des musiciens et des chanteurs chypriotes et grecs.

Non loin, la **maison d'Eustolios** était à l'origine un palais privé du Ve siècle av. J.-C., mais après avoir subi des dommages au IIIe siècle, elle devint un espace public, avec des bains spacieux, des cours et des halls. Au sol, ses mosaïques colorées, d'influence chrétienne, sont bien préservées et font référence au bâtisseur, Eustolios, et au protecteur de Kourion, qui n'était absolument pas chrétien, Apollon. Repérez les symboles chrétiens, des décorations en forme de croix et de poisson.

Au nord-ouest, la **maison des Gladiateurs** doit son nom aux deux mosaïques assez bien préservées au sol, qui représentent des gladiateurs en tenue de combat. Deux de ces gladiateurs, Hellenikos et Margaritis, s'entraînent avec des armes.

Sanctuaire d'Apollon Hylatès (Ylatis)

À environ 2 km à l'ouest de l'entrée principale de Kourion, et clairement indiqué depuis l'autoroute, le **sanctuaire d'Apollon Hylatès** (1,70 € ; 9h-19h30) fait partie du site de Kourion. Le sanctuaire fut établi au VIIIe siècle av. J.-C. en l'honneur d'Apollon, le dieu des Forêts (*ylatis* signifie "des forêts" en grec). Le site, jadis arboré, compte désormais beaucoup moins de végétation mais comporte bon nombre de ruines, qui permettent de se faire une idée assez précise du sanctuaire d'origine. Aujourd'hui ne restent que les vestiges de structures romaines détruites par un puissant tremblement de terre en 365.

Le **sanctuaire principal** d'Apollon Hylatès a été en partie rénové ; les belles et imposantes colonnes marquent les limites de la restauration. On peut également distinguer les **quartiers des prêtres**, une **palestre** (gymnase) et des **bains** destinés aux athlètes, ainsi que, 500 m à l'est, un **stade**, qui paraît aujourd'hui modeste mais qui pouvait accueillir jusqu'à 6 000 spectateurs.

Château de Kolossi

Le **château de Kolossi** (1,70 € ; 9h-19h30 juil-août, 9h-17h sept-juin), qui tient davantage d'une tour fortifiée, est perché de manière surprenante entre les vignes et les maisons du village du même nom. Il est le témoin de la présence au XIIIe siècle de l'ordre des Hospitaliers de Saint-Jean-de-Jérusalem, qui commencèrent à produire du vin et du sucre de canne dans une commanderie établie sur ces terres. L'édifice actuel date de 1454 et fut probablement construit sur l'ancienne bâtisse fortifiée.

On y accède par un petit pont-levis jadis protégé par un mâchicoulis (galerie saillante au plancher ajouré) placé très en hauteur, qui permettait aux soldats de verser de l'huile bouillante sur les visiteurs indésirables. En entrant, vous traverserez deux grandes salles, dont l'une est dotée d'une très vaste cheminée et d'un escalier en colimaçon menant à deux autres pièces à l'étage. La seule trace de présence humaine est une fresque représentant la Crucifixion dans la pièce principale du premier niveau. L'escalier monte jusqu'au toit, où les remparts, restaurés en 1933, apportent la touche finale.

À l'est du château, une grande dépendance, désormais appelée **fabrique de sucre**, servait à transformer la canne en sucre.

Péninsule d'Akrotiri

BASE SOUVERAINE D'AKROTIRI

Le passé de Chypre est ponctué d'histoires de colonisateurs, de pilleurs et de militaires désireux de s'approprier cette petite île à l'emplacement stratégique. Lorsqu'en 1960, Chypre gagna enfin une indépendance longtemps retardée, la Grande-Bretagne fit en sorte que la nouvelle République de Chypre lui cède 158 km² de son territoire. Cet espace, désormais appelé "base souveraine" (*sovereign base area, SBA*), est utilisé par les Britanniques à des fins militaires.

Le seul élément indiquant que l'on se trouve en "terre étrangère" est la présence de la police britannique de la SBA, qui sillonne le territoire dans des véhicules spéciaux. Juste à l'ouest de la péninsule, le long de l'ancienne route Limassol-Paphos (après Episkopi), vous traverserez des espaces verts, des terrains de cricket et des lotissements qui rappellent davantage l'Angleterre que Limassol.

La moitié inférieure de la péninsule est inaccessible : c'est une **base militaire** fermée, dotée d'une vaste piste d'atterrissage. **Akrotiri** est l'unique village à proprement parler de la SBA (les frontières ont été fixées de façon à exclure la plupart des villages). Les militaires britanniques viennent souvent manger dans les nombreuses tavernes que compte Akrotiri et lorsqu'ils sont en congés on les voit se balader en VTT autour du grand lac salé qui se trouve au milieu de la péninsule.

L'un des meilleurs restaurants de la région est **Il Gusto** (☎2529 2638 ; Akrotiri Vasilissis Elisavel 11 ; plats 10 €), qui sert une excellente cuisine revisitant les classiques italiens avec beaucoup de créativité. Il est essentiel de réserver. Facile à trouver, il est situé parmi une enfilade de restaurants dans la rue principale, au milieu des établissements chinois et indiens et des échoppes de *fish and chips* qui ne lui arrivent pas à la cheville.

La région est également connue pour les **plantations de Fasouri**, de grandes étendues plantées de citronniers qui traversent le nord de la péninsule et sont coupées seulement par des routes bordées de hauts cyprès. La zone apporte un rafraîchissement bienvenu après l'aridité du sud de la péninsule.

MONASTÈRE SACRÉ DE SAINT-NICOLAS-DES-CHATS

Le nom de ce lieu trouve son origine dans une histoire merveilleuse et bizarre. Le **monastère** (⏲8h-14h et 15h-18h30) et sa petite église d'origine furent fondés en 327 par le premier gouverneur byzantin de Chypre, Kalokeros, et financés par sainte Hélène, mère de Constantin le Grand. À l'époque, la péninsule d'Akrotiri, et d'ailleurs toute l'île de Chypre, en proie à une terrible sécheresse, étaient infestées de serpents venimeux. Dans ces conditions, la construction d'un monastère se heurtait à des difficultés pratiques. On fit alors venir d'Égypte et de Palestine un grand nombre de chats afin de lutter contre les reptiles. Une cloche appelait les félins fougueux à l'heure des repas, puis ils étaient dispersés pour reprendre la chasse aux serpents.

Pendant un temps, la péninsule fut appelée "péninsule des Chats". Une adorable petite chapelle du XIIIe siècle comporte de belles icônes peintes par les deux nonnes qui vivaient là à l'époque. Le monastère actuel a récemment fait l'objet d'une rénovation manquant un peu de caractère et est aujourd'hui devenu un couvent. Les nombreux chats qui paressent à l'ombre des colonnes tiennent compagnie aux six nonnes solitaires qui s'occupent des lieux. Vous pourrez leur acheter conserves, confitures, miel et bonbons, ainsi que des herbes fraîches et des oranges (en saison).

Situé en bordure du lac salé, avec la barrière de la SBA en arrière-plan, le monastère est accessible par une bonne piste en terre à partir d'Akrotiri, ou par une route pas tellement évidente à négocier à l'ouest de Lady's Mile Beach.

Massif du Troodos

Dans ce chapitre »

Le top des restaurants

» Linos-Mesastrato Tavern (p. 78)

» Skylight Restaurant, Bar & Pool (p. 70)

» Platanos (p. 72)

» Village Tavern (p. 70)

» Psilo Dendro Restaurant (p. 70)

Le top des hébergements

» Semiramis (p. 204)

» Linos Inn (p. 206)

» Mill (p. 206)

» To Spitiko tou Arhonta (p. 205)

» Elyssia (p. 205)

Pourquoi y aller

Coiffée par le mont Olympe (1 952 m), le point culminant de l'île, cette chaîne montagneuse domine les vallées de Limassol et de Larnaka, ainsi que la vaste plaine de la Mésorée. En 1992, plus de 90 km^2 de forêt ont été déclarés parc national afin d'en protéger la faune, la flore et la géologie. Riche en paysages variés, la région se prête tout particulièrement au camping, aux pique-niques, à la randonnée, aux promenades à vélo et à l'observation des oiseaux. Le printemps est la saison idéale pour profiter de ses sentiers et de ses caves à vin, tandis qu'en été on apprécie tout particulièrement l'ombre de ses pins noirs et l'air frais de ses montagnes. L'hiver venu, skieurs et surfeurs des neiges prennent d'assaut les stations de ski du versant nord.

Si les nombreuses activités de pleine nature ne vous suffisent pas, la région recèle également de charmants villages en terrasses, aux rues pavées et à l'architecture traditionnelle. Ses sommets et ses vallées abritent les plus belles églises médiévales de l'île, ainsi que des demeures, des monastères et des musées inattendus.

Quand partir

De janvier à avril : vous pourrez profiter des pistes de ski en journée, avant de vous attabler devant un bon repas dans une taverne.

La période allant d'avril à septembre est idéale pour un itinéraire de dégustation : partez à la découverte des caves, nichées au beau milieu de vignobles tentaculaires et de vallées escarpées, exposées au vent.

Au printemps (mai et juin), promenez-vous le long des sentiers nature et de randonnée : la région en compte treize différents, soit un total de 65 km.

En juillet et août, fuyez la canicule estivale en plantant votre tente en pleine nature à 1 000 m d'altitude.

Troodos

24 HABITANTS

Situé à proximité du mont Olympe (Chionistra, en grec), le village de Troodos est le foyer de toutes les activités de la région : randonnée, cyclisme, ski, etc. Perché à plus de 1 900 m d'altitude, il jouit de températures bien plus fraîches que les plaines et offre un superbe panorama sur les vallées environnantes.

Le village en lui-même est minuscule. Il s'organise autour d'une simple place (*plateia*) connue sous le nom de Central Troodos (*Kentriko Troödos* en grec), agrémentée de quelques bancs et d'une poignée de boutiques de souvenirs proposant de tout, du carillon éolien au *soujoukko,* une pâtisserie traditionnelle à base d'amandes et de raisins secs.

En face du parking se trouve le Troodos Hotel, flanqué de quelques restaurants et cafés. La vie nocturne y est pratiquement inexistante car la plupart des voyageurs, épuisés par leurs activités de la journée, se couchent tôt. Le centre des visiteurs du Troodos (Troodos Visitor Center) est situé à 200 m en contrebas (voir l'encadré p. 69). La station de ski (ouverte en hiver) se trouve un peu plus au nord, à deux pas de l'hôtel Jubilee.

Au départ de la place, la route mène au nord vers la vallée de Solea et Nicosie ; la route à l'ouest vers Prodromos et la vallée de Marathassa, et celle au sud (la direction la plus empruntée) vers Platres (ou Pano Platres) et les villages viticoles (*krasohoria*) de la région de la Commandaria.

Central Troodos est facilement accessible depuis Limassol (par la B8) ou Nicosie (par la B9). Il l'est aussi depuis Pitsilia (à l'est) et Paphos (à l'ouest), mais la route est alors longue et sinueuse. Avec les retours de week-end, les routes peuvent être très encombrées le dimanche après-midi en direction de Nicosie et de la côte.

Histoire

La croûte océanique du Troodos, formée il y a plus de 90 millions d'années, fut la première partie de l'île à émerger il y a environ 15 millions d'années. À haute altitude, on rencontre dans la région des roches comme la serpentinite, la dunite, la pyroxénite, le plagiogranite, le gabbro, la diabase et la roche volcanique.

D'après Strabo, un géographe grec né en 63 av. J.-C., un temple à la gloire de la déesse Aphrodite s'élevait sur le mont Olympe à l'époque hellénistique. Ce temple,

DISTANCES ROUTIÈRES (KM)

	Platres	Kakopetria	Pedoulas	Agros
Kakopetria	25			
Pedoulas	18	15		
Agros	25	50	46	
Omodos et les krasohoria	8	35	29	31

selon la légende, était non seulement interdit aux femmes, mais également invisible à leurs yeux.

En 1571, des généraux vénitiens ordonnèrent la construction d'un fort à cet endroit afin de tenir les envahisseurs ottomans en échec, rapportent les nobles chypriotes qui fréquentaient les monastères et lieux de villégiature de la région.

À la fin des années 1800, Troodos devint la résidence d'été des gouverneurs britanniques de l'île qui s'y réfugiaient pour échapper au soleil, et la région fut considérée comme le siège estival du gouvernement durant le règne britannique. Au cours de son histoire, il servit tour à tour de refuge à des communautés religieuses, à des guérilleros et à des hors-la-loi, ainsi qu'aux nantis du Levant.

De nos jours, les amoureux de la nature, les passionnés d'histoire naturelle et les vacanciers en quête d'action y affluent pour camper et faire de la randonnée, ou du ski en hiver.

À voir et à faire

Randonnée

Le massif du Troodos compte treize chemins de randonnée, d'une longueur oscillant entre 1,6 km pour les novices et 14 km pour les plus expérimentés, qui offrent un excellent aperçu de la diversité de la région. Le nom grec et latin des arbres et des plantes rencontrés sur ces sentiers est souvent indiqué, et des bancs en bois vous invitent par intervalles à admirer le panorama le temps d'une petite pause.

Des brochures sur la flore, la faune et la géologie de chacun de ces chemins de randonnée sont disponibles au centre des visiteurs du Troodos (voir encadré p. 69).

Sentier d'Artémis (Boucle de Chionistra)

RANDONNÉE

Idéal pour une première randonnée, ce chemin ceinture le sommet du mont Olympe,

À ne pas manquer

1. Les dix célèbres églises peintes de la **route des églises byzantines** (voir encadré p. 71), toutes inscrites au patrimoine mondial de l'Unesco
2. Une **randonnée** (p. 65) ou une **balade à vélo** (p. 68) pour s'oxygéner parmi les superbes paysages de la région, à l'ombre du mont Olympe
3. Une nuit dans l'un des hébergements les plus authentiques de l'île pour goûter à la vie rurale traditionnelle chypriote dans un village : **Treis Elies** (p. 76), **Kakopetria** (p. 77) ou **Pedoulas** (p. 72)
4. Une excursion à travers les **vignobles** (p. 76) par les routes qui serpentent à flanc de montagne, avec dégustation des meilleurs vins chypriotes

Vers Nicosie (38 km)
Atsas
Elaia
Setrahos
E908
B9
Nikitari
Vyzakia
F929
F932
Karyotis
Panagia Forviotissa 1
SOLEA
Evryhou
Agios Theodoros
Agios Georgios Kafallou
Vers Nicosie (43 km)
FORÊT D'ADELFI
Xyliatos
E908
Kapoura
Barrage de Xyliatos
Kalyfes (1 158 m)
Kalopanayiotis
Ikos
Panagia tis Podythou 1
Galata
F929
Monastère Agios Ioannis Lambadistis 1
Kakopetria 3
Spilies tou Digeni
F907
Atsas
Moutoullas
1 Panagia tou Moutoulla
Agios Nikolaos tis Stegis 1
Kannavia
Agia Irini
F943
Setrahos
Pedoulas 3 1
B9
Spilia-Kourdali
Panagia tou Araka 1
Archangelos Michail
Lagoudera
F929
Aire de pique-nique de Platania
Madari (1 613 m)
Stavros tou Agiasmati 1
FORÊT DU TROODOS
Prodromos
Sentier d'Artemis
E909
Handria
Alithinou
F804
Trikoukkia
Aire de pique-nique de Livadi
Kyperounda
Platanistasa
2 Mt Olympe (1 952 m)
Forêt de Kardama
Kyperounda Winery
Polystypos
Paliomylos
F915
Camping
Alona
Jubilee
Pano Amiantos
F949
Agridia
Vers Palehori (5 km), l'église de la Transfiguration du Sauveur (6 km) et le monastère de Maheras (15 km)
E804
Sentier d'Atalante
Troodos
Kato Amiantos
Agros
Monastère de Troöditissa
Loumata
Dymes
Sentier de Persephone
Sentier de Kaledonia
Makria Kontarka (1 680 m)
Potamitissa
Chutes de Kaledonia
E801
PITSILIA
MASSIF DU TROODOS
Agios Ioannis
Foini
Pelendri
Tsiakkas Winery
Kato Mylos
Agios Theodoros
Platres
Église de Timios Stavros 1
Kato Platres
E802
E110
Moniatis
Sattas
Mandria
B8
Kryos
Zoöpigi
Perapedhi
Forêt d'Agios Mamas
Kalo Horio
Agya Mavri Winery
Trimiklini
Agios Mamas
Kilani
Vers Limassol (8 km)
COMMANDARIA
Vers Limassol (28 km)

formant une boucle dont le point de départ et d'arrivée se situe au petit parking sur la route menant au sommet. Le sentier traverse tour à tour des zones ombragées et dégagées, celles-ci offrant une vue imprenable sur le sud. Côté flore, vous pourrez observer du millepertuis perforé, de la sauge du Troodos, de l'alysse et de l'épine-vinette ; côté roches, vous croiserez une carrière de chromite et des filons de pyroxénite et de dunite. Vous aurez également l'occasion d'admirer les "remparts de la vieille ville", à savoir, selon la légende, les vestiges du fort vénitien (p. 65). Si vous parcourez le sentier en hiver, les remontées mécaniques se trouvent également sur votre route. Ce circuit de 7 km est assez plat, il devrait vous prendre 3 à 4 heures. Prévoyez de l'eau et un chapeau.

Sentier de Perséphone RANDONNÉE

Ce chemin, qui porte le nom de la montagne qu'il gravit, est l'occasion d'une agréable promenade à travers de grands pins, une riche végétation et des espaces ouverts sur l'horizon. Comptez environ 1 heure 30 aller-retour pour parcourir ses 3 km. Du belvédère situé au sommet du **Makria Kontarka** (son nom grec), le regard embrasse les vignobles et les villages viticoles jusqu'au port de Limassol au sud. Au nord, vous pourrez observer l'impressionnante cicatrice laissée dans la terre par l'ancienne mine d'amiante de Pano Amiantos.

Sentier d'Atalante RANDONNÉE

Ce chemin qui part de la place centrale de Troodos est facile et bien balisé. Baptisé Atalante en l'honneur de la dryade, il se trouve en contrebas du sentier d'Artémis, mais suit à peu près le même parcours. La vue n'est pas aussi spectaculaire que plus haut, mais la promenade reste agréable. Une source dont l'eau est potable vous attend à environ 3 km du point de départ. Pour retourner au village, empruntez la route principale Prodromos-Troodos. Comptez environ 5 heures pour parcourir les 12 km de ce circuit.

Observation des oiseaux

Chypre possède près de 400 espèces d'oiseaux, et de nombreux visiteurs choisissent le Troodos pour sa quiétude, la diversité de ses habitats et son excellente visibilité. Du vautour fauve à la fauvette, de la bergeronnette au pipit, vous en apercevrez une multitude. Consultez le site www.natureofcyprus.org pour une liste exhaustive.

Cyclisme

Le nombre de circuits destinés aux cyclistes et VTTistes, dont plusieurs pistes forestières, ne cesse de croître dans le massif du Troodos. La brochure *Cycling Routes*, qui détaille les itinéraires cyclables dans le massif, est disponible au centre des visiteurs et dans les offices du tourisme de l'île. L'itinéraire le plus prisé du Troodos se compose de trois pistes formant une boucle autour du sommet du mont Olympe.

Psilo Dendro (Platres)-Karvounas Parcours plat de 16,2 km sur un terrain facile, notamment des voies revêtues en bon état, des pistes forestières et des chemins de terre.

Karvounas-Prodromos Cet itinéraire de 22,7 km, d'un niveau moyen à difficile, présente un dénivelé raisonnable et des terrains différents en bon état.

Prodromos-Psilo Dendro Un parcours de 18,2 km en descente, empruntant à la fois de bonnes routes et des chemins de pierres susceptibles de mettre vos pneus à rude épreuve.

Consultez le site www.cypruscycling.com pour en savoir plus sur les courses et autres événements cyclistes organisés sur l'île.

Pique-nique

Le **Troodos Forest Park** comporte neuf aires de pique-nique bien aménagées, d'une capacité de 250 à 2 000 visiteurs. Vous pouvez vous installer pratiquement où bon vous semble, et, sur ces aires, profiter des tables en bois, points d'eau, toilettes, terrains de jeu et parcs de stationnement. Joignez-vous aux Chypriotes et utilisez les barbecues du parc pour faire griller vos côtelettes ou rôtir du *kontosouvli* (morceaux d'agneau) à la broche.

SPÉCIAL ENFANTS : TROODOS À DOS D'ÂNE

Un petit centre équestre établi au sud du village (à proximité des toilettes publiques) organise des promenades à dos d'âne et de cheval. Les animaux sont doux et tranquilles, l'occasion parfaite d'offrir à vos enfants une introduction à l'équitation sans craindre des galops effrénés. Comptez 6/10/15 € pour une petite promenade accompagnée de 10/20/30 minutes autour de Troodos.

Kampos tou Livadi est une ravissante aire de pique-nique à l'ombre des pins, située à 3 km en contrebas de la route Troodos-Nicosie (B9). Environ 8 km plus loin sur la même route, l'aire de **Platania** (platanes) et son camping, parfois très fréquentés le week-end, offrent de nombreux coins d'ombre et un parc d'aventure pour les enfants.

Ski

Le domaine skiable de Troodos comprend quatre pistes, d'une longueur variant de 150 à 350 m. Les deux plus longues se trouvent sur la face nord de la montagne. La remontée mécanique Hera vous déposera à 350 m de la piste pour débutants, tandis que la remontée Zeus vous hissera au sommet de la piste pour skieurs confirmés, la Jubilee Run, et des pistes de course. Le **North Face Ski Centre** (☎2542 0105) est installé là, au restaurant Dias.

Les remontées mécaniques pour les pistes Aphrodite et Hermès sont situées sur le replat sud du mont. Plus courtes, elles sont idéales pour les skieurs débutants et de niveau intermédiaire. Vous y trouverez le **Sun Valley Centre** (☎2542 0104) et un magasin de ski. Consultez le site www.skicyprus.com pour les derniers bulletins sur l'enneigement et l'état des pistes.

Où se restaurer

Le choix est limité, à moins que vous ne souhaitiez manger sur le pouce. Dans ce cas, la meilleure option reste le **Fereos Park Restaurant** (plats 8 €), qui propose de copieux kebabs et souvlakis. Sinon, optez pour Platres, où l'offre en restaurants est plus importante et plus variée, et la qualité bien meilleure.

Depuis/vers Troodos

Des bus pour le massif du Troodos circulent régulièrement au départ de Nicosie et de Limassol. Contactez les compagnies ci-dessous afin de vérifier leurs itinéraires et leurs horaires, ou même demander à ce que le chauffeur vous dépose dans un village situé sur sa route.

Clarios Bus Co (☎2246 5546 ; billet aller/journalier et retour 5/8 €). Les bus pour Central Troodos partent du bastion Constanza (Nicosie) à 10h20 en semaine et à 11h30 le samedi ; retour à 19h du lundi au samedi.

Emel (☎7777 8121 ; www.limassolbuses.com ; billet aller/journalier et retour 3/5 €). Des bus pour Central Troodos partent de Limassol tous les jours à 9h ; le retour se fait à 15h30 tous les jours.

Taxi Aucun service de taxis collectifs n'opère hors de Troodos. Vous pouvez toujours demander à un taxi classique de vous y conduire, mais c'est une option coûteuse, car la route est longue pour gravir la montagne.

LE CENTRE DES VISITEURS DU TROODOS

Situé au sud de la rue principale de Troodos, le **centre des visiteurs** (1 € ; ⏲10h-16h) vaut le détour. Son petit musée donne un aperçu de la flore, de la faune et de la géologie de la région. Une vidéo de 10 minutes est projetée dans son petit cinéma sur l'histoire du parc, dont la délimitation, les montagnes et les environs font l'objet d'une présentation dans le hall du bâtiment. Et surtout, vous y trouverez toutes les cartes et les brochures disponibles sur la région, les chemins de randonnée et la végétation notamment. Le sentier botanique et géologique qui ceinture le centre (250 m) constitue une bonne introduction aux curiosités de la région, tant pour les adultes que pour les enfants.

Comment circuler

Pour explorer le massif, le mieux est de disposer de son propre véhicule. On peut ainsi visiter les merveilleux villages sans être à la merci de transports limités. Les routes sont bonnes, quoique venteuses.

Platres

280 HABITANTS

"Les rossignols ne vous laisseront pas dormir à Platres."
Georges Seféris, Eleni, 1953

Perché à 1 200 m, Platres (anciennement Pano Platres) est le village le plus élevé du massif. Niché au cœur d'une forêt dense et fertile, il reçoit des précipitations parmi les plus abondantes de l'île.

Lieu de cure apprécié des colons britanniques et autres grands du passé, Platres accueillit notamment le célèbre poète grec et Prix Nobel Georges Seféris, qui séjourna longuement dans le village et lui consacra des poèmes fameux, ainsi que le roi Farouk d'Égypte, qui traversait la Méditerranée pour s'y réfugier l'été. Sur le modèle des stations de montagne de l'Asie coloniale, Platres possède tous les charmes de la retraite d'altitude : sentiers forestiers, torrents bouillonnants, fraîcheur reposante après la

STOP INSECTES !

Pensez à vous munir d'un répulsif anti-insectes car les montagnes, certes très pittoresques, sont infestées de toutes sortes de bestioles volantes et rampantes. Les grosses mouches et autres insectes vivants dans les arbres semblent particulièrement attirés par les vêtements blancs : prévoyez donc de porter d'autres couleurs, surtout durant les mois les plus chauds et à l'approche du sommet.

chaleur des plaines, et hôtels d'antan où l'on savoure un cocktail sur le balcon.

De nos jours, Platres attire les randonneurs, les retraités et les voyageurs qui préfèrent la montagne à la plage. Des hôtels et des restaurants plus modernes ont ouvert, ajoutant plus de confort à son charme désuet pour en faire un lieu de villégiature idéal.

Platres se trouve sur l'autoroute Limassol-Troodos (B9) et se résume à quelques rues sinueuses et une rue principale bordée de restaurants, de magasins et de bars. Consultez le site www.platres.org pour vous renseigner sur l'actualité locale.

À voir

Platres est le refuge parfait où échapper à la canicule estivale, avec son climat sec, sa nature superbe et sa sérénité. En hiver, lorsque le feu crépite dans la cheminée de ses restaurants cosy, c'est une station de ski charmante.

Architecture traditionnelle ÉDIFICES REMARQUABLES

Le village possède quelques superbes exemples d'édifices traditionnels en pierre, aujourd'hui majoritairement détenus (et encore occupés) par la municipalité. Flânez dans les rues à la découverte du **poste de police** (construit par les Britanniques) jouxtant l'office du tourisme ; de l'**ancien gymnase** (aujourd'hui l'hôpital de Platres), situé à 600 m au sud du centre du village ; du bâtiment à deux étages des **bureaux du Conseil communautaire** ; ainsi que de celui, admirablement conservé, de l'**Office de l'électricité**, édifié en 1930 en pierre de la région.

Activités

À 10 km seulement de Central Troodos et de ses chemins de randonnée (p. 65), Platres offre également de bonnes options aux marcheurs : un itinéraire descend vers Foini, à 9 km à l'est, un autre de 7 km, légèrement plus facile, mène à Perapedhi, et un chemin de 3 km grimpe à Pouziaris. Vous trouverez une carte de ces randonnées, entre autres, dans la brochure *Platres* de l'office du Tourisme de Chypre (CTO), disponible au centre des visiteurs de Troodos (voir encadré p. 69).

Où se restaurer

Goûtez aux spécialités locales en les arrosant des fabuleux vins de la vallée des *krasohoria* et de la région de la Commandaria.

Skylight Restaurant, Bar & Pool MÉDITERRANÉEN €€

(Leoforos Archiepiskopou Makariou III 524 ; www.skylight.com.cy ; plats à partir de 8 €, piscine 5 € la journée ; 9h-18h ;). Ce restaurant moderne doté d'un bar élégant et d'une piscine propose un excellent choix de grillades, salades et plats de poisson. Profitez d'un service impeccable, entre deux plongeons et une sieste au soleil sur sa terrasse.

Village Tavern CHYPRIOTE €€

(Leoforos Archiepiskopou Makariou III ; plats 8 €). Beau panorama de la terrasse de ce restaurant traditionnel qui sert des portions généreuses, bienvenues après l'effort. Laissez-vous tenter par la salade grecque, de prime fraîcheur, et la moussaka légèrement grillée.

To Anoi CHYPRIOTE €€

(Olympou 37 ; plats à partir de 9 €). Occupant un vaste bâtiment en pierre, cette taverne familiale sert des plats traditionnels, comme le *kleftiko* (agneau au four) et le *souvla* (brochette de viande, généralement de l'agneau), cuit au charbon de bois.

Psilo Dendro Restaurant CHYPRIOTE €€€

(Aïdonion 13 ; truite 14 € ; 11h-17h) Proche de l'extrémité sud du sentier de Kaledonia, ce restaurant reçoit de nombreux randonneurs affamés. Il sert l'un des poissons les plus frais de l'île, de la truite, en provenance directe de l'élevage voisin.

Renseignements

Cyprus Tourism Organisation (CTO ; 2542 1316; platresinfo@cto.org.cy ; 9h-15h30 lun-ven, 9h-14h30 sam, fermeture 30 min plus tôt juil-août) L'office du tourisme de Chypre peut vous renseigner sur les randonnées dans le Troodos.

LES FRESQUES DES ÉGLISES BYZANTINES

De nombreux voyageurs viennent dans la région du Troodos pour y voir les splendides églises byzantines qui furent édifiées et ornées de fresques magnifiques entre le XIe et le XVe siècle. Dix d'entre elles sont inscrites au patrimoine mondial de l'Unesco. Il s'agit, par ordre d'apparition dans notre guide, des églises suivantes : Archangelos Michail, Agios Ioannis Lambadistis (p. 72), Panagia tou Moutoulla (p. 73), Agios Nikolaos tis Stegis (p. 78), Panagia tis Podythou (p. 78), Panagia Forviotissa (Asinou ; p. 78), Stavros tou Agiasmati (p. 81), Panagia tou Araka (p. 81), de l'église de Timios Stavros (p. 82) et de l'église de la Transfiguration du Sauveur (p. 82).

Lorsque la dynastie catholique française des Lusignan prit le contrôle de Chypre en 1197, l'ornementation d'une série de petites églises de montagne avait déjà commencé. Mais c'est la répression et la discrimination que subirent les Chypriotes grecs orthodoxes sous les Lusignan qui poussèrent le clergé orthodoxe à se retirer, avec des artisans et des bâtisseurs, sur le versant nord du massif du Troodos. Ils y construisirent des retraites ecclésiastiques privées qu'ils décorèrent, et où l'orthodoxie prospéra paisiblement durant 300 ans.

De nombreuses églises furent ainsi construites sur un modèle comparable. La plupart étaient à peine plus grandes que de petites granges ; certaines étaient coiffées d'un dôme, d'autres pas. Pour les protéger de la rigueur de l'hiver et des chutes de neige, de grands toits aux versants très pentus leur furent ajoutés. D'habiles artistes décorèrent leur intérieur de peintures aux couleurs vives.

Toutes ne furent pas aussi richement ornées que les églises retenues par l'Unesco, qui en sont les plus beaux spécimens. La clarté des détails et l'état de préservation des fresques sont remarquables. Les fresques plus récentes, au style didactique, sont surprenantes : elles sont peintes à la manière d'une bande dessinée, visiblement afin d'enseigner les rudiments des Évangiles aux villageois illettrés.

Prévoyez au moins deux jours pour visiter toutes les églises. Certaines sont fermées à clé, et il vous faudra alors localiser leur gardien. Une contribution de l'ordre de 1 à 3 € est appréciée et généralement attendue. Les transports étant irréguliers, la voiture reste le meilleur moyen pour les visiter.

Pour signaler un **feu de forêt,** composez le ☎1407.

Depuis/vers Platres

Tous les bus arrivent et partent à côté de l'office du tourisme. Contactez la compagnie ci-dessous afin de vérifier ses itinéraires et ses horaires, ou même demander à ce que le chauffeur vous dépose dans un village situé sur sa route.

Emel (☎7777 8121 ; www.limassolbuses.com ; billet aller/journalier et retour 3/5 €). Des bus desservant Limassol au départ de Platres circulent à 7h20, 9h05 et 15h45 du lundi au samedi, et à 7h20 et 15h45 le dimanche ; retour à 9h30, 13h30, 15h30 et 18h en semaine, à 9h30, 12h30 et 17h le samedi, et à 9h30 et 17h le dimanche.

Taxi (☎2542 1346). Un service de taxis collectifs relie Limassol à Platres moyennant 11 € par personne.

Environs de Platres

Platres constitue la base idéale pour des excursions d'une journée vers des sites environnants tels que les monastères de Kykkos et de Troöditissa ou encore les églises byzantines et les villages viticoles de la Commandaria. Un véhicule sera indispensable pour approfondir votre exploration de la région.

Vallée de Marathassa

Cette vallée pittoresque située au nord-ouest du Troodos abrite quelques-uns des sites les plus impressionnants du massif, notamment le magnifique monastère de Kykkos, l'église Archangelos Michail aux fresques somptueuses, à Pedoulas, et le modeste monastère Agios Ioannis Lambadistis, à Kalopanayiotis.

Le printemps et l'automne sont de belles saisons pour visiter la vallée, qui se pare alors d'un tapis chatoyant de fleurs sauvages. Vous y trouverez aussi d'excellents hébergements agrotouristiques, essentiellement dans des maisons traditionnelles restaurées (voir p. 205).

À NE PAS MANQUER

SENTIER DE KALEDONIA

Le **sentier de Kaledonia**, bien balisé et ombragé, est parfait pour une randonnée estivale. Long de 3 km, il débute à environ 1 km en contrebas de Central Troodos, et s'achève aux confins de Platres. Il descend une vallée densément boisée en suivant la rivière Kryos, un cours d'eau bouillonnant traversé par des ponts en bois et des pierres de gué. Le sentier est abrupt par endroits et il est préférable de le parcourir du nord vers le sud, car son dénivelé est d'environ 400 m. Vous y croiserez une végétation variée (pins noirs, menthe de Chypre...), et de nombreuses espèces de petits oiseaux (fauvettes et rossignols chypriotes et sardes...). Le dernier kilomètre mène aux pittoresques **chutes de Kaledonia**, où l'eau tombe en cascade du haut d'un précipice de 15 m. Prévoyez 2 heures pour cette marche tonique et relaxante.

PEDOULAS

190 HABITANTS

Pedoulas (www.pedoulasvillage.com) est la principale localité de la vallée de Marathassa et son premier centre touristique. Réputé pour son eau de source (commercialisée dans toute l'île), c'est un endroit relativement frais et balayé par la brise en été. Vous y trouverez de bonnes options de restauration et d'hébergement.

À voir

Archangelos Michail ÉGLISE

(contribution libre). C'est généralement pour cette église peinte coiffée d'un pignon que les visiteurs se rendent à Pedoulas. Datant de 1474 et inscrit au patrimoine mondial de l'Unesco, l'édifice se trouve dans la partie basse du village. Ses **fresques** restaurées en 1980, que l'on attribue à un artiste du nom d'Adamos, témoignent de l'évolution du style de la renaissance postbyzantine vers le naturalisme. Elles représentent, bien sûr, l'archange Michel, qui a donné son nom à l'église, s'élevant au-dessus des fidèles. On peut également y voir le reniement du Christ, le sacrifice d'Abraham, la Vierge et le Christ, et une superbe scène de baptême figurant un Christ dénudé sortant du Jourdain, des poissons nageant à ses pieds.

Demandez la clé de l'église au Musée byzantin, de l'autre côté de la rue.

Musée byzantin MUSÉE

(1,70 € ; 10h-13h et 14h30-17h). Sa riche collection d'icônes datant du XIIe au XVe siècle comprend notamment l'**icône de la Vierge Vorinis** (fin du XIIIe siècle). Bon nombre des pièces qu'il conserve ont été exposées à l'international.

Musée d'Art populaire MUSÉE

(1,70 € ; 10-13h et 14h-16h). Près du centre de Pedoulas, ce musée renferme des vêtements, du mobilier et des outils agricoles qui offrent un instantané de la culture, des coutumes et de l'histoire de la région de Marathassa.

Où se restaurer

Platanos CHYPRIOTE €€

(Vasou Hadjiioannou ; plats 9 €) Ce restaurant, à l'ombre bienfaisante des platanes, sert des plats traditionnels comme le *souvlakia* (*souvlaki*) et l'*afelia* (porc mijoté au vin et aux herbes). Un must : goûtez au café chypriote préparé selon la tradition, en plaçant un plateau de sable chaud entre le *brikki* (une petite casserole) et la flamme. Cette méthode permet de chauffer le café progressivement et d'obtenir un arôme plus fort et plus riche.

Depuis/vers Marathassa

Clarios Bus Co (2246 5546 ; billet aller/journalier et retour 5/8 €). Des bus desservent Pedoulas au départ du bastion Constanza (Nicosie). Départs à 12h30 et 16h15 en semaine et à 12h30 le samedi ; le retour s'effectue à 5h20 et 6h30 en semaine, et à 6h30 le samedi.

KALOPANAYIOTIS

290 HABITANTS

Connu pour son monastère et son musée byzantin, Kalopanayiotis est un endroit relaxant, idéal pour une halte de quelques jours. Posez vos valises à l'un de ses excellents hébergements agrotouristiques, et ne manquez pas de visiter ses **sources de soufre** naturelles (dédiées à Asclépios, le dieu de la Guérison).

À voir

Monastère Agios Ioannis Lambadistis ÉGLISES

(contribution libre ; 8h-12h et 13h30-18h mai-sept).Ce site inscrit au patrimoine mondial de l'Unesco se compose en réalité de trois églises, dont la construction a débuté au XIe siècle et s'est étalée sur plus de 400 ans.

Aux deux nefs de l'église orthodoxe originelle sont venus se greffer un narthex et une chapelle latine. Coiffées d'un même toit en bois à deux versants (typique des montagnes du Troodos), elles forment l'une des églises les mieux préservées de la région.

L'église orthodoxe à coupole principale est ornée de **fresques** complexes et colorées datant du XIIIe siècle, dédiées à Agios Irakleidios (saint Héraclite). Elles représentent notamment l'entrée de Jésus à Jérusalem, monté sur un âne, sous le regard d'enfants grimpant aux palmiers pour mieux voir la scène ; ou encore la résurrection de Lazare, la Crucifixion et l'Ascension peintes avec des couleurs vives révélatrices de l'influence artistique de Constantinople.

L'antichambre et la chapelle latine arborent elles aussi des fresques, datant des XVe et XVIe siècles. La série de fresques italo-byzantines de la chapelle est considérée comme la plus importante de l'île. Les scènes de l'hymne acathiste (une louange à la Vierge Marie en 24 stances) sont représentées sous la forme de 24 peintures, correspondant chacune à une lettre de l'alphabet grec. L'arrivée des rois mages dépeint les rois montés à cheval, revêtus d'une armure de croisé et brandissant des croissants rouges (le symbole romain pour les Byzantins, puis les Turcs).

Il est interdit de photographier les icônes. Pour rejoindre le monastère, suivez la rue principale du côté opposé à la vallée. C'est le prêtre du village qui en détient les clés. Durant les mois d'été, vous le trouverez généralement au *kafeneio* (café) du centre.

Musée byzantin MUSÉE

(1 € ; ⌚9h30-17h mars-juin, 9h30-19h juil-sept, 10h-15h30 oct-fév). Ce musée faisant partie du monastère présente une collection de 15 icônes datant du XVIe siècle. Après de nombreuses années passées sous terre, où des prêtres orthodoxes les avaient dissimulées pour les protéger de l'envahisseur ottoman, elles furent redécouvertes en 1998. L'iconostase (la cloison à laquelle sont accrochées les icônes) est recouverte de motifs sculptés figurant les fougères que l'on trouve typiquement à Kalopanayiotis, ce qui confirme son origine.

MOUTOULLAS

Ce petit village situé sur la route entre Pedoulas et Kalopanayiotis, abrite une église elle aussi inscrite au patrimoine mondial de l'Unesco, la **Panagia tou Moutoulla** (entrée libre ; ⌚lever-coucher du soleil), pour ses fresques datant de 1280.

Son toit en bois pentu est caractéristique de la région, et il semble s'agir d'une ancienne chapelle privée. Ses peintures rares, non restaurées, comprennent des représentations de saint Christophe, de saint Georges et de la Vierge. Les clés sont à retirer au café du village, où de traditionnelles sculptures sur bois locales sont proposées à la vente. Vous trouverez également au village de délicieuses pommes et cerises en provenance des vastes vergers voisins.

MONASTÈRE DE KYKKOS

Fondé au XIe siècle par l'empereur byzantin Alexis Ier Comnène suite à une étrange série d'événements, le **monastère de Kykkos** (entrée libre ; ⌚lever-coucher du soleil), est le plus opulent et le plus prospère de l'île. Tout commença avec un ermite du nom d'Esaias (Isaïe) qui vivait dans une grotte non loin du site. Un jour qu'il se trouvait dans la forêt, Esaias croisa un chasseur de Nicosie, Manouil Voutomytis, qui n'était autre que le gouverneur byzantin de Chypre.

Voutomytis, qui s'était égaré, demanda son chemin à l'ermite. Ce dernier ne pouvait lui répondre, sous peine de briser son vœu d'ascétisme. Le chasseur, un homme orgueilleux, fut offensé par ce silence qu'il interpréta comme de l'insolence. Il injuria et bouscula l'ermite.

De retour à Nicosie, Voutomytis fut pris d'une incurable léthargie. Il se souvint alors de la façon dont il avait rudoyé Esaias et s'en retourna dans les bois pour implorer son pardon, espérant ainsi recouvrer la santé.

Pendant ce temps, Dieu apparut à l'ermite. Il lui demanda de confier à Voutomytis la mission d'aller chercher l'icône de la Vierge Marie à Constantinople, et de la ramener à Chypre.

À la demande de l'ermite, et après mûre réflexion, Voutomytis finit par rapporter l'icône à Chypre. Il convainquit l'empereur byzantin à Constantinople que sa fille, qui souffrait de la même léthargie, serait sauvée s'il consentait à la requête de l'ermite (et donc de Dieu).

L'icône, attribuée à saint Luc, est l'une des trois seules à avoir survécu. Pendant quatre siècles, elle resta enfermée au monastère de Kykkos dans une malle scellée, enveloppée d'argent.

Plusieurs incendies ont ravagé le monastère originel au fil des siècles, et le bâtiment actuel est une imposante construction bien

L'ARCHEVÊQUE MAKARIOS III : PRÊTRE ET HOMME POLITIQUE

Makarios, né Michael Christodoulou Mouskos le 13 août 1913 dans le petit village montagnard de Pano Panagia, dans le district de Paphos, fut l'ethnarque et chef religieux de Chypre durant le bref épisode d'indépendance que connut l'île unifiée.

Il étudia à Chypre et à l'université d'Athènes, et obtint un diplôme à la faculté de théologie de Boston. Il fut ordonné évêque de Kition en 1946, et devint archevêque quatre ans plus tard.

Partisan au départ du mouvement en faveur de l'union avec la Grèce ("*Enosis*"), il lui opposa ensuite l'idée d'indépendance, d'un statut de pays du Commonwealth, et du *taksim* ("séparation" en turc). Néanmoins, les Britanniques le soupçonnèrent de collaborer avec les rebelles du mouvement pro-Énosis Ethniki Organosi tou Kypriakou Agona (EOKA, Organisation nationale des combattants chypriotes) lors du soulèvement qui dura trois ans dans les années 1950, et il fut envoyé en exil aux Seychelles.

Mais Makarios était un homme politique, pas un insurgé, et son retour à Chypre fut salué en 1959. Il négocia un accord d'indépendance avec les Britanniques et fut élu président de la République de Chypre naissante le 13 décembre de la même année, avec une écrasante majorité.

En fusionnant indirectement la religion et l'État, il formalisa la tradition des gens ordinaires qui comptent sur leur clergé pour les gouverner et les guider. C'est le rôle qui avait été imposé aux chefs religieux chypriotes durant la domination de l'île par des puissances étrangères.

Ayant pris ses distances avec le mouvement énosiste en faveur de l'indépendance, Makarios s'efforça d'apaiser la minorité turque chypriote, et d'adopter une politique étrangère de non-alignement. Mais certains Turcs chypriotes le considéraient comme anti-Turc, et de graves violences sectaires éclatèrent en 1963. Les États-Unis interprétèrent son désintérêt pour l'Occident comme une preuve de communisme, et le surnommèrent "le Castro de la Méditerranée".

La junte grecque, soutenue par la CIA américaine et par les radicaux pro-Énosis de l'EOKA-B (la version postindépendance de l'EOKA), organisa un coup d'État en 1974 sous la direction du général grec Grivas, avec l'intention d'assassiner Makarios et d'asseoir un nouveau gouvernement.

Le coup d'État eut l'effet inverse : Makarios parvint à s'enfuir, et la Turquie (qui allait aussi connaître une partition) en profita pour envahir Chypre, sabotant ainsi politiquement tout espoir de paix entre les deux communautés. Les Turcs commencèrent à bombarder des villages et envahirent le nord de Chypre.

La junte fut renversée et Makarios revint d'Angleterre pour diriger un État désormais divisé. Il décéda brusquement le 3 août 1977 à l'âge de 63 ans. Beaucoup s'en souviennent aujourd'hui comme d'un leader, un homme d'État et l'incarnation des aspirations du peuple à l'indépendance et à une identité.

conservée datant de 1831. Il se trouve à une vingtaine de kilomètres à l'ouest de Pedoulas. Il est demandé aux visiteurs de se couvrir les jambes et les épaules : en été, des kiosques de location de pantalons et de châles s'installent devant l'église.

Musée byzantin MUSÉE

(☎2294 2736 ; www.kykkos-museum.cy.net ; 3,40 € ; ⏲10h-18h juin-sept, jusqu'à 16h oct-mai). Ce musée concentre une bonne partie des incroyables richesses du monastère, notamment des objets ecclésiastiques et byzantins.

Une collection de pièces antiques se trouve à votre gauche en entrant. Dans la vaste galerie ecclésiastique sont exposés des habits sacerdotaux, des coupes et des bijoux datant des époques paléochrétienne, byzantine et postbyzantine. Une petite pièce circulaire renferme d'anciens manuscrits, documents et livres, tandis qu'une riche collection d'icônes, de peintures murales et de sculptures est visible dans la principale pièce circulaire.

Des guides détaillés sont en vente au guichet pour 5 €, qu'ils valent largement.

TOMBEAU DE L'ARCHEVÊQUE MAKARIOS III

Le tombeau du premier président de Chypre (voir l'encadré ci-dessus) se trouve sur la

DÉPART **PLATRES**
ARRIVÉE **FOINI**
DISTANCE **44 KM**
DURÉE **3 À 4 HEURES**

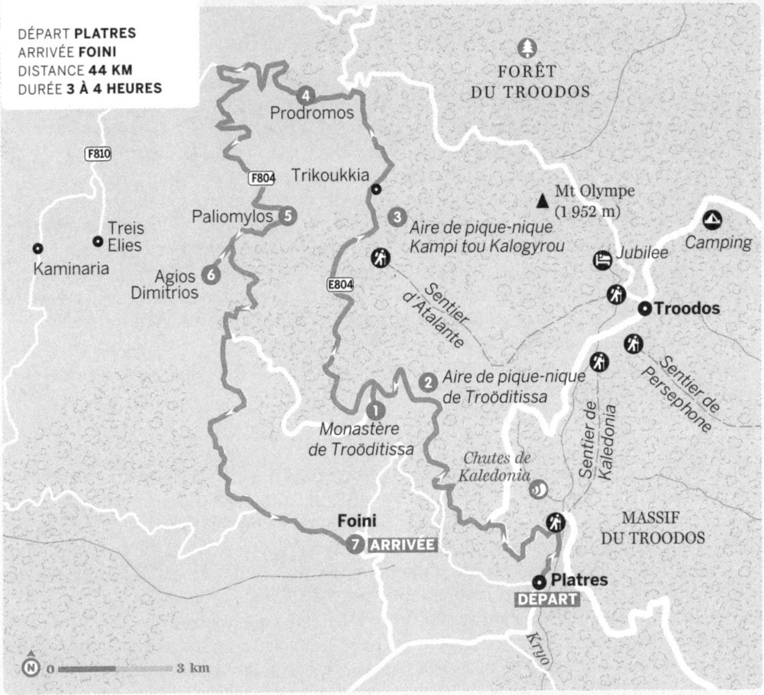

Excursion en voiture

Monastères et villages perchés

Prenez la E804 à Platres pour aller jeter un œil aux villages cachés dans la vallée. Le **1 monastère de Troöditissa** (XIIIe siècle) se trouve notamment sur cette route, au beau milieu d'une épaisse forêt de pins surplombant une gorge escarpée.

Le monastère fut construit suite à la découverte d'une icône de la Vierge en plaqué argent, d'une valeur inestimable, provenant d'Asie Mineure. Une croyance voulait qu'elle favorise la fertilité, et elle fut conservée dans une grotte voisine par deux ermites jusqu'à leur mort. L'église du monastère, construite en 1731, est fermée au public et utilisée par un ordre religieux actif. Toutefois, si vous savez faire preuve de politesse et de patience, les moines vous laisseront peut-être entrer.

En continuant sur la route de la montagne, vous croiserez les aires de pique-nique de **2 Troöditissa** et de **3 Kampi tou Kalogyrou**, à l'ombre des pins. De là, rejoignez **4 Prodromos** (www.prodromos.org.cy). Ce petit village est encore fréquenté par une clientèle de station de montagne, mais n'est pas aussi connu que Troodos et Platres. Perché à 1 380 m, c'est le village le plus en altitude de Chypre. Il possède d'incroyables vergers de pommiers, pêchers, pruniers, amandiers et châtaigniers.

Repartez vers le sud, en passant par **5 Paliomylos** (www.paliomilos.org) et **6 Agios Dimitrios**, deux villages intemporels, peu touchés par le tourisme, et qui disparaissent dans la verdure et les vignobles.

7 Foini, un peu plus loin sur la route, est l'endroit parfait pour vous arrêtez déguster des *loukoumades* (boules de miel chypriotes) accompagnées d'un café fort. Le village est également réputé pour sa poterie artisanale et ses *pitharia* (amphores en faïence). Pour le déjeuner, arrêtez-vous au Neraida et goûtez à sa truite fraîche et à son délicieux mezze (17 €). Ce restaurant situé du côté ouest du village, près du cours d'eau, sert à déjeuner du jeudi au mardi, et à dîner le vendredi et le samedi.

LE SENTIER E4

Treis Elies est le point de départ parfait pour partir à la découverte du **sentier européen E4**, un formidable chemin de randonnée qui commence à Gibraltar et traverse l'Espagne, la France, la Suisse, l'Allemagne, l'Autriche, la Hongrie, la Bulgarie, la Grèce et, depuis fin 2005, Chypre. L'inauguration a eu lieu dans la forêt de Maheras pour célébrer le prolongement du chemin par l'île, et la venue attendue de visiteurs plus nombreux dans la région. Le sentier E4 est relié à Chypre par bateau et par avion, et reprend aux aéroports de Larnaka et de Paphos. Il couvre le massif du Troodos, continue par la péninsule d'Akamas et traverse les régions est des zones libres de Famagouste. La brochure de l'Office du tourisme de Chypre (CTO) *European Long Distance Path E4 & Other Cyprus Nature Trails* donne une vue d'ensemble des randonnées à Chypre en précisant la longueur, le degré de difficulté, les points de départ et d'arrivée et les points d'intérêt de chacune d'entre elles. Ce sentier ravira les randonneurs, à qui il est fortement recommandé de se munir de cartes détaillées. S'attaquer à la partie chypriote du sentier est une excellente façon d'aborder le sentier E4, alors, laissez-vous tenter !

colline de Throni, à 2 km du monastère de Kykkos, là où la route effectue un virage à gauche avant de grimper vers le sommet. C'est à sa demande que Makarios fut enterré là, à proximité du lieu où il servit comme apprenti moine en 1926. Sobre, la sépulture en pierre est recouverte de marbre noir et surmontée d'un dôme incrusté de pierres. La simplicité de l'édifice est en partie due à sa construction hâtive, à la suite de la mort soudaine de Makarios.

Une immense statue en bronze à l'effigie de l'archevêque et provenant du palais archiépiscopal de Nicosie se dresse sur la colline depuis 2008, ajoutant à la grandeur du lieu.

Plus haut sur le sentier, vous pourrez admirer le **sanctuaire de Throni** dédié à la Vierge Marie. Il offre une vue dégagée spectaculaire sur les vallées et les routes menant à Kykkos depuis l'est.

Les croyants viennent accrocher leurs prières, matérialisées sur un morceau de papier ou de tissu, à l'**arbre à souhaits** situé à quelques mètres de là, dans l'espoir que la Vierge Marie les exaucera.

TREIS ELIES

Treis Elies (www.triselies.org) est un hameau paisible et reposant situé au sud-ouest de Prodromos, auquel on accède par la F11 ou la F811. Un petit cours d'eau et un sentier nature entourent le village, non loin duquel les **sources de soufre d'Iamatikes** (suivre le panneau Ιαματικές) jaillissent de grands rochers. L'emplacement de Treis Elies en fait le point de départ idéal pour des randonnées vers les ponts médiévaux de Kelefos, Elies et Roudhias. Ces derniers furent construits à l'époque de la domination vénitienne afin d'optimiser la route des caravanes de chameaux transportant le cuivre de Troodos vers Polis et Paphos, où il était vendu. Malheureusement, il n'existe plus de trace de la route originelle.

Le sentier européen de grande randonnée E4 (voir l'encadré ci-dessus) relie entre eux les trois ponts, offrant une excellente occasion de balade.

Le **pont d'Elies**, le plus proche de Treis Elies, se trouve à la sortie du village de Kaminaria, au beau milieu d'une épaisse forêt. C'est le plus petit des trois, et il représentait probablement la connexion est de la route des caravanes.

Le **pont de Kelefos**, qui étire son arche simple au-dessus d'une large voie d'eau, est le plus élégant. Depuis Elies, comptez environ 2 heures de marche pour rejoindre Kelefos, où vous trouverez un endroit parfait pour pique-niquer. Vous pouvez également vous rendre au pont de Kelefos en voiture, en suivant les panneaux en direction d'Agios Nikolaos.

Le troisième, le **pont de Roudhias**, est imposant, mais bien plus éloigné. Comptez 4 heures de marche le long du sentier, au-delà du relais forestier de Pera Vassas et de l'aire de pique-nique. Il n'est pas aisé de le trouver, alors munissez-vous d'une bonne carte. Si vous préférez la voiture, sachez que la route est étroite, son accès, limité, et qu'il vous faudra traverser un cours d'eau (4x4 requis).

OMODOS ET LES KRASOHORIA

30 HABITANTS (OMODOS)

Les immenses vignobles des *krasohoria* (villages viticoles) tapissent les versants du village d'**Omodos** (www.omodos.org), accroché au flanc sud-ouest du massif du Troodos.

Le village est bâti autour du monastère byzantin **Moni Timiou Stavrou** (monastère de la Sainte-Croix), un agencement tout à fait exceptionnel dans le monde grec. Construit aux alentours de 1150, le monastère a fait l'objet d'agrandissements et de rénovations au XIXe siècle. Piétonne, la zone pavée du centre-ville est bordée d'échoppes et de boutiques de souvenirs. Enfoncez-vous dans les ruelles à la recherche de la **maison traditionnelle Socrates** (entrée libre ; ⌚9h30-19h), où vous pourrez goûter à des vins de Commandaria (Kommandaria) faits maison, et en acheter une bouteille. Y sont exposés des outils traditionnels, dont des presses et des métiers à tisser, ainsi qu'un moulin à blé.

On dit que dans les *krasohoria,* chaque maison possédait son propre matériel de vinification. Dans cette région de vignobles, nombreux sont les villages proposant à la vente toutes sortes de produits traditionnels à base de raisins comme le *soujoukos* (un mélange de raisin et d'amandes), l'*espima* (miel de raisin) et le *palouze* (bonbons au raisin). Le .petit village de **Kilani** compte deux domaines : **Ayia Mavri** (☎2547 0225 ; www.ayiamavri.com), dont certains vins blancs ont été récompensés, et **Domane Valassides** (☎9944 1574), qui produit des vins rouges aromatiques et savoureux. Le domaine **Yiaskouris** (☎2594 2470), situé à Pachna, produit de superbes syrahs et blancs secs. **Gaia Oinotechniki** (☎2594 3981 ; www.gaia.com.cy), à Agios Amvrosios, propose une excellente gamme de vins bio.

La région compte plus de 50 caves, dont beaucoup n'ouvrent que sur rendez-vous ; consultez le site www.cypruswineries.org pour un descriptif de chacun et leurs horaires saisonniers d'ouverture.

Vallée de Solea

La vallée de Solea, que traverse la rivière Karyotis, est parsemée d'églises peintes datant de la fin de l'ère byzantine, époque à laquelle la région jouissait d'une réputation d'important bastion.

Dans les années 1950, son image de refuge stratégique fut confortée par les révolutionnaires de l'Ethniki Organositou Kypriakou Agona (EOKA ; Organisation nationale des combattants chypriotes) qui s'y établirent lors de leurs offensives contre les Britanniques. Son terrain dérobé et sa proximité avec Nicosie en faisaient la cachette idéale.

Aujourd'hui encore, elle constitue un excellent point d'accès à la montagne et au-delà, avec ses routes desservant aussi bien l'est que l'ouest. Kakopetria, son principal village, dispose d'excellentes commodités et d'une offre hôtelière convenable. C'est un très bon point de départ pour des excursions d'une journée ou pour un séjour plus long.

KAKOPETRIA

1 200 HABITANTS

Kakopetria, ou *kaki petra* (signifiant "mauvaise pierre"), tire son nom de la rangée de rochers énormes qui épouse la crête entourant le village, un obstacle de taille pour les premiers colons. Sis à cheval sur les deux rives de la rivière Karyotis, le village est traversé par des routes escarpées, planté d'arbres suspendus et bercé par le son de conduits pluviaux naturels.

La région est très populaire auprès des riches Chypriotes, qui s'y retirent dans leur maison secondaire en été. Le quartier ancien du village est classé, et ses maisons ont pour beaucoup été restaurées en conséquence, ce qui lui a permis de conserver son charme.

Kakopetria possède deux excellents hôtels et quelques bons restaurants. Il constitue lui aussi un excellent endroit pour poser vos valises le temps d'explorer les environs et leurs églises peintes.

LA COMMANDARIA

Dans ses écrits, Homère en mentionne sa couleur ambre et son arôme suave. Les Templiers en étaient si friands qu'ils lui donnèrent le nom de leur Commanderie de Limassol, et l'exportèrent vers les cours royales européennes. Lors de son mariage à Limassol, Richard Cœur de Lion la déclara "vin des rois" et "roi des vins". Cela fait plus de 4 000 ans qu'elle est produite dans les vastes vignobles de la vallée de la Commandaria, exposée au soleil du sud. Ce vin élaboré à partir de raisins blancs et noirs, et encore produit dans une douzaine de villages, n'a rien perdu de son excellence. Faites un tour chez **Revecca Spirits** (www.reveccaspirits.com), à Agios Mamas, pour sa vaste gamme. Vous pouvez également visiter les caves et déguster leurs crus.

Où se restaurer

Linos-Mesastrato Tavern CHYPRIOTE €€
(☎2292 3161 ; www.linos-inn.com.cy ; Palea Kakopetria 34 ; assiette de mezze à partir de 5 €). Un restaurant chaleureux servant un excellent mezze arrosé de bons vins rouges locaux comme le Ktima Malia (20 €), un savoureux cabernet. Un café et un bar à l'ambiance détendue, où l'on fume le narguilé, ouvrent l'été. L'endroit est fréquenté : pensez à réserver.

Mill Restaurant MÉDITERRANÉEN €€
(☎2292 2536 ; www.cymillhotel.com ; Mylou 8 ; plats à partir de 10 € ; ⏲fermé 20 nov-20 déc). Idéalement situé en bordure de rivière, où la roue d'un moulin tourne lentement, l'établissement dispose d'une terrasse ombragée. Sa spécialité est la truite, servie grillée ou aux herbes. En hiver, vous serez accueilli par un feu de cheminée. Pensez à réserver le week-end.

Village Pub CHYPRIOTE €
(Plats à partir de 6 €). La terrasse en bois de ce pub surplombe le village. La carte affiche des plats estivaux simples et bons, comme des salades, des *fassolia* (haricots blancs) et des *faggi* (lentilles). Les plats du jour méritent également toute votre attention.

Depuis/vers Kakopetria

Aucun transport ne dessert les églises de la vallée inscrites au patrimoine mondial de l'Unesco.

Clarios Bus Co (☎2246 5546 ; billet aller/journalier et retour 5/8 €). Départ du bastion Constanza (Nicosie) vers Kakopetria toutes les heures de 6h à 18h en semaine et de 11h30 à 17h30 le samedi ; 2 bus le dimanche en été. Retour à 5h, 5h45, 6h10, 6h30, 6h45, 8h, 13h30 et 14h30 en semaine, et à 6h, 6h45, 8h et 14h30 le samedi.

Tous les bus arrivent et partent à côté de l'office du tourisme.

ENVIRONS DE KAKOPETRIA

Les vallées environnantes abritent nombre d'églises inscrites sur la liste de l'Unesco et sont sillonnées de sentiers de randonnée.

AGIOS NIKOLAOS TIS STEGIS

Cette **église** (contribution libre ; ⏲9h-18h mar-sam, 11h-16h dim), appelée aussi Saint-Nicolas-au-Toit en raison de son grand toit très pentu, est située à 5 km au nord de Kakopetria.

Fondée au XIe siècle, elle appartenait à l'origine à un monastère. Un dôme et un narthex furent ajoutés à l'édifice au XVe siècle, de même qu'un toit, destiné à le protéger des chutes de neige.

Au Moyen Âge, l'art de l'iconographie et de la fresque prospérait dans la région lorsque les orthodoxes s'y réfugièrent pour échapper au pouvoir de Rome. Les **fresques** de cette église mêlent les images et les styles. Les plus belles sont sans doute celles qui dépeignent Marie donnant le sein à l'Enfant Jésus, la Crucifixion, la Nativité et les porteurs de myrrhe, cette dernière représentant un ange sur le tombeau vide du Christ.

Pour avoir une chance d'être autorisé à prendre des photos (sans flash), faites preuve de politesse et pensez à faire un don.

PANAGIA TIS PODYTHOU

C'est à **Galata**, un village situé sur la route de Nicosie, que se trouve cette autre **église** (☎2292 2393 ; ⏲sur demande) inscrite au patrimoine mondial. Elle fut fondée en 1502 par Dimitrios de Coron, un officier militaire grec au service du roi Jacques II de Lusignan. Elle appartint jadis à un monastère et fut occupée par des moines jusque dans les années 1950. De forme rectangulaire, l'église est prolongée à l'est par une abside semi-circulaire ; un portique (de construction plus récente) entoure trois de ses côtés. Elle est coiffée d'un toit pentu caractéristique de la région.

À l'intérieur, des **fresques** recouvrent ses frontons est et ouest, et son sol est carrelé en terre cuite.

Les deux fresques du XVIIe siècle de ses murs nord et sud sont restées inachevées. Elles représentent les apôtres Pierre et Paul dans un style d'influence Renaissance (italo-byzantin), avec des couleurs vives leur conférant du relief.

PANAGIA THEOTOKOU (ARHANGELOU)

Cette petite chapelle voisine de la Panagia tis Podythou date de 1514. Il est préférable de vous munir d'une torche car son intérieur est assez sombre. Elle abrite des panneaux très vivants, à visée didactique, recouverts de **fresques** dépeignant des scènes de la vie de Jésus.

Pour la visiter, il vous faudra dénicher le gardien, qui se trouve généralement au café du village de Galata.

PANAGIA FORVIOTISSA (ASINOU)

Cette **église** (☎9983 0329 ; contribution libre ; ⏲9h30-12h30 et 14h-16h lun-sam, 10h-13h et 14h-16h dim) inscrite au patrimoine mondial est située aux abords de la forêt d'Adelfi, à 4 km au sud-ouest du village de Nikitari. Dédiée à la Vierge de Phorbiottissa, elle possède l'un des plus beaux ensembles de **fresques** byzantines du massif du Troodos.

DÉPART **PLATRES**
ARRIVÉE **AGROS**
DISTANCE **110 KM**
DURÉE **7 À 8 HEURES**

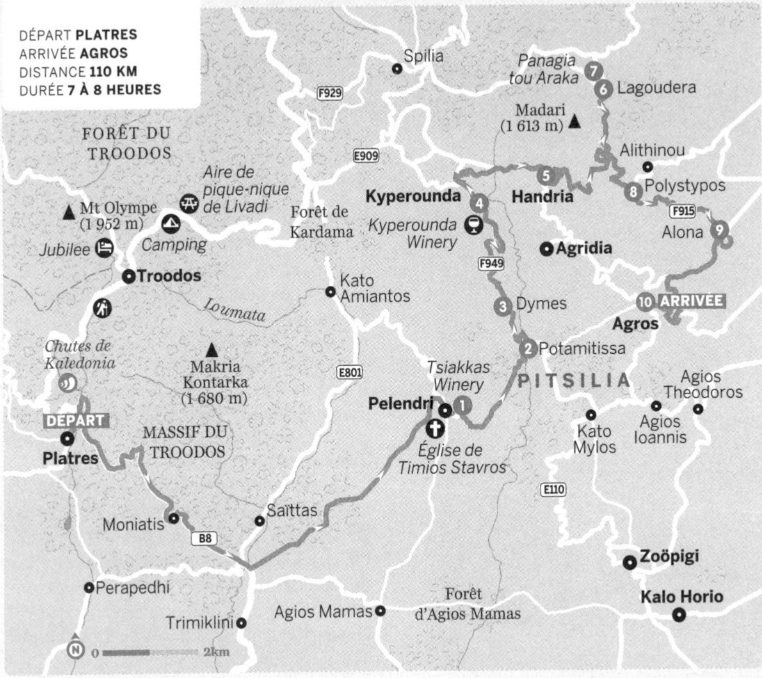

Excursion en voiture

La route des vins n°6

La route des vins n°6 passe par une quinzaine de villages, deux caves à vin et certains des meilleurs vignobles familiaux de la région. Elle est parfaitement indiquée tout du long : cherchez les panneaux vert et bordeaux marqués d'une grappe et du chiffre 6. De Platres, prenez la route B8 en direction du sud, puis la E806 jusqu'à Pelendri. Vous pouvez vous arrêter à la ❶ **Tsiakkas Winery**, une cave où l'on vous proposera d'excellents vins blancs secs et un cabernet sauvignon tout à fait honorable. Poursuivez par la F949, qui passe par les villages de ❷ **Potamitissa** et ❸ **Dymes**, jusqu'à Kyperounda et la ❹ **Kyperounda Winery**. Cet établissement viticole moderne propose un vaste choix de vins blancs et rouges, et notamment un assemblage de rouges particulièrement savoureux : l'Andessitis. Marquez ensuite l'arrêt aux villages d'altitude de ❺ **Handria** et de ❻ **Lagoudera** (F915), entourés de vignobles. C'est l'occasion de visiter ❼ **Panagia tou Araka**, une église byzantine du XIIe siècle inscrite au patrimoine mondial de l'Unesco. Revenez sur vos pas et dépassez ❽ **Polystypos** et ❾ **Alona** sur la F915. Empruntez ensuite la E903 jusqu'à ❿ **Agros**, planté de nombreuses vignes de mavro. Le restaurant Dionysos est le lieu idéal pour conclure la journée, avant de passer la nuit au bel hôtel Rodon. La route du vin effectue une grande boucle sinueuse, alors n'hésitez pas à faire souvent des pauses, à désigner un chauffeur ou à surveiller votre consommation d'alcool. Les horaires de visite des caves sont assez vagues, il peut donc être utile d'appeler avant. Les domaines proposent des visites de leurs vignobles, et seront ravis de vous faire déguster gratuitement leurs produits. En contrepartie, on attend de vous que vous achetiez au moins une bouteille, ce qui ne devrait pas être une grosse contrainte.

LE NECTAR DES DIEUX

La découverte d'amphores, de carafes à vin et même de pépins de raisin lors de fouilles organisées dans la région de Limassol a permis aux archéologues de faire remonter l'histoire viticole de Chypre jusqu'à l'an 4 000 av. J.-C., ce qui ferait de l'île le plus vieux producteur de vin au monde. Dionysos, le dieu du Vin, se manifeste une fois de plus, à un moment où les vins chypriotes gagnent en envergure et en popularité.

Avec ses collines et ses vallées fertiles, le Troodos est l'une des meilleures régions viticoles de Chypre. C'est là que sont cultivés le mavro, un cépage indigène noir, et le xynisteri, un cépage blanc, de même que 11 autres variétés. Ces cépages sont utilisés dans la production d'ofthalmo, de marta-theftiko, de cabernet franc, de cabernet sauvignon, de mataro, de mavro, de lefkada et de syrah, et de vins blancs comme le xynisteri, le sauvignon blanc, le malaga et le chardonnay.

Ses peintures (XIIe-XVIIe siècle) appartiennent à différents styles artistiques. Leurs thèmes s'apparentent à ceux des fresques que l'on peut voir dans les autres églises classées au patrimoine mondial de l'Unesco, mais elles sont uniques par leur dynamisme et leurs couleurs.

La visite se fait sur demande auprès du prêtre et gardien de la chapelle, le frère Kyriakos, que vous êtes à peu près sûr de trouver au café de Nikitari.

Pour rejoindre l'église, suivez les panneaux à partir de la B9 en provenance de Nicosie, en passant par Vyzakia. Un chemin de randonnée forestière part également d'Agios Theodoros vers l'ouest (sur la B9), qui vous permettra de profiter pleinement du cadre environnant, et, pourquoi pas, d'organiser un pique-nique.

Pitsilia

Cette vaste région s'étend à l'est du mont Olympe et du massif du Troodos, englobant une quarantaine de villages jusqu'au monastère de Maheras. Son versant nord est planté de hauts pins odorants, et ses vallées de vignes, de noyers et autres arbres fruitiers.

Là encore, quelques églises byzantines vous attendent, ainsi que des chemins de randonnée difficiles s'adressant aux marcheurs endurants.

Agros est la plaque tournante de la région. Les villages de Kyperounda, Platanistasa, Paliaiochori et Pelendri méritent également la visite.

Randonnée

La région de Pitsilia possède des chemins de randonnée bien balisés, dont deux courtes boucles. La plupart des itinéraires consistent en un aller-retour, à moins que vous ne choisissiez de marcher jusqu'au prochain village.

La brochure de l'office du tourisme (CTO), *Cyprus: Nature Trails*, comporte des cartes, mais il est toujours préférable de vous munir d'une carte plus détaillée de la région.

Les parcours, parmi les plus attrayants de l'île, traversent des forêts, des vergers, des villages, des vallées et des pics montagneux.

De Doxasi o Theos à la caserne de Madari (3,75 km, 2 heures). Cette randonnée panoramique longe la crête. Le sentier démarre à 2 km de Kyperounda.

Teisia tis Madari (3 km, 1 heure 30, boucle). Dans le prolongement de l'itinéraire précédent, cette randonnée consiste en une boucle qui longe les falaises autour du mont Madari (Adelfi ; 1 613 m) et réserve des points de vue exceptionnels.

De Panagia tou Araka (Lagoudera) à Agros (6 km, 2 heures 30). Un parcours plus long, à travers vignobles et vergers. La crête entre Madari et Papoutsas offre un magnifique panorama.

De Panagia tou Araka à Stavros tou Agiasmati (7 km, 3 heures 30). Cette randonnée, la plus longue, serpente à travers des forêts, des vignobles et des terrasses de pierre en passant par deux des principales églises byzantines de la région.

D'Agros à Kato Mylos (5 km, 2 heures, boucle). Une randonnée facile à travers des vergers de poiriers et de cerisiers, des vignobles et des roseraies.

De Petros Vanezis à Alona (1,5 km, 30 minutes, boucle). Une courte marche autour du village d'Alona, à travers ses plantations de noisetiers.

D'Agia Irini à Spilies tou Digeni (3,2 km, 1 heure 30). Un aller-retour tranquille jusqu'aux grottes dérobées de Digenis qui servirent de cachette aux membres de l'EOKA lors de l'insurrection de 1955-1959.

Depuis/vers Pitsilia

Les transports desservant la région de Pitsilia sont limités.

Emel (☎7777 8121 ; www.limassolbuses.com ; billet aller/journalier et retour 3/5 €). Les bus pour Limassol partent d'Agros à 5h15, 6h, 7h, 9h et 14h30 en semaine, à 6h, 7h et 9h le samedi, et à 9h30 et 16h le dimanche.

De Limassol, les départs se font à 7h30, 12h, 13h40 et 16h15 en semaine, à 7h30 et 12h le samedi, et à 11h et 17h le dimanche. Les bus desservent Agros, Agios Nikolaos tis Stegis, Kyperounda, Pelendri et Kato Mylos.

Un bus se rend à Nicosie au départ d'Agros à 6h40 tous les jours ; retour à 12h50 tous les jours.

Agros

840 HABITANTS

Perché à 1 100 m d'altitude, **Agros** (www.agros.org.cy) est un bon point de départ pour des excursions à pied ou en voiture dans les collines environnantes. Réputé pour ses produits à base de rose, notamment l'eau de rose et les loukoums, Agros l'est également pour ses conserves de fruits et ses viandes chypriotes traditionnelles comme les *loukanika* (saucisse épicée) et le *lountza* (filet de porc fumé). Son activité tourne donc essentiellement autour de ses entrepôts et fabriques traditionnelles.

À voir et à faire

CNT – House of Roses PRODUITS À LA ROSE
(www.rose-tsolakis.com ; Anapafseos 12 ; ⏲8h-17h lun-ven, 10h-17h sam et dim). En jetant un coup d'œil à l'atelier de ce magasin de poterie et de produits à la rose, vous serez surpris par la multitude d'utilisations possibles de cette noble fleur : eau florale, eau-de-vie à la rose, savons, bougies, liqueurs de rose et vins infusés à la rose. Un lieu idéal pour faire l'emplette de cadeaux.

Niki's Sweets CONFITURES
(www.nikisweets.com.cy ; Anapafseos 5 ; conserves 3-5 €). Niki confectionne des confitures d'agrumes et de figues, et des douceurs à la noisette qui sont vendues dans toute l'île et exportées jusqu'en Australie. Certaines de ses confitures ont des propriétés apaisantes et curatives naturelles.

Kafkalia Sausages CHARCUTERIES
(Agros ; prix au poids). *Lountza, hiromeri* (jambon fumé traditionnel), *loukanika, pastourmas* (bœuf fumé épicé), etc. : la charcuterie fabriquée ici est l'une des meilleures de Chypre. Le fumoir adjacent mérite le coup d'œil.

Environs de Pitsilia et d'Agros

STAVROS TOU AGIASMATI

Cette **église** (contribution libre) byzantine inscrite au patrimoine mondial est célèbre pour les **peintures murales** du XVe siècle, œuvre du peintre syrien orthodoxe Philippos Goul, qui ornent le plafond et les poutres de son toit à pignon. Parmi les scènes représentées, citons notamment la découverte de la Sainte Croix.

Si le prêtre est absent, demandez la clé de l'église au café de **Platanistasa** (www.platanistasa.org). L'édifice se situe à 5 km du village, sur une route barrée un peu en retrait de la route Orounda-Platanistasa (E906). Il est difficile à trouver : suivez les panneaux de l'Unesco.

PANAGIA TOU ARAKA

Cette **église** (contribution libre ; ⏲9h-18h) du XIIe siècle, inscrite elle aussi au patrimoine mondial de l'Unesco, se situe aux abords de Lagoudera. Dissimulée sous un toit à pignon et des colombages, elle présente un aspect extérieur imposant.

À l'intérieur, vous aurez l'occasion d'admirer quelques-unes des plus belles **fresques** de style coménien tardif (1922) du monde orthodoxe. Sa vaste collection d'œuvres néoclassiques, attribuée à des artistes de Constantinople, comprend notamment un magnifique Christ Pantocrator, dans la *tholos* (tombeau en pierre en forme de ruche).

Ses superbes fresques incluent également des représentations de l'Annonciation, des quatre évangélistes, de l'archange Michel et du Panagia Arakiotissa (patron de l'Église).

Le nom de cette église, peu conventionnel, est dérivé du mot *arakiotissa* (signifiant "du pois sauvage"), un légume qui pousse en abondance dans la région. Le prêtre et gardien de l'église n'est jamais bien loin. Voyez s'il vous autorise à prendre les fresques en photo et, le cas échéant, pensez à désactiver le flash de votre appareil.

ÉGLISE DE TIMIOS STAVROS

Seule l'abside de cette église en pierre du XIIe siècle, dont le nom signifie **église de la Sainte-Croix** (contribution libre ; ⏲10h-17h), est d'origine. L'édifice originel, à une seule nef et surmonté d'un dôme, a été agrandi aux XIIIe et XIVe siècles, puis détruit, brûlé et enfin reconstruit.

Les **fresques** (1178) ornant son abside en font une église unique, inscrite elle aussi au patrimoine mondial de l'Unesco. Un buste de Jésus en attitude de prière y est représenté, flanqué de la Vierge Marie et de Jean le Baptiste. Ces derniers sont peints en miniature aux côtés d'un Jésus exagérément grand.

On y voit également d'autres peintures, comme l'autel et le Graal au niveau de la petite fenêtre de l'abside, et saint Stéphane côté nord. Ces fresques (que l'on doit à un même artiste), avec leurs lignes droites d'une grande simplicité et leurs lumineuses couleurs terre, sont considérées comme un prélude aux chefs-d'œuvre découverts dans les autres églises du Troodos.

Les autres peintures datent du XIVe siècle, époque à laquelle l'église fut entièrement repeinte. Ce sont les plus impressionnantes, tout particulièrement la représentation de la Descente aux Enfers que vous pourrez voir dans la partie haute de la chapelle.

L'église se trouve à l'extrémité sud du village de **Pelendri** (www.pelendri.org), qui fut gouverné par Jean de Lusignan lorsqu'il était régent de Chypre au XIIIe siècle. Si elle est fermée (ce qui est probable), demandez le prêtre au *kafeneio* du village.

ÉGLISE DE LA TRANSFIGURATION DU SAUVEUR

Cette **chapelle** (☎9997 4230 ; contribution libre ; ⏲10h-13h mar et mer) datant du début du XVIe siècle, inscrite au patrimoine mondial, surplombe le village de **Palaichori** (www.palaichori.com), à 14 km d'Agros. Elle est surmontée du toit en bois pentu caractéristique des églises de montagne, et renferme l'un des ensembles de peintures murales byzantines tardives les plus complets de l'île.

Les peintures, dont l'artiste est inconnu, représentent des personnages comme saint Mammès sur son lion. L'église abrite également une collection d'iconostases que l'on doit à Mathaios, un moine originaire du mont Athos. Pour visiter l'église, il vous faudra d'abord appeler son gardien, ou vous manifester au musée de l'héritage byzantin du village.

SPILIA-KOURDALI

460 HABITANTS

Ces deux villages traditionnels situés dans la forêt d'Adelfi furent fondés au XVIe siècle à proximité du monastère et de l'église de la Vierge Marie Chrysokourdaliotissa (Kourdali). Comme de nombreux villages de la région, ils avaient vocation de refuge lors des attaques constantes de l'envahisseur, franc d'abord, puis turc.

Kourdali (www.kourdali.org), niché dans une étroite vallée, s'est développé en direction du village de Spilia, qui tient son nom des tombes romaines (*spilioi* en grec) retrouvées dans la région. Les villageois vécurent principalement de l'extraction de l'amiante, avant de devenir tailleurs ou cordonniers. De nos jours, les cafés et les ateliers traditionnels du village en constituent le principal attrait.

Moulin à huile d'olive de Paphitaina SITE HISTORIQUE

Ce moulin à huile d'olive en pierre et sa presse en bois, parfaitement conservés, furent en activité jusqu'en 1955. On peut les voir désormais dans une maison traditionnelle du centre de Spilia.

Le moulin, qui appartenait autrefois à un particulier, était habituellement mû par un âne, et les olives concassées étaient ensuite écrasées par la presse. L'huile d'olive ainsi extraite était alors recueillie dans des *tzares* (urnes en argile) par la fente située à la base de la presse. Les presses modernes des villages voisins finirent par remplacer le moulin. Adressez-vous aux Amis de Spilia-Kourdiali, dans le bâtiment voisin, pour obtenir la clé de la maison abritant le moulin.

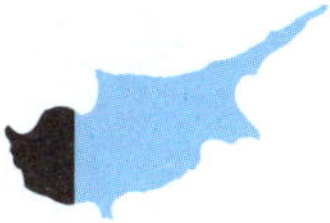

Paphos et l'Ouest

Dans ce chapitre »

Le top des restaurants

- » Old Town Restaurant (p. 100)
- » Kiniras Garden (p. 91)
- » Argo (p. 92)
- » Imogen's Inn (p. 96)

Le top des hébergements

- » Axiothea Hotel (p. 207)
- » Bougainvillea Hotel Apartments (p. 209)
- » Amarakos Inn (p. 208)
- » Ayii Anargyri Natural Healing Spa Resort (p. 208)

Pourquoi y aller

Paphos abonde en vestiges du passé... et de touristes. Si vous trouvez la plage de Kato Paphos trop moderne, les hauteurs de Ktima ont conservé une atmosphère chypriote et comptent nombre de boutiques, restaurants et cafés. D'autres plages sont situées plus au nord, le long de la côte jusqu'à Agios Georgios.

En vous rendant en voiture de location sur la péninsule encore protégée d'Akamas, vous éviterez plus sûrement les foules de touristes et profiterez de villages traditionnels, de plages isolées et de randonnées parmi les plus belles de l'île. Plus à l'est, la grande forêt de Paphos, également enchanteresse, se fond parmi les espaces naturels de Tylliria.

Dans Paphos se trouvent les sites archéologiques les plus importants, comme les grandes mosaïques et les mystérieux tombeaux des Rois. La jolie petite ville de Polis, à l'écart du tourisme de masse, est idéale pour installer le camp de base d'un voyageur indépendant.

Quand partir

Paphos est la destination touristique numéro un de l'île, pensez-y lorsque vous préparez votre excursion. Juillet et août sont particulièrement chargés, et les tarifs hôteliers majorés. Mai-juin et septembre-octobre sont moins courus, tout en restant très ensoleillés. Le printemps et l'automne sont également chauds, malgré la baisse de température sensible en soirée. L'hiver, certains restaurants et hôtels ferment ; vous pourrez même voir de la neige dans l'ouest des montagnes du Troodos.

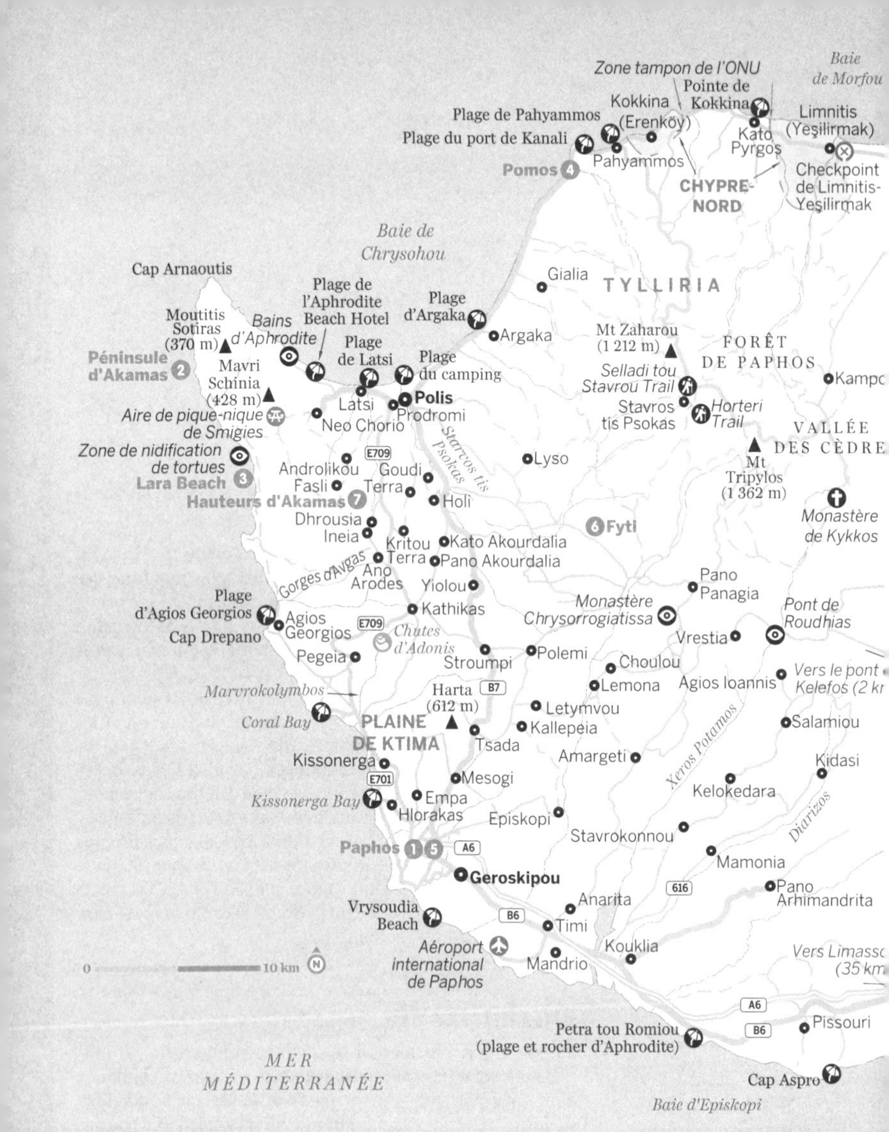

À ne pas manquer

1 Une visite du site antique de Paphos : ses **mosaïques romaines** (p. 85) et la **nécropole des tombeaux des Rois** (p. 87)

2 Une promenade sur la **péninsule d'Akamas** (p. 96), sauvage et escarpée

3 Un bain à **Lara Beach** (p. 94), la plage la plus sauvage du pays

4 Du jazz de qualité lors du **Paradise Jazz Festival** (p. 102) à Pomos

5 Un délicieux *kleftiko* chez **Argo** (p. 92), un restaurant établi depuis longtemps à Paphos et renommé pour son agneau au four traditionnel

6 Le travail des tisserands à **Fyti** (p. 104), un village pittoresque réputé pour son artisanat de coton et de soie

7 Un tour dans les superbes collines d'**Akamas** (p. 94) ponctuées de villages traditionnels

PAPHOS

67 432 HABITANTS

Kato Paphos (ville basse) et Ktima (ville haute, à 3 km au nord-est) sont reliés par la route et forment un ensemble plein de contradictions. Kato Paphos, ouvertement tourné vers le tourisme anglais, propose des bars et des petits-déjeuners "à l'anglaise". Toutefois, les bâtiments du bord de mer bordé de palmiers sont peu élevés et Kato Paphos est un important site archéologique dont les ruelles abritent d'autres trésors d'histoire, comme les thermes médiévaux, les catacombes et une église de pêcheurs toute simple. Le site archéologique officiel de Paphos fait partie des lieux historiques incontournables, car c'est l'un des plus riches du Sud. Une fois seul (ou presque) dans cet endroit, entouré par l'Histoire, sous un ciel bleu et face au fenouil sauvage et aux câpriers qui poussent sur le pourtour méditerranéen, vous êtes transporté à des milliers d'années de votre routine quotidienne.

Ktima, le centre historique de Paphos, est en général un endroit calme, où les habitants ne dérogent pas à leurs habitudes séculaires. Il regorge d'édifices d'architecture coloniale abritant les institutions gouvernementales et une bonne partie des musées de la ville. Ktima compte également de bons hôtels.

À voir

Site archéologique de Paphos SITE ARCHÉOLOGIQUE

(Carte p. 86 ; Kato Paphos ; 3,40 € ; 8h-19h30). Nea Paphos (le nouveau Paphos) est le nom donné au vaste site archéologique de Paphos, à l'ouest de Kato Paphos. Nea Paphos était l'ancienne ville de Paphos, fondée au IVe siècle avant notre ère. Palea Paphos (le vieux Paphos) était en fait Kouklia, au sud-est du Paphos d'aujourd'hui, le lieu du sanctuaire d'Aphrodite. Au temps de Nea Paphos, Chypre faisait partie du royaume des Ptolémées, la dynastie gréco-macédonienne à la tête de l'Égypte ayant établi sa capitale à Alexandrie. La ville est devenue un poste avancé stratégique pour les Ptolémées et s'est considérablement développée au cours des sept siècles suivants.

La ville était à l'origine entourée par des remparts très épais et s'étendait sur environ 950 000 m^2. Bien que cédée aux Romains en l'an 58 av. J.-C., elle est restée au cœur de la vie politique et administrative de Chypre et a atteint son apogée au cours du IIe ou du IIIe siècle. C'est à cette époque que les bâtiments publics les plus somptueux ont été bâtis, dont ceux qui abritaient les fameuses mosaïques de Paphos.

DISTANCES ROUTIÈRES (KM)

	Lara Beach	Polis	Kato Pyrgos	Fyti
Polis	21			
Kato Pyrgos	69	46		
Fyti	36	17	66	
Pano Panagia	47	33	61	13

Le déclin de Nea Paphos a commencé au IVe siècle, après un tremblement de terre ayant provoqué d'importants dégâts. Salamis, plus à l'est, est ensuite devenue la capitale de Chypre, reléguant Nea Paphos au statut de simple évêché. Les invasions arabes du VIIe siècle ont achevé le déclin de la ville et ni l'établissement des Lusignan (1192-1489) ni les colonisations vénitienne et ottomane ne lui ont rendu sa gloire.

Des fouilles sont toujours en cours sur le site archéologique : de nombreuses merveilles restent encore à découvrir. Les paragraphes suivants traitent des principaux endroits à voir.

Mosaïques de Paphos

Cette stupéfiante composition de mosaïques imbriquées et colorées se trouve dans la partie sud du site, juste en dessous de l'Agora. Découvertes par hasard en 1962 par un agriculteur qui cultivait son champ, ces superbes mosaïques ornaient le rez-de-chaussée d'une résidence romaine vaste et cossue. Baptisé depuis **villa de Dionysos** (en raison de la quantité de mosaïques représentant le dieu du Vin), cet ensemble est le plus grand et le plus connu des maisons aux mosaïques.

Outre leurs qualités artistiques et esthétiques, les mosaïques racontent chacune une histoire, souvent inspirée de la mythologie grecque.

En entrant, vous verrez d'abord une mosaïque de galets monochrome hellénistique, et non pas romaine, représentant le monstre **Scylla**. Cette illustration du mythe grec a été découverte en 1977, à un mètre de profondeur dans l'angle sud-ouest de l'atrium.

L'histoire de **Narcisse** est reproduite dans la salle n°2, tandis que la magnifique **mosaïque des Quatre Saisons** (salle n°3) représente le Printemps couronné de fleurs et tenant une canne de berger ; l'Été tient une faucille et porte des épis de céréales ; l'Automne est couronné de feuilles et de blé et l'Hiver est présenté sous les traits d'un homme à la barbe et aux cheveux gris.

Phèdre et Hippolyte (salle n°6) est l'une des plus importantes mosaïque de la villa et évoque l'amour tragique de Phèdre pour son beau-fils.

L'**Enlèvement de Ganymède** (salle n°8) fait partie des plus belles œuvres de la villa. Ganymède était un jeune berger très beau devenu l'échanson des dieux. Le mosaïste a manifestement fait une erreur en calculant l'espace qui lui était attribué, ce qui explique les ailes coupées de l'aigle.

Sous le portique occidental (salle n°16), vous pourrez admirer une mosaïque racontant une histoire bien connue de tous les connaisseurs de Shakespeare : celle de **Pyrame et Thisbé**, dont le premier récit se trouve dans *Les Métamorphoses* d'Ovide, puis qui a été adapté dans *Roméo et Juliette* (et mis en scène de façon parodique dans *Le Songe d'une nuit d'été*).

Ces mosaïques et d'autres sont expliquées plus en détail dans l'excellent guide officiel des mosaïques de Paphos (*Guide to the Pafos Mosaics*) en vente au guichet pour 6 €.

La **villa de Thésée** et la **villa d'Aion**, plus petites, sont à quelques minutes à pied. Cette dernière est un bâtiment spécifique construit avec les pierres disponibles sur place, dans lequel se trouve une mosaïque du IVe siècle composée de 5 panneaux. Aion est le sujet des mosaïques qui, bien qu'endommagées, laissent voir le nom et le visage du dieu.

La villa de Thésée est sans doute une résidence privée du IIe siècle. Ce bâtiment occupe 9 600 m² et 1 400 m² de mosaïque ont été découverts à ce jour. La mosaïque ronde de Thésée et du Minotaure, particulièrement bien conservée, est visible salle n°36. Vous trouverez les mosaïques de Poséidon salle n°76 et d'Achille salles nos39 et 40.

La visite des trois villas requiert au moins 2 heures.

Agora, asclépion et odéon

L'agora (ou forum) et l'asclépion datent du IIe siècle de notre ère et constituent le cœur du Nea Paphos d'origine. Aujourd'hui, l'agora est composée principalement de l'odéon, un théâtre semi-circulaire restauré en 1970 qui n'a pas l'air particulièrement ancien. Le reste de l'agora est repérable aux colonnes de marbre formant un rectangle isolé en

Kato Paphos

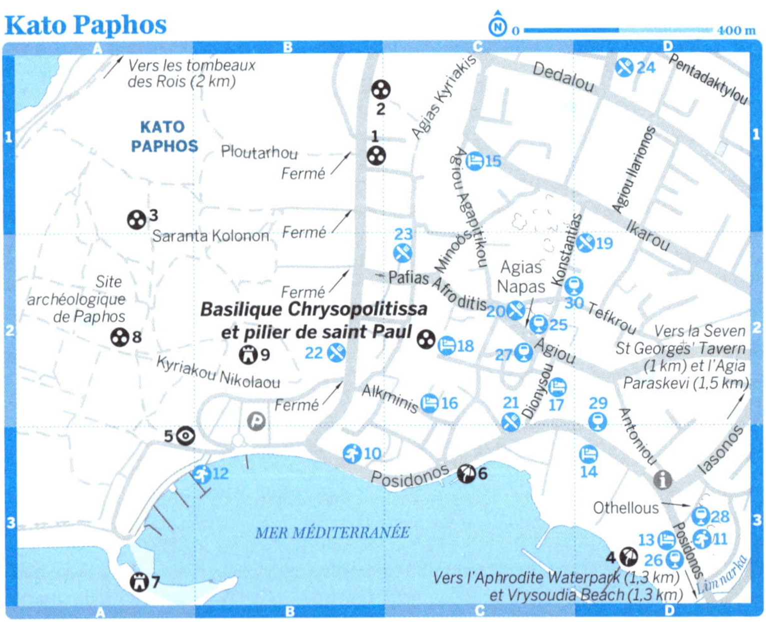

plein air. Ce qu'il reste de l'asclépion, centre de guérison et autel d'Asclépios (Esculape), dieu de la Médecine, s'étend d'est en ouest au sud de l'odéon.

Forteresse de Saranta Kolones

Non loin des mosaïques se trouvent les vestiges de la forteresse médiévale de Saranta Kolones, qui tire son nom des 40 colonnes qui formaient auparavant une partie de la structure aujourd'hui pratiquement rasée. Il n'y a que peu d'informations disponibles sur le type et l'histoire de la forteresse d'origine, bâtie au XIIe siècle par les Lusignan, qui fut détruite par un tremblement de terre en 1222. Quelques arches éparses sont les seules traces qui attestent de sa grandeur d'antan.

Tombeaux des Rois SITE ARCHÉOLOGIQUE

(Tombs of the Kings ; hors carte p. 86 ; Kato Paphos ; 1,70 € ; ⏲8h30-19h30). Imaginez d'anciens tombeaux dans un paysage quasi désertique bercé par le bruit des vagues s'écrasant contre les rochers. Les tombeaux des Rois, site inscrit au patrimoine mondial de l'Unesco, sont en effet un lieu fascinant et mystérieux. Ils sont uniques à Chypre et très influencés par la tradition antique égyptienne, prônant que les tombes des morts devaient ressembler aux maisons des vivants.

CONSEILS POUR LES TOMBEAUX

» Compter au moins deux heures pour visiter les tombeaux des Rois

» La température peut atteindre des sommets, il est conseillé de commencer la visite de la nécropole de bon matin

» Chapeaux et bouteilles d'eau sont indispensables

» Les escaliers de pierre permettant de descendre dans les tombeaux peuvent être glissants

Situé à 2 km au nord de Kato Paphos, le site comprend un ensemble bien conservé de tombeaux souterrains et de chambres funéraires destinés aux habitants de Nea Paphos lors des périodes hellénistiques et romaines, du IIIe siècle av. J.-C. au IIIe siècle. Aucun roi n'a jamais reposé dans ces tombeaux, qui doivent leur nom à la grandeur de leur apparence. Ce sont des membres des classes aisées qui sont enterrés là.

Les 7 tombes mises au jour occupent un vaste terrain. La plus impressionnante est la tombe n°3, avec son atrium souterrain ouvert, entouré de colonnes. D'autres tombes

Kato Paphos

Les incontournables

Basilique Chrysopolitissa et pilier de saint Paul C2

À voir

1 Agia Solomoni et catacombes chrétiennes B1
2 Tombeau d'Agios Lambrianos B1
3 Agora, asclépion et odéon A1
4 Alykes Beach D3
5 Entrée du site archéologique de Paphos A3
6 Plage municipale principale C3
7 Château de Paphos A3
8 Mosaïques de Paphos A2
9 Forteresse de Saranta Kolones B2

Activités

Bubble Maker .... (voir 10)
10 Cydive B3
11 Mickys Tours D3
12 Paphos Sea Cruises B3

Où se loger

13 Alexander the Great D3
14 Annabelle D3
15 Crystallo Apartments C1
16 Daphne C2
17 Dionysos C2
18 Pyramos Hotel C2

Où se restaurer

19 Almond Tree D2
20 Argo C2
21 Chloe's No 1 .... C2
22 Hondros B2
23 Kyra Frosini C2
24 Nikos Tyrimos Fish Taverna D1

Où prendre un verre

25 Baywatch C2
26 Deck Café & Bar D3
27 Different Bar C2
28 Kouskous D3
29 La Place Royale D2
30 Zen C2

ont des niches creusées dans les murs, dans lesquelles étaient déposés les corps. La plupart des trésors des tombeaux ont disparu aux mains des pilleurs.

GRATUIT Basilique Chrysopolitissa et pilier de saint Paul SITE ARCHÉOLOGIQUE

(Carte p. 86 ; Stasandrou, Kato Paphos). L'un des plus grands édifices religieux de Paphos a été érigé ici. Il ne reste que les fondations d'une **basilique** chrétienne, construite au IVe siècle, qui suffisent à prouver la taille et la splendeur de l'église d'origine, finalement détruite par les invasions arabes en 653. Les colonnes de marbre de cette église sont éparses, mais ses **mosaïques** sont toujours visibles. Au cours des années, d'autres versions de cette basilique ont été construites, aboutissant à la petite église **Agia Kyriaki** actuelle, utilisée pour les services anglican et grec orthodoxe. Les sentiers qui sillonnent le site sont balisés de panneaux explicatifs en anglais. Vous pourrez notamment admirer le **tombeau d'Éric Ejegod**, roi du Danemark au XIIe siècle, qui mourut brutalement en 1103 alors qu'il se rendait en Terre sainte.

Du côté ouest de la basilique se trouve le **pilier de saint Paul**, où saint Paul aurait été attaché et fouetté 39 fois avant de convertir au christianisme son bourreau, le gouverneur romain Sergius Paulus.

Une petite **basilique du christianisme primitif** se situe au nord-ouest. Son entrée est presque entièrement bloquée par les racines noueuses d'un olivier hors d'âge.

GRATUIT Agia Solomoni et catacombes chrétiennes SITE ARCHÉOLOGIQUE

(Carte p. 86 ; Kato Paphos). Ce modeste groupe de tombeaux à la sortie de Leoforos Apostolou Pavlouis est le lieu de sépulture des 7 frères Macchabées, martyrs vers l'an 174 av. J.-C., sous le règne d'Antioche IV Épiphane. Leur mère était Agia Solomoni (sainte Solomonie), une femme juive devenue sainte après la mort de ses fils. Il semblerait que cet endroit fût une synagogue du temps des Romains. L'entrée des catacombes est signalée par des ex-voto de chiffon attachés à un gros arbre devant le tombeau. D'autres bouts de tissu entourent les tombeaux, certains sont accrochés à des copies d'icônes. Cette pratique évidemment païenne est aujourd'hui perpétuée par les visiteurs chrétiens.

Faites attention en atteignant le bas de l'escalier qui est raide, les yeux mettent un peu de temps à s'habituer à l'obscurité, gare à l'eau qui tapisse le sol de la grotte et à son puits profond, qui peuvent se révéler dangereux.

GRATUIT Tombeau d'Agios Lambrianos SITE ARCHÉOLOGIQUE

(Carte p. 86 ; Kato Paphos). Un peu plus au nord, sur le flanc de Fabrica Hill, se trouvent 2 immenses cavernes souterraines datant du début de la période hellénistique. Ce sont également des chambres funéraires associées aux saints Lambrianos et Misitikos. L'intérieur des tombeaux est décoré de fresques indiquant qu'ils ont été utilisés comme lieu de culte chrétien. Des fouilles sont en cours, qui ont permis de faire apparaître les vestiges d'un théâtre classique.

GRATUIT Agia Paraskevi ÉGLISE

(hors carte p. 86 ; Geroskipou ; 8h-13h et 14h-17h). Avec ses 6 dômes byzantins, il s'agit de l'une des plus belles églises de la région de Paphos, située à Geroskipou, à l'est de Paphos. La plupart des fresques qui nous sont parvenues datent du XVe siècle. Les premières fresques que l'on voit en entrant sont **La Cène**, le **Lavement des pieds** et la **Trahison**. Une représentation primitive mais intéressante de la **Vierge priant** (Vierge Marie avec les bras tendus) est visible dans la coupole du milieu.

Château de Paphos CHÂTEAU

(Carte p. 86 ; Kato Paphos ; adulte/enfant 1,70 €/gratuit ; 9h-18h ;). Ce petit fort vide garde l'entrée de la baie. On y accède par un pont de pierre enjambant des douves. Les visiteurs montent généralement sur le toit pour admirer la vue sur la vaste baie. Le château est également investi pendant le Festival d'Aphrodite (p. 90).

C'est tout ce qui reste d'un fort Lusignan plus ancien érigé en 1391 et détruit par les Vénitiens moins d'un siècle plus tard. Les Ottomans se sont ensuite servis du rez-de-chaussée comme cachot.

Musée archéologique MUSÉE

(Carte p. 91 ; Leoforos Georgiou Griva Digeni, Ktima ; 1,70 € ; 9h-17h lun-ven, 10h-13h sam et dim). Les fervents admirateurs de fragments archéologiques trouveront leur bonheur parmi les collections riches et variées de ce petit musée, composées d'objets allant du néolithique au XVIIIe siècle. Réparties dans

4 salles, les pièces exposées se composent de vases, poteries et verreries, outils, pièces de monnaie et moules à pièces. Les objets d'art hellénistiques et romains comprennent une stèle en calcaire, des statuettes en marbre, des objets votifs, des poteries de la villa de Dionysos et des figurines de chiens et de cerfs en terre cuite.

Musée byzantin MUSÉE

(Carte p. 91 ; Andrea Ioannou 5, Ktima ; 2 € ; ⌚9h-16h lun-ven, 9h-13h sam). Ce musée remarquable est intéressant à visiter pour découvrir des habits ecclésiastiques, des coupes et des copies des Saintes Écritures. Vous y verrez également un ensemble d'icônes impressionnantes, dont une représentation d'Agia Marina (sainte Marina) datant du IXe siècle, sans doute la plus ancienne de l'île, et une icône rare à double face de Filousa, datant du XIIIe siècle.

Musée ethnographique MUSÉE

(Carte p. 91 ; Exo Vrysis 1, Ktima ; 3 € ; ⌚9h-18h lun-sam, 9h-13h dim). Ce musée privé rassemble une collection de pièces de monnaie diverses, de costumes traditionnels, d'ustensiles de cuisine, de fers de hache du chalcolithique, d'amphores et autres objets de ce type. La visite se poursuit dans le jardin, notamment avec un tombeau hellénistique taillé dans la roche. Un guide disponible à l'entrée, pour 5 €, permet de s'y retrouver parmi les objets de la collection.

GRATUIT **Musée Agios Georgios** MUSÉE

(Hlorakas ; ⌚9h-18h). Les récents événements de l'histoire chypriote donnent à ce musée quelque peu étrange et nationaliste tout son intérêt. Il se situe à l'endroit exact où le caïque *Agios Georgios* (aujourd'hui la pièce de résistance du musée), mené par le rebelle de l'EOKA Georgios Grivas, a accosté en novembre 1954, chargé d'armes et de munitions. Grivas avait pour mission de combattre l'occupation britannique. Les rebelles ont été arrêtés 2 mois après au cours d'un deuxième débarquement. Sur les murs du musée sont affichés des documents qui racontent la capture et le procès, dont des portraits d'identité judiciaire des rebelles, et les fusils et munitions saisis.

Le site, appelé "le débarquement de Grivas", se trouve à 4 km au nord de Kato Paphos sur l'E701. Il est facilement repérable grâce à la grande église d'Agios Georgios (Saint-Georges), destinée à commémorer l'événement, et à l'hôtel Saint George adjacent.

Activités

Outre les excursions organisées proposées par de nombreuses agences (les prospectus ne manquent pas), nombre d'activités

LES PLAGES DE PAPHOS

» Au cœur de Kato Paphos, la **plage municipale principale** (Main Municipal Beach ; carte p. 86) n'a rien à voir avec la plage de sable fin de carte postale : elle est pavée et en partie piétonnière. Les plateformes en bois alternent avec les rochers, le sable et les plongeoirs. L'endroit est agréable et l'eau parfaitement propre. Vous y trouverez douches, toilettes et un café-restaurant.

» Vers l'est se trouve **Alykes Beach** (carte p. 86), plus connue à Paphos sous le nom de Sopab Beach en raison de l'usine qui s'y trouvait auparavant. Entre le Deck Cafe and Bar et l'hôtel Alexander the Great, cette plage est idéale pour les familles : embarcations, piscines naturelles, une eau propre et tout le sable nécessaire pour faire des pâtés. La terrasse du café en surplomb est parfaite pour boire un verre en contemplant le coucher de soleil, par exemple.

» Encore plus à l'est, **Vrysoudia Beach** (hors carte p. 86) est une agréable plage de sable située derrière l'hôtel Anabelle, où l'on peut louer des transats et des parasols (5 €/journée).

» **Faros Beach** (hors carte p. 91), au nord du site archéologique, n'est accessible que par la route. Cette plage de sable parsemée de rochers en grès n'est pas ombragée mais compte quelques snack-bars. Attention à la houle venue du large, elle peut rendre la baignade dangereuse.

» Encore plus loin, à environ 8 km de Kato Paphos, la plage de sable de **Kissonerga Bay**, étendue et préservée, allie bananeraies et tranquillité. Il n'y a presque pas de commodités sur place : emportez un livre, de la nourriture et de l'eau et détendez-vous !

PAPHOS AVEC DES ENFANTS

Les enfants ne s'ennuieront pas à Paphos. Comme dans tout Chypre, la ville les accueille volontiers et offre de quoi les divertir.

Parc ornithologique de Paphos (Pafos Bird Park ; ☎2681 3852 ; www.pafosbirdpark.com ; Agios Georgiou ; adulte/enfant 15,50/8,50 € ; ⏲9h-20h ; 👪). Sur la route de Coral Bay, c'est à la fois le meilleur zoo de Chypre et la visite préférée des enfants. Outre les oiseaux, ils admireront des girafes, des antilopes, des daims, des gazelles, des mouflons, des reptiles, des tortues géantes, des émeus et des autruches. Un restaurant, un snack-bar et une aire de jeu vous y attendent.

Aphrodite Waterpark (hors carte p. 86 ; ☎2691 3638 ; www.aphroditewaterpark.com ; Posidonos, Kato Paphos ; adulte/enfant 28/15 € ; ⏲10h-17h30 ; 👪). Un lieu dédié au divertissement (à un prix raisonnable) où les adultes profitent d'un massage pendant que les enfants essaient les divers toboggans et pataugent autour du mini-volcan. Un système de bracelet permet de tenir compte des dépenses tout au long de la journée, que vous réglez en partant.

Bubble Maker (Carte p. 86 ; Cydive ; ☎2693 4271 ; www.cydive.com ; 1 Posidonos, Kato Paphos ; 40-45 € ; 👪). Bubble Maker propose aux enfants de 8 à 10 ans de faire de la plongée sous-marine. Deux programmes existent : dans une piscine ou dans la mer. Pour initier les plus jeunes à la plongée, l'équipe certifiée PADI garantit sécurité et maîtrise de l'environnement en permanence.

sont liées à la mer. En voici quelques-unes, à rajouter aux promenades en bateau et pédalos et aux tours en banane tractée. Sinon, une dizaine de kiosques établis sur la baie proposent des sorties en bateau à fond de verre, du ski nautique, des sorties de pêche, des croisières et des locations de bateau. La promenade de Paphos est également un bon endroit pour flâner. Des projets existent, qui prévoient de la prolonger de l'aéroport à la marina en construction, dont l'achèvement est prévu à Potima d'ici à 2013.

Paphos Sea Cruises CROISIÈRES
(Carte p. 86 ; ☎8000 0011, www.paphosseacruises.com ; port de Paphos, Kato Paphos ; 👪). Un excellent choix. La plupart des itinéraires proposés comprennent des extras du type barbecue à bord, équipement de plongée, garderie d'enfants et canoë. Pour une excursion, comptez 33 € par personne. Les enfants de moins de 12 ans ne paient pas ou paient demi-tarif, selon l'option choisie.

Cydive PLONGÉE
(Carte p. 86 ; ☎2693 4271; www.cydive.com ; 1 Posidonos, Myrra Complex 33, Kato Paphos). Les eaux au large de Paphos sont parfaites pour la plongée, avec environ 50 sites à explorer. L'équipe de professionnels de cette société a fait ses preuves. Une plongée en solo coûte 50 €, équipement compris. Comptez 450 € pour un forfait de 10 plongées.

Fêtes et festivals

Festival d'Aphrodite de Paphos OPÉRA
(Pafos Aphrodite Festival ; www.pafc.com.cy). Chaque année au mois de septembre, venez savourer des opéras à la belle étoile. Des spectacles de renommée internationale sont montés dans le cadre grandiose du château de Paphos : récemment, *Madame Butterfly* de Puccini et *Les Contes d'Hoffmann* d'Offenbach.

Solar Car Challenge COURSE DE VOITURES
(www.cyi.ac.cy/solar_race/intro ; Geroskipou). Cette course de voitures solaires se tient tous les ans au mois de juin et attire les écuries locales autant que des coureurs internationaux qui s'affrontent en créant et pilotant leurs voitures à énergie solaire. Leurs trouvailles relèvent parfois du pur génie.

Où se restaurer

Le choix est très inégal à Paphos. En règle générale, les restaurants donnant sur la mer à Kato Paphos sont à éviter, surtout ceux aux tables desquels traînent des bouteilles de ketchup et de sauce anglaise HP. Il est préférable de s'éloigner un peu dans les rues adjacentes pour goûter à la cuisine locale. La rue Tafon Ton Vasileon (Tombs of the Kings Rd) et le port comptent aussi de bonnes adresses. À Ktima, la qualité prévaut sur la quantité, avec quelques excellentes options.

Ktima

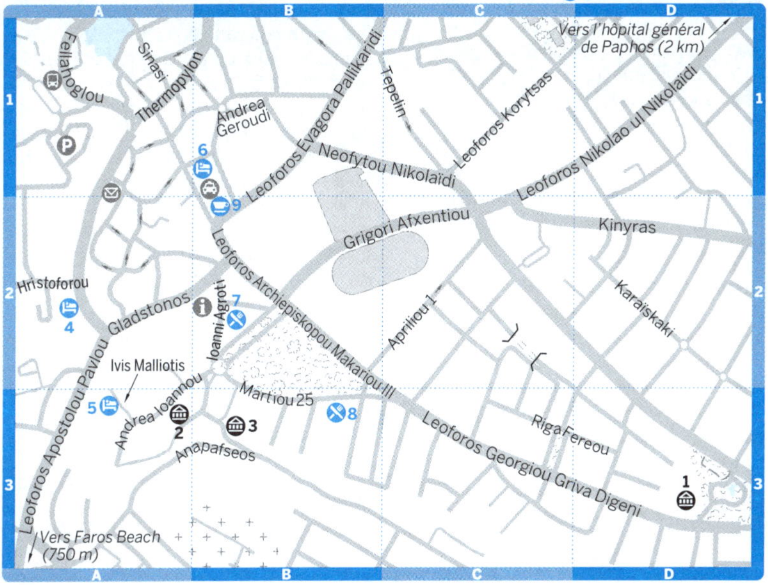

Ktima

À voir

1 Musée archéologique D3
2 Musée byzantin A3
3 Musée ethnographique B3

Où se loger

4 Agapinor Hotel A2
5 Axiothea Hotel A3
6 Kiniras B1

Où se restaurer

7 Fetta's B2
Kiniras Garden .... (voir 6)
8 Politia B3

Où prendre un verre

9 Kafé B2

KTIMA

Kiniras Garden CHYPRIOTE €€

(Carte p. ci-dessus ; ☎2694 1604 ; Leoforos Archiepiskopou Makariou III 91 ; plats 8-15 € ; midi). Ce restaurant est une véritable oasis de verdure agrémentée de statues et de cascades, membre du programme Vakhis (voir l'encadré p. 148). Son chef Georgios est un passionné de cuisine traditionnelle. Le restaurant appartient à sa famille depuis 4 générations, et il tient ses recettes de sa grand-mère. Les produits frais viennent de son jardin de 60 hectares. Le *kleftiko* (agneau au four) est une spécialité du restaurant. Les desserts sont faits maison et la carte des vins comprend d'excellents millésimes issus de vignobles locaux. Réservation conseillée.

Fetta's CHYPRIOTE €€€

(Carte p. ci-dessus ; ☎2693 7822 ; Ioanni Agroti 33 ; mezze 16 € ; soir). Le Fetta's est spécialisé dans les plats régionaux traditionnels et porte une attention particulière aux détails. Son superbe mezze de viandes grillées est préparé par une *yaya* (grand-mère), et servi par une équipe de serveurs efficaces qui vont et viennent entre la cuisine et les tables. Réservation conseillée.

Politia MÉDITERRANÉEN €€

(Carte p. ci-dessus ; Martiou 25 ; plats à partir de 7 €). Situé dans un édifice historique en pierre donnant sur un parc planté de pins, ce paisible café-restaurant propose régulièrement des concerts et des expositions. Les canapés sont confortables, et la carte savoureuse propose des crêpes, des kebabs et des salades.

KATO PAPHOS

Argo CHYPRIOTE €€
(Carte p. 86 ; ☎2693 3327 ; Pafias Afroditis 21 ; plats 10 € ; ⏰midi). Situé dans la partie (relativement) calme de Kato Paphos, cet endroit a le charme d'une taverne de village avec sa pierre naturelle, ses volets d'origine en bois et ses murs ocre. Les spécialités, comme la moussaka et le *kleftiko* bihebdomadaire (mardi et samedi), sont tout aussi authentiques. Réservation conseillée les jours de *kleftiko*.

Hondros CHYPRIOTE €€
(Carte p. 86 ; www.hondros.com.cy ; Leoforos Apostolou Pavlou 96 ; plats 10 €). Fondé en 1953, ce restaurant est le plus ancien de Paphos, il a donc eu le temps d'élaborer ses recettes. Son *stifado* à la viande (ragoût de lapin ou de bœuf) et sa version de l'*imam bayildi*, un excellent plat turc connu ici sous le nom d'*imam* (aubergines et courgettes dans une sauce à la tomate et à l'ail) sont de véritables délices.

Almond Tree FUSION €€
(Carte p. 86 ; Konstantias 5 ; plats à partir de 8 € ; ⏰midi ; 🖉). La carte combine audacieusement des saveurs thaïes et chypriotes, et le résultat est une réussite. Goûtez notamment au poulet satay et aux cakes de saumon à la mangue. Un ensemble de plats chypriotes et internationaux vous sont également proposés, ainsi que quelques options végétariennes comme des sautés au wok.

Nikos Tyrimos Fish Taverna POISSON €€€
(Carte p. 86 ; Agapinoros 71 ; mezze de poisson 14 €). Envie de poisson ? C'est le lieu qu'il vous faut. Vous y dégusterez des produits ultra-frais, pêchés le jour même par les bateaux du propriétaire. Choisissez votre repas à l'étalage, ou laissez-vous tenter par le mezze de la mer composé de 22 portions.

Kyra Frosini CHYPRIOTE €€
(Carte p. 86 ; Pafias Afroditis et Filoktitou 4 ; plats 7 €). Kyra Frosini est un endroit apaisant, avec une jolie cour entourée de palmiers et un intérieur confortable en hiver. Des expositions artistiques y ont régulièrement lieu. La nourriture est variée, des tartes à la feta aux côtes de porc, mais les gâteaux sont sans conteste la réussite de la maison.

Chloe's No 1 CHINOIS €€
(Carte p. 86 ; ☎2693 4676 ; Posidonos 13 ; plats 10 €). Le meilleur restaurant chinois de la ville.

Où prendre un verre

La plupart des bars et pubs sont rassemblés le long d'Agiou Antoniou à Kato Paphos, surnommée bien à propos Bar St. Des lieux tels que le Blues Brotherz et le Robin Hood animent ces rues autrefois calmes. Le Bubbles fait honneur à son nom en soufflant des bulles de savon pour attirer les clients. Les pubs anglais sont plus authentiques qu'en Angleterre, avec en bonus des imitateurs de Robbie Williams (ou autres) pour divertir un public brûlé par le soleil. Il existe en ville quelques lieux plus distingués.

Kouskous BAR
(Carte p. 86 ; Othellous 5, Kato Paphos). Ce bar est on ne peut plus tape-à-l'œil, avec ses lustres étincelants, ses tons violet et noir, ses somptueux fauteuils lilas, ses miroirs circulaires et ses orchidées fraîches. Sans parler de ses mojitos fraise-kiwi.

Baywatch BAR
(Carte p. 86 ; angle Konstantias et Agias Napas, Kato Paphos ; ⏰8h-tard). Ses fauteuils matelassés confortables, ses tables de billard, ses cocktails et son propriétaire sympathique, Antonis, forment un tout exceptionnel. Toutes les tables donnent sur la rue pour profiter du spectacle qu'elle offre et la liste des cocktails (2 € seulement) est infinie.

La Place Royale CAFÉ-BAR
(Carte p. 86 ; Posidonos, Kato Paphos). Voici l'un des cafés les plus chics de Paphos, dans un quartier piéton à l'est de Posidonos. Une véritable oasis où prédominent le verre, le rotin et le fer forgé à l'ombre d'un patio pavé agrémenté de cascades miniatures. L'endroit est parfait pour un cocktail avant de sortir.

Kafé CAFÉ
(Carte p. 91 ; angle Leoforos Archiepiskopou Makariou III, Ktima ; en-cas 6 € ; 📶). Bien qu'il se targue d'être "le plus ancien café de Paphos", l'endroit dispense une atmosphère contemporaine. Aux murs sont accrochées des estampes abstraites et... une moto (!). Son menu concis propose des cocktails et cafés, plus quelques en-cas légers.

Different Bar BAR
(Carte p. 86 ; Agias Napas, Kato Paphos). Un bar gay réputé.

Zen BAR
(Carte p. 86 ; Tefkrou 2, Kato Paphos). Décor minimaliste et chic en noir et blanc ; apprécié de la population aisée locale.

CHYPRE POUR LES ADOS (ET LEURS PARENTS)

Chers parents, si vous êtes partis avec vos enfants adolescents (et chers ados, si vous êtes partis avec vos parents), peut-être souhaitez-vous une coupure des bains de soleil et des chamailleries ? Le centre sportif **Zephyros Adventure Sports** (2693 0037 ; www.enjoycyprus.com ; The Royal Complex, Shop 7, Tafon Ton Vasileon) est fait pour vous ! Il vous offre le choix d'une kyrielle d'activités : VTT, kayak, escalade, trek, plongée en apnée ou avec bouteilles, ski (en hiver). Il n'y a pas de meilleure façon de passer du temps en famille. Vous pouvez en outre faire une randonnée sur l'un des **sentiers de la péninsule d'Akamas**, décrits p. 96. Nombre de sociétés proposent des excursions en 4x4, mais gardez en tête qu'ils ont un impact non négligeable sur l'environnement (érosion des sols, consommation d'énergie fossile, pollution sonore...), avant de vous décider.

Deck Cafe & Bar BAR

(Carte p. 86 ; Posidonos, Kato Paphos). Détendez-vous sur cette vaste terrasse surplombant le sable et les rochers, en écoutant de la musique lounge enjouée tout en sirotant un cocktail.

☆ Où sortir

Si vous aimez sortir en boîte, rendez-vous à Agiou Antoniou à Kato Paphos, à côté de l'office du tourisme, qui abrite les bars à concerts et les discothèques les plus appréciés (ainsi que les bars mentionnés ci-avant). Attention aux "cabarets" qui ne sont pas des boîtes ordinaires mais plutôt des lieux de prostitution.

Renseignements

Le Wi-Fi est disponible dans tous les hôtels de Paphos, ainsi que dans certains cafés et bars, où en général l'accès est gratuit à condition de consommer. Il existe plusieurs cafés Internet, dont la liste se trouve à l'office du tourisme.

Cyprus Tourism Organisation (CTO) aéroport (2642 3161 ; aéroport international de Paphos ; 9h30-23h) ; Kato Paphos (2693 0521 ; Posidonos ; 8h15-14h30 et 15-18h30 lun-sam, fermé mer et sam l'après-midi) ; Ktima (2693 2841 ; Gladstonos ; 8h15-14h30 et 15-18h30 lun-sam, fermé mer et sam l'après-midi). Vous trouverez à l'office du tourisme des cartes bien faites, des brochures utiles et des livres sur les randonnées, le cyclotourisme et l'agrotourisme, ainsi qu'un guide des hôtels, des renseignements sur les transports et sur Chypre. L'office du tourisme organise également, sur réservation, des visites guidées de Ktima tous les jeudis à 10h à partir du bureau de Ktima.

www.paphosfinder.com Répertorie les services utiles pour les visiteurs.

www.visitcyprus.com Site Internet de l'office du tourisme régional.

www.visitpafos.org.cy Renseignements sur Paphos et ses environs (en anglais).

Depuis/vers Paphos

DEPUIS/VERS L'AÉROPORT Le bus 613 desservant l'aéroport part de l'arrêt Karavella à Ktima (carte p. 91) à 14h et 19h. Les bus pour Ktima partent de l'aéroport à 7h30 et 18h30. Le bus 612 circule toutes les 30 minutes de 10h30 à 22h30 vers/depuis l'aéroport et s'arrête notamment à Coral Bay et Posidonos dans Kato Paphos. 1 € le trajet.

La course en taxi depuis/vers l'aéroport de Paphos coûte environ 25 €.

AVION L'aéroport international de Paphos est à 8 km au sud-est de la ville. Il est desservi par de nombreuses compagnies aériennes à bas prix et quelques lignes régulières.

BUS **InterCity** (www.intercity-buses.com). En semaine 5 bus par jour rallient Nicosie (5 €, 1 heure 30), et 8 Limassol (3 €, 45 min). Départs à l'arrêt Karavella à Ktima. Le service est réduit les week-ends.

NAVETTE **Travel & Express** (0777 7474 ; www.travelexpress.com.cy ; Leoforos Evagora Pallikaridi 9, Ktima) propose des navettes vers Limassol (10 €, 1 heure), Larnaka (changement à Limassol ; 21 €, 1 heure 30) et Nicosie (changement à Limassol ; 22 €, 1 heure 30).

Comment circuler

Pafos Buses (www.pafosbuses.com) assure un réseau de bus de ville et régionaux. Tarifs : 1 € le trajet, 2 € le ticket journalier et 10 € le ticket hebdomadaire pour le district de Paphos, comprenant les villages reculés.

Départs fréquents Ktima pour :

Coral Beach Bus 610 ; 25 minutes

Geroskipou Beach Bus 615 ; 25 minutes (la plage est à 3 km au sud-est de Kato Paphos)

Kato Paphos Bus 611 ; 15 minutes

Polis Bus 645 ; 1 heure

À Kato Paphos, vous trouverez un grand parking à proximité de l'entrée du site archéologique. À Ktima, les parkings se situent sur la place principale, à l'angle de la rue Gladstonos et de Leoforos Georgiou Griva Digeni, et à l'arrêt de bus Karavella.

Pour prendre un **taxi** (☎2693 3301), vous pouvez le héler dans la rue, appeler une centrale ou vous rendre à l'une des têtes de station de la ville. Attention, les chauffeurs de taxi ont tendance à charger un peu la note (10 € pour parcourir les 3 km entre Kato Paphos et Ktima).

ENVIRONS DE PAPHOS

Plages, promenades, villages traditionnels et balades ne manquent pas dans les environs de Paphos. Toutefois, les visites se font essentiellement en groupes organisés, ou vous devrez réserver votre moyen de transport par vous-même. Si les scooters sont parfaits pour aller et venir dans la station balnéaire, il vaut mieux choisir la voiture, notamment pour aller explorer la partie ouest du Troodos, la péninsule d'Akamas, sauvage et perdue, ou les régions faiblement peuplées de Tylliria, au nord-ouest de Chypre.

Coral Bay

Coral Bay se trouve à 12 km au nord-ouest de Paphos et se compose de plusieurs plages, toutes accessibles depuis la route. Bien que les rangées de parasols et les hordes de baigneurs ne permettent plus de trouver du corail sur cette superbe plage, l'atmosphère y est animée et les installations sont pratiques pour les familles. En revanche, les restaurants sont quelconques et proposent essentiellement de la restauration rapide.

Le **Neo's Sports Club** (☎2662 2900 ; Panayias Agridiotissas 38) fait exception : Stavros, le propriétaire, cuisine à la perfection le steak directement à votre table et la daurade à la noix de coco. Les allures de club colonial se marient aux tables de billard, au bar à cocktails sur le toit et au jeu de boules traditionnel. Il est fréquenté essentiellement par les retraités locaux et la nourriture est délicieuse. Il est impératif de réserver pour le repas. Neo est signalé sur l'E701 juste après le rond-point principal de Coral Beach.

La construction du nouveau port de plaisance avec 1 000 emplacements de mouillage à Potima, tout proche, pourrait bien donner à Coral Bay un air chic. La date d'achèvement du port de plaisance de Paphos a été fixée à fin 2013.

HAUTEURS D'AKAMAS

Si vous restez dans la région de Paphos, les collines d'Akamas valent le détour. Dans la plupart des villages, vous trouverez à louer des maisons traditionnelles restaurées dans l'esprit gîte rural (voir le site www.agrotourism.com.cy, en anglais). La nourriture servie dans les tavernes, cuisinée pour les gens du cru, est en général délicieuse. Vous y serez au calme et de nombreuses randonnées s'offriront à vous, sans oublier les plages, les plus belles de la côte sud.

Vous pourrez vous rendre dans les villages des collines d'Akamas en allant vers Polis, sur la route pittoresque de l'ouest (E701/709). Aucun transport ne dessert les villages, les plages ni les gorges d'Avgas. L'ascension commence à Pegeia, ville essentiellement peuplée de Britanniques aisés. À partir de là, vous pouvez vous diriger vers le nord-ouest pour rejoindre la route méridionale de la péninsule d'Akamas.

Plages

La zone côtière de Lara, située au sud-ouest de la péninsule d'Akamas à environ 21 km au nord de Coral Bay, est un trésor bien gardé. Elle est accessible par une route sommaire mais carrossable depuis Agios Georgios. Dos à une garrigue quasi désertique, aux teintes ocre foncé et parsemée d'ajoncs, de pins fournis et de fleurs des champs, elle a pour toile de fond des collines basses. Le Lara Restaurant, indiqué par des panneaux, possède une grande terrasse avec une vue imprenable sur **Lara Bay**, ses galets et son sable noir.

La plage la plus connue, **Lara Beach**, se trouve dans une crique fermée par un promontoire, entourée de roche calcaire. Il s'agit d'une plage de sable fin aux eaux propres et calmes, où vous ne trouverez aucune commodité, à l'exception d'une petite cafétéria récemment installée. La plage sert de **lieu de ponte aux tortues**, et fait partie des quelques endroits protégés où les tortues vertes et caouannes (*Caretta caretta*) viennent faire leur nid, c'est pourquoi les transats et parasols sont interdits. Des phoques moines habitent dans les grottes marines de la péninsule.

Le chemin de la plage est en terre battue mais carrossable par des voitures "normales" (2 roues motrices) à condition de faire attention à ne pas vous enliser sur le parking. Pour faire une boucle sur le trajet du retour vers Agios Georgios, la route goudronnée pour **Ineia** (8 km) partant du Lara Restaurant est

VAUT LE DÉTOUR

LE GEROSKIPOU GOURMAND

Beau village traditionnel doté d'une église de style byzantin du IXe siècle, Geroskipou n'en est pas moins fameux pour le mezze de la **Seven St Georges' Tavern** (hors carte p. 86 ; ☎2696 3176 ; www.7stgeorgestavern.com ; mezze 25 € ; ⏲fermé le lun). George et sa femme Lara, les propriétaires, ont fait pousser et ont mis en conserve ou fait sécher chacun des mets (bio) consommés ici. Un jardin d'aromates côtoie un local de fumage de la viande à l'arrière. Même le vin est produit sur place à partir de raisin issu de l'agriculture biologique. Le mezze, spécialité de la maison, se compose d'olives, de câpres, de salades, de betterave et de carotte, de viande froide, de plats mijotés et de jambon fumé. Le menu varie avec la saison : asperges sauvages récoltées à la main, champignons sauvages aux fines herbes, aubergines à la tomate ou *kleftiko* tendre (agneau au four). Le restaurant occupe une ancienne maison, pourvue d'une terrasse couverte par une vigne et des feuilles de palmier, au centre du village, près de l'église.

parfaite : pittoresque, elle serpente entre les collines et vallées plantées de pins.

La plage d'**Agios Georgios** est accessible par tous types de voitures en venant de Polis (via Pegeia) ou Paphos (via Coral Bay). Cette bande de sable et de galets d'une centaine de mètres, dénuée d'ombre, abrite un petit port. Des parasols et des transats y sont disponibles à la location. Vous trouverez également sur place un petit bar de plage et, sur la falaise, l'un des restaurants de poisson les plus appréciés de la région, le **Saint George's Fish Tavern** (Agios Georgios ; ☎2662 1888 ; plats 13 €). Grâce à la proximité du port, le poisson est le meilleur que vous puissiez trouver. Il est encore meilleur grillé, avec un filet d'huile d'olive et du citron. Le calamar et le poulpe sont également excellents. L'endroit est très prisé le week-end et malgré sa grande terrasse, il faut souvent attendre qu'une table se libère. La vue sur la mer est superbe, et vous pouvez même louer une chambre.

Le grand terrain juste à côté est réputé idéal pour admirer le coucher de soleil. Vous trouverez également à proximité un petit site archéologique présentant les ruines d'une basilique du VIe siècle, dont un sol en mosaïque en partie visible et plusieurs tombeaux taillés dans la pierre datant de l'ère romaine. Les horaires d'accès sont plutôt aléatoires.

Droushia, Kritou Tera et environs

390 ET 90 HABITANTS

Nichés dans les collines d'Akamas au beau milieu de vignobles se trouvent de nombreux villages jouissant d'un climat doux, bien plus charmants que la plupart des villages chypriotes. Ils offrent une excellente alternative aux voyageurs cherchant à se tenir à l'écart des plages et de la côte sud.

Les villages de Droushia et Kritou Tera sont particulièrement remarquables. Peu de touristes prennent le temps de s'y rendre mais chaque village est pourvu d'un hébergement plein de charme, idéal pour passer des vacances reposantes.

Dans les rues tortueuses de Droushia, des moustachus assis aux terrasses des *kafeneia* (cafés-bars) à l'ombre de figuiers croulant sous les fruits côtoient des ânes immobiles sur le bord de la route. La ville compte de nombreux cafés, notamment le **Finikkas** (☎2633 2336), très bien indiqué, avec sa salle de restaurant traditionnelle et ses délicieux plats de viande comme les souvlakis (brochettes) et les kebabs d'agneau.

Kritou Tera, à l'est de Droushia, est un village préservé aux splendides maisons traditionnelles rénovées avec goût. Certaines ont été transformées en hôtels. Au sud du village, l'église byzantine d'Agia Ekaterini (Sainte-Catherine) vaut le détour.

Non loin de là, vous trouverez également à vous loger dans les villages préservés d'**Inia** (350 habitants) et **Goudi** (160 habitants). Voir p. 208 pour en savoir plus.

Kathikas

335 HABITANTS

Kathikas, à mi-chemin entre Paphos et Polis sur la E709, est le village le plus facile d'accès depuis Paphos. Connu pour ses vignobles et ses crus, il compte plusieurs restaurants réputés. L'un des arbres-monuments de Chypre se dresse à la sortie du village : l'imposant cyprès d'Agios

Nikolaos (saint Nicolas), haut de 14 m, a été planté il y a plus de 700 ans.

Nombre de cafés traditionnels proposent de quoi se restaurer correctement, mais ne vous attendez à rien d'exceptionnel. Si vous souhaitez profiter d'une ambiance différente, l'**Imogen's Inn** (☎2663 3269; mezze 16,50 €) ressemble à un bistrot français typique, avec un agréable jardin ombragé par les figuiers où sonne du jazz et du blues en fond sonore. On y sert le mezze habituel, plus une version végétarienne avec une tarte aux épinards et à la feta, des falafels et des *ful medame* (fèves). Gardez une place pour le gâteau au chocolat.

Pano Akourdaleia et Kato Akourdaleia

35 ET 30 HABITANTS

Depuis Kathikas, vous pouvez faire un détour pour rejoindre la B7 (route directe entre Paphos et Polis) en passant par ces deux villages pittoresques, le temps d'un déjeuner au calme ou pour y passer la nuit. L'**Amarakos Inn** (☎2231 3374 ; Kato Akourdaleia ; plats 10 € ; ⏲midi et soir) est un charmant gîte rural (voir p. 208) doté d'un excellent restaurant, qui travaille en grande partie les produits bio des propriétaires. Vos papilles seront comblées par les saucisses du village accompagnées de champignons grillés et par l'*afelia* (porc au vin rouge). Il est conseillé de réserver.

Gorges d'Avgas

Connue également sous le nom de Gorges d'Avakas, cette crevasse entre les hauteurs escarpées d'Akamas est une destination de randonnée de choix. On atteint les gorges par la route arrivant par l'ouest de la plage d'Agios Georgios. Vous pouvez vous rendre en voiture jusqu'à l'entrée des gorges, avec précaution pour les véhicules bas. La randonnée jusqu'aux gorges est facile et agréable. Il y a habituellement de l'eau dans les gorges jusqu'en mai, ce qui explique la végétation luxuriante qui les borde (vous apercevrez peut-être même des rainettes vertes). Comptez 30 à 40 minutes de marche (aller). Certains groupes continuent par un chemin un peu plus difficile conduisant à la crête de l'escarpement pour se rendre au village de Pano Arodes (ce qui n'est pas pratique si votre véhicule est resté à l'entrée des gorges).

À NE PAS MANQUER

DÉJEUNER COMME UN ROI

Si vous n'avez pas emporté de pique-nique, savourez l'excellente nourriture du restaurant **Viklari** (☎2699 6088 ; plats 12 € ; ⏲13h30-16h), plus connu sous le nom de **Last Castle** (dernier château). Proche de l'entrée des gorges d'Avgas, le lieu jouit d'une vue superbe sur les plantations d'agrumes et de bananes jusqu'à la mer. Savvas Symeou, le propriétaire, accueille ses clients depuis 1989 et nourrit les randonneurs affamés. Pour 12 €, il vous sert un délicieux *kleftiko* au barbecue, accompagné de salade et de pommes de terre au four. Les tables sont en pierre, sous la vigne et entourées de sculptures en pierre, de plantes en pots bien entretenues et d'un jardin. Les panneaux indiquent "Last Castle" sur la route côtière.

PÉNINSULE D'AKAMAS

Cette région de l'ouest de Chypre, s'avançant fièrement sur la Méditerranée, est l'un des derniers espaces sauvages de l'île. Les voyageurs peuvent traverser l'Akamas tant qu'ils sont prêts à marcher, à pédaler ou à être secoués dans un gros 4x4. Ceux qui ont moins d'endurance choisiront des bateaux d'excursion qui longent la côte depuis Latsi, à l'ouest de Polis. La péninsule est accessible de deux côtés : par l'est depuis Polis ou par le sud depuis le petit village d'Agios Georgios. Les routes entre ces deux accès sont très rudimentaires, peut-être délibérément.

L'attrait principal de la péninsule réside dans sa faune et sa flore abondantes, en raison de sa situation géographique à l'extrémité orientale des trois principaux habitats végétaux d'Europe. Vous trouverez ici environ 600 espèces végétales dont 35 n'existent qu'à Chypre. En outre, 68 espèces d'oiseaux, 12 de mammifères, 20 de reptiles et nombre de papillons, notamment le *Glaucopsyche pafos* indigène de l'île et symbole de la région, peuplent la péninsule.

Seul transport public de la région : le bus reliant Polis aux Bains d'Aphrodite.

Randonnée

Sans doute la meilleure façon de découvrir l'Akamas, les chemins de randonnée vous permettent de sillonner le nord-est

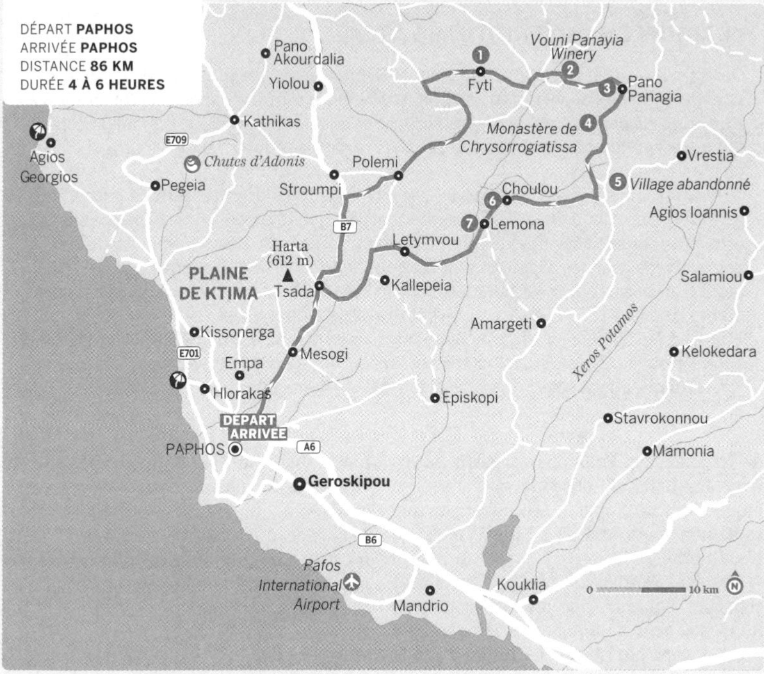

Excursion en voiture
Vin, tisserands et villages abandonnés

De Paphos, il suffit de prendre la B7 en direction du nord, vers Polis. Au bout de 17 km environ, le panneau indique l'E703 à prendre en direction de Fyti. Cette jolie route de campagne serpente entre les vignes et les champs cultivés. Après Polemi et Psathi, prendre à gauche vers Milia et Fyti (F725). Dans le centre de 1 **Fyti**, il est possible de se garer près de l'église. La Fyti Village Tavern (ou "Maria's Place") et le musée des Arts traditionnels sont à voir. Reprenez ensuite la F725 vers Pano Panagia par Kritou Marottous et Asprogia. Le paysage est magnifique, avec les vignes et les plantations d'agrumes se détachant sur la montagne lointaine.

Les panneaux indiquant 2 **Vouni Panayia Winery** vous mèneront à une exploitation vinicole proposant des dégustations : nous vous recommandons en particulier le Barba Yiannis, un rouge sec, élevé en fût de chêne pendant un an. Dans 3 **Pano Panagia**, village natal de l'archevêque Makarios, il est possible de visiter la maison de son enfance : typiquement paysanne, elle ne compte que deux pièces, dont une servait d'étable.

Au sud du village, sur la F622, le 4 **monastère Chrysorrogiatissa** vous accueille pour déjeuner à sa terrasse donnant sur la campagne. Vous pourrez acheter le vin issu de l'agriculture biologique produit par ses moines et visiter la chapelle du XVIIIe siècle avant de prendre l'E702, direction Choulou. À 5 km se trouve un 5 **village abandonné** plein de charme où il ne reste que quelques habitants, un âne et des chèvres, depuis le tremblement de terre de 1969, qui a obligé les gens à partir.

À 6 **Choulou**, une mosquée toute simple aux murs blanchis témoigne de la présence turque dans le village jusqu'en 1974. En face, l'Antoyaneta Taverna sert du bon café. Dernier arrêt de cette excursion : 7 **Lemona**, village du petit mais excellent chai Tsangarides Winery. Le retour à Paphos s'effectue par la B7, via Letymvou et Tsada.

LE MOUFLON CHYPRIOTE MIS À MAL

Dessin stylisé sur la queue des appareils de Cyprus Airways, le mouflon chypriote (*Ovis orientalis ophion*), appelé *agrino* en grec, est de fait le symbole national de Chypre. Il a des cousins proches en Sardaigne, en Sicile et en Iran. De nos jours, le mouflon de Chypre est cantonné à la végétation dense de la forêt de Paphos, sur le versant ouest du massif du Troodos.

Auparavant négligé, le mouflon était une proie aisée pour les chasseurs à la gâchette facile. Ainsi dans les années 1930, il n'en restait plus que 15 encore en vie à Chypre. Depuis, un plan de conservation éclairé a permis d'atteindre les 3 000 bêtes. Le mouflon est un animal timide et effacé difficile à apercevoir en liberté, car il se cachera dans la forêt bien avant que vous ne soyez sur place. Le mouflon mâle, inoffensif pour l'homme, a de grandes cornes recourbées qu'il utilise pour se battre avec les autres mâles.

Bien qu'en nombre stable, le mouflon est toujours une espèce menacée aujourd'hui, essentiellement par les feux de forêt et les braconniers. Le site Internet www.moa.gov.cy/forest est une bonne source de renseignements sur les mouflons.

de la péninsule. Vous pouvez partir ou arriver aux bains d'Aphrodite ou à l'aire de pique-nique de Smigies, accessible par une route non goudronnée à 2,5 km à l'ouest de Neo Chorio.

Les deux sentiers les plus appréciés sont ceux des Bains d'Aphrodite. Ils sont plus longs que ceux de Smigies, et le panorama y est encore plus beau. Le premier est le **sentier d'Aphrodite**, une boucle d'une durée de 3 à 4 heures pour 7,5 km, qui pénètre à l'intérieur des terres en commençant par une ascension. Attention à la fatigue en cas de forte chaleur, ménagez-vous. À mi-chemin de la randonnée, vous pourrez contempler les ruines de **Pyrgos tis Rigainas** (la tour de la Reine), élément d'un monastère byzantin. Un chêne centenaire se tient à proximité, juste avant le pic de **Mouti tis Sotiras** (370 m). De là, dirigez-vous vers l'est en descendant par le sentier côtier qui vous ramènera au parking.

Le second, le **sentier d'Adonis** (3 heures 30 pour 7,5 km) suit le premier jusqu'à la tour de la Reine puis prend à gauche (vers le sud) avant de revenir vers le parking. Attention, afin de faire une boucle complète, il suit pendant environ 400 m la route principale entre les bains d'Aphrodite et Polis. Sinon, vous pouvez tourner à droite (vers le sud) juste après le village de Kefalovrysi et poursuivre vers l'aire de pique-nique de Smigies si vous avez convenu d'un rendez-vous pour récupérer votre véhicule.

Vous trouverez de l'eau à la tour de la Reine et à Kefalovrysi sur le sentier d'Adonis, sauf en plein été. Sachez que ces sentiers sont plus agréables au printemps ou en automne ; si vous êtes à Chypre pendant un été particulièrement chaud, démarrez de bon matin.

L'office du tourisme de Chypre (CTO) fournit une description minutieuse du parcours et de la flore de ces deux sentiers dans la brochure *European Long Distance Path E4 & Other Cyprus Nature Trails* ("le sentier européen E4 et autres chemins de randonnée"), disponible auprès des principaux bureaux du CTO. Deux autres sentiers intéressants (également indiqués dans la brochure) partent de l'aire de pique-nique de Smigies : le **sentier de Smigies**, une boucle de 2,5 ou 5 km, et le **sentier de Pissouromouttis**, une boucle de 3 km (1 heure 30). Tous deux offrent des panoramas splendides sur Chrysohou Bay au nord-est et sur la côte de l'Akamas à l'ouest.

Polis

1 890 HABITANTS

Polis est un lieu de villégiature avant tout prisé des Chypriotes pour le mois d'août. Cette petite ville pleine de charme est dotée d'une plage, d'un camping de qualité et d'hôtels et restaurants corrects. Elle constitue un excellent point de départ pour des excursions à pied ou à vélo dans l'Akamas et pour visiter les vignobles des hauteurs d'Akamas.

Les agences de voyages ciblant exclusivement les stations balnéaires n'ont pas encore découvert Polis, c'est pourquoi la ville est protégée de la surexploitation et de la baisse de qualité à l'œuvre à Paphos. Toutefois,

Polis

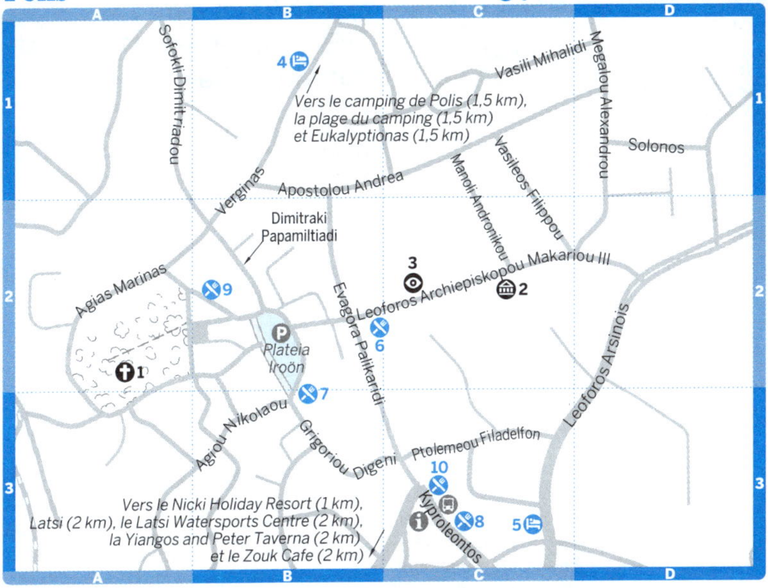

Polis

À voir

1 Agios Andronikos A2
2 Musée archéologique C2
3 Olivier C2

Où se loger

4 Bougainvillea Hotel Apartments B1
5 Stephanos Hotel Apartments C3

Où se restaurer

6 Archontariki Restaurant-Tavern B2
7 Arsinoe Fish Tavern B3
8 Mosfilo's Tavern C3
9 Nave B2
10 Old Town Restaurant C3

un village de vacances s'est ouvert à proximité du centre et la construction d'une nouvelle route principale pour relier Paphos à Polis a été envisagée (mais sa réalisation croule sous les polémiques et les retards).

Polis surplombe Chrysohou Bay, une baie qui s'étend au nord-ouest de Chypre du cap Arnaoutis au bout de la péninsule d'Akamas jusqu'à Pomos Point, à la lisière des régions sauvages de la Tylliria.

À voir et à faire

Les principaux attraits de Polis : une ambiance reposante, la proximité de la péninsule d'Akamas et les superbes plages des alentours, parmi les plus belles de toute l'île. De plus, les sports nautiques sont à l'honneur au port de **Latsi**, à 2 km à l'ouest de Polis.

Musée archéologique MUSÉE
(Leoforos Archiepiskopou Makariou III ; 1 € ; 8h-14h lun-mer et ven, 8h-18h jeu, 9h-17h sam). Ce musée expose des pièces découvertes dans les tombes de Marion et Arsinoe. À proximité, vous aurez l'occasion de voir un vieil **olivier** dont le tronc est presque séparé en deux, et qui continue de donner des olives à 600 ans.

GRATUIT **Agios Andronikos** ÉGLISE
(Iouliou). Cette église du XVIe siècle était auparavant une mosquée, et le centre de la vie religieuse chypriote turque locale. Des fresques de l'époque byzantine ont récemment été découvertes sous un badigeon de chaux. À l'ouest de la ville, non loin du parking, l'église n'est ouverte que pour des groupes d'au moins 10 personnes. La clé se trouve au Musée archéologique.

Latsi Watersports Centre SPORTS NAUTIQUES
(2632 2095 ; www.latchiwatersportscentre.com ;). Cours de plongée (à partir de 65 €),

location de bateau (à partir de 45 €), parachutisme ascensionnel (à partir de 43 €) et planche à voile (à partir de 35 € l'heure, location de l'équipement comprise).

Ride in Cyprus ÉQUITATION
(☎9977 7624 ; www.rideincyprus.com ; à partir de 30 € ; 👪). Ce petit centre équestre situé à Lysos, à 12 km au sud-est de la ville, sur la route vers Stavros tis Psokas, propose des promenades d'une heure, des randonnées avec pique-nique ou des bivouacs de deux jours.

Plages

Les meilleures plages sont à l'est de Latsi, à 2 km à l'ouest de Polis. Ces plages de galets et de sable sont exposées aux caprices du temps, mais assez fréquentées pour que l'on y trouve des restaurants.

Plage du camping PLAGE
La plage du camping, pratique et agréable, est idéale si vous ne souhaitez pas trop vous éloigner de Polis et cherchez à pique-niquer, ou si vous campez sur place. Elle est naturellement abritée du soleil par des eucalyptus odorants. On y trouve un restaurant, et des sauveteurs en mer sont présents.

Plage de l'Aphrodite Beach Hotel PLAGE
Cette belle plage paisible est bien indiquée sur la route menant aux bains d'Aphrodite. Idéale pour les enfants, avec ses eaux claires parfaites pour nager, et ses petits galets confortables.

Circuits organisés

Wheelie Cyprus VÉLO
(☎9935 0898 ; www.wheeliecyprus.com ; à partir de 60 €). Des circuits à vélo organisés sur des sentiers peu connus de la région. Le prix comprend la location du vélo, l'équipement et le trajet depuis votre hôtel.

Mickys Tours VISITES GUIDÉES ET CROISIÈRES
(☎2694 2022 ; www.mickystours.com ; Posidonos, Kato Paphos ; 👪). Visites organisées et sorties en bateau autour de la péninsule d'Akamas.

Fêtes et festivals

Summer Nights in Polis CONCERTS
En été, Plateia Iroön, la place de l'hôtel de ville, accueille divers concerts gratuits allant de la danse traditionnelle, de la musique et des fêtes folkloriques aux concerts de musique classique ou de jazz, dans le cadre du festival "Soirées d'été à Polis".

Où se restaurer et prendre un verre

Polis ne manque pas de bars et de restaurants.

Old Town Restaurant CHYPRIOTE MODERNE €€€
(☎9963 2781 ; Kyproleontos 9 ; plats 16 € ; ⏲midi). Cet endroit discret et calme est doté d'un jardin ombragé en retrait et d'une salle de restaurant sans fioritures aux murs en pierres apparentes, avec nappes blanches, étagères ornées de bouteilles et plantes. Le menu varie en fonction de la saison avec des plats comme le *stifado* de lapin accompagné de champignons sauvages et de baies de genièvre, des rouleaux de printemps de canard croustillant au miel sauce piquante et des pâtes au homard. Réservation conseillée.

Mosfilo's Tavern CHYPRIOTE €€
(Kyproleontos ; plats 8 €). Cet endroit dispense une atmosphère traditionnelle, grâce à sa hauteur de plafond, ses tuiles anciennes et ses colonnes, soulignée par les reproductions historiques de Polis accrochées aux murs. Le menu comprend de grands classiques comme le veau aux épinards et le poulet grillé. Les alentours sont moins enchanteurs, face à une station-service sur la route principale B7 en direction de Paphos.

Archontariki Restaurant-Tavern CHYPRIOTE €€
(☎2632 1328 ; www.archontariki.com.cy ; Leoforos Archiepiskopou Makariou III 14 ; plats 11 € ; ⏲midi). Ce bar chaleureux et populaire abrité dans une vieille maison en pierre rénovée offre un service attentionné et une cuisine de premier choix. Nous vous recommandons le poulet farci au fromage *halloumi* et aux champignons et le *kathisto* (poulpe cuit dans du vin et de l'origan). Musique live les vendredis. Réservation conseillée.

Zouk Cafe FUSION €€
(Latsi Harbour ; plats 10 €). Vue sur la mer et le port (et un peu sur le parking). Profitez du calme, dans les fauteuils en rotin, ou dans un canapé. Les Chypriotes, les expatriés et les voyageurs apprécient ce lieu pour les clips de musique et de mode qu'il diffuse, ses en-cas, ses sushis (le vendredi) et ses cocktails.

Nave FUSION €€€
(Plateia Iroon ; plats 8-20 € ; 🌿). Au milieu de l'ambiance culinaire traditionnelle de la place principale, le Nave semble un peu décalé. Son menu allie cuisine italienne, fusion et *soul food*, complétée par des plats végétariens comme de la ricotta fraîche à l'avocat et au gorgonzola. L'établissement dispose

d'une terrasse et joue du swing et du jazz en fond sonore.

Yiangos and Peter Taverna POISSON €€€
(Leoforos Latsi ; plats à partir de 12 €). Un restaurant doté d'une vaste terrasse faisant face au port. La plupart des poissons (mais pas tous) sont pêchés du jour même.

Arsinoe Fish Tavern POISSON €€€
(Grigoriou Digeni ; mezze de poisson 14 € ; midi). Un lieu chaleureux servant un excellent mezze de poisson.

Où sortir

L'office du tourisme fournit des renseignements sur les événements à venir. Les concerts payants, souvent donnés par de grands noms de la scène grecque, ont lieu à Eukalyptionas (la plantation d'eucalyptus) au camping de Polis. Ces soirées en extérieur ont énormément de charme dans la chaleur du soir. Tickets entre 10 € et 20 €.

Renseignements

Cyprus Tourism Organisation (CTO ; www.visitcyprus.org.cy ; Vasileos Stasioikou 2 ; 9h-13h et 14h30-17h30 dim-mar, jeu et ven, 9h-13h sam). L'office du tourisme est situé en plein centre-ville.

Comment s'y rendre et circuler

Pafos Buses (www.pafosbuses.com). Un bus fait la navette tous les jours entre Polis et l'arrêt de bus Karavella à Ktima. Tous les bus pour Polis partent de l'arrêt Osypa ; principales destinations :

Bains d'Aphrodite Bus 622 ; 30 minutes, 1 €. 1 bus par heure de 8h à 17h en semaine, 5 par jour le week-end

Latsi Bus 623 ; 20 minutes, 1 €. 2 bus par jour

Paphos Bus 645 ; 1 heure, 3 €. 11 bus par jour maximum en semaine, 5 le week-end

Pomos Bus 643A ; 1 heure, 1 €. 3 bus par jour en semaine, 2 le week-end

Bains d'Aphrodite

Le mythe qui entoure la grotte fraîche des bains d'Aphrodite (Loutra tis Afroditis) a son charme. En effet, Aphrodite, déesse de l'Amour et protectrice de Chypre, serait arrivée sur l'île, nue, portée par l'écume. Le culte qui s'est ensuivi perdure à ce jour. La légende indique qu'elle venait dans cet endroit reculé pour se baigner après ses ébats amoureux.

Les bains attirent beaucoup de visiteurs, mais on est en droit de se demander si certains ne sont pas un peu déçus. Bordée de figuiers et bercée par le bruit apaisant de l'eau qui ruisselle, cette grotte est un havre abrité de la chaleur, mais n'a pas grand-chose à voir avec l'idée que l'on peut se faire d'un lieu digne d'une déesse si douée en amour. Le jardin botanique qui l'entoure est joli et compte de nombreux arbres et plantes dont le nom est signalé, comme les caroubiers, les gommiers rouges et, moins exotique, le pissenlit.

Les bains se trouvent à 11 km à l'ouest de Polis en suivant une route goudronnée.

LE CULTE D'APHRODITE

Chypre est intrinsèquement liée au culte ancien de la déesse Aphrodite (ou Vénus dans la mythologie romaine). Connue avant tout comme la déesse de l'Amour charnel et de la Beauté, elle était également adorée comme déesse de la Guerre, notamment à Sparte et Thèbes. Les prostituées la considèrent comme leur protectrice, mais le culte public qui lui est rendu est plutôt solennel, voire même austère.

Le nom Aphrodite viendrait du grec *afros*, "écume". D'après la légende chypriote, Aphrodite serait sortie des eaux au sud de Chypre. Née de l'écume, et de la semence d'Ouranos (le ciel), après que son fils Kronos (père de Zeus, le dieu suprême de l'Olympe) eut jeté ses testicules à la mer. Les habitants de Kythira, en Grèce, ont une histoire semblable : un immense rocher au large du port de Kapsali serait le véritable endroit de la naissance d'Aphrodite.

Malgré son statut de déesse, Aphrodite choisissait de préférence ses amants parmi les mortels. Les plus célèbres, Anchise (père d'Énée) et Adonis (tué par un sanglier et toujours pleuré par les femmes pendant les fêtes des Adonia).

À Chypre, les principaux lieux de culte se situent à Paphos et Amathous. Ses emblèmes sont la colombe, le cygne, la grenade et le myrte.

L'art grec représente la déesse nue. Le sculpteur grec Praxitèle est l'auteur d'une célèbre statue d'Aphrodite ayant servi de modèle pour la *Vénus de Milo*.

À partir du parking et de la boutique de souvenirs attenants aux bains, il suffit de suivre sur 200 m le sentier de randonnée très bien balisé. Il est interdit de se baigner dans le bassin.

Différents sentiers naturels partent de la grotte (voir les détails p. 96).

TYLLIRIA

Si vous aimez les espaces naturels intacts et paisibles, rendez-vous dans la Tylliria. Ce territoire planté d'arbres est faiblement peuplé, quelques plages irrégulières sont nichées entre Chrysohou Bay et Morfou Bay. Cette région sauvage mérite d'être découverte, même si vous n'y passez que quelques jours.

Le seul moyen de transport de la région est le bus reliant Pomos à Polis et Paphos.

Pomos

570 HABITANTS

Le trajet sur la route côtière depuis Polis vers la Tylliria devient progressivement plus spectaculaire et finit par dévoiler toute sa splendeur à Pomos, qui est le premier village que vous verrez (à 19 km). L'agriculture y est florissante, les oliviers, les plantations d'agrumes et les vignobles ont été préservés.

À voir et à faire

GRATUIT **Musée d'Histoire naturelle** MUSÉE

(7h30-14h30 lun-ven, 7h30-16h mer, 8h-13h sam ;). À l'écart de la rue principale, ce musée d'Histoire naturelle est une agréable surprise : deux grandes salles présentent les animaux et oiseaux de l'île ainsi qu'une petite collection de roches et minéraux. Si les taxidermistes ne sauraient être impressionnés par la qualité de certaines pièces mangées par les mites, quelques-unes ont le mérite d'être inattendues. Vous y verrez ainsi des pélicans, un mouflon, une grande tortue caouanne et un vautour fauve *Gyps fulvos,* tous issus de Chypre, ainsi que la photographie d'un squelette d'hippopotame datant du néolithique, trouvé dans les grottes de la région d'Akrotiri.

Fêtes et festivals

Paradise Jazz Festival FESTIVAL DE JAZZ

(www.paradiseplaceproductions.com). Pomos, quoique petit, lance les tendances musicales chaque année grâce à ce festival de jazz, qui a lieu en juillet au restaurant Paradise Place (ci-dessous).

Où se restaurer

Paradise Place INTERNATIONAL €€

(2624 2537 ; plats à partir de 8 € ; midi et soir avr-déc ;). À l'entrée du village sur la droite. En dehors de la période du festival (en juillet), ce bar-restaurant d'extérieur a une atmosphère lounge exquise. Hamacs, chaises en bois, expositions de photographies, bonne musique, curry de poulet, bricks à la courgette et au fromage et de superbes couchers de soleil pour couronner le tout : en un mot, le paradis.

Kanali Fish Restaurant POISSON €€€

(Port de Pomos ; plats à partir de 12 €). Situé derrière le port, un restaurant facile à trouver. Son principal attrait est la vue de carte postale qu'offre sa terrasse, sur des falaises plantées d'arbres plongeant dans la baie turquoise ; le coucher de soleil y est particulièrement romantique. Sa spécialité est le poisson, notamment le bar, la daurade, le vivaneau rouge et le rouget.

Sea Cave POISSON €€

(plats à partir de 8 €). Une option plus informelle, à 500 m à l'est sur la côte. Sa terrasse est ombragée par les grenadiers. Carte classique pour un restaurant de poisson.

Pahyammos

Située à 5 km à l'est de Pomos en suivant une grande route bordée de lauriers-roses, Pahyammos signifie "vaste étendue de sable". La plage est effectivement grande et s'étire le long d'une baie jusqu'aux tours de contrôle de l'ONU qui indiquent le début de Kokkina, une enclave chypriote turque.

La plage de sable foncé n'est pas ombragée mais l'eau est agréable. Vous n'y trouverez aucune commodité, il vaut mieux aller se restaurer en ville, le long de la route principale.

Kokkina (Erenköy)

Depuis l'invasion turque de 1974, cette petite enclave turque appelée Kokkina en grec et Erenköy en turc, est entourée de terres chypriotes grecques. Il est dangereux de chercher à voir l'enclave, cachée derrière les montagnes et gardée par l'ONU et l'armée chypriote grecque. Les photos sont interdites.

Kato Pyrgos

1 135 HABITANTS

Cette plage est aussi éloignée que possible des routes de passage et attire pourtant tous les étés un nombre constant de Chypriotes qui apprécient son atmosphère décontractée. Ici, pas de promenade plantée de palmiers, ni de plages de sable blanc. Kato Pyrgos a un air vieillot que les Chypriotes recherchent afin d'échapper à la commercialisation à tous crins qui a gagné les stations balnéaires les plus en vogue de leur île. Depuis l'ouverture de la frontière en 2010, la plage attire encore plus de touristes, en route vers le nord.

Ce village exposé au vent longe une grande baie allant de Kokkina Point à l'endroit où la Ligne verte touche la mer. La proximité de la frontière est encore plus palpable en raison du bruit des hélicoptères de l'ONU qui décollent et se posent sur la base toute proche. Il y a plusieurs points de baignade autour de la baie, le plus apprécié étant à l'extrémité est, non loin de la Ligne verte et de la partie la plus animée du village. La rue principale est bordée d'arbres touffus et de quelques cafés traditionnels.

Kato Pyrgos compte nombre de bars et restaurants, notamment **La Sera** (Ayaniou 20 ; en-cas à partir de 6 € ; ⌚10h30-minuit), à l'ambiance contemporaine avec son écran géant, et dont le menu se compose de cocktails, de cafés, de salades et de crêpes. L'été, vous avez le choix entre concerts et DJ. Sur la plage, à l'extrémité est du village, suivez les indications menant au **La Mare Beach Bar** (⌚été) pour profiter de l'agréable ambiance de bord de mer tout en dégustant une cuisine correcte, quoique banale.

Psokas

Depuis Kato Pyrgos ou Pahyammos, vous pouvez explorer le sud vers l'arrière-pays de la Tylliria. La superbe réserve forestière de **Stavros tis Psokas** vaut le détour. On y accède également depuis Paphos (51 km) par une route pittoresque en grande partie non goudronnée. Cette vaste aire de pique-nique est un relais forestier destiné à combattre les incendies dans la forêt de Paphos. Les Chypriotes amoureux de la nature viennent ici pour marcher et profiter du calme et l'endroit peut être bondé en été. Dans un petit enclos dont la direction est indiquée sur le parking principal se trouvent des mouflons chypriotes, une espèce rare et menacée (voir l'encadré p. 98). Approchez-vous silencieusement et lentement si vous voulez les apercevoir, car ils sont facilement apeurés.

Plusieurs sentiers de randonnée partent du relais forestier de Stavros tis Psokas. Le **Horteri Trail**, une boucle de 5 km (3 heures), serpente sur le versant est de la vallée de Stavros. Le sentier commence à la fontaine Platanoudkia, à mi-chemin sur la route menant au relais forestier, qui part de la route principale à Selladi tou Stavrou (col de Stavros). Le sentier monte assez fort et peut se révéler fatigant. Au cœur de l'été, il est préférable de démarrer de bonne heure.

Le deuxième sentier est le **Selladi tou Stavrou**, une boucle de 2,5 km (1 heure 30) sur le flanc nord de la vallée de Stavros. Le départ est très bien signalé à partir du col de Stavros (à l'endroit où la route d'accès au relais forestier et la route principale se rejoignent). Une version plus longue (7 km, 2 heures 30) consiste à prendre le sentier à l'envers puis à bifurquer vers l'héliport. De là, il suffit de suivre le sentier forestier qui revient vers le relais forestier.

Des renseignements supplémentaires sur ces sentiers sont fournis à l'office du tourisme de Chypre (CTO) et sur le site Internet : www.visitpafos.org.cy.

Un véhicule est indispensable pour se rendre au point de départ. Le petit camping de Stavros tis Psokas peut accueillir 60 personnes.

Kampos

430 HABITANTS

Peu de touristes se rendent à Kampos, le seul lieu habité de la Tylliria. Le paysage est magnifique et vous serez sans doute l'attraction du village.

Bien qu'il fasse partie du secteur du monastère de Kykkos dans le Troodos (p. 73) sur le papier, Kampos est complètement au sud des espaces sauvages de la Tylliria. Une seule route dessert le village, même aujourd'hui, et est brutalement coupée par la Ligne verte 12 km plus au nord.

Toutefois, cette partie de la Tylliria est moins isolée qu'autrefois, grâce aux travaux de voirie entrepris dans l'arrière-pays et au nord de la grande forêt de Paphos. Ils ont permis de relier le monastère de Kykkos à Kato Pyrgos et Pahyammos. Attention à la fatigue en roulant, la route est bonne mais très sinueuse. La plupart des cartes l'indiquent

VAUT LE DÉTOUR

L'ART DU TISSAGE

Facile d'accès en venant de Pano Panagia ou de Paphos, le joli village de **Fyti** est connu pour sa technique de tissage caractéristique, transmise de génération en génération. L'idéal est de se garer devant l'église et de s'installer à la Fyti Village Tavern, le lieu préféré des habitants, y compris le prêtre. Courgettes aux œufs, couscous au yaourt et un excellent mezze à 12 € sont quelques exemples de ce qui vous attend. L'intérieur est plein de charme, tout en poutres apparentes et arcs de pierre, décoré de tissus fabriqués sur place, mais la terrasse ombragée est encore plus agréable.

Ensuite, il suffit de traverser la place pour entrer au **musée des Arts traditionnels** (8h-13h et 14h-17h) où un ancien instituteur, Charalambos, vous commentera les pièces exposées, des vers à soie en train de mâcher des feuilles de mûrier aux outils agricoles et bâts datant de plusieurs siècles. Sa femme, Theano, tisse devant son métier des étoffes de soie et de coton absolument superbes. Sont également présentées des photographies historiques, dont quelques-unes de chameaux, utilisés comme bêtes de somme jusqu'à la fin des années 1950. Les tissus sont en vente : vous trouverez des housses de coussins, des chemins de table et des sacs. Ne partez pas sans emporter au moins un marque-page brodé à 2 € ! Si vous décidez de ne rien acheter, vous pouvez toujours faire un don.

encore comme un chemin non goudronné. C'est le chemin le plus court pour entrer dans la Tylliria, à préférer à la route de Polis.

TROODOS OCCIDENTAL

Cette région peu habitée au pied des collines occidentales du massif du Troodos se caractérise essentiellement par ses superbes villages où les traditions perdurent et où le dialecte chypriote est encore plus ardu à comprendre. Si vous cherchez à rejoindre le cœur du Troodos à partir de la côte ouest, il suffit de prendre une succession de routes pas toujours goudronnées dans les montagnes. La plus confortable conduit au monastère de Kykkos (p. 73), en passant par le village de Pano Panagia.

Pano Panagia

560 HABITANTS

Village natal de Makarios III, le célèbre archevêque-président de l'île (voir l'encadré p. 74 pour sa biographie). Le **Makarios Cultural Centre** (0,50 € ; 9h-13h et 14h-17h) s'adresse essentiellement aux fans purs et durs et présente des souvenirs de la vie politique et religieuse de Makarios, dont beaucoup de photos. Exposée dans une seule salle, la collection inclut son pardessus, ses chaussons et sa robe de chambre (du célèbre grand magasin londonien Selfridges).

Dans le même style, la **maison d'enfance de Makarios** (entrée libre ; 10h-13h et 14h-18h) occupe un bâtiment plutôt imposant, compte tenu de la condition paysanne de ses parents. Vous y trouverez des photographies et d'autres souvenirs de la vie du jeune Makarios. Si la maison est fermée, demandez les clés au centre culturel.

Les quelques tavernes et cafés de la rue principale proposent tous types d'en-cas et de repas (très moyens et trop chers).

Vallée des Cèdres

Cette vallée tempérée est la perle de l'arrière-pays du Troodos occidental. Elle compte un nombre important de cèdres de Chypre (*Cedrus brevifolia*) si particuliers, proches du cèdre du Liban, plus connu. On accède à la vallée par une route sinueuse non goudronnée venant de Pano Panagia sur le versant Paphos du massif du Troodos, ou en suivant la route non goudronnée indiquée depuis le versant Kykkos du Troodos. Vous y trouverez une aire de pique-nique et un sentier de randonnée de 2,5 km de long menant au sommet du **mont Tripylos**.

Vous aurez besoin d'un véhicule pour vous rendre sur place, car les transports en commun sont irréguliers ou inexistants. Vous pouvez également vous joindre à une visite organisée depuis Polis ou Paphos.

Larnaka et l'Est

Dans ce chapitre »

Le top des restaurants

» Voreas (p. 111)
» Zephyros (p. 112)
» Militzis (p. 112)
» Karousos Beach (p. 122)
» La Cultura Del Gusto (p. 126)

Le top des hébergements

» E-Hotel (p. 209)
» Alkisti City (p. 210)
» Eleonora (p. 210)
» Aeneas (p. 211)
» Brilliant (p. 211)

Pourquoi y aller

Loin de l'effervescence de ses voisines, Larnaka est une ville paisible vivant au rythme de l'ancienne Chypre. Avec son front de mer rénové et une nouvelle marina extravagante en construction, elle est toutefois en passe de devenir elle aussi une ville côtière d'importance.

Des tavernes authentiques, un artisanat traditionnel et des plages aux eaux peu profondes se fondent parfaitement dans un paysage de cités-royaumes antiques, d'églises historiques, de flamants roses, de lacs salés et d'aqueducs qui s'étirent à l'horizon.

La région possède quelques formidables sites néolithiques et des hébergements agrotouristiques. Des routes côtières serpentent jusqu'à la célèbre station balnéaire d'Agia Napa, avec ses plages de sable blanc et ses centaines de bars et de discothèques. En poursuivant le long de la côte, vous découvrirez des grottes marines, des formations rocheuses naturelles et des tombeaux datant de l'époque hellénistique. De l'autre côté du cap, la baie de Protaras et ses superbes plages constituent le cadre idéal pour une escapade en famille.

Quand partir

Les oiseaux migrateurs (flamants roses et canards sauvages) viennent se reposer du côté des lacs salés entre février et avril.
De mai à septembre, vous pourrez passer vos journées à la plage, avant de déguster du melon et du fromage *halloumi* dans la fraîcheur du soir.

La scène musicale d'Agia Napa, avec ses fêtes sur la plage et ses discothèques ouvertes toute la nuit, bat son plein entre juin et août.

À ne pas manquer

1 Une balade le long de la plage sur la promenade principale de **Larnaka** (p. 107) ou parmi les ateliers d'artisanat du quartier turc

2 La découverte des ruelles de **Lefkara** (p. 118), à la recherche de la pièce de dentelle idéale

3 Une baignade dans les eaux cristallines sur les plages de **Nissi Beach** (p. 120) et de **Protaras** (p. 126)

4 L'exploration des grottes marines naturelles de l'est de la péninsule en s'arrêtant au belvédère du **cap Greco** (p. 124)

5 Le tombeau de saint Lazare, abrité sous la coupole de l'église **Agios Lazaros** (p. 107) qui porte son nom

6 Une plongée sur l'**épave du Zenobia** (p. 122), l'un des 10 meilleurs spots du monde

7 Les toboggans du parc aquatique **Water World** (p. 121), à la plus grande joie des enfants

8 Le **site néolithique de Choirokoitia** (p. 117) où vous verrez l'une des premières implantations humaines

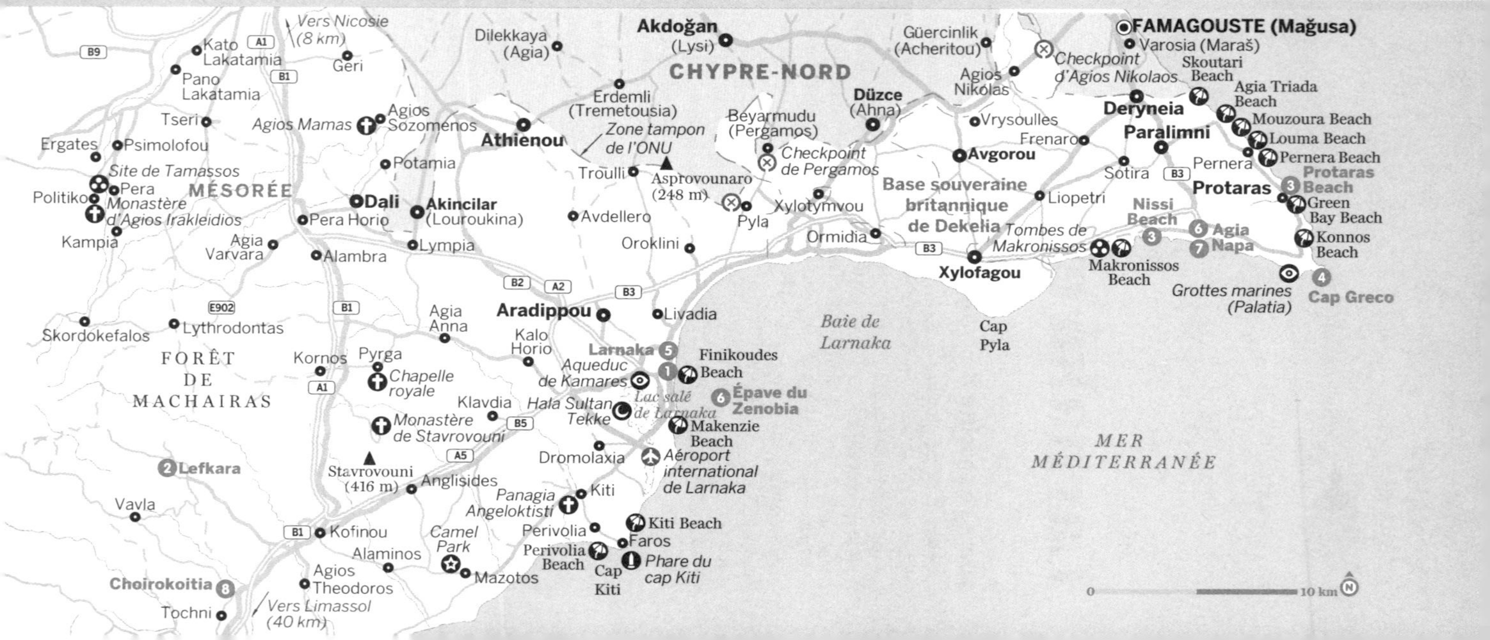

LARNAKA

46 700 HABITANTS

Larnaka vit de la mer. Sa promenade longeant le front de mer, universellement connue sous le nom de Phinikoudes ("petits palmiers", en référence aux arbres qui la bordent), en est donc naturellement le centre névralgique. La ville a su, mieux que les autres, privilégier les petits commerces et restaurants familiaux face aux grandes enseignes.

Ainsi, les traditions artisanales et artistiques ont été préservées, particulièrement dans l'ancien quartier turc. Dans les autres quartiers, le passé et le présent se mêlent comme partout ailleurs. Des répliques modernes sont sorties de terre, entre les maisons traditionnelles, pour accueillir la prochaine vague d'Européens en quête d'un meilleur équilibre entre travail et vie personnelle.

Histoire

Larnaka, autrefois nommée Kition, fut fondée au XIVe siècle av. J.-C. lors de l'expansion de la civilisation mycénienne. Vers la fin de l'âge du bronze, cette cité influente prospéra en tant que port de commerce grâce à l'exportation de cuivre. Elle résista aux Phéniciens puis aux Perses, et s'enrichit à l'époque hellénistique, allant jusqu'à adopter la déesse phénicienne de la Fertilité, Astarté, dont descend peut-être Aphrodite, la déesse protectrice de Chypre.

Pendant les guerres médiques, le général athénien Kimon tenta de libérer la ville de la domination Perse en 450 av. J.-C. Il mourut lors de son siège, en faisant promettre à ses capitaines de cacher son sort tant aux ennemis qu'aux alliés. De cet épisode célèbre est né le dicton "*Kai Nekros enika*" (victorieux jusque dans la mort). Une statue en son honneur a été érigée sur la promenade de Phinikoudes.

Sous l'Empire ottoman, entre le XVIe siècle et le début du XIXe siècle, Larnaka attira nombre de marchands, dignitaires et consuls étrangers qui participèrent pour beaucoup à l'activité archéologique amateur, qui prévalait à l'époque, et qui entraîna la disparition de nombreux objets. Au cours de l'occupation britannique, qui dura 88 ans, la ville perdit progressivement de sa grandeur au profit de Limassol.

En 1974, avec l'invasion turque de Chypre, des milliers de Grecs chypriotes se rabattirent sur le Sud, et le nombre d'habitants à Larnaka explosa. Actuellement, sa population se compose de colons arméniens, libanais, grecs pontiques et palestiniens, qui cohabitent avec des Chypriotes et des Européens aux origines diverses. Le tourisme est la principale activité de la ville.

DISTANCES ROUTIÈRES (KM)

	Lefkara	Agia Napa	Protaras	Makenzy
Agia Napa	61			
Protaras	70	9		
Makenzy	29	32	41	
Pernera	73	12	3	44

À voir et à faire

GRATUIT Agios Lazaros ÉGLISE

(Agiou Lazarou ; 8h-12h30 et 15h30-18h30 avr-août, 8h-12h30 et 14h30-17h30 sept-mars). Cette église du IXe siècle est dédiée à Lazare de Béthanie, que Jésus aurait ressuscité quatre jours après sa mort. Peu après, Lazare fut contraint de fuir Béthanie. Son navire accosta à Kition, où il fut ordonné archevêque et canonisé par les apôtres Paul et Barnabé. Il officia comme évêque plus de 30 ans, avant d'être enterré à sa seconde mort dans un lieu tenu secret.

Son tombeau, qui portait l'inscription "Lazare, ami de Jésus", fut finalement découvert en l'an 890. L'empereur byzantin Léon VI fit porter la dépouille de Lazare à Constantinople et ordonna la construction de cette église pour apaiser les chrétiens. En 1204, sa dépouille fut de nouveau déplacée, à Marseille cette fois.

L'édifice, qui fut restauré au XVIIe siècle, constitue un formidable exemple d'architecture byzantine. Ses influences latine et orthodoxe sont particulièrement appréciables au niveau du clocher, qui fut remplacé à la suite de sa destruction par les Ottomans. L'église fut rendue aux chrétiens en 1589. Des inscriptions en latin, français et grec sont visibles sur son portique. L'intérieur est orné de gravures sur bois catholiques et d'icônes orthodoxes plaquées d'or absolument uniques.

Tombeau de Lazare

Le tombeau se trouve sous l'abside de l'église, accessible sur la droite en bas d'une volée de marches en pierre. Vous y trouverez

Larnaka

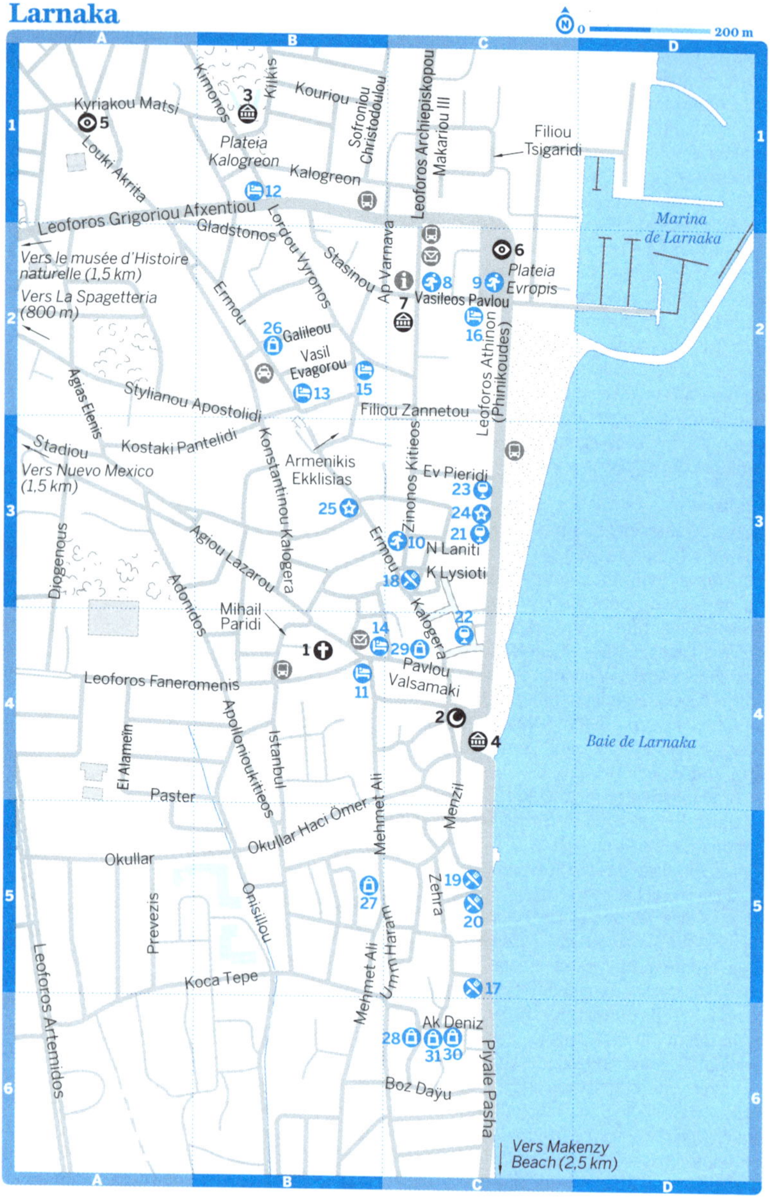

quelques-uns des nombreux sarcophages retrouvés dans les catacombes.

En 1972, des restes humains furent découverts sous l'autel. Pour certains, il s'agirait de la dépouille de saint Lazare, cachée là par des prêtres pour éviter qu'elle ne soit dérobée.

Musée byzantin MUSÉE

(1 € ; 8h30-13h et 15h-17h30 lun, mar, jeu, ven et dim, 8h30-13h mer et sam). Situé dans la cour de l'ensemble d'Agios Lazaros, ce musée détenait de nombreuses reliques et objets de valeur. Malheureusement, la collection fut

Larnaka

À voir

1 Agios Lazaros B4
Musée byzantin .... (voir 1)
2 Grande Mosquée (Büyük Camii) C4
3 Musée archéologique de Larnaka B1
4 Fort de Larnaka et Musée médiéval C4
5 Mousio Theasis A1
6 Centre culturel municipal C2
7 Fondation archéologique Pierides C2
Tombeau de Lazare .... (voir 1)

Activités

8 Office du tourisme (CTO) C2
9 Départ des Larnaka City Cruisers C2
10 Yoga Room C3

Où se loger

11 Alkisti City B4
12 Easy B1
13 Eleonora B2
14 Livadhiotis City B4
15 Petrou Bros B2
16 Sun Hall C2

Où se restaurer

17 Chris' Kebab C5
18 Flavours C3
19 Militzis C5
20 Zephyros C5

Où prendre un verre

21 Brewery C3
22 Savino's Rock Bar C4
23 Times C3

Où sortir

24 Club Deep C3
25 Geometry B3
Savino Live .... (voir 22)

Achats

26 Academic & General B2
27 Emira Pottery B5
28 Fotinis Pottery C6
29 Handworks Handmade C4
30 Stavros Pottery C6
31 Studio Ceramics C6

déplacée au fort de Larnaka entre 1964 et 1974 sur ordre des insurgés turcs pour assurer sa protection. On découvrit plus tard que l'intégralité de la collection avait disparu et il ne reste aujourd'hui que le catalogue original des pièces. Le musée a cherché à reconstruire sa collection au fil des ans avec des objets ecclésiastiques, des icônes et des ustensiles byzantins. Certaines pièces sont des dons du clergé russe orthodoxe.

Fondation archéologique Pierides MUSÉE

(Zinonos Kitieos 4 ; 1,70 € ; 9h-16h lun-jeu, 9h-13h ven et sam). Ce musée fut fondé par Demetrios Pierides en 1839 en réponse au pillage de tombes et à la revente illégale d'objets de valeur du patrimoine chypriote, un phénomène très répandu dans la région.

La collection, qui fut agrandie par les descendants de Pierides, est exposée dans la demeure familiale datant de 1825. Elle comprend des objets provenant de toute l'île, accompagnés d'explications détaillées en anglais. Les six salles du musée sont agencées chronologiquement et offrent un aperçu complet de l'histoire de Chypre englobant les civilisations mycénienne et achéenne, l'âge du fer, les Empires romain et byzantin, les croisades, le règne des Lusignan et les occupations vénitienne et ottomane.

Le musée abrite des pièces néolithiques comme son célèbre **homme hurlant** en céramique datant de l'an 5 500 av. J.-C. Si l'on verse de l'eau dans la bouche du personnage assis, celle-ci s'écoule par son phallus. Les archéologues sont divisés quant à la fonction de l'objet, religieuse ou profane selon les avis.

La collection comprend aussi des objets en verre élaborés datant de l'époque grécoromaine, ainsi que de superbes exemples des arts populaires chypriotes, qu'il s'agisse de tissage, de gravures sur bois ou de costumes traditionnels.

Musée archéologique de Larnaka MUSÉE

(Plateia Kalogreon ; 1,70 € ; 9h-14h30 lun-ven et 15h-17h jeu sept-juin). Ce musée est une étape de la route culturelle d'Aphrodite. Il possède une vaste collection de poteries antiques provenant de Kition et la reconstitution d'un tombeau néolithique de Choirokoitia. Clou de la collection, ses figurines votives en terre cuites sont réparties dans cinq salles.

À DOS DE CHAMEAU

À Mazaotos, le **Camel Park** (☎2499 1243 ; www.camel-park.com ; Mazotos ; promenade adulte/enfant 9/6 €) propose des promenades à dos de chameau d'une durée de 15 minutes. Les animaux sont bien dressés et affables. Avec sa piscine, son aire de jeu et son restaurant, l'endroit offre de quoi passer une excellente journée !

La réserve de chameaux de Mazotos se trouve à 20 minutes de Larnaka en voiture. Les 3 € demandés à l'entrée sont déductibles du prix des activités.

Fort de Larnaka SITE HISTORIQUE, ET MUSÉE

(Leoforos Athinon ; 1,70 € ; 9h-19h lun-ven). Construit sous le règne des Lusignan, le fort se dresse en bordure de mer, entre la promenade de Phinikoudes et l'ancien quartier turc. Son apparence actuelle est le résultat de remaniements effectués par les Ottomans vers 1605.

De nos jours, le fort présente un intérêt essentiellement architectural, et les visiteurs apprécieront le panorama côtier qui s'offre depuis ses tourelles. Au 1er étage, un petit **Musée médiéval** expose des pièces provenant de la mosquée Hala Sultan Tekke (p. 115) et de la cité antique de Kition.

En été, la vaste cour du fort sert de cadre à des concerts et autres événements culturels, que vous ne pourrez manquer tant ils sont annoncés sur la promenade de Phinikoudes.

GRATUIT **Kition** SITE ARCHÉOLOGIQUE

(9h-14h30 lun-ven). De nos jours, la cité antique de Kition est encore largement recouverte par la Larnaka moderne. La partie exhumée de la cité, appelée Zone II, se situe à 1 km au nord-ouest du centre de Larnaka. Depuis la passerelle surélevée surplombant les ruines de ses murs cyclopéens, le site apparaît clairsemé. Les vestiges des cinq temples datant du XIIIe siècle av. J.-C. sont remarquables, tout comme les représentations de navires gravées dans les murailles de l'ancien port, indiquant que la cité fut fondée par des Mycéniens vivant du commerce maritime.

Centre culturel municipal MUSÉE ET GALERIES

(Leoforos Athinon, Plateia Evropis) Le centre culturel se compose de cinq entrepôts adjacents de style colonial, construits par les Britanniques en 1881. Il se trouve sur la promenade de Phinikoudes, face à la marina.

GRATUIT *Galerie d'art municipale*

(9h-14h mar-ven, 9h-12h sam et dim). La galerie présente les œuvres d'artistes locaux, aussi bien anciennes que contemporaines. Chaque mois, elle participe à un échange d'expositions internationales avec différentes galeries européennes.

Musée de Paléontologie

(1,70 € ; 9h-14h mar-ven, 9h-12h sam et dim). Exceptionnelle, la collection de fossiles de ce musée couvre une période de 500 millions d'années. Ses plus belles pièces sont les ossements (notamment les crânes) d'hippopotames et d'éléphants pygmées, des animaux qui peuplaient Chypre en 10 000 av. J.-C.

Archives municipales

(1,70 € ; 9h-14h mar-ven, 9h-12h sam et dim). C'est dans la résidence restaurée du premier capitaine du port colonial de Larnaka que sont conservées les archives de la ville. Au rez-de-chaussée, le musée possède une collection de pièces de monnaie de Kition datant du VIe siècle. Vous pourrez également y admirer une exposition de photos anciennes de la ville, remontant à 1850.

Musée d'Histoire naturelle MUSÉE

(Leoforos Grigoriou Afxentiou ; 0,85 € ; 10h-13h et 16h-18h mar-dim juin-sept, 10h-13h et 15h-17h mar-dim oct-mai). Ce musée propose une excellente approche de l'histoire naturelle de l'île, avec des expositions consacrées à sa faune, sa flore, sa géologie, ses insectes et sa vie sous-marine. Situé dans l'enceinte des jardins municipaux de Larnaka, il accueille régulièrement des groupes scolaires. C'est un lieu divertissant pour les enfants, qui peuvent y observer des pélicans, des flamants roses, des paons et des aras macao évoluant en cage à l'extérieur du musée, et profiter du petit terrain de jeu du parc.

Grande Mosquée MOSQUÉE

(Büyük Camii ; Agias Faneromenis). Située à l'entrée du quartier turc, avec son labyrinthe de ruelles blanchies à la chaux, la Grande Mosquée est la demeure spirituelle de la communauté musulmane de Larnaka. Restée intacte après la dispersion de la communauté turque en 1974, elle accueille aujourd'hui essentiellement des musulmans d'Afrique du Nord.

L'église originelle datant du XVIe siècle (l'église de la Sainte-Croix) fut convertie en mosquée par la suite. L'édifice actuel est le résultat d'une restauration conduite au XIXe siècle. Son petit cimetière aux pierres tombales de style gothique mérite le coup d'œil.

Mousio Theasis EXPOSITIONS
(☎2465 8752 ; www.mousiotheasis.com ; Louki Akrita 8 ; musées 3 € ; ⏲10h-17h). Le nouveau lieu d'exposition à la mode à Larnaka organise des événements de type concerts ou projections de films en plein air. Il abrite une galerie d'art et deux musées qui méritent que l'on s'y attarde. L'un propose un instantané de l'ère byzantine à travers son iconographie, et l'autre une passionnante exposition riche de plus de 5 000 effigies de hiboux. Consultez son site Internet pour le programme de ses expositions et événements culturels.

Yoga Room YOGA
(☎9764 8173 ; Ermou 169 ; cours 10-30 €). Ce petit studio vend des tapis de yoga et propose des cours intimistes de quatre étudiants maximum. Si vous préférez un cours privé, le centre-ville dispose de plusieurs centres.

Circuits organisés

L'**office du tourisme de Chypre** (Cyprus Tourism Organisation, CTO ; ☎2465 4322 ; Plateia Vasileos Pavlou ; ⏲8h15-14h30 et 15h-18h15 lun, mar, jeu et ven, 8h15-13h30 sam) organise des visites guidées gratuites constituant une excellente introduction à la ville de Larnaka et à son histoire. La promenade "Larnaka – Its Past & Present" est proposée tous les mercredis à 10h au départ du CTO. Elle vous conduira le long de la promenade de Phinikoudes, à l'église Agios Lazaros et au musée Pierides.

La seconde promenade, "Skala – Its Craftsmen", à la découverte des artisans, démarre du fort tous les vendredis à 10h. L'itinéraire serpente dans la vieille ville, avec ses maisons chaulées traditionnelles, ses balcons et ses arches. Des arrêts sont prévus dans les ateliers (poterie, etc.) de ses ruelles. Les circuits durent 2h environ, avec de petites pauses pour se rafraîchir.

VISITE SANS LES PIEDS

Laissez-vous tenter par les **Larnaka City Cruisers** (☎7000 5960 ; Leoforos Athinon), ces tricycles modernes pilotés par de sympathiques guides, qui proposent des **visites à thème** : le centre-ville, l'artisanat ou l'histoire (ce dernier thème est sans doute le meilleur). Entre 20 et 30 arrêts sont prévus, ce qui vous permet d'approfondir la visite si vous le souhaitez. Les guides font un maximum pour satisfaire votre curiosité. Les circuits, d'une durée d'une heure environ, coûtent 12 €. C'est une manière ludique de découvrir la ville. Les tricycles partent de Plateia Evropis, sur la promenade de Phinikoudes.

Fêtes et festivals

Kataklysmos FÊTE RELIGIEUSE
Organisée chaque année au mois de juin, 50 jours après la Pâques orthodoxe, cette fête est empreinte d'une signification toute particulière pour la ville côtière de Larnaka. Kataklysmos (déluge ou cataclysme en grec) est la célébration traditionnelle du salut de Noé, qui a réchappé du Déluge.

De nos jours, la fête est surtout prétexte à de sympathiques batailles d'eau. Ce jour-là, toutes sortes d'activités aquatiques sont proposées sur la promenade de Phinikoudes : planche à voile, courses de kayak et compétitions de natation. Le soir, la promenade sert de décor à des concerts en plein air et se peuple de petites échoppes qui vendent de tout, des brochettes de maïs grillé aux babioles kitsch.

Lundi vert FÊTE RELIGIEUSE ET JOUR FÉRIÉ
Ce jour férié correspond à la célébration, 50 jours avant la Pâque orthodoxe, du début du jeûne et de la pénitence. La tradition veut que l'on organise un pique-nique à la campagne, à base de légumes, de fruits de mer et de vin.

Dimanches musicaux FESTIVAL DE MUSIQUE
(Musical Sundays ; ⏲à partir de 11h dim jan-mai et nov-déc). Une scène montée en bord de mer sur la promenade de Phinikoudes est le théâtre de toutes sortes d'événements musicaux (rock, jazz, musique traditionnelle) et dansants. La programmation est indiquée dans la brochure gratuite *Larnaka this month* disponible dans toutes les librairies.

Où se restaurer

L'offre est variée à Larnaka, du bar à souvlakis au restaurant gourmet. La promenade et les rues adjacentes sont truffées d'endroits où se restaurer. Attention cependant à l'hygiène dans les gargotes des petites rues. Il est généralement possible de dîner à partir de 19h, mais les habitudes chypriotes (déjeuner copieux, sieste tardive) font que les restaurants se remplissent rarement avant 22h.

♥ **Voreas** CHYPRIOTE €€€
(☎2464 7177 ; Agiou Demetriou 3, Oroklini ; plats 9-17 € ; ⏲soir lun-sam, midi et soir dim). À dix mi-

nutes de Larnaka, dans le village d'Oroklini, un restaurant chaleureux occupant une maison traditionnelle et sa cour. Votre table croulera sous les plats de viande succulente, de mezze aux légumes sauvages, de parfums d'herbes... tant et si bien que votre estomac reconnaissant finira par crier grâce.

Zephyros POISSON ET FRUITS DE MER €€€
(Piyale Pasha 37 ; plats 9-18 €). Cette taverne contemporaine au service impeccable, située à proximité du port, sert un mezze de poisson de qualité supérieure. Les calamars et les sardines argentées sont un excellent choix. Dînez-y une fois, et il y a fort à parier que vous y retournerez.

Militzis CHYPRIOTE €€
(Piyale Pasha 42 ; plats 9-12 €). La cour traditionnelle, couverte et extérieure, de cette taverne de bord de mer abrite un *fourno* bombé (four traditionnel) dans lequel de l'agneau et du poulet incroyablement tendres cuisent toute la journée. Un mezze chypriote simple, composé de *halloumi,* de haricots géants et de bourgour, y est également servi.

Flavours GRILLADES €€€
(25 Kosma Lysioti ; www.stonegrillflavors.com ; plats 18 €). Au bout de la rue Ermou, un restaurant de grillades exceptionnel qui ravira les vrais amateurs de viande. Le morceau de votre choix vous est servi cru sur une pierre volcanique chauffante, le meilleur moyen d'obtenir le degré de cuisson souhaité.

La Spagetteria ITALIEN €€
(Stylianou 1 ; plats 7-12 € ;). Un endroit intimiste proposant une carte variée de plats savoureux à un prix raisonnable. Tout y est délicieux et parfaitement présenté, des traditionnels spaghettis bolognaise aux pizzas gourmet à pâte fine. Côté boissons, vous avez le choix entre des bières italiennes importées (Peroni) à partir de 3 € et une excellente carte des vins.

Nuevo Mexico MEXICAIN €€€
(Leoforos Artemidos 10 ; www.nuevomexico.com.cy ; plats 8-15 €). Les chefs mexicains de ce nouveau restaurant situé à l'étage cuisinent d'appétissants plats traditionnels de leur pays (*quesadillas, enchiladas*...). La décoration colorée, les chaises confortables et le personnel chaleureux sont la garantie d'un repas en famille réussi. Attendez-vous à de petits interludes musicaux de la part des serveurs, toujours prêts à improviser quelques pas de salsa.

Zakos Beach POISSON ET FRUITS DE MER €€€
(Makenzy Beach ; www.zakosbeach.com ; plats 8-18 € ; 9h-23h30). Campé sur la plus belle plage de Larnaka, ce restaurant à la vue unique sert son mezze de poisson sur de longues tables traditionnelles. Le poulpe aux herbes et au citron est excellent, à arroser d'un verre de vin Aphrodite.

Chris' Kebab RESTAURATION RAPIDE €
(Piyale Pasha ; plats 6 € ; 12h-22h). Ce petit restaurant de souvlakis est prolongé par une terrasse de quelques tables. Laissez-vous tenter par son pain pita moelleux au poulet, avec un peu de sauce *tahiné* maison pour sa touche acidulée. Attention aux embruns les jours de grand vent !

Où prendre un verre

Les nombreux bars et cafés de Larnaka se concentrent essentiellement sur la promenade de Phinikoudes. Pour des pubs et *kafeneia* (cafés) à l'ambiance plus intimiste, éloignez-vous de la mer vers les petites rues, où les prix sont souvent plus raisonnables. Les bars ne ferment généralement pas avant minuit.

Ammos BAR
(www.ammos.eu ; Makenzy Beach ; 9h-tard). Ammos ("sable" en grec) est un bar à la blancheur éclatante, idéalement situé sur la plage. À l'intérieur, vous pourrez grignoter quelque chose dans une ambiance élégante. La terrasse du toit est le lieu idéal pour boire, se relaxer et danser sur un mix d'urban house et de funk tranquille. N'hésitez pas à retirer vos chaussures pour enfouir vos pieds dans le sable doux qui recouvre le sol.

Savino's Rock Bar BAR
(9 Ouotkins, Laiki Geitonia ; 19h-tard). Un petit bar caché à quelques pas de la promenade principale, avec un comptoir en bois et des affiches d'idoles du rock placardées au mur. Le cadre parfait pour avaler une bière perché sur un tabouret, en écoutant du rock, du jazz ou du blues. L'endroit a tôt fait de se remplir, mais heureusement le Savino Live, son jumeau, se trouve de l'autre côté de la rue pour accueillir ceux que l'envie de danser titille.

Times BAR
(Leoforos Athinon 73 ; 10h-1h). Ce café à l'ambiance moderne et élégante est idéalement situé en bord de mer. Ses confortables canapés blancs sont parfaits pour se prélasser

toute la nuit en sirotant des cocktails. Des concerts de jazz sont organisés le dimanche, le vendredi c'est funky house, et le mercredi est placé sous le signe du rock. Les clients sont habillés chic, et poursuivent la soirée au Club Deep voisin.

Brewery BRASSERIE
(Leoforos Athinon 77 ; ⏲10h-1h). Ici, les clients se servent directement leur demi à la mini pompe à bière placée sur leur table. Une vaste sélection de bières blondes, brunes et fruitées (cerise, citron vert et fruit de la passion) vous est proposée. Le menu "burger" est parfait pour manger sur le pouce, quoiqu'un peu cher.

☆ Où sortir

La plupart des touristes et des noctambules choisissent Agia Napa pour ses bars et ses discothèques de renommée internationale, et pourtant, Larnaka propose également quelques options satisfaisantes. De bonnes discothèques sont installées sur son front de mer et dans les rues adjacentes, mais c'est du côté de la zone en plein essor de Makenzy Beach que la fête bat son plein.

L'été, des fêtes de plage y sont régulièrement organisées, avec pour invités des DJ du monde entier. Vous pouvez également danser un verre à la main toute la journée aux bars de plage. Gardez un œil sur les affiches placardées dans toute la ville, qui annoncent les soirées à venir.

Savino Live CONCERTS
(9 Ouotkins, Laiki Geitonia ; ⏲mer-ven et sam). Ce bar rock peut accueillir jusqu'à 300 personnes à ses concerts live, et elles sont généralement au rendez-vous. Avec son installation sonore de qualité et sa piste de danse ouverte, le lieu est propice aux nuits de danse endiablée. Des groupes y viennent de toute l'île pour jouer du blues, du jazz ou du rock jusque tard dans la nuit.

Geometry DISCOTHÈQUE
(Karaoli et Demetriou 8 ; ⏲ven-dim). L'entrée du Geometry est une rampe au sol lumineux bordée de miroirs, qui fait penser à la fois à une navette spatiale rétro et au clip de Billy Jean. À l'intérieur, découvrez une discothèque extravagante aux motifs géométriques lumineux, équipée de prismes. Le public est assez huppé, et la musique est un mélange de dance, de musique de discothèque et de morceaux grecs. Soignez votre tenue si vous souhaitez passer inaperçu parmi les Chypriotes qui s'y retrouvent le week-end.

Club Deep DISCOTHÈQUE
(Leoforos Athinon 76 ; ⏲lun-dim). Une discothèque sur deux étages, ouverte toute la nuit, juste en face de la mer. Au rez-de-chaussée, vous danserez sur de la trance et de la house progressive. La salle principale (Deep), à l'immense piste de danse, programme essentiellement du R&B, de la musique old school et de la dance commerciale. L'endroit se remplit après minuit d'un public plutôt jeune et décontracté.

K Cineplex CINÉMA
(serveur vocal ☎2436 2167 ; www.kcineplex.com ; Peloponisou 1 ; ⏲serveur vocal 17h-22h30 lun-ven). Un multiplexe de six salles, un son stéréo surround, de grands sièges inclinables et les habituelles superproductions hollywoodiennes à l'affiche. Tous les films sont sous-titrés en grec à l'exception de quelques films d'animation pour lesquels vous aurez le choix entre sous-titres grecs ou anglais. Vous trouverez également sur place un bowling de 20 pistes, le **Kmax Bowling Alley** (☎7777 8373), une salle de billard et le restaurant-pub irlandais Finnegan's. Le complexe se trouve à 10 minutes en voiture du centre-ville en direction de l'ouest, à proximité de l'aqueduc de Kamares.

Achats

Larnaka est réputée pour sa poterie. De nombreux ateliers du quartier turc vendent des céramiques de grande qualité.

Stavros Pottery POTERIES
(www.stavrosceramics.com ; Ak Deniz 8). Les pièces de ce magasin sont le fruit à la fois de la technique du raku et de la vision créative de l'artiste, Stravos.

Studio Ceramics POTERIES ET ARTISANAT
(www.studioceramicscyprus.com ; Ak Deniz 18). De la poterie médiévale inspirée par l'art chypriote antique. Les répliques de pièces du musée Pierides sont exceptionnelles.

Fotinis Pottery POTERIES
(Bozkourt 28). De la belle vaisselle quotidienne ornée de grenades, le fruit qui symbolisait la fertilité à l'époque païenne de l'île.

Emira Pottery POTERIES
(www.emirapottery.com ; Mehmet Ali 13). Parmi les nombreux objets proposés, citons notamment la vaisselle unique, à motifs délicats, et les cocottes chypriotes traditionnelles. On vous invite même à vous essayer à la poterie.

Handworks Handmade BIJOUX ET ACCESSOIRES (www.handworkshandmade.com ; Pavlou Valsamaki 22). À 50 m à peine d'Agios Lazaros en direction de la mer, ce magasin éclectique vend toutes sortes de pendentifs, de pierres, de chaînes de cheville et de colliers en argent, en bois, etc. Ses prix abordables en font l'endroit idéal pour l'achat de cadeaux ou de souvenirs.

♥ **Academic & General** LIBRAIRIE (☎2462 8401 ; Ermou 41). On pourrait facilement passer la journée ici. Les rayons de cette librairie regorgent de centaines de livres en anglais : livres classiques, d'histoire, de philosophie ou sur Chypre. Pour bouquiner à la plage, laissez-vous tenter par son vaste choix de romans d'occasion. Des événements culturels ont lieu ici en été, et ces libraires sympathiques sont spécialisés dans les livres rares et introuvables. N'hésitez pas à vous faire un café et à vous installer confortablement dans l'un des canapés à l'étage.

Renseignements

ACCÈS INTERNET Une connexion Wi-Fi est disponible tout le long de la promenade de Phinikoudes.

Amalfi Café (Lord Byron 35 ; 1,90 €/heure ; ⏲10h-1h) Central, avec billards et jeux.

Replay (Leoforos Athinon ; 2,50 €/heure; ⏲10h-1h) Sur la promenade principale.

ARGENT **Bank of Cyprus** (☎2414 4141 ; Zinonos Kitieos) En face du CTO.

OFFICES DU TOURISME **CTO** aéroport (☎2464 3576 ; ⏲8h15-23h) ; Larnaka (☎2465 4322 ; Plateia Vasileos Pavlou ; ⏲8h15-14h30 et 15h-18h15 lun, mar, jeu et ven, 8h15-13h30 sam)

POLICE **Poste de police** (☎2480 4040 ; angle Leoforos Grigoriou Afxentiou et Leoforos Archiepiskopou Makariou III) À l'entrée principale de la promenade de Phinikoudes.

POSTE Vous trouverez un bureau de poste (Plateia Vasileos Pavlou) non loin du CTO, et une autre petite succursale près de l'église d'Agios Lazaros.

SERVICES MÉDICAUX **Hôpital de Larnaka** (☎2480 0500 ; Leoforos Grigoriou Afxentiou)

Pharmacie de nuit (☎1414)

Marfin Laiki Bank (☎2481 4422 ; Lord Byron 33)

Depuis/vers Larnaka

AVION Le nouvel **aéroport international de Larnaka** (information sur les vols ☎2464 3000) se trouve à 7 km au sud-est du centre-ville. Il est relié par des vols directs à la plupart des grandes villes européennes et d'Afrique du Nord.

BATEAU La **marina de Larnaka** (☎2465 3110 ; larnaca.marina@cytanet.com.cy) est un port d'entrée officiel à Chypre. Il offre de nombreux postes d'amarrage, qu'il vous faudra réserver car il est très fréquenté.

BUS **InterCity** (☎2464 3492 ; www.intercity-buses.com ; ticket aller/journalier et retour 3/5 €). Les bus partent de l'arrêt situé au milieu de la promenade de Phinikoudes, côté plage. Destinations :

Agia Napa et Paralimni Au moins 1 bus par heure de 6h à 19h30 en semaine, et de 8h à 16h30 le week-end.

Nicosie Au moins 1 bus par heure de 6h à 19h30 en semaine, et de 6h30h à 16h le week-end.

Limassol Au moins 1 bus par heure de 6h à 19h en semaine, et de 8h30 à 17h30 le week-end.

TAXI Durées et tarifs indicatifs :

Agia Napa 35-43 €, 30 minutes

Nicosie 42-50 €, 35 minutes

Limassol 50-60 €,1 heure

Paphos 105 €, 1 heure 40

Troodos 80-90 €, 1 heure

TAXI COLLECTIF **Travel & Express** (☎2466 1010 ; www.travelexpress.com.cy ; Kimonos 2) propose un service de taxis collectifs vers les principales destinations (sauf l'aéroport de Larnaka) :

Agia Napa-Paralimni-Protaras 9 € la course vers ces trois destinations.

Nicosie 9 €, 40 minutes

Limassol 11 €, 1 heure

Paphos 21 €, 1 heure 40

Comment circuler

DEPUIS/VERS L'AÉROPORT Les bus 417 et 431 desservent l'aéroport (1 €, 30 min) depuis le poste de police du centre-ville et la promenade de Phinikoudes. Le premier bus est à 6h20, le dernier (n°431) à 21h (17h45 en hiver).

BUS Le point d'arrivée/de départ des **bus bleus régionaux** (☎2466 5531; www.zinonasbuses.com) se trouve en face du poste de police. Toutes les régions sont desservies 5 à 6 fois par jour ; le billet journalier coûte 2 € et les horaires sont consultables sur le site Internet.

VÉLO **Anemayia** (☎2465 8333 ; 19 Leoforos Archiepiskopou Makariou III ; 10 €/jour) loue des vélos et offre un service de livraison gratuite.

VOITURE ET MOTO Vous trouverez de nombreux loueurs à l'aéroport.

Andreas Petsas Rent-a-Car (☎2464 3350 ; aéroport)

Anemayia Car, Motorbike & Bicycle Rentals (☎9962 4726). Loue des voitures, des motos et des vélos, mais également des bateaux, des vélomoteurs et des buggies.

Thames Car Rentals Larnaka (☎2465 6333 ; Vasileos Pavlou 13) ; aéroport (☎2400 8700)

TAXI Comptez 15-20 €, et une dizaine de minutes. **Stavrakis Taxi Office** (☎2465 5988 ; Ermou 64) se trouve dans le centre-ville.

ENVIRONS DE LARNAKA

Comment circuler

Disposer de son propre véhicule reste la meilleure façon d'explorer les environs de Larnaka (et le reste de l'île). Les **Love Buses** (☎9776 1761 ; Leoforos Athinon, Larnaka ; 10 €/pers ; 11h-17h30, circuits nocturnes 20h30 et 22h en été), ces véhicules rouge et blanc à impériale que l'on dirait tout droit sortis de Londres, offrent néanmoins une alternative intéressante.

Ces circuits font étape au lac salé de Larnaka, à la mosquée Hala Sultan Tekke et à l'aqueduc de Kamares. Le samedi, un circuit est également proposé jusqu'à Panagia Angeloktisti (Kiti) et la réserve de chameaux de Mazatos, qui plaira aux enfants. Il peut faire chaud sur la plateforme, pensez à emporter un chapeau et de l'eau.

Plages

Les plages de Larnaka peuvent paraître insipides à côté de celles d'Agia Napa et de la côte est. Leur sable est souvent gris et compact, et vous trouverez également quelques plages de galets. L'eau y est souvent très peu profonde cependant, idéale pour les enfants.

Makenzy PLAGE

Certainement la meilleure plage de la ville. Elle se trouve à 2 km au sud de Larnaka, après Piyale Pasha.

Phinikoudes PLAGE

Une plage propre aux eaux peu profondes, équipée de transats et de nombreuses autres commodités.

Plage municipale du CTO PLAGE

Cette plage très fréquentée par les gens du coin se situe sur la route de Dekelia, à l'est de Larnaka. Elle est bordée de nombreux restaurants, tavernes et hôtels.

Cap Kiti et Perivolia PLAGE

C'est au sud-ouest de Lanarka que vous trouverez ces plages de gros galets blancs, étroites et isolées, aux eaux peu profondes. Des vents puissants balayent souvent les plages du cap côté Perivolia, pour le plus grand bonheur des véliplanchistes et des kitesurfeurs. Pour en profiter, cependant, il vous faudra emporter votre propre matériel.

Aqueduc de Kamares

La construction de cet aqueduc fut autorisée par le gouverneur ottoman Bekir Pasha en 1746, en réponse aux problèmes d'alimentation en eau douce de Lanarka. Il fut construit dans un style roman classique, et certains historiens pensent qu'il s'agit en réalité d'un édifice romain que les Ottomans n'auraient fait que restaurer. À l'origine, il transportait l'eau à partir d'une source située à 10 km au sud grâce à des tunnels souterrains, des centaines de puits d'air et une série de ponts-aqueducs dont on peut aujourd'hui apercevoir les vestiges depuis la route. Il est resté en usage jusque dans les années 1950. La municipalité de Larnaka organise des concerts en plein air sur les pelouses face à l'aqueduc, qui est superbement éclairé la nuit. Il se trouve sur la vieille route de Limassol, à proximité du multiplexe.

Hala Sultan Tekke (Tekkesi)

La mosquée et son **tekke** (sanctuaire ; contribution libre ; 9h-19h30 mai-sept, 9h-17h oct-avr) se dressent en bordure du lac salé de Larnaka, à l'ombre des palmiers, des oliviers et des cyprès. Ce sanctuaire, considéré par certains comme le troisième lieu le plus sacré au monde pour les musulmans, fut fondé en 674 lors de raids arabes sur Chypre. Il semblerait qu'Umm Haram, la nourrice (et tante) adorée du prophète Mohammet, soit morte d'une chute de mule à cet endroit précis. Le site comprend son tombeau, un mausolée et un sanctuaire (1760), une mosquée, un minaret et un couvent (datant tous les trois de la fin du XVIIIe siècle). Le tombeau et le sarcophage d'Hala Sultan (Umm Haram, "bonne mère" en turc) mis au jour lors de fouilles se trouvent à votre gauche en entrant, dans une sorte de grotte.

La mosquée est toujours en usage. Son sol est recouvert de tapis de prière, et vous devrez retirer vos chaussures pour y entrer.

Le *tekke* se trouve à 1 km de la route principale, entre Larnaka et l'aéroport.

Lac salé de Larnaka

En hiver, cette réserve protégée se remplit d'eau de pluie, et forme ainsi un vaste habitat migratoire pour les flamants roses et les canards sauvages. À l'approche de l'été, le lac s'assèche peu à peu, marquant le départ des oiseaux. Une croûte de sel dont la surface

Excursion en voiture

L'artisanat des villages traditionnels

Depuis l'église de 1 **Panagia Angeloktisti** à Kiti, prenez la route 403 vers l'ouest, en direction du village agricole de 2 **Mazotos**. Les enfants adoreront sa réserve de chameaux. De là, suivez la vieille route côtière à travers des champs clairsemés. Roulez 17 km environ en profitant sur votre gauche de la vue offerte sur la mer, jusqu'au joli village de 3 **Maroni**. Marquez l'arrêt le temps d'acheter des concombres locaux et de prendre un café grec. Mettez ensuite le cap sur le sud-ouest, en empruntant la courte route menant à 4 **Zygi**. Ce petit village de pêcheurs est réputé pour ses restaurants de poisson, parmi les meilleurs de l'île. Une fois repu, reprenez le volant vers l'ouest sur 1 km. Pénétrez à l'intérieur des terres puis tournez à droite et suivez la voie inférieure de la B1 (échangeur avec l'A1) sur 6 km environ. Puis tournez à gauche en direction de la vallée et du pittoresque village de 5 **Tochni**. Repartez en direction du nord, par la route conduisant à l'impressionnante implantation préhistorique de 6 **Choirokoitia**, à 4 km. Depuis le site néolithique, grimpez la petite route s'engageant dans les terres vers le nord-ouest. Arrêtez-vous un moment à 7 **Vavla** pour admirer ses superbes maisons restaurées. Prochaine étape : 8 **Kato Drys**, un adorable village de pierre aux balcons pittoresques. Continuez de suivre la route sinueuse sur 4 km jusqu'aux villages de 9 **Pano** et **Kato Lefkara**, spécialisés dans la dentelle et l'orfèvrerie. Flânez dans les rues escarpées de la vieille ville, ou profitez-en pour marchander de beaux ouvrages. Puis direction le nord, jusqu'à ce que vous aperceviez le barrage de Lefkara sur votre gauche. Suivez la pente sur 16 km jusqu'au village de 10 **Kornos**, réputé pour sa poterie. Une fois vos emplettes terminées, prenez la route vers l'est en suivant les panneaux (vous recroiserez l'autoroute) jusqu'à 11 **Pyrga**. Vous pourrez y visiter la chapelle royale des Lusignan, datant du XIVe siècle (les panneaux indiquent "chapelle médiévale"), dédiée à sainte Catherine, qui abrite des fresques splendides. Repartez vers le nord, puis tournez à droite (à l'est) après 4 km pour prendre la route 104. Arrêtez-vous pour déguster un mezze à 12 **Agia Anna** avant de rentrer tranquillement à Larnaka.

blanche ondule et scintille sous la chaleur se forme après leur départ.

Les archéologues ont découvert que durant la préhistoire, le lac central (appelé ici "Aliki") était un port naturel, et un haut lieu de commerce pour l'île. Vers la fin de l'âge du bronze, il desservait une ville assez importante sise non loin de l'emplacement actuel de l'Hala Sultan Tekke. En 1050 av. J.-C., la ville se vida de ses habitants et la voie d'eau s'assécha peu après, entraînant la création d'un lac salé. Durant plusieurs siècles, on procéda à la récolte de son sel, qui devint un produit d'exportation important pour Chypre. Des maisons de récolte temporaires furent construites, et l'on chargeait le sel dans de grands paniers tressés transportés par des ânes. La récolte s'interrompit dans les années 1980, en raison d'une hausse des coûts et d'une production ralentie.

N'essayez pas de rouler sur le lac, même en 4x4 : vous vous enliseriez. Il est demandé aux visiteurs de ne pas marcher sur le lac, mais de superbes chemins de promenade en longent les berges.

Kiti et environs

3 140 HABITANTS

C'est à Kiti, un village situé à 9 km au sud-ouest de Larnaka, que se trouve la **Panagia Angeloktisti** (contribution libre ; ⏲9h30-12h et 14h-16h lun-sam juin-sept), une église cruciforme surmontée d'un dôme datant du XIe siècle. L'édifice, dont le nom signifie "construit par des anges", abrite une superbe mosaïque de la Vierge Marie datant du VIe siècle. Elle ne fut découverte qu'en 1952, au milieu des vestiges de l'abside originale (Ve siècle) qui avait été intégrée au bâtiment actuel. Cette mosaïque admirablement conservée représente Marie debout sur un piédestal orné de pierres précieuses, tenant l'Enfant Jésus dans ses bras, flanquée des archanges Gabriel et Michel. Des offices religieux ont toujours lieu dans l'église.

En suivant la côte, vous trouverez le village de **Perivolia** et le **cap Kiti**, ses falaises et son phare. Quelques glaciers et des hôtels parfaits pour une petite escapade vous y attendent.

Monastère de Stavrovouni

Perché à 668 m d'altitude, au sommet du mont Stravrovouni (littéralement "mont de la croix"), ce **monastère** (⏲8h-12h et 15h-18h avr-août, 8h-12h et 14h-17h sept-mars) est le plus ancien de l'île. Parfaitement isolé des zones en contrebas, il renfermerait un morceau de la sainte Croix que sainte Hélène, la mère de l'empereur Constantin, aurait rapportée de Jérusalem en l'an 327. Sainte Hélène remit la relique aux moines afin qu'ils la protègent, et le monastère fut fondé. Aujourd'hui, ce morceau de la sainte Croix est conservé à l'intérieur de l'église, dans une solide croix en argent décorée de 1,20 m de haut.

Ironie de l'histoire, sainte Hélène ne pourrait la voir de nos jours, car l'accès au monastère est interdit aux femmes. Le site mérite malgré tout la visite, pour le panorama dégagé qu'il offre sur la plaine de la Mésorée. Par temps clair, vous pourrez voir Famagouste à l'est, le massif du Troodos au nord-ouest, jusqu'à Larnaka et son lac salé, et aussi loin que les eaux bleues de la Méditerranée.

Une fois dans le monastère, asseyez-vous un moment au soleil dans la cour d'entrée de l'église pour admirer le clocher et méditer sur la vie monastique. En attendant les hommes, libres de déambuler dans les vestibules et d'en admirer les icônes, les femmes pourront visiter la petite église de Tous-les-Saints située à la sortie du monastère. Hommes et femmes pourront ensuite se retrouver à la librairie qui propose un vaste choix de bibles, de livres de cantiques et d'icônes. Des chapelets faits main sont également en vente (4 €), une bonne idée de souvenir.

Stavrovouni héberge une communauté religieuse encore active, dont les moines vivent une vie ascétique. Les pèlerins et les visiteurs sont les bienvenus, et peuvent également se faire confesser sur rendez-vous sous réserve d'arriver pendant les heures de visite. Les photos sont interdites dans l'enceinte du monastère. Si vous êtes un pèlerin zélé (homme), les moines vous inviteront peut-être à passer la nuit au monastère, à méditer et à partager avec eux un dîner composé des produits bio de leur potager.

Le monastère se trouve à 17 km de Larnaka sur l'autoroute Nicosie-Limassol (A1).

Choirokoitia

Ce **site néolithique** (1,70 € ; ⏲9h-19h30 lun-ven, 9h-17h sam et dim mai-sept, 9h-17h tlj oct-avr) admirablement préservé, inscrit au patrimoine mondial depuis 1998, date de l'an 7 000 av. J.-C. C'est la plus ancienne colonie humaine permanente retrouvée à Chypre.

Il semblerait qu'elle ait été fondée par des peuples originaires d'Anatolie et d'Asie Mineure. Le site, protégé par un grand mur d'enceinte, occupe un versant bien défendu.

Les vestiges de plus de 50 habitations cylindriques, en pierre et en boue, y ont été retrouvés. Des ustensiles préhistoriques également, qui indiquent que ses habitants avaient un mode de vie complexe, utilisant des techniques de culture et de chasse bien développées. La découverte d'une vingtaine de squelettes, dont ceux de jeunes enfants, semble indiquer qu'ils enterraient leurs morts sous le sol de leurs habitations.

Une série de chemins font le tour du site. Les vestiges les mieux préservés ont été mis au jour au sommet de la colline. Au pied du site d'origine, une reconstitution des huttes invite les visiteurs à se transporter loin dans le passé.

Choirokoitia se trouve à 32 km de Larnaka, sur l'autoroute Larnaka-Limassol. Sur la même route, à une dizaine de kilomètres en direction de Limassol, le site néolithique de **Tenta (Kalavasos)** est facilement reconnaissable par sa tente conique le protégeant des intempéries. Il s'agit d'une version plus simple de Choirokoitia, mais non moins importante d'un point de vue archéologique.

Lefkara

1 100 HABITANTS

À la Renaissance, ce village de montagne regroupant Pano et Kato Lefkara, peuplé de près de 5 000 habitants, était l'une des villes les plus importantes et les plus influentes de l'île. Il était déjà réputé pour ses superbes dentelles, fabriquées par les femmes du village depuis le Moyen Âge, et pour le travail d'orfèvrerie de ses hommes qui incorporait des techniques de passementerie.

La région était une destination de villégiature prisée des riches colons et des voyageurs, et la ville semblait vouée à un avenir prospère. L'histoire en voulut autrement, mais le village, entouré par une abrupte vallée plantée de pins et de caroubiers, n'en possède pas moins un très beau cadre. Ses étroites rues pavées et ses adorables maisons traditionnelles témoignent d'une influence vénitienne manifeste.

En 1481, Léonard de Vinci aurait visité Lefkara, où il aurait fait l'acquisition d'un morceau de fine dentelle pour l'autel de la cathédrale de Milan. Les amateurs de dentelle et d'argenterie du monde entier se rendent encore à Lefkara pour son savoir-faire, et ils ne sont pas déçus. Les artisans, installés à l'extérieur de leurs boutiques pour tisser, vous invitent à les regarder travailler ou à jeter un coup d'œil à l'intérieur, “sans obligation”. Ils sont parfois insistants, mais toujours charmants. La dentelle, d'une qualité exceptionnelle, peut être très onéreuse, c'est pourquoi il peut être intéressant de porter votre choix sur un produit en promotion, et d'en négocier le prix. C'est dans le village même que vous trouverez la plus grande variété de produits et la meilleure qualité. Rappelez-vous que les plus beaux ouvrages se trouvent toujours à l'intérieur des boutiques.

Une fois la question des souvenirs résolue, il peut être intéressant de faire le plein de fruits de saison locaux. Puis perdez-vous dans les ruelles du village à la découverte de l'incroyable diversité de ses portes traditionnelles et de ses cours intérieures cachées. Suivez les panneaux signalant le **Museum of Traditional Embroidery & Silver-Smithing** (Musée de la Broderie et de l'Orfèvrerie traditionnelles ; 1,70 € ; ⏲9h30-16h lun-jeu, 10h-16h ven-sam), installé dans l'ancienne demeure d'une des familles les plus riches de Lefkara. Le bâtiment est organisé autour d'une vaste cour intérieure plantée de grenadiers et de citronniers, avec son four extérieur restauré. Au rez-de-chaussée se trouvent une chambre froide, un salon et une salle à manger où sont exposés de gigantesques pots d'argile, ainsi que des ustensiles, des outils et du mobilier traditionnels. Vous pourrez aussi y voir des ouvrages originaux de dentelle et d'orfèvrerie. La visite se poursuit à l'étage, avec son hall grandiose, son atelier et ses chambres meublées de commodes, de miroirs et de lits anciens.

Dans la rue Skarinou voisine, découvrez un musée à la fois étrange et fabuleux : le **Fatsa Wax Museum** (Georgiou Papandreou ; adulte/enfant 5/3,50 € ; ⏲9h-17h30 oct-mars, 9h-18h30 avr-sept). Inspiré du fameux musée de Madame Tussaud, il renferme plus de 120 statues en cire mettant en scène l'histoire de Chypre, ses événements et sa culture, avec ses personnages illustres (présidents, héros de guerre et chefs religieux). Un café-restaurant sert des en-cas sur place.

Pour le déjeuner, la meilleure table de la ville est le **Lefkara Hotel & Restaurant** (www.lefkarahotels.com ; 42 Timiou Stavrou Pano Lefkara ; plats 12 €). Dans l'enceinte de ses murs anciens se trouve la petite église de **Saint Mammès**, datant de 974 environ. Dans une ambiance tamisée, goûtez aux légumes bio de son potager accompagnés de véritables délices, comme le filet de porc fumé farci au *halloumi*, servi avec des tomates séchées et du *bourgouri*.

L'accès à Lefkara se fait par l'autoroute Nicosie-Limassol (A1) ou depuis Choirokoitia en suivant la route pittoresque qui passe par Vavla. Un bus quotidien (1 €, du lundi au samedi) circule entre Lefkara et Larnaka ; départ de Lefkara à 7h et retour de Larnaka à 13h.

AGIA NAPA

2 680 HABITANTS

Le fabuleux climat et les plages idylliques de ce modeste village de pêcheurs en ont fait l'un des lieux d'Europe les plus célèbres pour la vie nocturne. Avec sa centaine de bars et de discothèques, c'est un véritable paradis pour noctambules venus du monde entier.

Sa place centrale est bordée d'une multitude de discothèques thématiques, qui sont autant d'hommages aux Pierrafeu, au roi Arthur ou aux séries policières des années 1970. Des DJ de renommée internationale se succèdent à leurs platines tout l'été.

De juin à août, poser sa serviette sur la plage et trouver un hébergement deviennent un défi. Malgré le chaos ambiant, c'est un endroit fabuleux à visiter. La municipalité cherche à encourager le tourisme familial, qui est en forte augmentation, mais Napa (comme on l'appelle) reste un haut lieu de fête.

Le cœur de Napa est Plateia Seferi, place d'où partent des rues piétonnes. Les arrêts de bus se trouvent à l'extrémité sud de la rue Leoforos Archiepiskopou Makariou III ; les services de taxis arrivent et partent non loin de la place centrale.

À voir

GRATUIT **Monastère d'Agia Napa** SITE HISTORIQUE
(Plateia Seferi ; 9h-18h). Le contraste est saisissant entre ce superbe monastère aux allures de château médiéval et les pubs et discothèques de la place voisine. Il constitue l'exemple parfait de l'intérêt historique d'Agia Napa, au-delà de son offre festive. L'endroit gagne à être visité le matin.

Construit par les Vénitiens en 1500, il abrite une cave protégée dans laquelle une icône de la Vierge Marie fut dissimulée lors de l'iconoclasme des VIIe et VIIIe siècles. L'édifice, qui servit tout à tour de couvent et de monastère jusqu'à son abandon en 1758, ne fut pas endommagé pendant le règne ottoman et demeure remarquablement préservé.

Dans l'enceinte de ses murs épais, édifiés au départ pour tenir à distance les pirates en maraude, se trouvent une vaste cour et une modeste église aux airs de grotte. Le plus bel élément de la cour est sa fontaine en marbre datant de 1530, surmontée d'une plateforme en pierre coiffée d'un dôme, destinée aux spectateurs. Le gigantesque sycomore, vieux de 600 ans, qui jouxte la porte sud mérite également le coup d'œil, avec les supports modernes en acier qui soutiennent ses énormes branches.

Thalassa, musée municipal de la Mer MUSÉE
(Leoforos Kryou Nerou 14 ; adulte/enfant 3/1 € ; 9h-13h et 18h-22h mer-dim, 18-22h mar mai-oct, 9h-17h mer-dim et 13h-17h mar nov-avr). Ce musée contemporain a ouvert ses portes en 2005. Il est consacré à tout ce qui à trait a la mer (*thalassa*, en grec), et montre l'énorme impact qu'elle a eu sur la vie et la culture chypriotes. La collection comprend notamment des fossiles de poissons, de coraux et de coquillages, ainsi que toute une variété d'oursins et d'algues.

Le musée abrite aussi la réplique fidèle d'un navire ancien échoué le long de la côte de Kyrenia au IIIe siècle av. J.-C., baptisé *Kyrenia II*, qui fut reconstitué par les scientifiques à l'aide de méthodes et de matériaux traditionnels. Les vestiges originaux de l'épave découverte en 1967 sont exposés au château de Kyrenia, dans le Nord.

Le musée couvre plus de 700 ans d'histoire marine, et ses expositions sont accompagnées de programmes pédagogiques. Au rez-de-chaussée se trouve le **Marine Life Museum** (musée de la Vie marine), dont la collection comprend des coquillages, des poissons de la Méditerranée, des requins, des tortues et des oiseaux marins.

Tombes de Makronissos SITE ARCHÉOLOGIQUE
Cette ancienne nécropole formée de 19 tombes taillées dans le roc, qui surplombe la mer, aurait servi aux époques hellénistique et romaine. Les différentes chambres mortuaires sont quasiment identiques, avec de larges marches conduisant à des tombes sobres équipées de bancs de pierre destinés à recevoir un sarcophage. Le site a fait l'objet de pillages répétés dans les années 1870. Des fouilles ultérieures ont permis la découverte des vestiges d'une carrière et de bûchers à proximité de la route, ainsi que de sépultures grecques. Le site se trouve à l'ouest de Napa.

Agia Napa

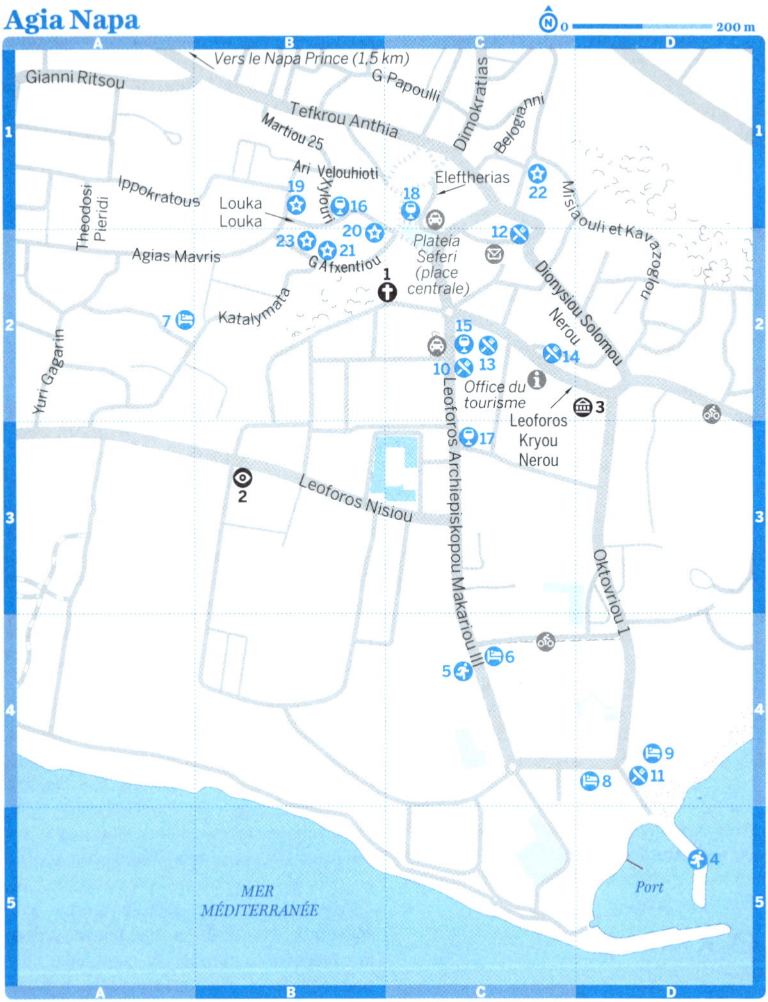

Plages

Nissi

PLAGE

Principal attrait de Napa, cette plage possède des eaux translucides et peu profondes, un sable blanc et doux et une pittoresque île rocheuse qui se profile à une soixantaine de mètres de son rivage. L'été, l'endroit est pris d'assaut pas les baigneurs et les adeptes de la bronzette, avec leur parasol et leur musique, mais l'alchimie prend. La plage est dotée de douches et de bars et propose une variété d'activités aquatiques. Elle se trouve à 3 km de la place centrale, et l'on s'y rend surtout en vélo et en scooter.

Kermia

PLAGE

Un endroit plus paisible, où trouver un coin pour votre serviette ne relève pas de l'exploit. Située à 2 km à l'est de Napa en direction du cap Greco, cette plage de sable doré est délicieusement isolée.

Konnos

PLAGE

Cette longue étendue de sable blanc protégée par la baie et les collines qui la surplombent se trouve à 2 km de Kermia, le long de Paralimni. Une kyrielle de sports aquatiques y est proposée.

Agia Napa

À voir

Musée de la Vie marine ....(voir 3)
1 Monastère d'Agia Napa C2
2 Parko Paliasto B3
3 Thalassa, musée municipal de la Mer D2

Activités

4 Black Pearl Pirate Boat D5
Fantasy Boat Party ....(voir 4)
5 Sunfish C4

Où se loger

6 Diomylos C4
7 Green Bungalows A2
8 Limanaki Beach D4
9 Okeanos Beach D4

Où se restaurer

10 Fiji C2
11 Karousos Beach D4
12 Limelight C2
13 Quadro C2
14 Sage C2

Où prendre un verre

15 Golden Arrow C2
16 Havana B1
17 Jello Bar C3
18 Marinella C1

Où sortir

19 Bedrock Inn B1
20 Black & White B2
21 Castle B2
22 River Reggae Club C1
23 Starsky's B2

Activités

Toutes sortes de bateaux (grands, à fond transparent, vedettes) vous proposent des excursions au départ du port d'Agia Napa. La plupart effectuent des excursions au cap Greco, à la baie de Konnos, à Protaras ou à Pernera.

De la baie de Nissi au cap Greco et de la baie de Konnos à Protaras, l'eau est calme, à la fois chaude et transparente, idéale pour la plongée. De multiples criques et grottes naturelles peuvent être explorées.

Water World PARC AQUATIQUE
(www.waterworldwaterpark.com ; Agias Theklis 18 ; adulte/enfant 33/19 € ; ⌚10h-17h avr-oct). Ce parc aquatique, de loin le meilleur de l'île, rend hommage à la mythologie grecque. L'entrée n'est pas donnée, sans parler des cafétérias à l'intérieur, mais l'expérience en vaut la peine si vous y restez la journée. Plus de 18 attractions vous y attendent, dont les meilleurs classiques : rivière d'aventure, remous, piscine à vagues et toboggans, hauts de 75 m, pour les plus intrépides. La piscine d'activités Atlantis et la structure de jeu Trojan Adventure raviront les plus jeunes. Un lieu de divertissement sûr, adapté à tous les âges.

Parko Paliatso PARC D'ATTRACTIONS
(www.parkopaliatsocy.com ; Leoforos Nisiou ; ⌚16h-minuit avr-oct ; 👪). L'attraction phare du parc est sa catapulte, supposément la plus haute et la plus sûre de Méditerranée. Être projeté dans les airs à 100 m en l'espace d'une seconde et demie, ça vous tente ? Alors prenez place dans sa cage-boule. Le tout est filmé, afin d'immortaliser vos rictus de terreur. Les moins téméraires se tourneront plutôt vers les autos tamponneuses, les manèges et le train fantôme.

Napa Bungee SAUT À L'ÉLASTIQUE
(Saut avec photo, DVD et boisson offerte 70-80 € ; ⌚10h-18h mai-sept). Perchée à 60 m, la plateforme de saut se trouve sur le cap rocheux surplombant les eaux claires de la plage de Nissi. Vous avez le choix entre saut en solo ou en tandem pour ceux qui souhaitent un soutien psychologique. L'équipe expérimentée a vu de tout, des sauts de jeunes mariés aux sauts dénudés ! Réservé aux mordus d'adrénaline.

Black Pearl Pirate Boat CROISIÈRES
(☎9940 8132 ; blackpearlayianapa.com ; port de Napa ; adulte/enfant 35/15 € ; ⌚départs 11h30-15h30 mai-sept). Grimpez à bord d'un flibustier pour une croisière sur le thème de la piraterie, avec chasse au trésor et forbans en chair et en os ! Vos enfants adoreront. Deux pauses baignade sont prévues, dans de jolies baies du côté du cap Greco. Au programme également, un bon barbecue accompagné de salade grecque servi sur le pont. Vous trouverez même un bar à bord (servant du rhum, ça va de soi !), mais les boissons ne sont pas incluses dans le tarif.

Fantasy Boat Party CROISIÈRES
(☎9940 8132 ; www.fantasyboatparty.com ; port de Napa ; adulte 20 €, boissons non comprises ; ⏲départs 17h30-21h mar et sam avr-juin, sept et oct, tlj juil et août). Sur cette véritable discothèque flottante, il vous est proposé de boire et danser sur l'eau au son des meilleurs DJ. Quelques pauses sont prévues pour piquer une tête et participer à des jeux d'eau dans une ambiance survoltée. Des "Booze Cruises" (littéralement "croisières picole") diurnes et nocturnes sont également organisées : âmes sensibles s'abstenir ! Les croisières, généralement gratuites pour les femmes, attirent toujours d'irréductibles fêtards.

Sunfish PLONGÉE
(☎2372 1300 ; www.sunfishdivers.com ; Leoforos Archiepiskopou Makariou III 26). Un club de confiance, qui s'adresse aussi bien aux novices qu'aux plongeurs expérimentés. Il couvre une dizaine de spots de plongée, notamment des récifs, des grottes, des canyons et la célèbre **épave du Zenobia**. Des cours sont proposés, allant de la préparation du diplôme "découverte de la plongée" à celui de "plongeur confirmé". Les enfants dès l'âge de 8 ans peuvent s'essayer au snorkeling, à 2 m de profondeur. Demandez Dena. (Pour en savoir plus sur la plongée à Chypre, voir p. 25.)

Où se restaurer

Les gargotes et les fast-foods sont légion à Agia Napa, mais il est également possible d'y trouver quelques bons endroits. Les prix, sans être exorbitants, sont ceux d'une ville touristique.

♥ **Sage** INTERNATIONAL €€€
(www.sagerest.com ; Leoforos Kryou Nerou 10 ; plats 25 €). Un restaurant aux murs lamés, à l'atmosphère moderne et élégante. Au menu, des steaks servis avec toutes sortes de sauces. Les prix sont élevés, mais la nourriture les vaut. La cour ombragée est un lieu très relaxant en été, et pas guindé pour un sou.

Karousos Beach POISSON ET FRUITS DE MER €€€
(www.karousosbeach.com ; Oktovriou 1 ; plats 22 €). Sert de délicieux mezze de poisson (goûtez aux moules à l'ouzo) et des vins locaux dans une ambiance intimiste, juste en bord de mer. Le service est impeccable et personnalisé. Idéal aussi pour un mariage.

Fiji POLYNÉSIEN €€€
(www.polynesian-ayianapa.com ; Leoforos Archiepiskopou Makariou III 23 ; plats 17 € ; ⏲17h30-23h ; ✎). Avec ses bananiers, ses énormes fleurs et son confortable mobilier en osier, le lieu fleure bon le Pacifique. Les plats, copieux, sont servis dans des coquillages blancs et des pétales aromatiques. Laissez-vous tenter par le bœuf à la mangue ou le saumon teriyaki.

Quadro ITALIEN €€
(Leoforos Kryou Nerou 7 ; plats 16 € ; ⏲10h-minuit). Un restaurant italien moderne, s'ouvrant sur une terrasse où l'on est confortablement installé. Les prix sont abordables, et la nourriture savoureuse. Un vaste choix de pizzas et de pâtes compose sa carte. Sur place ou à emporter.

Limelight CHYPRIOTE €€€
(www.limelighttaverna.com ; D Liperti ; plats 17 €). Ce restaurant traditionnel bien établi excelle dans sa spécialité : le grill. Steak, homard, poisson... Mais le bœuf, l'agneau et le *stifado* (ragoût de bœuf ou de lapin) restent imbattables.

Où sortir

C'est sur la place centrale et dans les rues qui en partent que ça se passe, là où bars et pubs se succèdent. Dans la chaleur des nuits de juillet, des centaines et des centaines de touristes éméchés s'y amassent : un spectacle stupéfiant, qui mérite d'être vu !

Marinella BAR
(Plateia Seferi ; ⏲21h-2h) Un bar design en plein cœur de la place centrale et de l'action. Avec ses espaces en plein air, c'est le lieu idéal pour prendre un verre perché sur un tabouret, ou pour esquisser quelques pas de danse avant de sortir en discothèque. Le DJ résident mixe du R&B.

Golden Arrow PUB
(Leoforos Archiepiskopou Makariou III 21 ; ⏲9h-2h30). Ce bar familial jouxtant la place centrale vous réserve un excellent accueil, et quantité de divertissements. Installez-vous à sa terrasse pour observer les passants, attablez-vous au bar ou suivez un match de football sur les grands écrans.

Jello Bar BAR
(Leoforos Archiepiskopou Makariou III 43 ; cocktails 3-6 € ; ⏲9h-2h). Un bar tendance dans les tons rose et blanc, servant de tout : de la bière au cocktail, un vaste choix de hamburgers, des desserts ultra-sucrés et de délirants milk-shakes. À l'étage, l'installation lumineuse des toilettes vaut le détour. Happy hour à partir de 20 h.

Havana BAR

(Xylouri ; ⏲19h-2h été). Ce bar en plein air aux allures d'hacienda est réputé pour son atmosphère dansante détendue. La musique est variée, des rythmes cubains à la funk et au garage. Des séances de tir au but sont organisées.

☆ Où sortir

Entre 22h et 2h du matin, la place centrale et ses environs fourmillent de fêtards venus boire avant d'aller danser. L'heure venue, ils n'ont que l'embarras du choix. Les innombrables discothèques n'ouvrent pas avant 1h et se remplissent rarement avant 3h. L'entrée oscille entre 10 et 15 €, mais vous pourrez payer moins en achetant vos billets auprès des vendeurs ambulants de la place centrale.

Castle DISCOTHÈQUE

(www.thecastleclub.com ; Grigoriou Afxentiou). La citadelle est incontournable. L'été venu, ses trois salles accueillent plus de 2 000 personnes venues danser au son des meilleurs DJ du monde entier. Avis aux amateurs de dance, de house et de garage.

Black & White DISCOTHÈQUE

(Louka Louka 6). Haut lieu du hip-hop, du swing et de la soul depuis les années 1990, cette petite discothèque sombre compte plusieurs bars et une piste de danse intimiste. L'endroit se remplit vite, et attire de nombreux danseurs arrivant du Havana.

Starsky's DISCOTHÈQUE

(www.starskysayianapa.com ; Grigoriou Afxentiou). Une discothèque au bar octogonal, avec boules à facettes rétro et barres verticales. La musique y est commerciale (dance, house). Un panneau l'annonce à l'entrée : “Toutes les routes mènent à Starsky's” !

Bedrock Inn BAR À KARAOKÉ

(www.bedrockinn.com ; Louka Louka). Serveurs en toge léopard, cheveux hirsutes et gourdin à la main... voilà ce qui vous attend au Bedrock Inn, un bar à karaoké proposant des centaines de chansons et des jeux d'alcool pour motiver les troupes.

GRATUIT **River Reggae Club** DISCOTHÈQUE

(Misiaouli et Kavazoglou). Une discothèque en plein air, avec palmiers, parquet, et piscine à remous, le tout sur fond de musique reggae. C'est généralement à partir de 4h que les choses se corsent, lorsque certains se mettent à l'eau et dansent en tenue d'Ève. Si ça vous dit...

ℹ Renseignements

ACCÈS INTERNET **3W Internet Café** (☎2372 3032 ; Leoforos Nisiou 27 ; 3 €/heure ; ⏲10h-minuit). Internet, impression, téléchargement de photos.

Backstage Internet Centre (☎2381 6097 ; Ari Velouchioti 7 ; 3 €/heure ; ⏲10h-minuit). Accès Internet, jeux et tables de billard.

ARGENT Vous trouverez des distributeurs dans la plupart des rues.

Alpha Bank (☎2372 2353 ; Leoforos Nisiou 34). Agence principale.

Hellenic Bank (☎2372 1588 ; Leoforos Archie-piskopou Makariou III 18). Au sud de la place centrale.

OFFICE DU TOURISME **CTO** (☎2372 1796 ; Leoforos Kryou Nerou 12 ; ⏲8h15-14h30 et 15h-18h30 lun, mar, jeu et ven, 5h15-14h30 mer et sam). Au sud-est de la place centrale.

POLICE **Poste de police** (☎2472 1553 ; angle Ayia Napa Junction et Kavo Greko). Au nord du centre d'Agia Napa, au grand rond-point.

POSTE **Bureau de poste** (☎2472 2141 ; D Liperti 3). À l'est de la place centrale.

SERVICES MÉDICAUX

Pharmacies de nuit (☎192)

Napa Olympic Polyclinic (☎2372 3222 ; Chavares 24). Clinique privée.

Hôpital de Paralimni (☎2382 1211 ; Paralimni). À 15 minutes en voiture de Paralimni.

ℹ Depuis/vers Agia Napa

AVION **Aéroport de Larnaka** (information sur les vols ☎2464 3000). À 48 km, c'est l'aéroport le plus proche.

BUS **InterCity** (☎2381 9090 ; www.intercity-buses.com ; billet aller/journalier et retour 3/5 €). Les bus partent de Leoforis Kryou Nerou (Marina Hotel), de Parko Paliasto et du Water World. Destinations :

Larnaka Un bus par heure de 6h à 18h30 en semaine et de 8h à 16h30 le week-end.

Nicosie Au moins un bus par heure de 6h à 15h30 en semaine et de 6h30 à 15h le week-end.

TAXI Des **taxis classiques** (☎2372 1111) vous attendant à l'angle de la place centrale. Durées et tarifs indicatifs :

Larnaka 35-43 €, 30 minutes

Nicosie 45-52 €, 35 minutes

Limassol 60-70 €,1 heure

Paphos 120 €, 1 heure 40

Troodos 90-100 €, 1 heure

TAXI COLLECTIF **Travel & Express** (☎2382 6061 ; www.travelexpress.com.cy ; Paralimni) offre un service de taxis collectifs vers les principales destinations (sauf l'aéroport de Larnaka) :

Larnaka 9 €, 45 minutes

Nicosie 18 €, 1 heure

Limassol 20 €, 1 heure
Paphos 30 €, 2 heures

Comment circuler

Attrapez un taxi ou faites comme tout le monde et louez un scooter, une moto ou un buggy.

Easyriders (2372 2438 ; www.easyriders.com.cy ; Gianni Ritsou 1) loue des scooters 50 cm^3 (à partir de 20 €/jour), des quads, et des maxi-scooters 800 cm^3 Kawasaki ou Suzuki (à partir de 55 €/jour). L'agence possède une deuxième boutique au 17 rue Dimokratias.

V&L Tsokkos (9968 4785 ; Leoforos Nisiou 58) loue des voitures, des quads, des buggies et des scooters à des prix compétitifs.

ENVIRONS D'AGIA NAPA

Comment circuler

En dehors des bus InterCity (Paralimni-Agia Napa-Larnaka), la meilleure option est de louer un scooter ou un buggy à Agia Napa ou à Protaras, où les tarifs sont raisonnables.

Il n'y a rien de tel que de découvrir la région de Paralimni en scooter, mais assurez-vous d'en louer un suffisamment puissant. Pour rouler de plage en plage le long de la côte entre Pernera et Protaras, un petit scooter, un buggy ou un quad feront l'affaire. La région est également propice au cyclisme, avec de nombreuses pistes entre Agia Napa et le cap Greco.

Si vous souhaitez pousser davantage votre exploration, une voiture ou un petit 4x4 semblent mieux adaptés.

Palais et grottes marines

La crique nichée entre la plage de Limnara et le cap Greco abrite des formations rocheuses uniques, connues sous le nom de **palais**. La roche, creusée par les vagues au fil des siècles, est trouée par endroits et s'ouvre sur la mer azur. L'endroit est prisé des plongeurs, qui ne peuvent s'approcher des rochers que par bateau.

À l'est, de spectaculaires **grottes marines** entament les falaises du littoral. Depuis le belvédère qui les surplombe, écoutez l'écho rugissant des vagues qui s'y engouffrent. Certaines grottes sont accessibles à pied par mer calme. Mais les jours de grand vent, même perché à 10 m, l'écume vous éclabousse le visage en vous laissant un petit goût salé sur les lèvres. De nombreuses compagnies installées sur le port de Napa proposent de vous y conduire en bateau : une option à envisager, car c'est depuis la mer que l'endroit est le plus beau.

Cap Greco

Ce parc national, idéal pour la pratique de la randonnée et du cyclisme, jouit d'une vue dégagée sur la mer et la côte. Un sentier côtier démarre de Kryou Nerou à Agia Napa, et serpente jusqu'au phare à la pointe du cap. La balade prend environ 3 heures 30. La région est peu boisée, alors pensez à vous munir d'un chapeau, d'eau et de crème solaire. Vous trouverez de bons endroits pour pique-niquer le long du chemin. Le sentier est accidenté par endroits : les cyclistes privilégieront le VTT. La région compte 15 km de chemins de randonnée offrant un aperçu intéressant de la flore locale, (scilles maritimes, orchidées sauvages, lis des sables, etc.), qui s'est imposée malgré un sol à la salinité élevée. Une fois au cap Greco, un chemin mène au nord vers une petite crique bordée de plateformes rocheuses, d'où vous pourrez plonger dans des eaux idylliques.

Paralimni

11 100 HABITANTS (AVEC PROTARAS ET PERNERA)

Paralimni se situe dans les terres, à proximité du lac saisonnier du même nom. Capitale officieuse de Famagouste, la ville s'est développée avec l'arrivée de Chypriotes du Nord occupé et grâce au succès des stations balnéaires voisines, Agia Napa et Protaras. Ses habitants sont nombreux à y travailler ou à y tenir un commerce.

Paralimni en elle-même ne présente pas un grand intérêt avec sa modeste place pavée, son église (Agios Georgios) et son enfilade croissante de restaurants et de magasins.

Deryneia

7 500 HABITANTS

Deryneia est avant tout connue comme étant la ville à l'extrémité est de la frontière fermée qui sépare le Nord occupé de la République de Chypre. De là, vous pourrez apercevoir le *no man's land* de Famagouste et la ville fantôme de Varosia (voir l'encadré p. 187). Cette dernière était autrefois une station balnéaire florissante et un port commercial, mais ses habitants furent contraints de fuir face aux troupes turques en août 1974. La ville a depuis été entièrement ceinturée de barbelés par l'armée turque.

Vous trouverez des plateformes d'observation au **Centre culturel de l'Ammochostos occupée (Famagouste)** (Evagorou 35 ;

entrée libre ; ⏲7h30-16h30 lun-ven, 9h30-16h30 sam) et chez **Annita's** (1 €), la meilleure des deux. Elles sont équipées de jumelles et offrent une vue sur la zone tampon des Nations unies, les postes militaires et la ville inhabitée de Varsovia. L'expérience peut se révéler forte et politiquement sensible, car le traumatisme est toujours perceptible dans la mémoire collective des Chypriotes grecs.

Pour sa part, Deryneia est un village traditionnel chaleureux. Ses églises byzantines du XIIe siècle et son **musée d'art folklorique** (Demetris Lipertis 2 ; 1,70 € ; ⏲9h-13h et 16h-18h lun-sam) méritent d'être vus.

Territoire de la base souveraine de Dekelia

En 1960, lors des pourparlers d'indépendance entre la République de Chypre naissante et les autorités britanniques, l'instauration de deux territoires de bases militaires, dites "souveraines" (*sovereign base areas, SBA*), fut négociée, dont la SBA de Dekelia. Le territoire englobe une bonne partie de l'est de Chypre, de la baie de Larnaka à la frontière avec le Nord. Il est possible de traverser la base, et même de s'arrêter pour un *fish and chips* dans la zone civile. Vous y trouverez une petite plage bordée de quelques boutiques de style britannique, et une aire de jeu pour enfants.

La base militaire en elle-même est interdite d'accès. Elle sert encore d'important centre de collecte et de gestion du renseignement pour le Moyen-Orient. Le gouvernement britannique s'est déclaré prêt à rendre certains terrains en cas de réunification de Chypre.

Les Kokkinohoria

16 300 HABITANTS

Les Kokkinohoria ("villages rouges") sont appelés ainsi en raison de la couleur rouge foncé du sol de la région, riche en minéraux. Le terme se rapporte aux villages ruraux de **Xylofagou**, **Avgorou**, **Frenaros**, **Liopetri** et **Sotira**, qui vivent pour la plupart essentiellement de l'agriculture. Ils sont réputés pour leur pomme de terre et leur *kolokasi* (un légume-racine proche du taro). Le paysage est émaillé de pompes à eau éoliennes, et la récolte s'effectue trois à quatre fois par an.

La région est représentative de la vie rurale de Chypre, avec d'excellentes tavernes servant des plats simples et des produits frais. Emportez une bonne carte avec vous, car les panneaux indicateurs sont rares.

Pyla

1 370 HABITANTS

Pyla (Pıle) est le seul village où Chypriotes grecs et turcs cohabitent encore. Un contingent symbolique de maintien de la paix des Nations unies y est établi, mais c'est aux villageois que l'on doit cette entente. Le village en lui-même se trouve dans la zone tampon des Nation unies. Sur la place de Pyla, un café chypriote turc rouge et blanc fait paisiblement face à un *kafeneio* chypriote grec bleu et blanc. La population est composée d'une variété de Chypriotes vaquant simplement à leur vie quotidienne.

La seule différence notable entre les uns et les autres a trait aux taxes locales et au coût des services publics. Seuls les Grecs paient ; les Turcs, en tant que citoyens du Nord, ne paient rien. La politique est secondaire néanmoins, car il est entendu que tous sont chypriotes.

À proximité, des passages routiers permettent de passer en Chypre-Nord dans la ville de Pergamos.

Protaras

11 100 HABITANTS (AVEC PARALIMNI ET PERNERA)

Protaras est la station balnéaire en vogue de la Méditerranée. La ville, en constante expansion, se compose essentiellement d'hôtels rénovés, avec pelouses et piscines, et d'un front de mer moderne que longent une promenade et une piste cyclable. Ses plages sûres, ses tavernes de qualité et son rythme de vie paisible en font une destination idéale pour les couples et les familles. Le cœur de Protaras est sa grande avenue pavée bordée de boutiques, de restaurants, de bars et d'hôtels.

À voir et à faire

Magic Dancing Water SPECTACLE AQUATIQUE
(Protaras Ave ; adulte/enfant 15/8 € ; ⏲21h). Les jeunes enfants adoreront ce spectacle où l'eau semble danser sur la musique, accompagnée par des jeux de lumière et des hologrammes.

Ayios Elias ÉGLISE
Cette église reconstruite en 1980 est perchée au sommet d'un pic rocheux sur la route Protaras-Pernera. Une longue volée de marches conduit là-haut, où un superbe panorama sur Protaras et la baie vous attend. L'église est indiquée par des panneaux.

SPÉCIAL ENFANTS : MONDES SOUS-MARINS

Au parc **Under Sea Adventures** (☎9956 3506 ; www.underseawalkers.com ; De Costa Bay, Protaras), les jeunes aventuriers de 8 ans et plus pourront choisir entre une plongée en scaphandre (adulte/8-16 ans 45/35 €) ou un tour en hydrodome BOB (Breathing Observation Bubble; 13 ans et plus 55 €). Deux façons divertissantes et sûres de découvrir le monde sous-marin. Les promenades en scaphandre descendent jusqu'à 3 m sous l'eau, pour explorer la faune et la flore sous-marine et les formations rocheuses tout en restant au sec. L'air circule librement dans le scaphandre, sans appareil pour respirer. Les promenades de 30 minutes en hydrodome BOB sont encadrées par des professionnels. La tête confortablement installée dans un casque-bulle rempli d'air, vous vous promenez sur une sorte de scooter amphibie, à la découverte d'une étonnante vie sous-marine.

Moonshine Ranch ÉQUITATION

(☎9960 5042 ; Cape Greco ; promenade 40 € ; ⏲8h-19h). Ce ranch aux airs mexicains jouit d'une vue dégagée sur le cap Greco. Il propose des promenades équestres avec accompagnateur pour tous niveaux. L'itinéraire comprend la baie de Konnos, le cap et les vallées environnantes. Le ranch se trouve sur la route côtière entre Agia Napa et Protaras.

Plages

Protaras PLAGE

Sa plage principale de sable fin est entrecoupée de petites criques rocheuses aux eaux peu profondes, longées par une promenade qui suit les pelouses vertes des hôtels. Elle est pourvue de toutes les commodités, et propose un vaste choix de sports aquatiques.

Fig Tree Bay PLAGE

La plage de Fig Tree Bay, à l'extrémité sud de la plage principale, est très prisée. La petite île sablonneuse lui faisant face et les nombreux poissons en font un cadre idéal pour le snorkeling. Les hôtels et les restaurants ne manquent pas. C'est l'endroit parfait pour manger, nager, boire et se détendre.

Où se restaurer

La plupart des restaurants se trouvent sur la rue principale.

Kyklos Restaurant CHYPRIOTE €€

(Protaras Ave ; plats à partir de 12 €). Le Kyklos sert des plats authentiques et bien préparés, comme les mezze cuits à feu doux (le *souvla* d'agneau à l'ail et au citron est un délice). Au sud de la rue principale de Protaras.

Nikolas Tavern CHYPRIOTE €€

(Fig Tree Bay, Protaras ; plats à partir de 11 €). Des prix raisonnables, une nourriture excellente et un service amical. Goûtez au *stifado* ou au *kleftiko* en l'arrosant d'un vin local.

Pernera

Pernera est une ville côtière située un peu au nord de Protaras, si proche qu'elles ne font presque qu'une. Cette perle cachée possède quelques magnifiques plages et de toutes petites baies idéales pour une escapade paisible. La ville compte également quelques très bons restaurants et des magasins spécialisés dans les sports aquatiques.

Plages

Louma PLAGE

Une petite bande de sable en demi-lune, légèrement en pente, protégée par une baie artificielle. Le sable y est fin et l'eau transparente. À son extrémité nord, des arbres prodiguent un peu d'ombre.

Pernera PLAGE

Cette version miniature de la plage de Louma est une étroite bande de sable fin, baignée par des eaux peu profondes. Vous y trouverez un restaurant de plage.

Agia Triada PLAGE

Une adorable petite plage aux eaux peu profondes et au sable grossier. L'endroit rêvé pour mettre un bateau à l'eau.

Skoutari PLAGE

Une crique isolée de galets et de sable compact, fermée par une falaise. Parfaite pour les amateurs de snorkeling.

Où se restaurer

♥ **La Cultura Del Gusto** MÉDITERRANÉEN €€€

(Ifaistou Skarou Markou 9 ; plats à partir de 18 €). Ce restaurant à la mode propose une carte innovante aux parfums d'Italie. Le personnel est amical et les spécialités, notamment le jarret d'agneau et le poulet, délicieuses. Idéal pour dîner.

Nicosie (Lefkosia)

213 500 HABITANTS

Dans ce chapitre »

Le top des restaurants

» Mattheos (p. 139)
» Christakis (p. 139)
» Syrian Arab Friendship Club (p. 141)
» Zanettos Taverna (p. 139)

Le top des hébergements

» Classic Hotel (p. 212)
» Royiatiko (p. 212)
» Sky Hotel (p. 212)
» Centrum (p. 121)

Pourquoi y aller

Pour changer un peu des paysages côtiers et du farniente sur un transat, ne partez pas de Chypre sans avoir passé un peu de temps dans la capitale Nicosie, ou Lefkosia, comme on l'appelle dans les textes officiels ou en grec. Cette ville attrayante est parfaite pour se familiariser avec l'île de Chypre moderne. Les anciennes murailles, les restaurants traditionnels et l'ambiance de plus en plus multiculturelle constituent le cœur de la cité. Quasiment tous les lieux intéressants se trouvent dans l'enceinte des murs historiques, où un labyrinthe de rues étroites dissimule des églises, des mosquées et d'incroyables édifices de style colonial, souvent très délabrés. Le meilleur musée du pays est également installé ici, avec son immense collection archéologique.

La ville reste connue comme la "dernière capitale divisée" et cela se ressent, mais la situation évolue doucement grâce aux checkpoints ouverts 24h/24 pour se rendre dans la partie turque, au nord – Nicosie-Nord (Lefkoşa).

Quand partir

Les meilleures périodes sont le printemps et l'automne : les températures sont agréablement chaudes, avec quelques averses ponctuelles. Pâques est un moment particulier, caractérisé par des parades traditionnelles et une ambiance générale très festive.

Évitez de venir en plein été car la capitale est un des endroits les plus chauds de l'île : même si la chaleur est sèche, les températures tournent souvent autour de 36°C. Beaucoup de restaurants et d'hôtels ferment en août pour permettre à leurs employés d'aller profiter d'une relative fraîcheur sur la côte.

NICOSIE (LEFKOSIA)

Histoire

Nicosie a toujours été la capitale du pays, en grande partie parce que les moyens de défense des villes côtières étaient très limités. Son emplacement, au milieu d'une plaine, lui assurait une relative protection contre les envahisseurs. Nicosie prospéra au cours de la période byzantine, puis les Vénitiens prirent le contrôle de la cité en 1489 mais cédèrent face aux Ottomans en 1570. La ville stagna jusqu'à l'arrivée des Britanniques en 1878, période où les activités commencèrent à se développer au-delà des murs de la cité.

Dans les années 1950, les violences perpétrées par l'Ethniki Organosi tou Kypriakou Agona (EOKA ; Organisation nationale des

À ne pas manquer

1 Les **remparts vénitiens** (p. 132) serpentant autour de la vieille ville, emblématiques et superbement conservés

2 Les deux facettes de la dernière capitale divisée d'Europe, en empruntant le **checkpoint piétonnier de Ledra Street** (p. 132)

3 Un barbecue à l'ombre dans l'une des **aires de pique-nique** (p. 149) aux alentours de Kapoura

4 Une journée de bien-être absolu au **hammam Omeriye** (p. 136)

5 Un café frappé en observant les passants depuis l'une des terrasses de **Ledra Street**

6 L'un des excellents **circuits pédestres guidés gratuits** (p. 137) organisés par l'office du tourisme dans la vieille ville

7 Les ruelles pavées des villages de la Mésorée comme **Pera** (p. 149)

combattants chypriotes) à l'encontre des Britanniques entraînèrent de véritables carnages dans les rues de la capitale.

En 1963, d'autres violences liées à des conflits communautaires entre Chypriotes grecs et turcs aboutirent à une division de facto de la ville. La “Ligne verte” fut établie à cette époque : l'armée britannique délimita les zones grecque et turque par un simple trait de crayon vert sur une carte militaire. Ce nom est toujours utilisé aujourd'hui.

L'invasion turque de 1974 consolida la division de la capitale, qui reste en vigueur actuellement, sous le regard attentif mais de plus en plus las des forces de maintien de la paix de l'ONU. Depuis 2003, les citoyens ordinaires peuvent franchir la Ligne verte, et de nombreux Chypriotes turcs travaillent désormais du côté sud de la capitale. Quant aux Chypriotes grecs, ils fréquentent les nombreux casinos du Nord et la côte sauvage du Nord-Est. En avril 2008, l'ouverture du checkpoint piétonnier de Ledra Street a facilité la circulation dans les deux sens.

Pour plus de renseignements sur la division de la ville, voir p. 229.

À voir et à faire

Pour les visiteurs, la partie la plus intéressante est la vieille ville, entourée de murs vénitiens du XVIe siècle. Sachez qu'un important projet de réaménagement empêche actuellement l'accès à une grande partie de la place Plateia Eleftherias au niveau du mur sud. Quand les travaux seront achevés, le secteur comprendra un parc et une promenade bordée par des palmiers et les murs vénitiens, au pied desquels sont aménagés des parkings et des jardins municipaux.

PLANS DE LA VILLE

L'office du tourisme de Chypre (Cyprus Tourism Organisation, CTO) publie une bonne carte du centre-ville de Nicosie, comportant au verso une carte des environs de la capitale. Elle est distribuée gratuitement dans toutes les antennes du CTO. Cependant, la carte *Street & Tourist Map of Nicosia* couvre les banlieues de façon plus précise et comporte en outre un index des rues. Elle est vendue dans la plupart des librairies et des papeteries de Nicosie.

DISTANCES ROUTIÈRES (KM)

	Nicosie	Fikardou	Tamassos	Pera
Fikardou	37			
Tamassos	21	34		
Pera	79	51	62	
Kato Paphos	76	80	75	95

La ville moderne s'étend vers le sud et son artère principale est Leoforos Archiepiskopou Makariou III (Makarios Avenue), où sont concentrés des dizaines de cafés, bars, restaurants et boutiques.

Outre celui de Ledra Street, un checkpoint est installé au Ledra Palace Hotel, à l'extrémité ouest de la vieille ville ; les deux sont réservés aux piétons. Agios Dometios, au nord-ouest de la ville moderne, est le checkpoint réservé aux voitures. Voir p. 263 pour plus de renseignements sur le passage de la frontière.

Musée archéologique de Chypre MUSÉE
(Cyprus Museum ; carte p. 130 ; Leoforos Mouseiou 1 ; 4 € ; ⌚8h-16h mar, jeu et ven, 8h-17h mer, 9h-16h sam, 10h-13h dim). Cet excellent musée abrite la meilleure collection archéologique de Chypre. Le musée, érigé en 1883, se trouve en face des jardins municipaux, à 10 minutes de marche à l'ouest de Plateia Eleftherias.

Parmi les pièces maîtresses, citons la remarquable collection de **figurines et statues votives en terre cuite**, dans la salle 4, découvertes en 1929 par une équipe d'archéologues suédois et chypriotes à Agia Irini, au nord de Morfou (Güzelyurt), dans le nord de l'île. Les 2 000 figurines, datant des VIIe et VIe siècles av. J.-C., sont exposées en demi-cercle, comme elles étaient disposées lorsqu'elles ont été mises au jour. Hormis deux personnages féminins, elles représentent des hommes, dont beaucoup de guerriers. Autre point fort de la collection, les trois **lions** et les deux **sphinx en calcaire** provenant de la nécropole de Tamassos, au sud de Nicosie. Les statues, qui révèlent une influence égyptienne, n'ont été découvertes qu'en 1997. Elles datent de la période chypro-archaïque II (475-400 av. J.-C.).

Repérez aussi la célèbre **Aphrodite de Soli** dans la salle 5, souvent présentée

Nicosie (vieille ville)

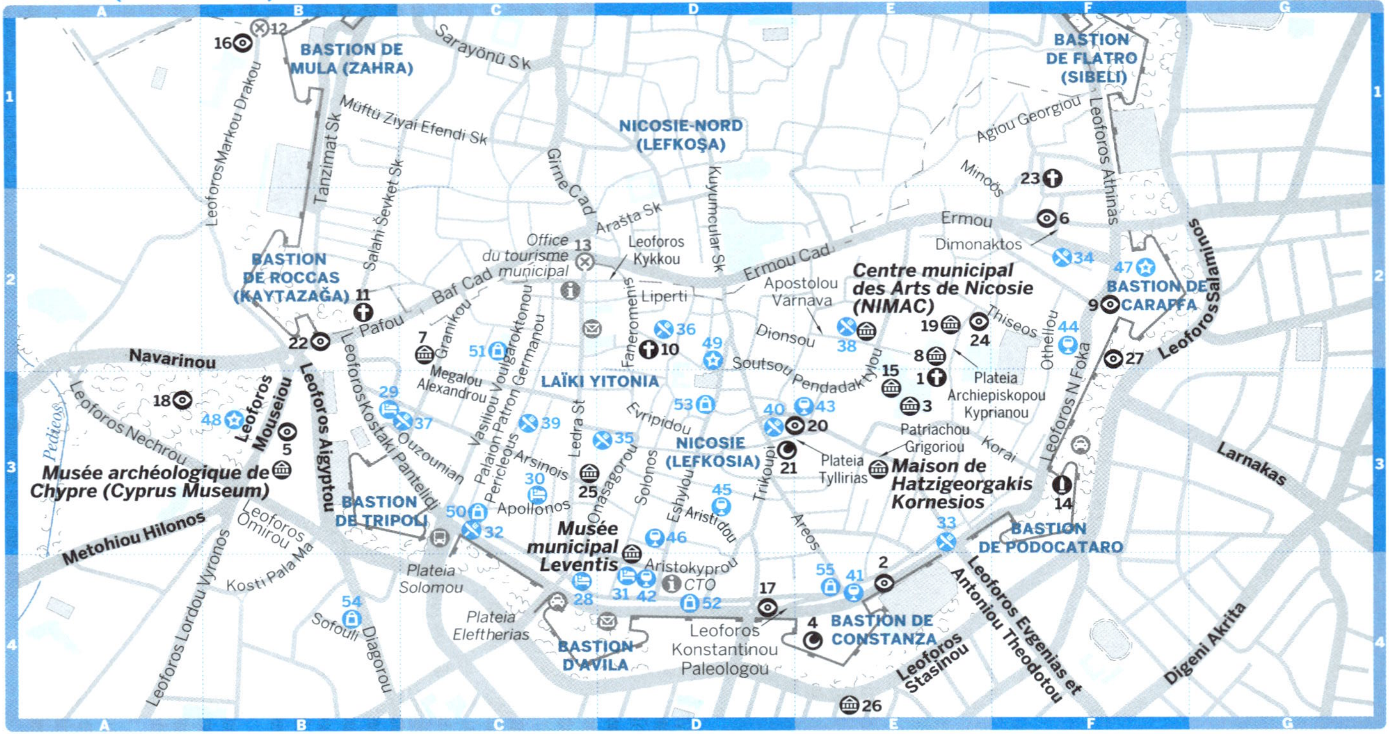

Nicosie (vieille ville)

Les incontournables

Musée archéologique de Chypre (Cyprus Museum)....B3
Maison de Hatzigeorgakis Kornesios....E3
Musée municipal Leventis....D4
Centre municipal des Arts de Nicosie (NIMAC)....E2

À voir

1 Église Agios Ioannis....E3
2 Bibilothèque Ahilleios....E4
3 Palais de l'Archevêque....E3
4 Mosquée Bayraktar....E4
5 British Council....B3
6 Chrysaliniotissa Crafts Centre....F2
7 Musée chypriote des Motos anciennes....C2
8 Musée ethnographique....E2
9 Porte de Famagouste....F2
10 Église Faneromeni....D2
11 Église catholique de la Sainte-Croix....B2
12 Checkpoint du Ledra Palace Hotel....B1
13 Checkpoint de Ledra Street....C2
14 Monument de la Liberté....F3
15 Fondation culturelle Makarios....E3
16 Bureau du Master Plan....B1
17 Bibliothèque du ministère de l'Éducation....D4
18 Jardins municipaux....A3
19 Musée de la Lutte nationale....E2
20 Hammam Omeriye....E3
21 Mosquée Omeriye....D3
22 Porte de Paphos....B2
23 Panagia Chrysaliniotissa....F1
24 Pancyprian Gymnasium Museums....E2
25 Observatoire de la tour Shacolas....C3
26 Galerie nationale d'Art contemporain chypriote....E4
27 Remparts vénitiens....F2

Où se loger

28 Centrum....C4
29 Classic Hotel....B3
30 Royiatiko....C3
31 Sky Hotel....D4

Où se restaurer

32 Christakis....C3
33 Da Paolo....E3
34 Egeon....F2
35 Habana....D3
Inga's Veggie Heaven....(voir 6)
36 Mattheos....D2
37 Pago Pago....C3
38 Power House....E2
39 Shiantris....C3
40 Zanettos Taverna....D3

Où prendre un verre

41 Academy 32....E4
42 Brew....D4
43 Hammam....E3
44 Ithaki....F2
45 Oktana....D3
46 Plato's....D3
Uqbar....(voir 45)

Où sortir

47 La Casa de Cuba....F2
48 Theatr municipal de Nicosie....B3
49 Weaving Mill....D2

Achats

50 Andreas Papaeracleous Photostore....C3
51 Antiques....C2
52 Cyprus Handicrafts Centre....D4
Debenhams....(voir 25)
53 Messa....D3
54 Moufflon....B4
55 Utopia....E4

comme la “déesse de Chypre” sur les affiches touristiques. Une énorme et magnifique statue en bronze de l’**empereur Septime Sévère**, découverte à Kythrea (Değirmenlik) en 1928, est la pièce phare de la salle 6.

Quelques belles mosaïques, comme **Leda et le cygne** du sanctuaire d’Aphrodite à Palea Paphos, sont exposées dans la salle 7B, qui renferme aussi divers objets en or extraits de tombeaux.

GRATUIT **Centre municipal des Arts de Nicosie (NIMAC)** MUSÉE

(Nicosia Municipal Arts Centre ; carte p. 130 ; Fondation Pierides ; www.nimac.org.cy ; Apostolou Varnava 19 ; 10h-15h et 17h-23h mar-sam, 10h-16h dim). Pour une visite moins cérébrale que celle des musées historiques, passez sous la petite arcade à droite du musée de la Lutte nationale (National Struggle Museum) et longez Apostolou Varnava sur un pâté de maisons. Installé dans une ancienne centrale électrique, ce musée d'art contemporain est pour Nicosie l'équivalent du musée d'Art moderne de Paris. Le cadre industriel est parfaitement adapté, avec de hauts plafonds et des équipements spéciaux (palans, etc.) qui se marient très bien avec les installations avant-gardistes. La collection permanente comprend des peintures, photographies, vidéos, sculptures et autres œuvres du musée d'Art contemporain Dimitris Pierides en Grèce.

Depuis 1968, le centre a orchestré l'intégration de grands artistes chypriotes dans la prestigieuse Biennale de Venise. Les expositions changent tous les mois ; récemment, l'exposition Juan Miró a fait grand bruit, d'autant que la reine Sofia d'Espagne était présente au vernissage. Le centre dispose d'un restaurant raffiné, d'une boutique et d'une belle librairie d'art.

GRATUIT **Musée municipal Leventis** MUSÉE

(Leventis Municipal Museum ; carte p. 130 ; Ippokratous 17 ; ⌚10h-16h30 mar-sam). Rouvert en 2010 après d'importantes rénovations, ce musée se concentre sur l'histoire de Chypre – et en particulier sur celle de Nicosie – et peut s'enorgueillir d'avoir remporté le Prix européen du musée de l'année. La collection permanente comprend des costumes traditionnels, des peintures, des pièces archéologiques et une fascinante collection de cartes postales historiques, le tout conservé dans une belle demeure ancienne.

Maison de Hatzigeorgakis Kornesios MUSÉE

(Carte p. 130 ; Patriarchou Grigoriou 20 ; 1,70 € ; ⌚8h-14h lun-ven, 9h-13h sam). Bien conservée, la maison de Hatzigeorgakis Kornesios appartenait à Kornesios, grand drogman de Chypre de 1779 à 1809. Un drogman (*tercüman* en turc) était un interprète, une sorte de médiateur entre les autorités ottomanes et orthodoxes. Kornesios, originaire du village de Kritou Terra, amassa une grosse fortune grâce à diverses exonérations fiscales et devint l'homme le plus puissant de Chypre. Mais son impertinence le mena à sa perte. En 1804, une révolte paysanne lancée contre la classe dirigeante dans son ensemble le chassa de Chypre et il se réfugia à Istanbul. Lorsqu'il revint de son exil cinq ans plus tard, il fut accusé de trahison, sa propriété fut saisie et il fut froidement décapité. La maison elle-même est plus belle et intéressante que les éléments exposés à l'intérieur. Seule une salle est la réplique d'une ancienne pièce à vivre, avec d'épais coussins au sol et des narguilés (pipes à eau). Le reste de la demeure est consacré à des antiquités et autres objets ottomans.

Remparts vénitiens SITE HISTORIQUE

(Carte p. 130). Les murs vénitiens dessinent une frontière si caractéristique autour de la vieille ville que lorsque vous les verrez sur une carte, vous n'oublierez pas cette forme bizarre : flocon de neige ? étoile ? grenade ?

Malgré son tracé singulier, ce mur d'enceinte circulaire, qui entoure les parties nord et sud de la vieille ville, ne remplit finalement pas son rôle. Les dirigeants vénitiens érigèrent les murs de 1567 à 1570 dans l'idée de maintenir les envahisseurs ottomans hors de la ville. Les 11 bastions fortifiés furent régulièrement espacés le long des remparts pour une protection optimale, et des douves furent également creusées, mais il ne fut jamais prévu de les remplir d'eau. En juillet 1570, les Ottomans abordèrent à Larnaka et trois mois plus tard, ils attaquèrent Nicosie, franchissant les fortifications et tuant quelque 50 000 habitants.

Les murs sont restés quasiment inchangés depuis. Cinq des bastions, **Tripoli**, **D'Avila**, **Constanza**, **Podocataro** et **Caraffa** se situent dans le secteur sud de Nicosie. Le **bastion de Flatro** (Sibeli), du côté est de la vieille ville, est occupé par les armées turque et chypriote grecque et les forces militaires de l'ONU. Les autres bastions, **Loredano** (Cevizli), **Barbaro** (Musalla), **Quirini** (Cephane), **Mula** (Zahra) et **Roccas** (Kaytazağa), se trouvent à Nicosie-Nord (Lefkoşa).

À l'origine, les murs de la ville étaient percés de trois portes : la porte de Famagouste à l'est, la porte de Paphos à l'ouest et la porte de Kyrenia (Girne) au nord.

Les remparts vénitiens et les douves autour de Nicosie-Sud (Lefkosia) sont en excellent état. Ils servent de parking, d'espaces pour les concerts en plein air et de lieux de balade et de détente. À Nicosie-Nord, les murs sont plus dégradés, ils s'effondrent et sont envahis par la végétation par endroits.

Il y a des checkpoints pour les véhicules autour des remparts, ce qui permet un accès régulier à la vieille ville.

Checkpoints de Ledra Street et du Ledra Palace Hotel PASSAGE DE LA FRONTIÈRE

(Carte p. 130). Ces deux points de passage (*crossings*) sont les seuls de l'île réservés exclusivement aux piétons et aux cyclistes pour circuler entre le Nord et le Sud. Désormais, touristes et habitants traversent

INTERVIEW

YIANNIS TOUMAZIS : DIRECTEUR DU CENTRE MUNICIPAL DES ARTS DE NICOSIE (FONDATION PIERIDES)

"Au cours des 30 dernières années, les grands artistes de l'île ont constitué une mosaïque aux multiples facettes, qui selon moi représente notre identité artistique contemporaine. Beaucoup de jeunes artistes ont étudié à l'étranger, ce qui, combiné à la situation politique, a profondément influencé leur travail."

Les meilleurs lieux pour découvrir l'art chypriote

"À Nicosie, outre le centre municipal des Arts de Nicosie (p. 131), je conseille la galerie nationale d'Art contemporain chypriote (p. 134), l'Artos Foundation (www.artosfoundation.org), le Pharos Trust (www.thepharostrust.org) et plusieurs galeries privées. À Limassol, j'apprécie la Lanitis Art Foundation (p. 51), installée dans l'Old Carob Mill, à côté du château."

La meilleure façon d'apprécier la culture chypriote

"Éloignez-vous des sentiers battus et enfoncez-vous dans les montagnes. Goûtez la cuisine traditionnelle dans les petits restaurants des villages reculés et visitez de belles églises byzantines abritant d'incroyables fresques."

Le lieu le plus secret

"Parcourez en voiture la route entre Nicosie et Polis à travers les montagnes et arrêtez-vous dans la vallée des Cèdres (p. 104). C'est un autre monde."

en masse dans les deux sens, et beaucoup se présentent tard dans la nuit après une soirée festive. N'oubliez pas votre passeport, obligatoire pour franchir la frontière.

Au poste de Ledra Street, vous passerez par un petit bureau tenu par des membres de l'armée et de la police de la République de Chypre, qui ne vous contrôleront qu'à votre retour du Nord et sont susceptibles de fouiller vos bagages. Ils sont généralement sympathiques, mais en revenant, veillez à ne pas dépasser la limite d'alcool et de cigarettes autorisée.

Vous arriverez ensuite aux guichets de la République turque de Chypre-Nord, où vous devrez remplir un "formulaire de visa" blanc, avec votre nom et votre numéro de passeport. Un seul formulaire pourra vous servir pour plusieurs entrées au Nord. Passé cette étape, vous pourrez circuler librement.

La procédure est la même au poste de Ledra Palace Hotel. À gauche en allant au Nord, l'ancien Ledra Palace Hotel, désormais rénové, est occupé par l'ONU. Cette réhabilitation fait partie du projet "Nicosia Master Plan" financé par l'Union européenne (voir l'encadré p. 134). Des boutiques abandonnées s'alignent à droite de l'hôtel. Un portail en fer marque l'entrée du territoire contrôlé par les Chypriotes turcs, après quoi vous passerez le poste chypriote turc, une simple formalité.

Observatoire de la tour Shacolas OBSERVATOIRE

(Shacolas Tower Observatory ; carte p. 130 ; 11e ét, tour Shacolas, angle Ledra et Arsinois ; 0,90 € ; 10h-18h30 ;). L'observatoire de la tour Shacolas, bizarrement situé au-dessus du centre commercial Debenhams, offre un superbe panorama sur la ville. Vous pourrez utiliser les télescopes pour admirer Nicosie dans sa totalité et distinguer la Ligne verte et les montagnes dans le lointain. Vous verrez ainsi l'immense (et très controversé) drapeau turc peint à flanc de montagne. Des explications concernant différents édifices et quartiers sont rédigées en français, anglais et allemand.

GRATUIT **Pancyprian Gymnasium Museums** MUSÉES

(Carte p. 130 ; www.pancypriangymnasium.ac.cy ; Agiou Ioannou et Thiseos ; 9h-15h30 lun, mar, jeu, ven, 9h-17h mer, 9h-13h sam). Datant de 1812, c'est le lycée le plus ancien encore en activité à Chypre. Sur place, plusieurs musées occupent un fascinant espace de 12 salles. Belle collection d'histoire naturelle, sculptures gothiques et galerie d'art exposant des peintres locaux, notamment d'anciens professeurs et étudiants. Dans les années 1950, le Britannique Lawrence Durrell, auteur de *Citrons acides,* enseigna l'anglais dans cette école pendant plusieurs années.

PLATEIA ELEFTHERIAS : EN PLEINE TRANSFORMATION

Un projet de reconstruction colossal barre actuellement l'accès à une grande partie de la place **Plateia Eleftherias** (carte p. 130). Il est mené par Zaha Hadid, qui figure parmi les architectes les plus renommés du monde. Connue pour le caractère social de ses réalisations, c'est à elle que l'on doit notamment la gare de tramway de Strasbourg, le projet résidentiel IBA-Block 2 à Berlin et l'espace d'exposition Mind Zone dans le Millennium Dome de Londres. Avec son associé chypriote Christos Passos, Zaha Hadid prévoit de construire une ceinture verte le long du fossé qui entoure les murs vénitiens, ce qui transformerait le secteur en parc central de Nicosie, bordé d'un sentier piéton ourlé de palmiers. S'appuyant sur la muraille, une place sera aménagée au centre, pensée comme un point de rencontre pour les promeneurs. Ce nouveau centre-ville serait, selon l'architecte, une "intervention urbaine".

Comme tous les projets architecturaux de grande ampleur, celui-ci est controversé. Les opposants locaux regrettent que les habitants aient été trop peu consultés et s'inquiètent des conséquences d'une grosse structure en béton sur les murailles et de la diminution des accès à la vieille ville. Commencés en 2008, les travaux devraient s'achever fin 2013.

Porte de Famagouste SITE HISTORIQUE

(Carte p. 130 ; bastion de Caraffa ; ⏲10h-13h et 17h-20h lun-ven). Famagouste, la porte la plus orientale, est également la plus photographiée et la mieux préservée des trois portes d'origine conduisant à la vieille ville de Nicosie. Après plus d'un siècle de négligence, toute la structure fut rénovée en 1981 et sert désormais de centre culturel proposant régulièrement des expositions traitant de thèmes locaux. L'impressionnante porte en bois et la façade inclinée donnent sur un tunnel qui traverse le mur d'enceinte. De l'autre côté du tunnel, sur la droite, une petite arène à ciel ouvert accueille des concerts en été. Quelques bars et restaurants populaires sont installés dans les environs.

Monument de la Liberté MONUMENT

(Liberty Monument ; carte p. 130). À côté de la mosquée, ce monument qui pousse à la réflexion est érigé sur le bastion de Podocataro. Il symbolise la libération des Chypriotes grecs vis-à-vis de la puissance coloniale britannique, avec des statues de 14 combattants d'EOKA libérés de prison en 1959, ainsi que de paysans et de prêtres, pour représenter les différentes sphères de la société chypriote grecque. Le tout est dominé par une statue de la Liberté. Érigé en 1973, le monument ne comporte aucun personnage chypriote turc, ce qui reflète la division entre les deux communautés.

GRATUIT **Galerie nationale d'Art contemporain chypriote** MUSÉE

(State Gallery Of Cypriot Contemporary Art ; carte p. 130 ; angle Stasinou et Kritis ; ⏲10h-16h45 lun-ven, 10h-12h45 sam). Ce superbe musée semble ne pas faire partie du circuit touristique classique, ce qui est dommage dans la mesure où il comprend une vaste collection d'art chypriote de qualité, du milieu du XIXe siècle à la fin des années 1900, avec notamment de belles sculptures. Aménagées dans un édifice historique de style colonial, les galeries occupent trois étages bien conçus. Parmi les pièces maîtresses, citons une peinture post impressioniste d'une scène de vie rurale par le célèbre artiste chypriote Adamantios Diamantis (1900-1994), qui était très influencé par le cubisme et l'art byzantin.

Mosquée Omeriye MOSQUÉE

(Carte p. 130 ; angle Trikoupi et Plateia Tyllirias ; ⏲en dehors des heures de prière). À l'origine église augustinienne dédiée à la Vierge, la mosquée Omeriye date du XIVe siècle. L'église fut détruite par les Ottomans lorsqu'ils prirent la ville en 1570. Elle fut ensuite transformée en mosquée, car selon certaines croyances, elle se trouvait à l'endroit où le prophète Omar

i MOSQUÉES : CODE VESTIMENTAIRE

Si vous prévoyez de visiter une mosquée ou un monastère où que ce soit sur l'île, sachez qu'une tenue sobre est obligatoire. Shorts et manches courtes sont proscrits pour les hommes et les femmes, et les femmes devront se couvrir le plus possible. De plus en plus de mosquées et de monastères prêtent gracieusement des capes couvrantes aux visiteurs.

avait été enterré au VIIe siècle. Le haut minaret est repérable de loin ; l'entrée se situe au milieu de la rue Trikoupi. Aujourd'hui, la mosquée est principalement un lieu de culte pour les visiteurs musulmans venus des pays arabes voisins. Les non-musulmans sont admis à condition de respecter les règles habituelles : porter des vêtements couvrants, laisser ses chaussures à l'entrée et venir en dehors des heures de prière.

Église catholique de la Sainte-Croix ÉGLISE
(Carte p. 130). De l'autre côté de la route, à l'est de la porte de Paphos dans la rue Pafou, cette église ne bénéficie pas d'un emplacement idéal : à la limite du secteur turc, elle se trouve dans la zone tampon de l'ONU. Néanmoins, elle sert toujours de lieu de culte, à condition que la porte de derrière, qui donne sur le secteur contrôlé par les Turcs, soit constamment fermée. Les horaires des messes sont affichés dans l'entrée.

Bastion de Roccas (Kaytazağa) SITE HISTORIQUE
(Carte p. 130). Avant 2003, le bastion de Roccas était unique à Chypre puisqu'il était le seul endroit où Chypriotes turcs et grecs pouvaient se retrouver face à face. Désormais, il s'agit à peine d'une curiosité puisqu'il est si facile de passer d'un côté à l'autre. Il témoigne néanmoins de près de 30 années d'absence de contact entre les deux communautés.

Situé à environ 200 m au sud du checkpoint du Ledra Palace Hotel, il est facile à repérer grâce aux panneaux d'interdiction de stationner le long des murs. La zone tampon de l'ONU séparant les deux côtés, assez large ailleurs, disparaît ici sur environ 200 m, tandis que la frontière avec Chypre-Nord, sous contrôle turc, se termine à l'extrémité de ce bastion.

Le côté turc du bastion de Roccas est accessible depuis Nicosie-Nord.

Église Faneromeni ÉGLISE
(Carte p. 130 ; Plateia Faneromenis). Cœur de la ville avant d'être remplacée par Plateia Eleftherias en 1974, Plateia Faneromenis est une place paisible, si silencieuse que l'on entend le chant des oiseaux, à quelques mètres seulement de l'agitation de Ledra Street. En son centre est érigée l'impressionnante église Faneromeni (de l'Apparition), construite en 1872 à l'emplacement d'un ancien couvent orthodoxe. C'est la plus grande église de la vieille ville et elle présente un mélange de styles néoclassique, byzantin et latin. Du côté est de l'église, le **mausolée en marbre** fut érigé en hommage à quatre ecclésiastiques exécutés par le gouverneur ottoman en 1821, au début de la guerre d'indépendance grecque.

PLAN DE RAPPROCHEMENT

Afin de rapprocher Chypre-Nord et la République de Chypre, près de 100 édifices ottomans, francs et byzantins, des deux côtés de la frontière, ont été restaurés grâce à des fonds de l'ONU et de l'UE. Créé en 1979, le **Nicosia Master Plan** couvre les églises et mosquées, hammams et tombes, demeures et monuments, musées et centres culturels, le but étant de promouvoir l'histoire commune aux deux communautés. Juste à côté du checkpoint du Ledra Palace Hotel, le **bureau du Master Plan** (Carte p. 130 ; www.lefkosia.org.cy ; ⌚8h-18h lun-ven, 9h-17h sam-dim) présente les différents projets réalisés et prévus, et distribue des brochures d'information concernant chaque programme et un livret gratuit intitulé *Walled Nicosia: A Guide to Its Historical and Cultural Sites*.

Laïki Yitonia QUARTIER
(Carte p. 130). Laïki Yitonia, qui signifie "quartier populaire", a été restauré après avoir été pendant des années le fief des filles de joie et des commerçants louches. Ce minuscule secteur au sud de la vieille ville est la seule zone touristique de Nicosie. Attendez-vous à une kyrielle de mauvais restaurants : décoration douteuse, serveurs racoleurs et prix exagérés. Néanmoins, le quartier est joli et agréable pour une petite balade, mais vu le nombre de bons restaurants et tavernes en ville, évitez de manger ici.

L'office du tourisme de Chypre (CTO) dispose d'une antenne dans ce quartier ; la plupart des plans et brochures sont gratuits.

Porte de Paphos SITE HISTORIQUE
(Carte p. 130). La porte la plus occidentale, jadis appelée Porta San Domenico par les Vénitiens, constitue l'un des trois accès traditionnels à la vieille ville. Depuis 1963, elle est une sorte de porte-étendard : les drapeaux de la République de Chypre, de Chypre-Nord, de la Grèce et de la Turquie flottent au vent, semblant se défier les uns les autres. La porte servit d'entrepôt d'armes pour les Ottomans et de commissariat central pour

À NE PAS MANQUER

HAMMAM OMERIYE

(☎2275 0550 ; www.hammambaths.com ; Plateia Tyllirias 8 ; entrée aux bains turcs pour 2 heures 20 €, gommage corporel 20 min 20 €, massage 40-50 € ; ⏲9h-21h, réservé aux hommes mar, jeu et sam, aux femmes mer, ven et dim, aux couples lun). Éteignez votre portable, enfilez votre charlotte de bain et mettez-vous dans le plus simple appareil : vous êtes prêt pour un délicieux moment au hammam Omeriye. Ce bâtiment restauré avec goût arbore une décoration luxueuse et élégante. Sous le dôme de la réception, un énorme lustre éclaire le bar circulaire, tandis que des bougies, miroirs et essences rafraîchissantes agrémentent les bains. Datant du XVIe siècle, le hammam Omeriye est un lieu sûr, populaire et propice à la détente, avec des jours séparés pour les hommes (avec masseurs) et les femmes (avec masseuses). À l'entrée, on vous donnera une bouteille d'eau, des serviettes (une petite et une grande) et une tasse de thé à consommer après les soins. Outre le bain de vapeur classique, vous pourrez vous offrir un gommage corporel, un massage chinois ou une séance d'aromathérapie. Si un bain ne vous tente pas, une simple visite est possible le lundi.

les Britanniques. La porte de Paphos, maintenue ouverte, donne sur un étroit passage piétonnier sous le mur. Juste à côté, l'ouverture qui permet aux voitures d'accéder à la vieille ville fut aménagée bien plus tard.

Fondation culturelle Makarios — MUSÉE

(Makarios Cultural Foundation ; carte p. 130 ; Plateia Archiepiskopou Kyprianou ; 1,70 € ; ⏲9h-16h30 lun-ven, 9h-13h sam). Le point fort de la fondation est le magnifique **musée d'Art byzantin**, qui conserve la plus vaste collection de l'île en matière d'icônes représentatives de l'art religieux de Chypre . Le musée compte quelque 220 pièces (Ve au XIXe siècle). Parmi les icônes les plus intéressantes, citons **Le Christ et la Vierge Marie** (XIIe siècle) de l'église Panagia tou Araka (Vierge d'Araka) à Lagoudera, et la **Résurrection** (XIIIe siècle) de l'église du monastère Agios Ioannis Lambadhistis (Saint-Jean-Lambadistis) à Kalopanayiotis. Ne manquez pas non plus les six exemples de magnifiques **mosaïques de Kanakaria**, qui furent volées dans l'église Kanakaria (Panagia Kanakaria) en Chypre-Nord, après l'invasion turque de 1974, et finalement restituées en 1991 après une longue bataille juridique.

Musée ethnographique — MUSÉE

(Carte p. 130 ; Plateia Archiepiskopou Kyprianou ; 2 € ; ⏲9h-17h lun-ven, 10h-13h sam). Situé près de la Fondation culturelle Makarios, le Musée ethnographique conserve la plus grande collection d'art traditionnel et d'éléments ethnographiques du pays. L'édifice date du XVe siècle mais comporte quelques ajouts plus récents. Vous pourrez admirer de sublimes exemples de broderies, dentelles, costumes, poteries, pièces en métal, vannerie, peintures traditionnelles, gourdes gravées, articles en cuir et bois sculpté (notamment des coffres magnifiquement travaillés).

Musée de la Lutte nationale — MUSÉE

(National Struggle Museum ; carte p. 130 ; Agiou Ioannou ; 0,80 € ; ⏲8h-14h lun-mer et ven, 8h-14h et 15h-19h jeu). Cette exposition conviendra aux passionnés d'histoire et de révolution, qui étudieront les documents, photos et autres souvenirs de la Lutte de libération nationale (1955-1959), souvent sanglante, contre les Britanniques. La reconstitution d'un gibet fait froid dans le dos.

Panagia Chrysaliniotissa — ÉGLISE

(Carte p. 130 ; Archiepiskopou Filotheou ; ⏲en dehors des heures de messe). L'église Panagia Chrysaliniotissa est dédiée à la Vierge Marie et son nom signifie "Notre-Dame du lin doré" en grec. Elle est considérée comme la plus ancienne église byzantine de Nicosie et fut construite en 1450 par la reine Hélène

AUDIOGUIDES

L'office du tourisme de Chypre (CTO) a créé une série d'audioguides, qui peuvent être téléchargés en 6 langues au format MP3 ou sur un téléphone portable. Les sites concernés sont le Musée archéologique de Chypre (Cyprus Museum) de Nicosie, 10 églises byzantines dans la région du Troodos, le site archéologique de Kourion (Limassol), le parc archéologique et les tombeaux des Rois (Paphos). Tous les détails sur www.visitcyprus.com.

Paléologue. Elle est réputée pour sa belle collection d'icônes rares et anciennes.

Mosquée Bayraktar MOSQUÉE
(Carte p. 130). Au sud-ouest de la porte de Famagouste sur le bastion de Constanza, cette petite mosquée marque l'emplacement où les murs vénitiens furent percés par les Ottomans en 1570. Le *bayraktar* (porte-drapeau, d'où le nom de la mosquée en turc) ottoman fut rapidement assassiné par les forces de défense mais son corps fut récupéré plus tard et enterré ici. La mosquée a toujours été la cible des terroristes ; au début des années 1960, des attaques de l'EOKA endommagèrent l'édifice, ainsi que la tombe du porte-drapeau. Après avoir été réparée, la mosquée fut fermée au grand public.

Chrysaliniotissa Crafts Centre ARTISANAT
(Carte p. 130 ; Dimonaktos 2 ; 10h-13h et 15h-18h lun-ven, 10h-13h sam). Ce petit centre d'artisanat vaut le détour pour ses pièces d'art et d'artisanat chypriotes. Huit ateliers et un restaurant végétarien entourent une cour centrale dans un bâtiment conçu comme une auberge traditionnelle.

Circuits organisés

L'**office du tourisme de Chypre** (Cyprus Tourist Organisation, CTO ; carte p. 130 ; 2244 4264 ; Aristokyprou 11 ; 8h30-16h lun-ven, 8h30-14h sam) organise des circuits pédestres guidés et gratuits les lundis et jeudis ; départ à 10h de l'antenne CTO de la vieille ville.

"Chrysaliniotissa et Kaimakli : le passé restauré" est un circuit en bus et à pied proposé le lundi ; le jeudi, vous ferez une balade à travers la vieille ville de Nicosie. Les circuits durent 2 heures 45, avec une pause de 30 minutes.

Vous pourrez aussi vous procurer une brochure des circuits pédestres du CTO ou suivre la promenade à pied dans la vieille ville, détaillée p. 138.

Où se restaurer

Nicosie dispose de trois quartiers pour se restaurer : la vieille ville, la ville moderne et la périphérie ouest et sud, en plein essor. Ce guide se concentre principalement sur la vieille ville et la ville moderne, mais les banlieues comme Engomi à l'ouest et Strovolos au sud possèdent leurs propres enclaves culinaires, et vous y découvrirez sans doute des pépites étonnantes.

Un repas à Nicosie peut s'avérer mémorable. La ville n'étant pas une destination très populaire, elle ne renferme pas les habituels pièges à touristes, où la nourriture est chère et médiocre. Beaucoup d'établissements très simples servent une excellente cuisine traditionnelle, notamment des légumes secs ou de saison et des ragoûts de viande. Par ailleurs, Chypre est de plus en plus cosmopolite, ce qui se traduit par une cuisine plus sophistiquée et ethnique.

Sachez que beaucoup de restaurants de Nicosie ferment quelques semaines en août pour congés annuels.

VIEILLE VILLE

Les restaurants de la vieille ville sont regroupés dans deux secteurs, avec quelques établissements bon marché et sans chichis entre les deux. Laïki Yitonia est surtout fréquenté à midi par les touristes de passage pour la journée, tandis que la porte de Famagouste compte plusieurs bons bars et

CENTRES CULTURELS

Vous désirez en savoir plus sur la fascinante histoire de Chypre et sa culture extraordinaire ? De nombreuses bibliothèques de centres culturels disposent de publications et de livres à consulter sans modération.

Bibliothèque Ahilleios (Carte p. 130 ; 2276 3033 ; Leoforos Konstantinou Paleologou 30)

Bibliothèque du ministère de l'Éducation (Carte p. 130 ; 2230 3180 ; www.moec.gov.cy (en grec) ; Leoforos Konstantinou Paleologou)

British Council (Carte p. 130 ; 2266 5152 ; www.britishcouncil.org/Cyprus.htm ; Leoforos Mouseiou 3)

Centre municipal des Arts de Nicosie (Nicosia Municipal Arts Centre ; carte p. 130 ; 2243 2577 ; www.nimac.com.cy ; Apostolou Varnava 19)

Fondation culturelle Makarios (Carte p. 130 ; 2243 0008 ; Plateia Archiepiskopou Kyprianou)

DÉPART **PLATEIA ELEFTHERIAS**
ARRIVÉE **BASTION DE FLATRO (SIBELI)**
DISTANCE **2 KM**
DURÉE **2 HEURES**

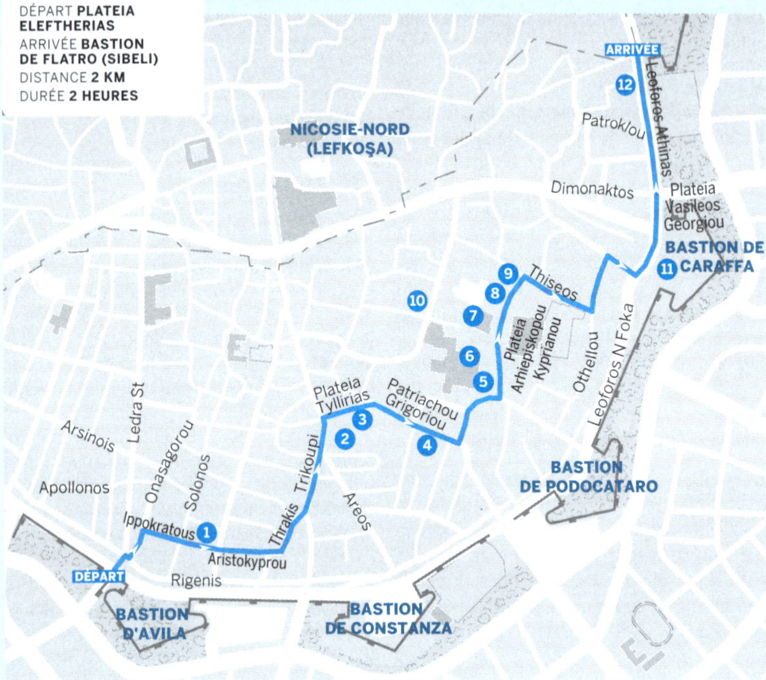

Promenade à pied

Retour dans le passé

Ce circuit passe par les principales rues de la vieille ville et par bon nombre de ses musées. En partant de Plateia Eleftherias, suivez Ledra Street et tournez à droite dans la rue Ippokratous. Au n°17, le 1 **Musée municipal Leventis** retrace le développement de la ville, de l'époque préhistorique à nos jours.

Continuez le long de la rue Ippokratous (qui devient la rue Aristokyprou), tournez à gauche dans la rue Thrakis et suivez le coude pour atteindre la rue Trikoupi. Vous verrez bientôt la 2 **mosquée Omeriye** sur votre droite. N'oubliez pas de revenir plus tard au 3 **hammam Omeriye**, juste à côté, pour un massage relaxant. Tournez à droite sur Plateia Tyllirias et juste après, vous atteindrez Patriarchou Grigoriou. À environ 125 m, sur la droite, s'élève la 4 **maison de Hatzigeorgakis Kornesios**, une demeure du XVIIIe siècle abritant désormais un musée.

La prochaine rue à droite mène à Plateia Archiepiskopou Kyprianou, une place dominée par le 5 **palais de l'Archevêque**. Vous y découvrirez la 6 **Fondation culturelle Makarios**, avec son musée d'art byzantin à ne pas manquer. Les jardins de la fondation abritent l' 7 **église Agios Ioannis**, construite en 1662 et dont les fresques datent de 1736. À côté se trouve le 8 **Musée ethnographique** et non loin le 9 **musée de la Lutte nationale** et le 10 **centre municipal des Arts de Nicosie (NIMAC)**.

Continuez direction nord avant de tourner à droite dans la rue Thiseos. Prenez à gauche, puis à nouveau à droite pour gagner la Leoforos N Foka. Tournez à gauche et vous verrez l'imposante 11 **porte de Famagouste**, jadis l'entrée principale de la ville, qui accueille désormais des expositions et des événements culturels. De là, poursuivez sur Leoforos Athinas sur 400 m, en passant devant des bars et restaurants branchés ; la rue se termine alors brutalement et cède la place aux barbelés et points d'observation de l'ONU au 12 **bastion de Flatro (Sibeli)**. Pour retourner à Laïki Yitonia, le plus direct est de prendre Leoforos N Foka, en suivant les indications pour l'office du tourisme de Chypre (CTO). En chemin, admirez les remparts vénitiens.

restaurants très prisés des habitants bien informés, en soirée.

Mattheos CHYPRIOTE €

(Carte p. 130 ; Plateia 28 Oktovriou 6 ; plats à partir de 6 € ; midi). Un établissement simple et pittoresque, à côté de l'église Faneromeni, avec quelques tables couvertes de nappes à carreaux colorées en terrasse. À midi, les employés de bureau apprécient la cuisine chypriote, notamment le *kleftiko* (agneau au four), le *stifado* (ragoût de bœuf ou de lapin) et les légumes farcis. L'une des adresses les plus courues de la ville.

Zanettos Taverna CHYPRIOTE €€

(Carte p. 130 ; Trikoupi 65 ; plats à partir de 8 €). Cette taverne datant de 1938 est l'une des plus anciennes de la capitale et sa réputation est solide. Les habitants viennent en nombre y déguster l'excellent mezze chypriote grec et vous avez tout intérêt à les imiter, une fois que vous aurez trouvé l'établissement, caché dans une ruelle.

Christakis CHYPRIOTE €

(Carte p. 130 ; Leoforos Kostaki Pantelidi 28 ; plats 6 €). Selon les habitants, ce restaurant rustique, en face de la gare routière, est la meilleure adresse de la capitale pour les souvlakis (brochettes de viande grillée). Salades fraîches, délicieuses spécialités de légumes et plats de haricots traditionnels, le tout dans une atmosphère familiale et joviale. Arrivez tôt pour obtenir l'une des rares tables.

PRUDENCE

Nicosie est une ville très sûre. Cependant, les rues de la vieille ville, en particulier à proximité de la Ligne verte, peuvent être glauques et intimidantes la nuit, et il est déconseillé aux femmes seules de les emprunter. Le passage au Nord n'est autorisé qu'aux points de passage officiels ; il est tout à fait inconscient de tenter de traverser ailleurs, car cet acte illégal pourrait vous attirer de sérieux ennuis. Attention également à ne pas prendre de photos, même involontairement, de la Ligne verte et de la zone tampon : on pourrait vous confisquer votre appareil et vous soumettre à un interrogatoire.

Da Paolo ITALIEN €€

(Carte p. 130 ; Leoforos Konstantinou Paleologou 52 ; pizza à partir de 11 €, pâtes à partir de 9 €). Ce petit restaurant italien se double d'une terrasse, à côté des murs d'enceinte vénitiens. Il est doté d'un four à bois, d'un décor traditionnel et d'un grand choix de pizzas et pâtes. Également des spécialités du Moyen-Orient (le propriétaire est libanais).

Inga's Veggie Heaven VÉGÉTARIEN €€

(Carte p. 130 ; Chrysaliniotissa Crafts Centre, Dimonaktos 2 ; plats 10 € ; midi ;). D'origine islandaise, Inga prépare des plats végétariens très simples, comme les poivrons farcis ou les burgers de lentilles, toujours

FRANCHIR LA LIGNE VERTE

Même si le passage à Nicosie-Nord se fait désormais sans difficulté, la Ligne verte et la zone tampon, avec ses maisons en ruine abandonnées, restent fascinantes. Une fois sur place, il n'y a pas grand-chose à voir (hormis des graffitis créatifs), mais la simple existence de cette zone confère à Nicosie une atmosphère singulière. Vous apercevrez les doubles minarets de la mosquée Selimiye, le point de repère le plus connu de Nicosie-Nord, et, suspendus entre les deux, les drapeaux turc et chypriote-turc. La Ligne verte incarne le caractère sinistre de la division de la capitale et du pays, surtout si l'on connaît les terribles événements survenus en 1974.

Des **bunkers** de l'ONU et des forces chypriotes grecques sont déployés le long de la Ligne à travers la ville, et il est interdit de s'en approcher de trop près. Le circuit pédestre balisé par l'office du tourisme de Chypre (CTO) vous mène à proximité de la Ligne à l'extrémité est de la ville, près du **bastion de Flatro (Sibeli)**, sous contrôle militaire. Prenez la dernière rue à gauche depuis Leoforos Athinas, longez Agiou Georgiou et repérez la petite rue sur la droite appelée Axiothea. Marchez jusqu'au bout de cette rue et passez par l'ouverture pour atteindre la rue suivante, comme l'indiquent les panneaux du circuit pédestre. Le secteur est particulièrement détruit et lugubre au bout de la rue **Pendadaktylou**, à l'endroit où elle rejoint la rue **Ermou**. À l'origine, cette dernière coupait la vieille ville en deux.

Nicosie (ville moderne)

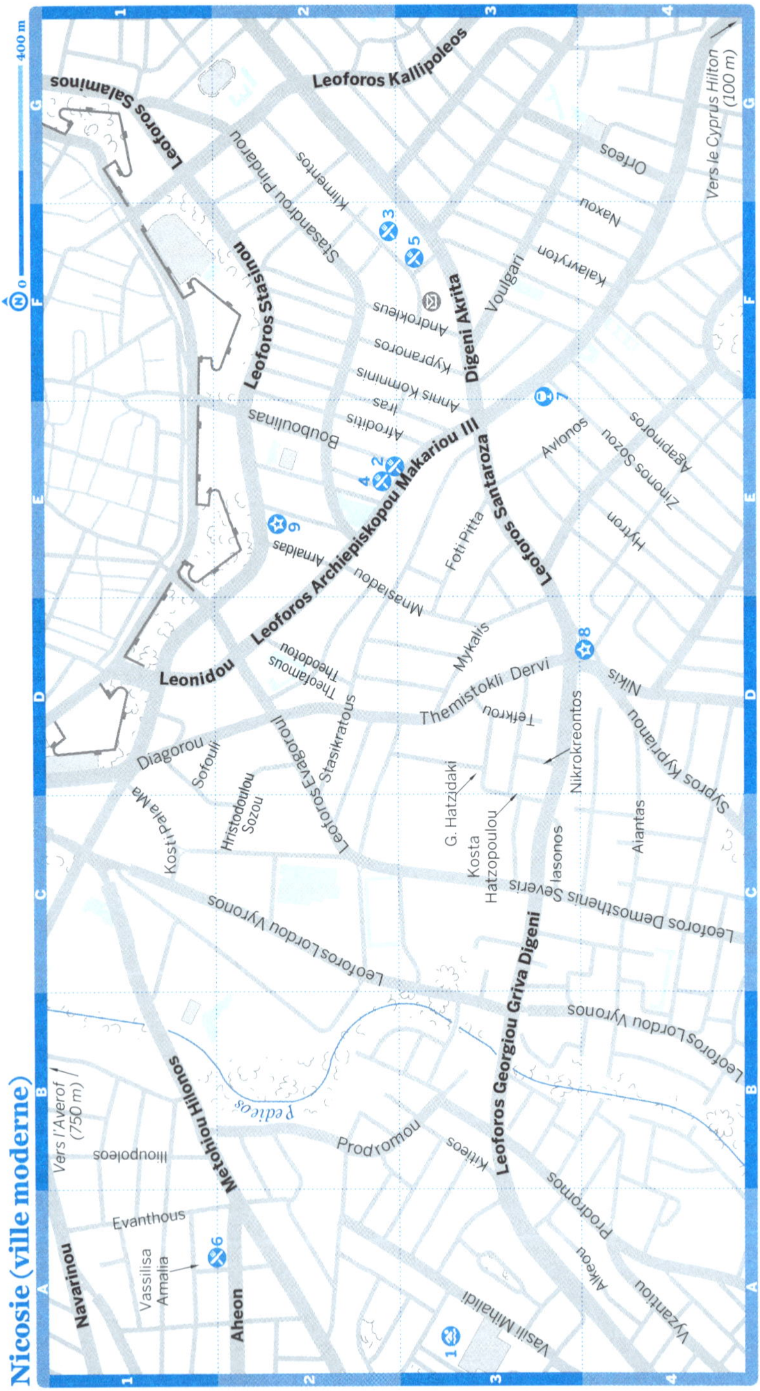

Nicosie (ville moderne)

Activités
1 Piscine Eleon ... A3

Où se restaurer
2 Akakiko ... E2
3 Mediterranean ... F2
4 Mondo ... E2
5 Sawa ... F3
6 Syrian Arab Friendship Club ... A1
Zebra's ... (voir 3)

Où prendre un verre
7 Finbarr's ... F3
8 Sfinakia ... D4

Où sortir
Sfinakia ... (voir 8)
9 Zoo ... E2

accompagnés d'une salade et de pain maison. Les délicieux gâteaux sont riches en calories. Après votre repas, jetez un œil aux ateliers d'art et d'artisanat.

Shiantris CHYPRIOTE €€
(Carte p. 130 ; Pericleous 21 ; plats à partir de 7 € ; ⏲midi). L'un des trésors cachés de Nicosie, Shiantris doit son nom à son dynamique propriétaire, qui mitonne une incroyable gamme de haricots de saison avec du citron, du persil et de l'huile d'olive, et pour les carnivores, des plats de viande comme l'*afelia* (ragoût de porc au vin) ou l'agneau au four.

Egeon CHYPRIOTE €€
(Carte p. 130 ; Ektoros 40 ; mezze à partir de 17 € ; ⏲soir). Aussi discret que populaire, Egeon bénéficie d'une clientèle fidèle, principalement locale. La nourriture, surtout à base de mezze, est irréprochable. On vous installera dans la cour d'une belle demeure ancienne en été ou à l'intérieur en hiver. Réservations obligatoires.

Pago Pago POLYNÉSIEN €€
(Carte p. 130 ; Ouzounian 38 ; plats à partir de 12 €). Dans le Castelli Hotel. Goûtez le canard à la tahitienne avant de vous déhancher sur de la musique cubaine live.

Power House INTERNATIONAL €€
(Carte p. 130 ; Apostolou Varnava 19 ; plats à partir de 10 € ; ⏲fermé dim-lun). Ce restaurant raffiné fait partie du centre municipal des Arts de Nicosie (Nicosia Municipal Arts Center ; p. 131). Il est joliment décoré de fascinantes peintures et sculptures.

Habana CUBAIN €€
(Carte p. 130 ; Lykourgou 1 ; plats à partir de 8 € ; ⏲11h-1h). Cadre chaleureux avec murs en briques apparentes et menu interminable, notamment des *fajitas* et des burgers épicés.

VILLE MODERNE

Leoforos Archiepiskopou Makariou III est truffée de bars et cafés, tandis que les rues des environs, plus résidentielles, dissimulent aussi certains des meilleurs restaurants de la capitale, notamment la rue Klimentos, verdoyante et animée.

♥ Syrian Arab Friendship Club MOYEN-ORIENTAL €€
(SAFC ; carte p. 140 ; Vassilisa Amalia 17 ; mezze à partir de 15 € ; ✎). En plus d'être l'un des meilleurs restaurants de Nicosie, c'est l'adresse idéale pour les végétariens et les familles (les enfants peuvent jouer dans le grand jardin). Le mezze, copieux et varié, comporte de nombreuses sauces, par exemple à la betterave ou à l'aubergine, de délicieux falafels, du taboulé au persil et à la tomate et différents plats de viande.

Zebra's INTERNATIONAL €€
(Carte p. 140 ; tours Klimentos, Klimentos 43 ; plats à partir de 10 €). Tenu par un Sud-Africain, le Zebra's est réputé pour ses steaks délicieux et ses plats de fruits de mer. Les gros appétits commanderont le King's Platter (8 grosses crevettes, moules, calamars et filet de poisson) ou le Queen's Platter, un peu moins copieux. Les lundis sont réservés aux amateurs de travers de porc, avec une offre à volonté.

Sawa MOYEN-ORIENTAL €€
(Carte p. 140 ; ☎2276 6777 ; www.abbarahbrothers.com ; Klimentos 31 ; mezze à partir de 12 €). Connu dans toute la ville pour ses délicieux plats syriens et son cadre digne d'un palais de sultan : façade en pierre sculptée, fontaines et élégante salle à manger. Nous vous conseillons un mezze accompagné d'une bouteille de riesling libanais Ksara. Réservation obligatoire.

Mediterranean POISSON ET FRUITS DE MER €€
(Carte p. 140 ; www.mediterraneancy.com ; tours Klimentos, Klimentos 43 ; plats à partir de 10 €). Les amateurs de fruits de mer se rueront sur ce restaurant aux prix raisonnables ouvert en 2011 : 10 € le plateau de fruits de mer pour une personne, 18 € les spaghettis à la langouste servis avec... une langouste entière !

NICOSIE AVEC DES ENFANTS

À l'inverse des villes de bord de mer, Nicosie ne séduira pas immédiatement les enfants, même si les habitants apprécient les bambins, comme la plupart des Chypriotes. Il n'y a pas de service de garde d'enfants professionnel en ville et beaucoup de familles semblent avoir une nounou attitrée à la maison.

L'office du tourisme (CTO) tient à disposition une liste d'événements susceptibles de plaire aux enfants tout au long de l'année. Avec un peu de chance, votre séjour coïncidera avec un spectacle de théâtre d'ombres et de marionnettes traditionnel ; pensez à vous renseigner à l'office du tourisme.

S'il fait trop chaud pour arpenter les rues, rendez-vous à Engomi pour plonger dans la grande **piscine Eleon** (Carte p. 140 ; ☎2266 7833 ; www.eleonpark.com ; Ploutarhou 3, Engomi ; adulte/enfant 9,50/6 € ; ⊙8h-21h), bordée d'oliviers et dotée d'une aire de jeux sophistiquée.

Le **parc à thème Ostrich Wonderland** (☎2299 1008/9 ; Agios Ioannis Maloundas ; 1,70 € ; ⊙9h-19h mai-oct, 9h-17h nov-avr) titillera peut-être votre imagination. Il s'agit du plus grand parc (et de la plus grande ferme) d'autruches en Europe, à seulement 25 minutes de Nicosie. Vos enfants apprendront tout ce qu'on peut savoir sur ces puissants volatiles et leurs œufs. Le parc dispose aussi d'une modeste aire de jeux. Pour s'y rendre, il faut prendre l'autoroute du Troodos, sortir à Palehori, et suivre les indications jusqu'à Agios Ioannis Maloundas.

Les enfants adoreront le **Kykko Bowling Centre** (☎2235 0085 ; Archimidous 15-19, Engomi ; ⊙14h-1h lun-ven, 13h-1h sam-dim) et ses 16 pistes de bowling, juste derrière le Hilton Park. Le café propose des boissons et des en-cas.

Le **musée chypriote des Motos anciennes** (Cyprus Classic Motorcycle Museum ; carte p. 130 ; ☎2268 0222 ; www.agrino.org/motormuseum ; Granikou 44 ; 1,70 € ; ⊙9h-13h et 15h30-19h lun-ven, 9h-13h sam) plaira à coup sûr aux petits et grands enfants. Le propriétaire de ce musée privé adore parler de sa collection, qui compte plus de 150 motos.

Par une chaude journée d'été, accordez-vous une balade et un peu de répit dans les **jardins municipaux** (Carte p. 130 ; Leoforos Mouseiou) de la vieille ville ; vous y trouverez une aire de jeux pour enfants. Pour un moment ludique, rendez-vous à l'**Extreme Park** (☎2242 4681 ; www.extremepark.com.cy ; 149 Strovolos Ave), au sud-ouest du centre-ville. Le parc possède de vastes aires de jeux intérieures/extérieures dotées d'un mur d'escalade, de toboggans gonflables, de trampolines, d'un parcours de cordes, d'un minigolf, d'un terrain de foot, d'un bowling et d'un cinéma pour enfants. En prime, trois cafétérias : personne n'aura le temps de s'ennuyer.

Akakiko JAPONAIS €€

(Carte p. 140 ; Leoforos Archiepiskopou Makariou III 9b ; plats à partir de 12 €). La cuisine japonaise est servie dans un cadre minimaliste bien adapté, avec un beau point de vue sur cette rue commerçante animée. La carte annonce tous les classiques : soupes miso, raviolis, tempuras et sushis.

Mondo CHYPRIOTE €€

(Carte p. 140 ; Leoforos Archiepiskopou Makariou III 9a ; menu 12 € ; 📶). Ce bar-café spacieux se double d'une terrasse à l'étage et propose un menu du jour bon marché. Sublime muffin au chocolat et aux noisettes en dessert.

Où prendre un verre

Depuis le secteur de la porte de Famagouste dans la vieille ville jusqu'aux bars de Leoforos Archiepiskopou Makariou III (Makarios Avenue), les lieux chaleureux et pittoresques ne manquent pas pour accueillir les noctambules.

VIEILLE VILLE

Dans la vieille ville, les établissements sont souvent plus authentiques et bohèmes que dans la ville moderne.

♥ **Oktana** BAR

(Carte p. 130 ; Aristidou 6). Côtoyez des artistes, des comédiens et des intellectuels dans ce bar plein de cachet, décoré de belles affiches Art déco. Adorable patio à l'arrière et immense intérieur comprenant une librairie et différentes pièces, notamment un sous-sol accaparé par les fumeurs de narguilé. Il y a régulièrement des expositions d'art et des lectures de poésie.

Hammam BAR

(Carte p. 130 ; Soutsou Pendadaktylou 9). Juste derrière le hammam Omeriye, cette belle maison de style colonial, agrémentée d'une imposante porte voûtée, de fresques au plafond et de mosaïques d'origine au sol, est idéale pour siroter un cocktail en toute tranquillité. Bonne musique, cour luxuriante et ambiance propice à la détente.

Brew BAR

(Carte p. 130 ; Ippokratous 30). Installé dans une demeure ancienne, le Brew est un bar spacieux où l'on apprécie la bonne musique, les meubles en bois peints en blanc, le thé, les cocktails et les repas sains et légers.

Academy 32 BAR

(Carte p. 130 ; Leoforos Konstantino Paleologou 32 ; fermé lun). Le propriétaire est musicien et ça se voit : ambiance artistique et intime, expositions régulières, concerts de jazz et nombreux recoins romantiques.

Plato's BAR

(Carte p. 130 ; Platonas 8). Ce jazz-café rappelant Montmartre est pourvu d'une adorable terrasse.

Ithaki BAR

(Carte p. 130 ; Leoforos N Foka 33). Bar populaire organisant occasionnellement des concerts.

Uqbar BAR

(Carte p. 130 ; Aristidou 6). En face de l'Oktana. On y retrouve les mêmes propriétaires et la même ambiance.

VILLE MODERNE

Si vous prévoyez de passer la soirée dans la ville moderne, sachez que la tenue jean-baskets n'est pas adaptée : les habitants de la capitale aiment faire preuve d'élégance.

Sfinakia BAR

(Carte p. 140 ; angle Sypros Kyprianou et Themistokli Dervi). Un établissement très prisé par une clientèle m'as-tu-vu, avant l'ouverture des discothèques. Il fait partie du club Sfinakia.

Finbarr's BAR

(Carte p. 140 ; Leoforos Archiepiskopou Makariou III 52b). Habitants et expatriés apprécient la Guinness à la pression et l'ambiance conviviale. Happy hour de 16h30 à 20h.

☆ Où sortir

Pour une liste des divertissements envisageables, en particulier les concerts de musique classique et le théâtre, procurez-vous un exemplaire des brochures *Nicosia This Month* et *Diary of Events*, disponibles à l'office du tourisme de Chypre (CTO).

♥ Weaving Mill CENTRE CULTUREL

(Carte p. 130 ; 2276 2275 ; www.ifantourgio.org.cy ; Lefkonos 69 ;). Au départ, Leontios, le propriétaire a créé cette association culturelle et éducative à but non lucratif pour proposer des cours aux enfants d'immigrés. Aujourd'hui, le Mill est un lieu multiculturel où l'on peut venir simplement faire des rencontres ou assister à des projections de films et des concerts, profiter du vaste espace Wi-Fi, jouer ou lire dans la grande bibliothèque. Bar modeste proposant des en-cas légers et des boissons.

Zoo DISCOTHÈQUE

(Carte p. 140 ; Leoforos Stasinou 15). Incarnation du style et du raffinement sur la scène des clubs de Nicosie, le Zoo propose une sélection musicale allant de la variété internationale à la pop grecque.

Sfinakia DISCOTHÈQUE

(Carte p. 140 ; angle Sypros Kyprianou et Themistokli Dervi). Dans la rue très en vogue de Themistokli Dervi, cette adresse attire des jeunes femmes perchées sur des talons aiguilles et des play-boys ambitieux.

La Casa de Cuba DISCOTHÈQUE

(Carte p. 130 ; www.shakallis.com ; Leoforos Athinas 7 ; 12 €). Musique latino, notamment de la salsa et du tango. Le prix d'entrée comprend une boisson.

K-Cineplex CINÉMA

(www.kcineplex.com ; Makedonitissis 8 ; 17h-22h30 ;). Le meilleur cinéma de Nicosie, situé à 2,5 km de la ville, à Strovolos. Les six écrans du K-Cineplex sont l'occasion de voir les dernières sorties. Grand parking, cafétéria et matériel audiovisuel dernier cri.

On trouve d'autres cinémas dispersés dans Nicosie, qui diffusent à la fois des films récents et des films plus anciens, en anglais.

Théâtre et concerts

La scène théâtrale est palpitante, mais la plupart des pièces jouées à Nicosie sont en grec. Le meilleur moyen d'assister à un concert de musique traditionnel consiste à se rendre dans l'un des restaurants de Laïki Yitonia proposant de la musique live. Sinon, repérez les affiches annonçant la venue de musiciens grecs (en été).

Théâtre municipal de Nicosie THÉÂTRE
(Carte p. 130 ; ☎2246 3028 ; Leoforos Mouseiou 4). En face du Musée archéologique de Chypre (Cyprus Museum), le théâtre a été récemment rénové, mais le toit s'est effondré juste après la fin des travaux (heureusement, la scène n'accueillait pas de spectacle à ce moment-là). Lors de notre passage, la reconstruction était en cours, tout comme le procès. Une fois rouvert, le théâtre proposera à nouveau des concerts (y compris de musique classique) et des représentations théâtrales.

Des concerts sont aussi organisés au **Skali Aglantzias** (www.aglantzia.org.cy ; Agiou Georgiou 15), un site en plein air à Aglantzia, et dans le théâtre à ciel ouvert de Scholi Tyflon (école pour aveugles), près de la banlieue sud de Dasoupolis.

Sport

Le football est le sport qui attire le plus de spectateurs à Nicosie. La saison s'étale de septembre à mai. Consultez **Takis-on-Line** (http://takisonline.com) pour connaître les résultats des équipes nationales. L'équipe d'APOEL Nicosia, 16 fois championne nationale, occupe le haut du tableau. La ville accueille aussi les clubs Omonia et Olympiakos.

Achats

Avec sa myriade de jeunes créateurs, rien d'étonnant à ce que Nicosie soit un paradis pour les victimes de la mode. Les magasins à prix réduits (*discount stores*) appliquent des réductions de 30% à 80% sur les vêtements et les chaussures et les habitants jouent souvent des coudes pour dénicher les meilleures affaires.

Il y a deux zones commerçantes majeures. Dans la vieille ville, Ledra Street compte de nombreux commerces à l'ancienne et boutiques de haute couture, ainsi que le centre commercial Debenhams. Dans la ville moderne, Leoforos Archiepiskopou Makariou III (Makarios Avenue) est un vivier de marques internationales connues, comme Mango et Zara. La rue Arnaldas est jalonnée de boutiques de créateurs. Les magasins touristiques sont concentrés à Laïki Yitonia dans la vieille ville et proposent, entre autres, des jeux de backgammon et de la dentelle ; n'oubliez pas de marchander.

Cyprus Handicrafts Centre ARTISANAT
(Carte p. 130 ; Leoforos Athalassis 186 ; ⏲7h30-14h30 lun-mer et ven, 7h30-14h30 et 15h-18h jeu). Dentelle chypriote, broderies, articles en cuir, mosaïques, céramique et poterie à prix corrects. En outre, vous pourrez admirer les artisans au travail dans divers ateliers subventionnés par le gouvernement afin de protéger l'artisanat de l'île.

Antiques ANTIQUITÉS
(Carte p. 130 ; ☎9966 4722 ; Vasiliou Voulgaroktonou 5 et 6). Ces deux boutiques d'antiquités poussiéreuses et curieuses sont installées de part et d'autre de la rue. Vous devrez peut-être sonner pour que le propriétaire vienne vous ouvrir, mais une fois à l'intérieur, vous découvrirez des merveilles : articles rétro, belles céramiques, peintures, bibelots, etc.

Utopia PRODUITS BIO
(Carte p. 130 ; www.utopia-cyp.com ; Areos 48). Les écolos seront heureux de faire leur marché dans la boutique de cet agriculteur bio. Déjeuner servi le vendredi, ainsi que thés et autres boissons le reste de la semaine.

Andreas Papaeracleous Photostore PHOTOGRAPHIE
(Carte p. 130 ; ☎2266 6101 ; Rigenis 48). Dans la vieille ville. Une boutique qui comblera tous les besoins des photographes.

Messa BAKLAVAS
(Carte p. 130 ; Aischylou 73). Délicieux baklavas syriens emballés dans de jolies boîtes ou à déguster sur l'instant.

Moufflon LIBRAIRIE
(Carte p. 130 ; Sofouli 1). Livres en anglais.

Renseignements

Accès Internet

La plupart des hôtels de catégories moyenne et supérieure fournissent une connexion Wi-Fi, de même que beaucoup de cafés si vous consommez. Il y a peu de cybercafés dans la capitale. L'office du tourisme pourra vous en communiquer la liste.

Offices du tourisme

Cyprus Tourism Organisation (CTO ; www.visitcyprus.org.cy ; ⏲8h30-16h lun-ven, 8h30-14h sam) ville moderne (☎2233 7715 ; Leoforos Lemesou 19) ; vieille ville (Carte p. 130 ; ☎2244 4264 ; Aristokyprou 11). Le siège de l'office du tourisme de Chypre est installé dans la ville moderne, mais il n'est pas vraiment prévu pour répondre aux questions ponctuelles des visiteurs.

Office du tourisme municipal (Carte p. 130 ; Ledra St ; ⏲7h30-14h30 tlj et 15h-18h mer). Au checkpoint de Ledra Street, ce nouvel office du tourisme municipal distribue des brochures sur la ville, en plusieurs langues. Repérez le grand panneau "Peace" sur la gauche, juste avant la

NOUVEAU SYSTÈME DE BUS

En 2010, l'organisation du réseau de bus de la République de Chypre, souvent décrit comme peu fiable, a été profondément modifiée. Chacun des cinq districts gère désormais sa propre compagnie de bus. Les tarifs sont fixés par le gouvernement : 1 € par trajet, 2 € par jour, 10 € par semaine et 30 € par mois pour un nombre de trajets illimité dans un district donné, qui englobe les villages ruraux. Chacune des cinq compagnies possède un site Internet complet : district de Nicosie, **Osel Buses** (www.osel.com.cy) ; district de Limassol, **Emel** (www.limassolbuses.com) ; district de Paphos, **Pafos Buses** (www.pafosbuses.com) ; district de Famagouste, **Zinonas Buses** (www.zinonasbuses.com) et district de Larnaka, **Osea Buses** (www.oseabuses.com). En outre, des trajets en bus reliant les grandes villes sont assurés par l'**InterCity Bus Company** (www.intercity-buses.com), financée par le gouvernement, et qui applique donc des tarifs très raisonnables au vu des distances parcourues. Chaque itinéraire comporte également des tarifs réduits pour les trajets multiples sur un(e) journée/semaine/mois/année. Vous pouvez acheter votre billet dans le bus.

frontière. Des expositions de photos ou autres sont souvent organisées, sur des thèmes généralement propices à la réflexion.

Services médicaux

Si vous avez besoin d'un médecin privé ou d'une pharmacie, appelez le ☎9090 1432. Les médecins assurent habituellement les consultations de 9h à 13h et de 16h à 19h. Les journaux locaux publient la liste des pharmacies ouvertes la nuit, le week-end et les jours fériés, ainsi que les noms des médecins de garde. Consultez www.cytayellowpages.com.cy pour les coordonnées des médecins et dentistes.

Hôpital général de Nicosie (☎2280 1400 ; Leoforos Nechrou). À l'ouest de la vieille ville.

Urgences

Les numéros d'urgence pour la police et les ambulances sont ☎199 ou ☎112.

Poste de police (☎2247 7434). Dans la vieille ville, à l'extrémité nord de Ledra Street, près de la frontière.

Depuis/vers Nicosie

Avion

L'aéroport international de Nicosie se situe dans la zone tampon de l'ONU et n'est plus en activité. Tous les passagers à destination de Nicosie arrivent au nouvel aéroport de Larnaka, dans le Sud.

La plupart des compagnies aériennes desservant la République de Chypre ont des bureaux ou des représentants à Nicosie :

Alitalia (☎2267 4500 ; www.alitalia.com ; Leoforos Evagorou I 54-8)

British Airways (☎2276 1166 ; www.britishairways.com ; Leoforos Archiepiskopou Makariou III 52a)

Cyprus Airways (☎2275 1996 ; www.cyprusairways.com ; Leoforos Archiepiskopou Makariou III 50)

KLM (☎2267 1616 ; www.klm.com ; Zings Anther 12)

Lufthansa (☎2287 3330 ; www.lufthansa.com ; angle Leoforos Archiepiskopou Makariou III et Leoforos Evagorou I)

Olympic Air (☎2267 2101 ; www.olympic.com ; Leoforos Omirou 17)

Bus

Les bus partent principalement de la gare routière située sur Plateia Solomou, juste à côté du bastion de Tripoli.

InterCity Buses Co (www.intercity-buses.com ; Plateia Solomou) assure des liaisons régulières avec les principales villes et stations balnéaires, notamment :

VERS AGIA NAPA ET PARALIMNI Six bus par jour du lundi au vendredi, trois bus le samedi (4 €, 1 heure).

VERS LARNAKA Douze bus par jour du lundi au vendredi, six bus le samedi (3 €, 45 min).

VERS LIMASSOL Quatre bus par jour du lundi au vendredi, deux bus le samedi (5 €, 1 heure).

VERS PAPHOS Quatre bus par jour du lundi au vendredi, deux bus le samedi (5 €, 1 heure 45).

Taxi collectif

Travel & Express (Carte p. 130 ; ☎7777 7474 ; www.travelexpress.com.cy ; Municipal Parking Place, Leoforos Salaminos) dessert plusieurs destinations populaires, notamment Limassol (11 €, 1 heure 30), Paphos (changement à Limassol, 22 €, 1 heure 30), Larnaka (9 €, 1 heure) et Agia Napa (18 €, 1 heure).

Travel & Express viendra vous chercher à une heure donnée n'importe où à Nicosie, mais les retards (jusqu'à 30 min) sont courants. Les passagers qui partent du bastion de Podocataro perdent généralement 30 minutes pour récupérer les autres voyageurs avant de quitter Nicosie. Soyez patient et prévoyez au moins une heure de marge.

Taxi pour Chypre-Nord

En ce qui concerne le passage au Nord, les choses ont bien changé, mais il est toujours déconseillé de traverser la frontière avec une voiture de location (voir l'encadré p. 265). Si vous avez des bagages et que vous ne voulez pas marcher, le plus simple est de prendre un taxi jusqu'à votre destination au Nord. La plupart des chauffeurs accepteront volontiers la course, et si vous essuyez un refus, adressez-vous simplement à un autre conducteur. Les chauffeurs de taxi qui vont au Nord disposent souvent des formulaires nécessaires pour obtenir le visa. Un trajet entre Nicosie et Chypre-Nord devrait coûter 25 à 40 €, bien que traverser à pied puis louer une voiture à Nicosie-Nord soit une solution moins chère et plus souple.

Pour plus d'informations sur le passage de la Ligne verte, voir l'encadré p. 263.

Voiture et moto

À l'approche de Nicosie, la circulation arrive principalement du Troodos à l'ouest ou de Larnaka et Limassol au sud. L'autoroute Larnaka-Limassol s'arrête assez brutalement à la périphérie de Nicosie, à environ 6 km au sud de la vieille ville. En suivant l'extension de l'autoroute jusqu'au centre-ville, on atteint finalement Leoforos Archiepiskopou Makariou III (Makarios Ave), la principale artère de la ville moderne. Les véhicules provenant du Troodos arrivent en ville via Leoforos Georgiou Griva Digeni.

Il est facile de se garer dans les grands parkings aménagés à côté des bastions de la ville, à droite de Leoforos Archiepiskopou Makariou III, ou sur la gauche en venant du Troodos. Le plus pratique en arrivant est le vaste parking entre les bastions D'Avila et Constanza dans Leoforos Stasinou. Le stationnement pour la journée ne coûte pas plus de 10 €.

Sortir de Nicosie est facile grâce aux gros panneaux installés le long de Leoforos Stasinou. Attention toutefois aux nombreux sens uniques et interdictions de stationner dans les rues. Pour ne pas subir de ralentissement, évitez les heures d'affluence, entre 11h et 13h en semaine.

ℹ Comment circuler

Depuis/vers l'aéroport

Il n'y a pas de transport public entre Nicosie et les aéroports de Larnaka ou Paphos. Vous pourrez néanmoins prendre un taxi collectif pour vous rendre à l'un ou l'autre aéroport, mais prévoyez au moins une heure de marge, car ramasser et déposer les autres passagers prend beaucoup de temps. C'est encore plus vrai si vous vous rendez à l'aéroport de Paphos, car pour aller de Nicosie à Paphos en taxi collectif, il faut faire un changement à Limassol, avec parfois 30 minutes d'attente.

Un taxi collectif pour l'aéroport de Larnaka/Paphos coûte environ 12/25 €. Les taxis collectifs déposent les passagers aux aéroports, mais n'en prennent pas. Pour se rendre à Nicosie depuis ces aéroports, il faut obligatoirement louer une voiture ou prendre un taxi privé (ce qui revient assez cher). Certains hôtels organisent des transferts, renseignez-vous auprès du vôtre.

Bus

Osel Buses (www.osel.com.cy). La compagnie de bus urbains de Nicosie couvre un réseau d'itinéraires en ville et en banlieue. Pour plus de détails, consultez le site Internet.

Taxi

Une grande station de taxis est aménagée à Plateia Eleftherias. Voici quelques compagnies :

Apostrati (☎2266 3358 ; Plateia Eleftherias)

Elpis (☎2276 4966 ; Leoforos Archiepiskopou Makariou III 63c)

Ethniko (☎2266 0880 ; Plateia Solomou)

Voiture et moto

L'agence de location **A Petsas & Sons** (☎2246 2650 ; www.petsas.com.cy) est située sur Plateia Solomou. Basé à Strovolos, **Hertz** (☎2220 8888 ; www.hertz.com.cy ; 16 Aikaterinis Kornaro, près de Leoforos Athalassis) propose de bons tarifs en ligne. Attention : un supplément de 35 € est appliqué si vous prenez la voiture à Nicosie et la laissez dans une autre ville.

Il n'est pas possible de louer une moto dans la vieille ville et ses environs. Des parkings sont aménagés au pied des remparts.

ENVIRONS DE NICOSIE

L'été, la plaine de la Mésorée (Messaoria en grec ; "entre deux montagnes") est une vaste étendue desséchée, exposée à un soleil impitoyable. Mais au printemps et en hiver, la Mésorée, comme la majorité de Chypre, se transforme en une plaine verte et fertile. Les deux chaînes montagneuses qui la bordent sont le massif de Kyrenia au nord et le massif du Troodos à l'ouest et au sud-ouest. Les visiteurs curieux d'explorer la région de la Mésorée découvriront quelques sites archéologiques et plusieurs églises et monastères. Sachez que vous devrez parfois vous joindre à un groupe si vous voulez intéresser le détenteur des clés ouvrant ces édifices.

ℹ Comment s'y rendre et circuler

Une voiture est nécessaire pour voir certains des sites mentionnés ci-après. Des bus (souvent colorés et désuets) relient la plupart des villages de la Mésorée à Nicosie, mais ils s'alignent sur les horaires des travailleurs et des écoliers et ne conviennent pas forcément aux voyageurs.

Il est facile de se déplacer à vélo car le relief est assez plat, mais sachez qu'il peut faire très chaud en été et que la circulation peut être dense et dangereuse sur les routes principales.

Environs de Nicosie

Site antique de Tamassos

Apparemment, Homère a fait mention de la **cité antique de Tamassos** (1,70 € ; ⌚9h-15h mar-ven, 10h-15h sam-dim) dans *L'Odyssée*, où elle est appelée Témèse. La déesse Athéna dit au fils d'Ulysse, Télémaque : "Nous partons pour le port étranger de Témèse avec une cargaison de fer scintillant, que nous tenterons d'échanger contre du cuivre." Cette modeste ville, méconnue par ailleurs, se trouve sur une petite colline à environ 17 km au sud-ouest de Nicosie, à côté du village de Politiko.

Tamassos devint célèbre grâce à son gisement de cuivre qui semblait inépuisable et a donné son nom à Chypre (*Kypros* en grec, *Kıbrıs* en turc). On y a retrouvé une mine de cuivre datant du VIIe siècle av. J.-C., dont l'exploitation s'est poursuivie jusqu'à la période hellénistique. Les fouilles dans les vestiges de la citadelle ont commencé en 1889 et on a découvert peu de temps après deux tombes datant du VIe siècle av. J.-C. Aujourd'hui, ces deux tombes constituent le principal intérêt du site, puisque la ville elle-même n'est plus qu'un fouillis de fondations.

Les tombes contiennent probablement les dépouilles des rois de la citadelle. Les pilleurs ont depuis longtemps dérobé les riches trésors qui devaient être enterrés ici. Dans le toit de la plus grande tombe, on peut même voir le trou par lequel se sont introduits les voleurs. Les murs sont sculptés de façon inhabituelle pour imiter le bois. Des archéologues y voient une influence anatolienne au moment de l'apogée de la citadelle. Certains affirment même que Tamassos aurait fait partie de l'Empire hittite.

Monastère d'Agios Irakleidios

La visite de ce **monastère** (⌚groupes 9h-12h lun, mar et jeu) se combine facilement avec une

L'AUTHENTIQUE CUISINE CHYPRIOTE

Si vous souhaitez goûter l'authentique cuisine chypriote, cherchez une *taverna* affichant l'enseigne Vakhis (lors de notre passage, il n'y en avait que dix dans toute la République). Le programme Vakhis a été fondé par l'office du tourisme de Chypre (CTO), en collaboration avec d'autres institutions dont Eurotoques International, une association de chefs européens, dans le cadre d'un effort financé par l'Union européenne pour promouvoir le tourisme rural. Vakhis est le nom d'un célèbre chef originaire de Chypre qui œuvrait dans les cuisines de la cité antique de Kition autour de l'an 300.

Aujourd'hui, les plats classiques sont composés d'ingrédients comme les asperges sauvages, les artichauts, divers légumes verts, de l'huile d'olive extra-vierge et des herbes fraîches. Au restaurant **Kiniras Garden** (p. 91), membre du programme, Georgios n'utilise pas moins de 10 herbes différentes pour la marinade de son agneau cuit à feu doux.

Outre le Kiniras, plusieurs autres restaurants du programme Vakhis sont regroupés dans les villages pittoresques des collines couvertes de vignes au pied du Troodos, au sud-ouest de Nicosie. On trouve ainsi le **Loufou-Agrovino** (☎2547 0202 ; www.lofou-agrovino.com), le **Kamares** (☎2547 0719) et le **Kazani** (☎2547 0243) dans le joli village de Lofou, et le **Takis** (☎2594 3631) à Vouni, non loin.

excursion à Tamassos. Saint Héraclite naquit à Tamassos et guida saint Paul et saint Barnabé à travers Chypre. Plus tard, Barnabé fit de lui l'un des premiers évêques de Chypre. On attribua alors à Héraclite un certain nombre de miracles, dont des actes d'exorcisme.

L'église d'origine a été construite au Ve siècle, mais les bâtiments monastiques actuels datent de la fin du XVIIIe siècle. Aujourd'hui, l'église conserve une profusion de fresques et d'icônes. Sur une table du côté est de l'église, vous découvrirez un reliquaire contenant un os et le crâne de saint Héraclite.

Église d'Agios Mamas à Agios Sozomenos

Un peu tombée dans l'oubli, l'église d'Agios Mamas date du XVIe siècle et ses arcs n'ont jamais été achevés. C'est peut-être ce qui leur donne cette belle allure empreinte de nostalgie. L'église fut construite à l'époque des Lusignan dans le style gothique classique, et même si le site est fermé et interdit à la visite, on peut facilement admirer les arcs, la nef et les deux bas-côtés. Les ruines isolées se trouvent dans le village en torchis d'Agios Sozomenos, une zone abandonnée depuis les incidents intercommunautaires de 1964.

L'église et le village sont accessibles depuis Nicosie par l'A1. Il faut prendre la sortie n°6 (pour Potamia) et continuer jusqu'à une route secondaire goudronnée, environ 2 km avant d'atteindre Potamia, en suivant un panneau pour Agios Sozomenos.

Monastère de Machairas

Une belle randonnée conduit à cet immense **monastère** (⏲9h-12h lun, mar et jeu) perché sur les collines au pied du versant est du massif du Troodos, et sous les installations radar du mont Kionia (1 423 m) côté sud. Le monastère de Machairas fut fondé de la même façon que le monastère de Kykkos. En 1148, un ermite nommé Neophytos découvrit une icône gardée par une épée (*machairas* signifie couteau ou épée en grec) dans une grotte à côté de l'emplacement de l'édifice actuel. Le monastère se développa autour de l'icône et prospéra au fil du temps. Il ne reste rien de sa structure d'origine, le bâtiment que l'on voit aujourd'hui date de 1900 environ.

Le monastère est devenu une excursion appréciée des Chypriotes, qui viennent y trouver la fraîcheur autant que la spiritualité. Il y a une petite cafétéria et les pèlerins peuvent passer la nuit sur place. Pendant la révolte de l'EOKA (1955-1959), le redoutable numéro deux de l'organisation, Grigoris Afxentiou, se cacha dans une grotte juste en dessous du monastère mais fut finalement retrouvé et tué par des soldats britanniques en 1957. Désormais, l'énorme statue noire du héros domine un monument commémoratif.

Le monastère est ouvert à certaines heures seulement, pour des visites en groupes. Renseignez-vous sur place ou à l'office du tourisme (CTO) de Nicosie pour savoir comment vous joindre à un de ces groupes, le plus souvent des pèlerins chypriotes. Les visites se font dans une ambiance pieuse et solennelle. Pour venir au monastère, le mieux est de passer par Klirou et Fikardou, car l'autre accès, via Pera et la E902, est une route très belle mais sinueuse, qui est longue à parcourir.

Villages de la Mésorée

Louer une voiture et explorer la région de la Mésorée est une bonne façon de découvrir les villages du secteur, mais n'oubliez pas que les routes ont tendance à serpenter de façon désordonnée le long de vallées et de ravins mal définis, et à traverser d'une vallée à une autre. De ce fait, les trajets peuvent être longs sur des routes étroites et tortueuses. Des circuits en jeep emmènent parfois les participants dans quelques villages de la Mésorée, dans le cadre d'un itinéraire plus long à travers Chypre.

L'un des villages les plus visités de la région est **Pera** (1 020 habitants), à quelques kilomètres de Tamassos. Il n'y a rien de particulier à voir, mais c'est un joli bourg. Suivez les indications jusqu'à l'église Archangelos Michail, où vous pourrez vous garer avant de déambuler dans les rues pavées. Les photographes pourront immortaliser des scènes très pittoresques : vieilles maisons couvertes de bougainvilliers, jarres anciennes en pierre, belles portes et chats sur les murs. Beaucoup de visiteurs prennent une boisson fraîche au *kafeneio* (café), où les habitants, et souvent le prêtre du village, boivent leur café en bavardant.

Les villages d'**Orounda** (660 habitants) et **Peristerona** (2 100 habitants), à l'ouest de Nicosie, sont dotés d'églises intéressantes et photogéniques. La bourgade de **Lythrodontas** (2 620 habitants), à 25 km au sud de Nicosie, est organisée autour d'une belle place centrale flanquée de plusieurs cafés traditionnels.

Digne d'une carte postale, le village de **Fikardou** (16 habitants) est proche du monastère de Machairas ; il est facile de combiner les deux visites. Fikardou est le hameau "officiel" parmi un groupe de villages bien préservés dans le secteur est du massif du Troodos. Ses maisons de la période ottomane, agrémentées de balcons en bois, sont peu à peu restaurées et font bien plus plaisir à voir que les édifices en béton de beaucoup de villages modernes du Troodos. Cela dit, il n'y a pas grand-chose à faire à Fikardou et seule une poignée d'habitants y résident en permanence.

La rue principale ne fait que quelques centaines de mètres de long ; elle est dominée par l'église des Apôtres-Saint-Pierre et Saint-Jean. En face sont exposées quelques photos émouvantes de jeunes soldats de la région (âgés de 22 à 24 ans) qui furent tués au cours de l'invasion turque de 1974. La plupart des visiteurs se contentent d'aller au café-restaurant du village avant de poursuivre leur route. Toutefois, si vous êtes dans la région, nous vous recommandons cette étape car peu de lieux à Chypre sont aussi représentatifs de la culture et de l'archéologie du passé récent.

Juste au sud, dans le joli village de **Lazanias**, arrêtez-vous au **Magic Lazania** (☎9653 0129) et profitez de la terrasse dominant les montagnes et le monastère. Le propriétaire, Luis, cuisinier expérimenté, excelle dans la confection des plats régionaux, comme le *kleftiko*, les courgettes aux œufs et les kebabs de poulet juteux. Si vous êtes nombreux, téléphonez avant d'arriver.

Depuis ces villages, différentes routes mènent aux secteurs plus élevés du Troodos, via la région de Pitsilia : un trajet long mais pittoresque en perspective, à travers les montagnes. Cette option est particulièrement appropriée les week-ends lorsque les habitants de Nicosie se rendent en masse dans le Troodos en empruntant la route principale B9 (qui passe par Astromeritis et Kakopetria), pour aller pique-niquer au grand air loin de l'étuve de la capitale.

En chemin, vous trouverez une taverne ou un restaurant dans la plupart des villages et même dans des zones très isolées. Beaucoup d'habitants de Nicosie viennent à la campagne le week-end et ont leurs adresses favorites pour se restaurer.

Katoï (☎2285 2576 ; Agia Marina Xyliatou ; plats à partir de 8 €) est bien signalé dans le village d'**Agia Marina** (630 habitants), sur lequel il semble veiller. La nuit, ses lumières sont visibles de loin et il offre un panorama splendide sur les collines du Troodos et la plaine de la Mésorée. Le restaurant sert de solides plats chypriotes et une sélection imaginative de mezze.

Le secteur compte plusieurs aires de pique-nique agréables, souvent situées dans des endroits frais et verdoyants. Tentez le **barrage de Xyliatos** à côté du village du même nom, ou **Kapoura**, au bord d'une belle route secondaire (F929) reliant Vyzakia à la B9. Autre suggestion, plus haut dans la forêt de Machairas, au sud de Pera : **Skordokefalos**, le long de la E902 menant au monastère de Machairas. Toutes les aires de pique-nique sont dotées d'un barbecue, de tables, de chaises et, surtout, d'ombre.

Nicosie-Nord (Lefkoşa)

39 000 HABITANTS

Dans ce chapitre »

Le top des restaurants

- Bay Kahkaha (p. 157)
- Boghjalian (p. 157)
- Passport Cadde (p. 158)
- Californian Gold (p. 158)

Le top des hébergements

- City Royal (p. 213)
- Golden Tulip (p. 213)
- Saray (p. 213)

Pourquoi y aller

Accueillant environ un tiers de la population du Nord de Chypre, la partie nord de Nicosie est un monde à part. En arrivant du Sud par Ledra Street et ses boutiques huppées, le visiteur voit l'avenue se transformer en passant à Nicosie-Nord pour devenir un marché semblable à une médina, avec divers commerces et des échoppes de kebabs. Grâce au Nicosia Master Plan, de nombreux édifices anciens sont en cours de rénovation et le secteur autour de la mosquée Selimiye est empreint d'un véritable cachet historique. Mais dans l'ensemble, les choses évoluent lentement et les rues poussiéreuses sont flanquées de vieilles mosquées et de vestiges d'édifices datant de l'époque des Lusignan.

Cette ville vit essentiellement le jour et il est plaisant d'observer l'animation quotidienne et d'explorer les rues du centre historique. Maintenant qu'il est plus facile de traverser la frontière, beaucoup de visiteurs font une excursion d'une journée depuis la République (ou inversement) via les checkpoints du Ledra Palace Hotel ou de Ledra Street. Restez au moins jusqu'à la tombée du jour, quand les minarets s'illuminent, que l'appel à la prière retentit et que l'air s'emplit d'effluves de kebabs.

Quand partir

En juillet et août, la chaleur et la poussière peuvent rendre Nicosie-Nord assez désagréable, ce qui explique que beaucoup d'habitants gagnent alors la fraîcheur de la côte. Par ailleurs, tenez compte des dates du ramadan, même s'il est moins respecté ici qu'en Turquie. En septembre, les températures baissent et la ville s'anime, puisqu'elle accueille le Festival international de théâtre de Chypre. Le printemps et l'automne sont très doux, tandis que décembre et janvier sont les mois les plus pluvieux et frais (autour de 15°C).

Histoire

Jusqu'en 1963, Nicosie-Nord a partagé quasiment la même histoire que la zone sud. Voir p. 128 pour plus de détails sur cette période.

En 1963, la capitale fut divisée en un secteur grec et un secteur turc, lorsque des violences infligées aux Chypriotes turcs par des insurgés de l'Ethniki Organosi tou Kypriakou Agona (EOKA ; Organisation nationale des combattants chypriotes) les forcèrent à se réfugier dans des enclaves ou des ghettos. La Ligne verte doit son nom à la frontière tracée par un simple trait de crayon vert sur un plan de la ville par un officier britannique.

L'invasion militaire turque de 1974, que beaucoup de Chypriotes turcs considérèrent comme une opération de sauvetage, renforça la division entre les deux parties de la ville. Une trêve fragile fut instaurée par les casques bleus des forces de maintien de la paix de l'ONU, qui surveillaient la Ligne verte depuis les troubles intercommunautaires de 1963. Il est désormais plus facile pour les visiteurs (et les Chypriotes) de traverser la frontière, mais la ville reste divisée et une réunification paraît bien lointaine.

À voir et à faire

Pour visiter et apprécier les diverses rénovations d'édifices historiques, procurez-vous un exemplaire de la brochure *Nicosia Trail* (en anglais) à l'office du tourisme ou rendez-vous au siège du Nicosia Master Plan, au Ledra Palace Hotel. Les principaux sites sont indiqués sur la carte de Nicosie-Nord. Si vous vous perdez, regagnez les remparts vénitiens et longez-les jusqu'à trouver un point de repère. Depuis la porte de Kyrenia, Girne Caddesi part vers le sud et mène à Atatürk Meydanı, la place principale, bordée de banques et de boutiques.

GRATUIT **Büyük Han et Kumarcılar Han** ÉDIFICES HISTORIQUES

(Grande Auberge ; Araşta Sokak). Le **Büyük Han** est à la fois un merveilleux édifice typique de l'architecture ottomane et un rare exemple de caravansérail médiéval. Durant la période ottomane, voyageurs et marchands de passage trouvaient dans ces *hans* (auberges) un lieu d'hébergement, un endroit où laisser leurs chevaux à l'écurie, où vendre leurs biens et où faire des rencontres.

Le Büyük Han fut édifié en 1572 par le premier gouverneur ottoman de Chypre, Musafer Pacha. Rénové au début des années 1990, il est redevenu le centre névralgique de la vieille ville, grâce à ses cafés, ses boutiques et ses ateliers d'artisanat traditionnel aménagés dans les petites cellules qui servaient jadis de chambres. La cour centrale abrite un *mescit* ("chapelle" musulmane), reposant sur six piliers au-dessus d'un *şadrvan* (fontaine à ablutions). Cette structure n'existe que dans cette auberge et dans deux autres en Turquie.

Au nord, dans la rue Agah Efendi Sokak, le **Kumarcılar Han** (Auberge des Parieurs) est un caravansérail de la fin du XVIIe siècle, qui fonctionnait de la même façon que le Büyük Han. Lors de notre passage, il était fermé en raison de travaux qui devraient durer un certain temps. Si l'on en croit la rumeur, le bâtiment rénové accueillera à nouveau des joueurs, ce qui ne serait pas étonnant quand on sait que les jeux d'argent font l'objet d'une véritable passion au Nord.

GRATUIT **Mosquée Selimiye** MOSQUÉE

(Selimiye Camii ; Selimiye Meydanı). L'édifice le plus emblématique de Nicosie-Nord, clairement visible depuis la partie sud de la ville, est la mosquée Selimiye. Cet étrange bâtiment, croisement entre une église gothique

FRANCHIR LA LIGNE VERTE

Les restrictions aux frontières se sont assouplies en décembre 2003 et il est devenu possible de traverser la Ligne verte de nuit. Les points de passage pour les piétons se situent à Ledra Street et au Ledra Palace Hotel à Nicosie ; de ce dernier point, il faut 10 minutes à pied pour se rendre à la porte de Kyrenia. Sept points d'accès relient les côtés chypriotes grec et turc ; le plus récent est le passage de Limnitis-Yeşilirmak au nord-ouest de l'île, ouvert en octobre 2010. Voir p. 2 pour plus de détails sur le passage de la frontière.

Les voitures de location peuvent passer du Sud au Nord, mais pas dans l'autre sens. Voir l'encadré p. 265 pour des conseils et options en matière d'assurance de voiture.

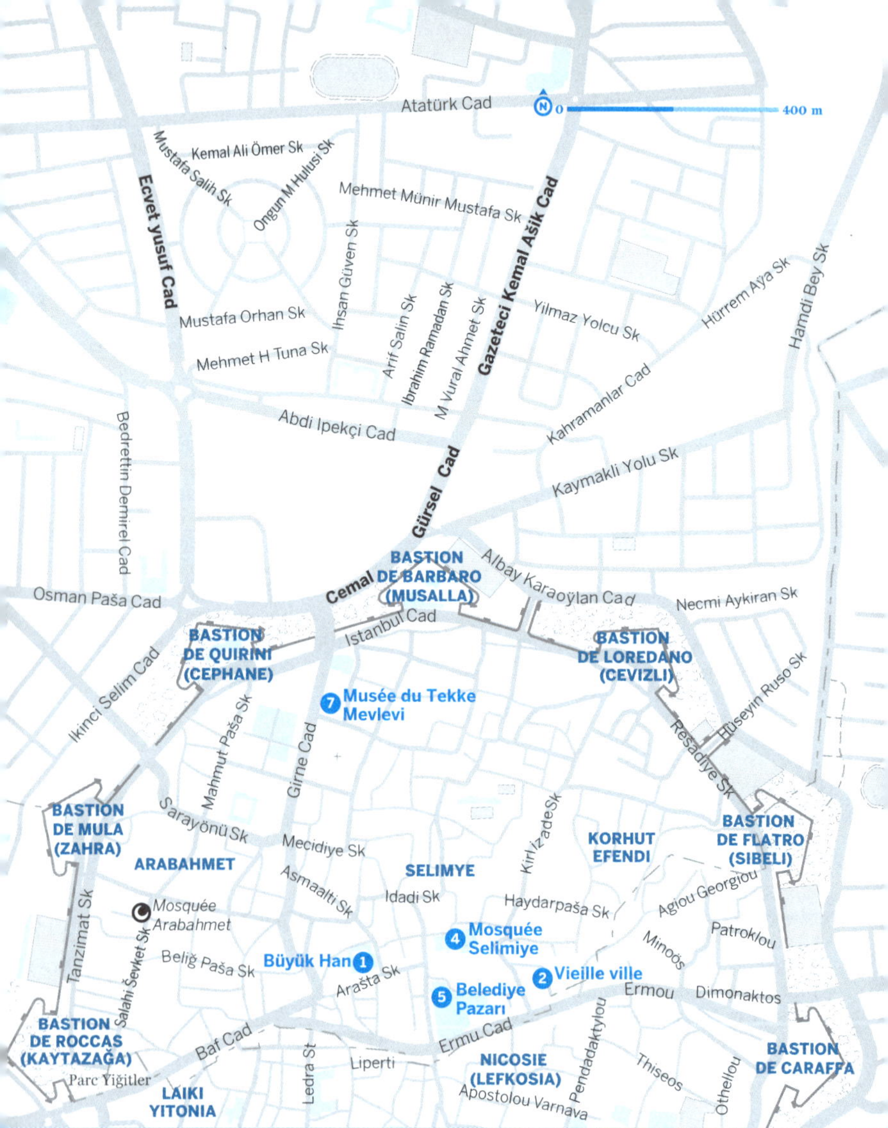

À ne pas manquer

1 Le **Büyük Han** (p. 151), un majestueux édifice ottoman truffé d'intrigantes boutiques d'artisanat

2 La **vieille ville** (p. 156), labyrinthe de ruelles anciennes et bigarrées

3 Un délicieux kebab, *pide* ou *lahmacun* (pizza turque) dans un restaurant ou un kiosque traditionnel (p. 157)

4 Le silence et la sobriété de la magnifique **mosquée Selimiye** (p. 151)

5 Les montagnes de pastèques du **Belediye Pazarı** (marché municipal ; p. 157)

6 La brochure **Nicosia Trail** pour apprécier au mieux les rénovations d'édifices historiques dans la vieille ville (p. 151)

7 Le **musée du Tekke Mevlevi** (p. 155), ancien monastère des derviches tourneurs, fascinants et mystiques

française et une mosquée, a une histoire intéressante. Les travaux entrepris en 1209 pour construire une cathédrale avançaient lentement. En route pour la Terre sainte, le roi de France Louis IX (saint Louis) s'arrêta ici en 1248 et proposa les services de ses artisans et bâtisseurs. Malgré cela, la **cathédrale Agia Sofia (Sainte-Sophie)** ne fut achevée que 78 ans plus tard, et consacrée en 1326.

Jusqu'en 1570, la cathédrale subit de nombreux dommages perpétrés par les Génois et les Mamelouks, et essuya deux tremblements de terre en 1491 et 1547. À leur arrivée en 1571, les Ottomans dépouillèrent l'édifice de ses symboles chrétiens et ajoutèrent deux minarets, entre lesquels flottent désormais les drapeaux turc et chypriote turc.

Malgré la présence d'éléments musulmans, tels que le blanc des murs et des colonnes et l'orientation en direction de La Mecque, la structure gothique de l'intérieur est toujours apparente. Remarquez la façade ouest, agrémentée d'un triple portail. Repérez aussi les quatre **colonnes en marbre** déplacées du site antique de Salamine et désormais placées dans l'abside.

Aujourd'hui, la mosquée Selimiye est un lieu de culte ouvert à la visite. Essayez de venir juste avant ou juste après l'une des cinq prières quotidiennes.

GRATUIT **Bedesten (église Saint-Nicolas -des-Anglais)** ÉGLISE

(Arasta Sk ; www.undp-pff.org ; 10h-13h tlj, 14h-17h mer). Récemment rénové dans le cadre du Nicosia Master Plan (voir l'encadré p. 135), l'imposant Bedesten (également connu sous le nom d'église Saint-Nicolas-des-Anglais) datant du VIe siècle était à l'origine une petite église byzantine. Cette dernière fut grandement embellie au XIVe siècle et transformée en église catholique. Après l'arrivée des Ottomans en 1571, l'édifice fut utilisé comme réserve à grains et marché, et c'est à cette époque qu'il commença à tomber en ruine.

Plus récemment, ce magnifique bâtiment a retrouvé son faste d'antan grâce à des rénovations financées par l'Union européenne (2 millions d'euros). En 2009, il a obtenu le prestigieux prix du patrimoine culturel Europa Nostra.

LES DERVICHES TOURNEURS DE L'ORDRE DE MEVLEVI

Le fondateur de l'ordre de Mevlevi était le poète Jelaluddin Mevlana, né au XIIIe siècle et connu en Occident sous le nom de Rumi. Son œuvre la plus célèbre est *Mathnawi*, un long poème résumant les enseignements de Mevlana et sa vision du monde. Il insiste sur la croyance selon laquelle l'âme d'un individu est séparée du divin seulement pendant la durée de la vie sur terre ; seul l'amour de Dieu a le pouvoir de la ramener à sa source. Selon les enseignements de Rumi, tout a été créé par Dieu, et par conséquent toute créature doit être aimée et respectée. L'ordre accordait une attention particulière à la patience, la modestie, la tolérance illimitée, la charité et le raisonnement positif. Il interdisait toute expression ou encouragement de colère, hypocrisie et mensonge.

Plus important, et c'est ce qui heurtait les musulmans orthodoxes de l'époque, Rumi affirmait que le recours à la musique permettait de dépasser les petits soucis du quotidien et que l'on pouvait se connecter avec le divin en dansant, ou plutôt en tournoyant.

La danse lente et virevoltante des derviches, semblable à une transe, est appelée *sema* et s'accompagne du *ney* (flûte en roseau), un instrument fondamental pour Rumi dans la quête du divin. Le son du *ney*, dont la tonalité est équivalente à celle d'une voix humaine, est censé symboliser le chant de l'âme pour Dieu. L'*oud* (luth levantin) et les *kudum* (paire de percussions) sont d'autres instruments accompagnant la *sema*. Pendant la danse, les derviches déploient les bras, la paume d'une main dirigée vers le ciel, l'autre paume vers la terre, afin de représenter la position de l'homme comme un pont entre le paradis et la terre. La *sema* était uniquement un exercice spirituel et l'effectuer pour se donner en spectacle ou gagner de l'argent était un blasphème.

L'ordre de Mevlevi a prospéré pendant 700 ans dans la culture turque et s'est répandu de Konya en Turquie jusqu'aux Balkans et dans le sud-est de l'Europe. Il fut finalement interdit en Turquie par Atatürk en 1925. Aujourd'hui, les derviches se produisent dans des théâtres partout dans le monde et on peut admirer leur danse transcendante dans la plupart des pays occidentaux.

Nicosie-Nord (Lefkoşa)

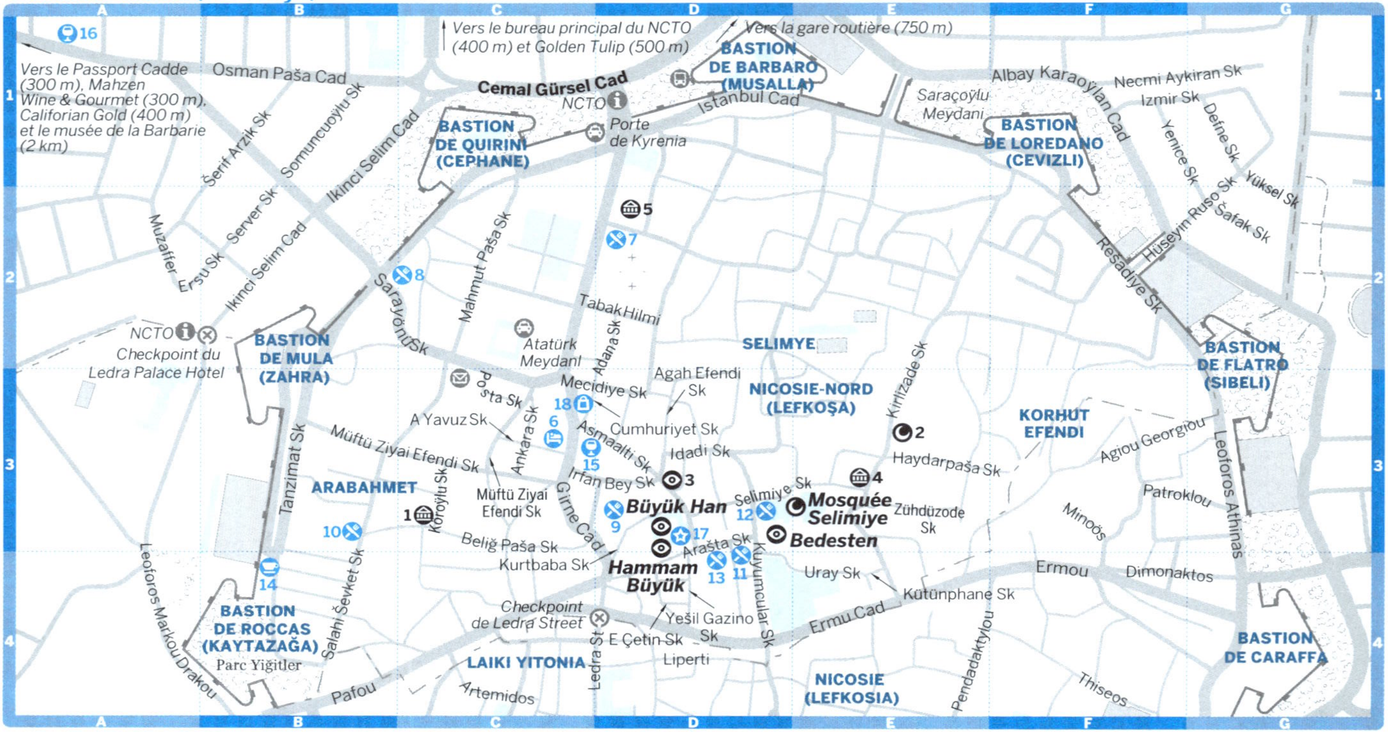

Nicosie-Nord (Lefkoşa)

Les incontournables
Bedesten D3
Hammam Büyük D3
Büyük Han D3
Mosquée Selimiye E3

À voir
1 Maison du Derviche Pacha C3
2 Mosquée Haydar Pacha E3
3 Kumarcılar Han D3
4 Musée lapidaire E3
5 Musée du Tekke Mevlevi D2

Où se loger
6 Saray C3

Où se restaurer
7 Amasyali D2
8 Bay Kahkaha C2
9 Bereket D3
10 Boghjalian B3
11 Özerlat D4
12 Sabor D3
Saray Roof .... (voir 7)
Sedirhan Cafe .... (voir 18)
13 Yumurtacioglu D4

Où prendre un verre
14 Atoyle Cadi Kazani Cafe B4
15 St George's Cafe & Bar C3
16 Street Corner Pub A1

Où sortir
17 Cyprus Turkish Shadow Theatre D3

Achats
Koza .... (voir 18)
Mosaic Art Gallery .... (voir 18)
18 Rüstem Kitabevi C3
Shiffa Home .... (voir 18)

La porte nord est ornée de splendides **blasons** qui appartenaient jadis à des familles de la noblesse vénitienne. Ces familles étaient peut-être des fidèles de l'église orthodoxe, qui était autorisée à poursuivre ses activités malgré la prédominance du catholicisme dans la vie religieuse de Chypre.

Des panneaux explicatifs présentent les travaux de restauration et l'histoire du bâtiment. Actuellement, le Bedesten est utilisé avant tout comme centre culturel.

Musée du Tekke Mevlevi — MUSÉE

(Mevlevi Tekke Müzesi ; Girne Caddesi ; adulte/enfant 5/3 TL ; 9h-12h30 et 13h30-16h45 juin à mi-sept, 9h-14h mi-sept à mai). Le musée du Tekke Mevlevi était au XVIIe siècle un monastère de la secte mystique musulmane de l'ordre de Mevlevi, plus connue sous le nom de derviches tourneurs (voir l'encadré p. 153). Leur philosophie, née dans la ville turque de Konya, se base sur la branche mystique de l'islam appelée soufisme.

Parmi les artefacts des derviches, on découvre d'intéressantes photographies de leurs danses à Nicosie, en 1954. La partie la plus fascinante du musée est l'ancienne cuisine du *tekke*, centre de l'ordre hiérarchique dans lequel les derviches vivaient et gravissaient les échelons, d'"interne" à derviche. Chaque nouvel interne devait prouver sa bonne volonté en endossant le rôle de serviteur pendant plusieurs années. Au moment des repas, il se tenait silencieusement dans un coin, guettant les signaux subtils indiquant les besoins des derviches. En soulevant un morceau de pain par exemple, le derviche signifiait qu'il avait soif et qu'il fallait lui apporter de l'eau.

Le musée comporte aussi une pièce abritant les tombeaux de 16 cheiks Mevlevi. Dans la cour extérieure se trouve une série de pierres tombales musulmanes.

Maison du Derviche Pacha — MUSÉE

(Derviş Paşa Konaği ; Beliğ Paşa Sokak ; adulte/enfant 5/3 TL ; 9h-12h30 et 13h30-16h45 juin à mi-sept, 9h-14h mi-sept à mai). Ce petit Musée ethnographique est aménagé dans une demeure du XIXe siècle. Construite en 1807, elle appartenait à un riche Chypriote turc, Derviş Paşa, éditeur du premier journal turc de Chypre. La maison fut transformée en Musée ethnographique en 1988. Des objets de la vie quotidienne, notamment un vieux métier à tisser et des articles en verre et en céramique, sont exposés dans les anciens quartiers des serviteurs, au rez-de-chaussée. À l'étage, on découvre une belle collection de costumes turcs brodés, et dans le fond, un somptueux *selamlık* (salon où le propriétaire se retirait avec ses invités) doté de canapés et de narguilés. Il y a même des mannequins de personnages costumés.

DÉPART **MOSQUÉE HAYDAR PACHA**
ARRIVÉE **CHECK-POINT DE LEDRA STREET**
DISTANCE **4 KM**
DURÉE **ENVIRON 2 HEURES**

Promenade à pied

Retour dans le passé

Commencez par la (1) **mosquée Haydar Pacha**, à l'origine l'église Sainte-Catherine (XIVe siècle). Visitez ensuite le (2) **Musée lapidaire**. Non loin, vous découvrirez l'ancienne cathédrale de style Lusignan Agia Sofia (Sainte-Sophie), désormais la (3) **mosquée Selimiye**, dont les minarets incongrus furent ajoutés après la conquête ottomane.

Poursuivez le long d'Araşta Sokak en direction du (4) **Bedesten**, ancienne église superbement restaurée. De l'autre côté de la rue, on perçoit l'agitation et les clameurs du marché municipal, le (5) **Belediye Pazarı**. Poursuivez dans Araşta Sokak jusqu'au (6) **hammam Büyük**, puis dirigez-vous vers le nord pour admirer deux magnifiques caravansérails turcs : le (7) **Büyük Han** et le (8) **Kumarcılar Han**, encore en travaux de rénovation.

Prenez la direction ouest le long d'Idadi Sokak et Mecidiye Sokak et gagnez la place principale, (9) **Atatürk Meydanı**. De là, une courte marche vers le nord le long de Girne Caddesi vous mènera au Tekke Mevlevi, ancien monastère des derviches tourneurs qui abrite désormais le (10) **musée du Tekke Mevlevi**. À l'extrémité nord de Girne Caddesi, vous verrez la (11) **porte de Kyrenia**, isolée de ses murs de protection par les Britanniques afin de ménager de chaque côté un accès pour la circulation.

Revenez sur vos pas dans Girne Caddesi et tournez à droite dans Beliğ Paşa Sokak, dans le joli quartier d'Arabahmet, où vous pourrez visiter la (12) **maison du Derviche Pacha**, une petite collection ethnographique conservée dans une ancienne demeure turque. Longez Beliğ Paşa Sokak et tournez à gauche dans Salahi Şevket Sokak, où vous profiterez de l'animation de la rue et des anciennes maisons rénovées ou en ruine. Au bout de Salahi Şevket Sokak, repérez le petit parc Yiğitler au-dessus du (13) **bastion de Roccas (Kaytazağa)**. Il est désormais facile de traverser la frontière et "l'autre côté" n'a plus rien de mystérieux, mais pendant 30 ans, il s'agissait du seul endroit de la Ligne verte où les Chypriotes turcs et grecs pouvaient se voir de près.

De là, longez la Ligne verte dans Baf Caddesi et remarquez les tonneaux vides et l'atmosphère irréelle de la frontière, jusqu'à atteindre le (14) **checkpoint de Ledra Street**.

Büyük Hammam HAMMAM

(Tarihi Büyük Hamam ; www.grandhamam.com ; Irfan Bey Sokak 9 ; soins 60-100 TL ; ⌚9h-21h). Rouverts après des années de travaux, les bains du hammam Büyük sont accessibles via une porte sculptée, 2 m en dessous du niveau de la rue. La porte appartenait jadis à l'église de Saint-Georges-des-Latins (XIVe siècle). À l'intérieur, un clou marque la hauteur atteinte par les eaux de la rivière Pedieos (Kanlı Dere) lors de la crue de 1330 qui coûta la vie à 3 000 habitants.

Aujourd'hui, on peut choisir parmi toute une gamme de soins, notamment des bains de boue, gommages au café et massages aromathérapiques. Le vendredi est réservé aux femmes.

Belediye Pazarı MARCHÉ MUNICIPAL

(⌚6h-15h lun-sam). Rouvert début 2011 après d'importants travaux, c'est un endroit fantastique pour découvrir les produits locaux. Les marchandages vont bon train ; certains vendeurs s'époumonent pour attirer le chaland, tandis que d'autres dorment parmi des montagnes de fruits et légumes. Également un espace dévolu aux souvenirs ; n'oubliez pas de discuter les prix.

GRATUIT **Mosquée Haydar Pacha** MOSQUÉE

(Camii Haydarpaşa ; Kirlizade Sokak ; ⌚9h-13h et 14h30-17h lun-ven, 9h-13h sam). Cette mosquée, ancienne église Sainte-Catherine édifiée au XIVe siècle, abrite désormais une galerie d'art. C'est, après la mosquée Selimiye, l'édifice gothique le plus important de Nicosie-Nord. Les sculptures sophistiquées, à l'extérieur comme à l'intérieur, représentent gargouilles, dragons, boucliers et têtes humaines.

GRATUIT **Musée de la Barbarie** MUSÉE

(Barbarlık Müzesi ; Irhan Sokak 2 ; ⌚9h-12h30 et 13h30-16h45 juin-sept). Ce musée accueille des expositions dénonçant les atrocités commises contre les populations, notamment à travers des reportages-photos dont l'un concerne des Chypriotes turcs assassinés dans les villages d'Agios Sozomenos et Agios Vasilios.

Pas évident à trouver, le musée de la Barbarie se situe dans une banlieue paisible, à environ 3 km à l'ouest de la vieille ville.

GRATUIT **Musée lapidaire** MUSÉE

(Taş Eserler Müzesi ; Kirlizade Sokak ; ⌚9h-15h30 lun-mer et ven, 9h-17h jeu). Aménagées dans un joli bâtiment du XVe siècle, les collections comprennent des sarcophages, boucliers, stèles et colonnes, et une large fenêtre gothique provenant du palais des Lusignan qui se dressait naguère près d'Atatürk Meydanı.

Où se restaurer

Petites échoppes de kebabs, *meyhane* (tavernes), restaurants traditionnels ou établissements chics et modernes, le paysage culinaire de Nicosie-Nord est varié. Le midi est préférable au soir, car davantage d'échoppes de kebabs sont ouvertes. Le soir, la vieille ville retombe dans le calme et l'obscurité, donc hormis les adresses conseillées ci-après, le choix est très limité. Au nord-ouest de la vieille ville sont concentrés plusieurs restaurants ouverts en soirée ; ils sont difficiles à trouver et le mieux est de s'y rendre en taxi.

VIEILLE VILLE

♥ **Bay Kahkaha** TURC €€

(Tanzimat Sk 166 ; plats 18 TL). Le propriétaire chypriote turc Mehmet est revenu depuis peu d'un séjour de plusieurs années en Australie pour ouvrir cette adresse exceptionnelle. Datant de 1928, l'édifice comporte un sol en carreaux de céramique d'origine, plusieurs salles à manger intimistes et des tables dans le jardin planté de palmiers et d'oliviers. La cuisine est traditionnelle et la spécialité maison est le *kahkah tavuk dolma* (poulet farci aux champignons). Le Premier ministre était présent à l'inauguration en mai 2011. Des concerts sont régulièrement organisés.

Boghjalian TURC €

(☎228 0700 ; Salahi Şevket Sokak ; mezze environ 10 TL ; ⌚fermé dim). Installé dans l'ancienne résidence d'un riche Arménien, Boghjalian est un bon restaurant populaire. Le menu fixe comporte un mezze ou un kebab mixte ; les plats sont servis dans la cour verdoyante ou dans l'une des deux salles élégantes. Goûtez le succulent *ceviz macanu* (noix et amandes vertes au citron, sucre et clous de girofle). Réservation conseillée.

Sabor MÉDITERRANÉEN €€

(Selimiye Meydanı 29 ; plats environ 15 TL). Juste à côté de la mosquée Selimiye, c'est le meilleur choix de Nicosie-Nord si vous ne pouvez plus avaler la moindre bouchée de kebab. La carte est spécialisée dans les cuisines italienne et espagnole, avec quelques plats de nouilles asiatiques. Portions copieuses, prix très raisonnable, personnel sympathique et chats affectueux.

Sedirhan Cafe TURC €

(Büyük Han ; Araşta Sokak ; plats 7 TL ; ⌚9h-17h lun, mer et ven, 9h-1h mar et jeu, 9h-13h sam). Ce café est la meilleure adresse pour déguster des raviolis turcs tout en admirant le Büyük Han, puisqu'il est installé dans sa cour. On peut aussi se contenter d'un café ou d'une bière avec quelques *börek* (viande ou fromage enroulé dans une pâte fine).

Bereket RESTAURATION RAPIDE €

(Irfan Bey Sokak ; pide et lahmacun 7-10 TL ; ⌚4h-13h30). Kiosque rudimentaire à quelques mètres du majestueux Büyük Han, Bereket est tenu par Ilker, qui mitonne les meilleurs *pide* et *lahmacun* (pizza turque garnie de fines tranches d'agneau et de persil) de la ville dans son four en pierre. À emporter ou sur place (quelques chaises à l'extérieur).

Saray Roof TURC €

(Atatürk Meydanı ; menu fixe 12 TL). Sur le toit de l'hôtel Saray, le point de vue sur la ville est exceptionnel et c'est l'endroit rêvé pour siroter un cocktail en soirée. Malheureusement, les plats turcs et "européens" sont médiocres.

Amasyali KEBABS €

(Girne Caddesi 186 ; kebabs 1,50 TL ; ⌚9h-23h). Des *doner* kebabs simples et savoureux à consommer sur place ou à emporter. Ouvert toute la journée.

Yumurtacioglu CONFISERIES €

(Araşta Sokak). L'ennemi des régimes : délicieuses confiseries turques et halva fabriqués sur place.

Özerlat CAFÉ €

(Araşta Sokak 73 ; café 2,50 TL). Toutes les sortes de cafés et de thés que l'on peut imaginer, et des gâteaux concoctés par la sympathique propriétaire.

VILLE MODERNE

La principale rue de restaurants (et commerces) de la ville moderne est Mehmet Akif Caddesi, où sont regroupés les établissements les plus sophistiqués, avec au moins une dizaine d'options mettant l'accent sur les cuisines chypriote moderne et internationale. On trouve aussi des bars décontractés, dotés de belles terrasses et dont un au moins propose de la bière irlandaise à la pression. Pour se garer, il faut se rendre dans les rues résidentielles adjacentes. Le Californian Gold possède son propre parking.

♥ **Passport Cadde** INTERNATIONAL €€

(www.caddepassport.com ; Mehmet Akif Caddesi 88 ; plats 16 TL). L'un des restaurants les plus fréquentés et réputés (à juste titre) de la rue. Un DJ est présent en permanence, l'intérieur vaste est prolongé par une terrasse, et le menu comporte des plats d'inspiration asiatique, des spécialités italiennes, des curries, des *fajitas* et quelques bonnes salades.

Califorian Gold INTERNATIONAL €€

(www.califoriangold.com ; Mehmet Akif Caddesi 74 ; plats 14 TL ; P 🍷). L'un des restaurants les plus populaires dans cette enfilade d'éta-

NICOSIE-NORD AVEC DES ENFANTS

Étant donné la place prestigieuse du théâtre d'ombres dans l'histoire de Chypre, il est étonnant que le **Cyprus Turkish Shadow Theatre** (☎0542 850 3514 ; Büyük Han, Araşta Sokak), théâtre d'ombres turc de Chypre, soit unique en son genre sur l'île. Les spectacles de marionnettes et d'ombres sont joués dans le Büyük Han, mais vous devrez vous rendre sur place ou appeler pour vous renseigner auprès de Mehmet Ertuğ, le marionnettiste.

Si vous rêvez de prendre le volant d'une Formule 1, rendez-vous à **Zet Karting** (☎0533 866 6173 ; www.zetkarting.com ; Lefkoşa-Güzelyurt Anayolu ; 20-40 TL pour 10 min ; ⌚16h-minuit mar-dim juin à mi-sept, 12h-20h mar-dim mi-sept à mai), qui gère de façon très professionnelle une série de circuits. Location de kart à partir de 20 TL pour 10 minutes sur la piste junior de 300 m, 30 TL pour la piste moyenne de 900 m, ou 40 TL pour le circuit professionnel de 1 200 m. Ensuite, détendez-vous au Z1 Bar ou à la Z1 Cafeteria. Zet Karting se trouve juste en retrait du rond-point principal sur la route se dirigeant vers le nord en quittant Nicosie-Nord. Au rond-point, prenez la direction de Morfou (Güzelyurt) ; Zet Karting est sur la gauche, après la bifurcation pour Alaykoy.

blissements. La grande terrasse et les deux niveaux sont généralement bondés de jeunes gens huppés qui apprécient la savoureuse cuisine internationale, notamment les *fajitas*, pâtes, steaks, kebabs et salades originales, par exemple celle aux lentilles, poivrons rouges et fromage de chèvre.

Mahzen Wine & Gourmet INTERNATIONAL €€
(Mehmet Akif Caddesi 75 ; plats 14 TL). Dans un édifice historique adossé à l'ancienne gare ferroviaire, qui date de 1905 (et a cessé ses opérations en 1951). Le menu comporte des plats de poulet et pâtes agrémentés de diverses sauces, ainsi qu'une excellente carte des vins avec des crus de France, d'Italie et d'Afrique du Sud.

Où prendre un verre et sortir

Les Chypriotes turcs eux-mêmes admettent que la vie nocturne est loin d'être palpitante dans leur capitale, en tout cas dans la vieille ville. Dans la ville moderne, Mehmet Akif Caddesi est une rue assez animée, mais si vous cherchez davantage de choix, rendez-vous à Kyrenia, à 25 km de là.

Dans la vieille ville, plusieurs bars fréquentés sont regroupés derrière le Belediye Pazarı (marché municipal), dans l'édifice restauré de l'ancien marché. Malgré son allure d'entrepôt, avec ses hauts plafonds et ses lampes suspendues très bas, ce lieu est empreint d'une atmosphère dynamique et moderne. Plusieurs bars occupent l'espace, et les occasions de fumer le narguilé ne manquent pas.

Le Büyük Han accueille des concerts dans sa cour centrale les mardis et jeudis soir.

Nostalgia Music Bar DISCOTHÈQUE
(227 7901 ; Kurtuluş Meydanı ; 22h-tard). Du côté nord de la ville, c'est une adresse appréciée des amateurs de salsa, avec un cours d'échauffement de 1 heure 30 suivi d'un concert de musique latino, reggae ou pop.

St George's Cafe & Bar BAR
(Iplik Pazari 2B). On aime l'intérieur chaleureux en bois et les tables en terrasse, le tout dans un coin tranquille. Musique live traditionnelle le week-end.

Street Corner Pub BAR
(Osman Paşa Cad ; 22h-tard). Pub irlandais populaire.

ACHATS CONTRÔLÉS

Avertissement : si vous séjournez dans le Sud et souhaitez faire des achats dans le Nord, ou vice versa, attention à la réglementation douanière chypriote grecque : vous serez autorisé à traverser la frontière Nord-Sud avec au maximum 200 cigarettes et 1 litre d'alcool ou de vin, plus des biens d'une valeur de 100 €. Ne vous amusez pas à acheter un tapis onéreux !

Atolye Cadi Kazani Cafe CAFÉ
(Tanzimat Sokak 77). Petit café et bar populaire, tenu par un artiste, niché dans une rue secondaire. Les œuvres du propriétaire sont accrochées aux murs.

Achats

Le Büyük Han est le meilleur endroit pour acquérir des souvenirs de qualité : vous y trouverez de belles pièces d'art et d'artisanat. Les trois adresses suivantes méritent particulièrement le détour.

Koza DÉCORATIONS SUR SOIE
(9h-18h). Cette boutique met à l'honneur la tradition chypriote de production de soie issue d'élevage de vers à soie et de culture de mûriers, jadis omniprésents. La propriétaire Munise et sa mère tissent à la main les motifs en soie. Traditionnellement, les pièces obtenues servaient à fabriquer des cadres ou étaient elles-mêmes encadrées pour orner les murs.

Mosaic Art Gallery ARTISANAT
(www.buyukhan-art.com ; 9h-18h). Le thème floral se décline dans ces bijoux faits main, bon marché mais exquis. Également des mosaïques colorées.

Shiffa Home PRODUITS BIO
La propriétaire fabrique des savons, des confitures et des conserves. Elle vend aussi des herbes locales et donne des conseils en matière de traitements aromathérapiques.

Rüstem Kitabevi LIBRAIRIE
(228 3506 ; Girne Caddesi 22). Jadis réputée pour son chaos organisé, cette librairie a repris le contrôle de la situation et les ouvrages sont désormais bien rangés sur les étagères. Il y a des livres d'occasion et des livres neufs, beaucoup d'ouvrages en anglais et toutes sortes de magazines. Un petit café

PRUDENCE

Nicosie-Nord est une ville sûre à tout moment de la journée, et vous pourrez marcher dans les rues sans aucun problème.

La nuit, le calme de la vieille ville peut être déstabilisant, surtout pour des citadins, et les visiteurs peuvent se sentir mal à l'aise dans les rues mal éclairées et souvent étroites. Mieux vaut les éviter si leur ambiance vous déplaît. Les secteurs jouxtant la Ligne verte sont intimidants, surtout à cause des grands panneaux rouge et noir interdisant clairement de photographier la zone tampon ou d'y pénétrer.

Ne prenez pas de photos depuis le bastion de Roccas (Kaytazağa), à l'extrémité ouest de la vieille ville, d'où on peut encore voir la Nicosie grecque. Bien que les règles de passage de la frontière se soient assouplies, la zone tampon reste un secteur militaire. Des soldats, en poste sur le bastion et pas forcément évidents à repérer, sont susceptibles de vous interpeller et de confisquer votre appareil photo.

est installé sur place, proposant un choix de 14 cafés, à déguster dans le patio extérieur, sous les arbres fruitiers et les parasols.

Renseignements

ACCÈS INTERNET Les connexions Wi-Fi étant quasiment inexistantes dans les cafés du Nord, vous devrez recourir aux cybercafés, souvent fréquentés par beaucoup d'hommes et très peu de femmes (mais cela ne devrait pas poser problème).

Orbit Internet Cafe (Girne Caddesi 180 ; 2 TL/heure ; 24h/24). Animé et central.

AGENCE DE VOYAGES Birinci Turizm (228 3200 ; Girne Caddesi 158a) délivre des billets de ferry pour la Turquie et des billets d'avion, et offre divers services en relation avec le voyage.

ARGENT Vous pourrez convertir votre argent en livres turques (TL) dans n'importe quel bureau de change, juste après le guichet de contrôle des passeports des checkpoints du Ledra Palace Hotel et de Ledra Street. Des DAB sont installés à la **TC Ziraat Bankası** (Girne Caddesi) à l'extrémité nord de la rue, ou à la **Kıbrıs Vakıflar Bankası** (Atatürk Meydanı). Les deux banques changent les devises étrangères, tout comme les bureaux de change voisins.

OFFICE DU TOURISME North Cyprus Tourism Organisation (NCTO ; 227 2994 ; www.tourism.trnc.net) Porte de Kyrenia (9h-17h lun-ven, 9h-16h sam-dim) ; checkpoint du Ledra Palace Hotel (9h-17h lun-sam, 9h-14h dim) ; bureau principal (Bedrettin Demirel Caddesi ; 9h-17h lun-ven, 9h-14h sam). L'office du tourisme de Chypre-Nord possède deux antennes pratiques en centre-ville, qui distribuent des cartes et des brochures de Chypre-Nord. Si vous n'y trouvez pas les renseignements désirés, vous pouvez vous rendre au bureau principal. Il se situe à 2 km, donc mieux vaut prendre un taxi depuis la porte de Kyrenia (2 TL).

SERVICES MÉDICAUX Burhan Nalbatanoğlu Devlet Hastahanesi (228 5441). Le principal hôpital de Nicosie-Nord.

Poliklinik (227 3996 ; Gazeteci Kemal Aşik Caddesi). Soins médicaux pour les étrangers.

URGENCES Appelez le 155.

Poste de police (228 3311 ; Atatürk Meydanı)

Depuis/vers Nicosie-Nord

Avion

L'**aéroport d'Ercan** (Tymvou ; 231 4703), à 14 km au nord-est de Nicosie-Nord, est relié à la ville par une autoroute. Beaucoup de visiteurs arrivent désormais à l'aéroport de Larnaka, car les vols sont directs et plus réguliers. Des vols réguliers depuis/vers Londres et diverses destinations en Turquie sont assurés à l'aéroport d'Ercan. Tous les vols charters sont pris en charge à Ercan, même si certains sont dirigés sur l'**aéroport militaire de Geçitkale** (Lefkoniko ; 227 9420), plus près de Famagouste, quand Ercan est fermé pour entretien.

Les deux compagnies aériennes desservant Chypre-Nord sont basées à Nicosie-Nord :

Cyprus Turkish Airlines (Kıbrıs Türk Hava Yolları, KTHY ; 227 0084 ; www.kthy.net/kthyen/index.html ; Bedrettin Demirel Caddesi)

Turkish Airlines (Türk Hava Yolları, THY ; 227 1061 ; www.turkishairlines.com ; Mehmet Akif Caddesi 32)

Bus

La gare routière des bus longue distance se trouve à l'angle des rues Atatürk Caddesi et Gazeteci Kemal Aşik Caddesi, dans la ville moderne. Les bus pour les grandes villes partent d'ici. Ils sont parfois préférables aux taxis collectifs ou *dolmuş* (minibus).

Taxi collectif et minibus

Les minibus pour les destinations locales ou plus lointaines partent de différents arrêts à l'extérieur des murs vénitiens et de la gare routière Itimat, juste derrière la porte de Kyrenia. L'arrêt le plus pratique pour les taxis collectifs à destination de Kyrenia se trouve juste au sud-est du musée du Tekke Mevlevi. Les destinations desservies sont notamment Famagouste (8 TL, 1 heure) et Kyrenia (5 TL, 30 min). Les taxis collectifs partent aussi de la gare routière Itimat.

Voiture et moto

Les conducteurs et motards entrent à Nicosie-Nord par l'une des deux routes principales menant directement à la vieille ville. Si vous venez de Famagouste ou de l'aéroport d'Ercan, vous arriverez à Nicosie-Nord via Mustafa Ahmet Ruso Caddesi puis Gazeteci Kemal Aşik Caddesi. Cette rue mène directement à la porte de Kyrenia. En provenance de Kyrenia, vous arriverez à Nicosie-Nord via Tekin Yurdabay Caddesi puis Bedrettin Demirel Caddesi, qui mène aussi à la porte de Kyrenia.

Si vous arrivez à Nicosie-Nord depuis la République de Chypre, le check-point des voitures se trouve à Agios Dometios, à l'ouest de la ville. Le trajet le plus facile pour la vieille ville consiste à tourner immédiatement à droite après le check-point du Ledra Palace Hotel et à arriver par Memduh Asar Sokak. Tournez à gauche dans Tanzimat Sokak juste après les douves et vous atteindrez la porte de Kyrenia après environ 200 m.

Habituellement, il est assez facile de se garer, sauf dans la vieille ville, en fin de matinée les jours de semaine. Si vous arrivez tôt, vous trouverez facilement de la place dans Girne Caddesi.

Comment circuler

Depuis/vers l'aéroport

Les bus pour l'aéroport d'Ercan partent de l'agence de **Cyprus Turkish Airlines** (☎227 0084 ; Bedrettin Demirel Caddesi), deux heures avant chaque vol, et coûtent 2 TL. Un taxi pour l'aéroport depuis la porte de Kyrenia coûte environ 20 TL.

Bus

Il y a des bus à Nicosie-Nord, mais ils desservent principalement les banlieues en périphérie de la vieille ville. Ils ne sont utiles que si vous devez vous rendre à l'agence de Cyprus Turkish Airlines ou au bureau principal de la NCTO (tous deux situés dans la rue Bedrettin Demirel Caddesi). Les bus partent près de la porte de Kyrenia.

Taxi

Il y a beaucoup de stations de taxis à Nicosie-Nord ; les plus pratiques et faciles d'accès se trouvent sur Atatürk Meydanı et à la porte de Kyrenia. Un trajet pour n'importe où en ville ne devrait pas coûter plus de 2 TL, et habituellement, les chauffeurs enclenchent le taximètre sans problème.

Parmi les compagnies de taxis les plus fiables à Nicosie-Nord, citons **Ankara Taxi** (☎227 1788), **Özner Taxi** (☎227 4012), **Terminal Taxi** (☎228 4909) et **Yılmaz Taxi** (☎227 3036).

Voiture

Pour louer une voiture, **Bicen Rent a Car** (☎227 1680 ; Bedreddin Demirel Caddesi 61) et **Sun Rent a Car** (☎227 2303 ; www.sunrentacar.com ; Abdi Ipekçi Caddesi 10) sont de bonnes adresses. Si vous arrivez du Sud, appelez à l'avance et on viendra vous récupérer à la porte de Kyrenia. Les tarifs commencent à environ 65 TL par jour. En haute saison, un minimum de 3 jours de location peut être exigé.

Kyrenia (Girne) et la côte nord

Dans ce chapitre »

Le top des restaurants

» Kyrenia Tavern (p. 167)
» Anı (p. 168)
» Kybele (p. 174)
» Stone Arch (p. 167)
» No.14 (p. 168)

Le top des hôtels

» White Pearl Hotel (p. 213)
» Club Z (p. 213)
» Lapida (p. 214)
» Sempati (p. 214)
» Bellapaïs Monastery Village (p. 214)

Pourquoi y aller

Avec son magnifique port historique, ses coteaux couverts de fleurs sauvages et son massif montagneux, Kyrenia est l'une des villes les plus fascinantes de l'île.

Les vestiges de son abbaye du XIIe siècle et les châteaux gothiques environnants auraient inspiré de nombreux contes de fées.

Les visiteurs tombent tous sous le charme. La région est d'ailleurs connue pour avoir été le repaire des fonctionnaires coloniaux à la retraite, qui s'y réfugiaient après avoir servi l'Empire britannique. L'écrivain anglais Lawrence Durrell, qui s'y était établi, a célébré la région dans son livre *Citrons acides*.

Aujourd'hui, la côte nord de Kyrenia est en évolution rapide. Les immenses champs d'oliviers, les vieilles maisons villageoises et l'environnement naturel sont menacés par de nouvelles infrastructures, telles que logements touristiques et routes. Bien que la beauté de la nature en ait souffert par endroits, la région reste magnifique.

Quand partir

De février à mars, la floraison des fleurs sauvages et des précieuses orchidées embrase le massif montagneux de Kyrenia, faisant ressortir les ruines gothiques. Au mois de mai, le festival musical de Bellapaïs se déroule dans le décor de l'abbaye et ses superbes arches.

En juin et juillet, c'est le moment de visiter les châteaux historiques du Nord avant de poursuivre vers la côte pour se rafraîchir sur les plages de sable de Kyrenia. Les vents forts de septembre et octobre sont une invitation à s'envoler en parapente depuis les hauteurs du mont Pentadaktylos, d'où la vue sur la côte est imprenable.

KYRENIA (GIRNE)

22 000 HABITANTS

Avec son impressionnant château byzantin et son port historique en forme de fer à cheval, bordé de hauts bâtiments (d'anciens entrepôts de caroubes) et dont les eaux paisibles sont fréquentées par des bateaux de pêche, cette ville pittoresque est, à juste titre, le centre touristique du Nord.

Aujourd'hui, le port fourmille de bars, restaurants, cafés, rabatteurs d'excursions en bateau et serveurs racolant les touristes dans un anglais approximatif. On est bien loin de l'image d'Épinal des pêcheurs pieds nus chargeant joyeusement leurs filets sur des bateaux de bois, avec le château en toile de fond. C'est ici que les habitants de Nicosie-Nord (Lefkoşa), à seulement 30 minutes de route, sortent en soirée. C'est également ici que vit la plus grande communauté de Britanniques expatriés de l'île, qui possèdent leurs propres centres religieux et communautaire. Très vivante, la côte de Kyrenia concentre plus d'hôtels, restaurants et bars que tout autre lieu du Nord.

DISTANCES ROUTIÈRES (KM)

	Morfou (Güzelyurt)	Bellapaïs (Beylerbeyi)	Lapithos (Lapta)	Kormakitis (Koruçam)
Bellapaïs (Beylerbeyi)	83			
Lapithos (Lapta)	51	32		
Kormakitis (Koruçam)	77	6	26	
Lefka (Lefke)	26	109	77	103

Histoire

Ancienne cité-royaume de Chypre, Kyrenia fut fondée par les Grecs mycéniens vers 1200 avant notre ère. L'histoire de Kyrenia se confond pratiquement avec celle de son château. On en sait en effet un peu plus sur la ville, à partir de la construction de la forteresse par les Byzantins au VIIe siècle pour repousser les assauts répétés des Arabes.

En 1191, la forteresse fut prise par Richard Cœur de Lion, qui faisait route vers Jérusalem à la tête de la troisième croisade. Le château fut alors utilisé à la fois comme résidence et comme prison. Offert d'abord aux Templiers, il fut ensuite donné à Guy de Lusignan lors de son accession au trône de Chypre.

Au XIVe siècle, les Vénitiens agrandirent le château et construisirent les fortifications massives faisant face à la mer, que l'on peut voir encore aujourd'hui. Sous la domination ottomane, des changements furent à nouveau apportés au château. Kyrenia était alors le seul port septentrional de l'île.

Il y a bien longtemps que Kyrenia a été détrônée : seuls navettes touristiques, bateaux de pêche et petits yachts peuvent se frayer un chemin vers les quais bondés du vieux port, trop étroit et peu profond. À deux kilomètres à l'est de Kyrenia, il existe aujourd'hui un grand port moderne accueillant les cargos et les ferries venus de Turquie.

Sous domination britannique, la ville devint le lieu de retraite de prédilection des fonctionnaires de l'empire colonial. Lorsque la Turquie envahit Chypre en 1974, elle choisit comme lieu de débarquement de ses soldats les plages situées à l'ouest de Kyrenia. Pratiquement tous les Chypriotes grecs et de nombreux retraités britanniques prirent alors la fuite.

Aujourd'hui, 38 années plus tard, Kyrenia accueille un nombre croissant de touristes, venus principalement de Grande-Bretagne, d'Allemagne et de Turquie.

À voir

Si la ville moderne de Kyrenia est étendue, son centre-ville historique (et touristique) est quant à lui assez compact. Les taxis et minibus arrivent et partent d'Ecevit Caddesi, et font halte près de la place principale, **Belediye Meydanı**, à 200 m au sud du vieux port. À l'ouest de Belediye Meydanı, Ziya Rızkı est bordée de boutiques et de banques. La rue Mustafa Çağatay part de Belediye Meydanı vers le sud-est et rejoint le nouveau port, où accostent les ferries en provenance et au départ de la Turquie.

Château de Kyrenia SITE HISTORIQUE ET MUSÉE
(Girne Kalesi ; adulte/enfant 12/3 TL ; ⌚9h-19h juin à mi-sept, 9h-16h mi-sept à mai). La forteresse de Kyrenia domine le vieux port. Son histoire mouvementée en fait un intéressant pot-pourri architectural et culturel.

Érigé par les Byzantins, sans doute sur les vestiges d'un ancien fort romain, le château a su repousser bien des attaques, notamment l'invasion ottomane de 1570, du moins jusqu'à ce que l'occupant vénitien ne se rende, juste après la reddition de Nicosie (Lefkosia).

À ne pas manquer

1 Les cafés, restaurants et bars du charmant **vieux port de Kyrenia** (p. 163)

2 Le **château byzantin** de Kyrenia et son **musée des Épaves**, qui expose notamment la plus ancienne épave retrouvée à Chypre (p. 165)

3 Les **sentiers de randonnées du Nord** (p. 170), qui sillonnent les montagnes et la côte

4 **Bellapaïs** (p. 172), son abbaye et son panorama spectaculaire

5 Le **château de Saint-Hilarion** (p. 172), tout droit sorti d'un conte de fées

6 Les **orchidées sauvages** (p. 167) sur les pentes sud du massif de Kyrenia

7 La vue plongeante sur la côte depuis les hauteurs du **château de Buffavento** (p. 174)

8 Les **sites archéologiques de Vouni** (p. 180) et de **Soloi** (p. 180) sur la côte nord-ouest

Le vaste édifice rectangulaire renferme une citerne, un donjon, une chapelle, une galerie et un musée gardés par quatre bastions fortifiés, un à chaque angle.

Il est possible d'entrer dans le château par le pont de pierre afin de franchir les anciennes douves et d'accéder à la **chapelle Saint-Georges**, édifice byzantin du XIIe siècle. Ses mosaïques abîmées et ses colonnes corinthiennes, situées à l'origine à l'extérieur des murs, furent intégrées dans la structure agrandie par les Vénitiens.

Dans le bastion nord-est, la tour vénitienne abrite des reconstitutions de scènes de bataille. Avec des personnages en armure et uniforme militaire, les maquettes retracent l'histoire du château, de l'époque byzantine jusqu'à la colonisation britannique.

Dans la chambre nord se trouve la tristement célèbre **salle de torture**, où la maîtresse du roi Pierre Ier, Jeanne l'Aleman, enceinte, fut torturée sur ordre de la reine Éléonore, l'épouse jalouse du roi.

Il est possible de se promener entre les **quatre tours** en longeant les remparts sécurisés, mais veillez à suivre l'itinéraire balisé, car certains passages sont dangereux. Gardez vos enfants près de vous en permanence. D'ici, la vue sur le vieux port est magnifique, surtout dans la lumière du matin.

Le billet d'entrée du château permet également d'accéder à la Tomb-Finds Gallery, ainsi qu'au Shipwreck Museum, à l'intérieur du château :

Galerie d'artefacts (Tomb-Finds Gallery)

Cette galerie d'artefacts découverts dans les tombes expose des objets datant du néolithique et de l'âge de bronze ainsi que des périodes hellénistique et byzantine. On peut y voir des amphores, des bijoux en or et d'anciennes pièces de monnaie. Une autre exposition présente une reconstitution d'habitations de la deuxième période du néolithique (4500-3900 av. J.-C.) faites de torchis et de pierres, retrouvées sur le site antique d'**Agios Epiktitos – Vrysi**, à côté de Çatalköy.

Musée des Épaves (Shipwreck Museum)

Point d'orgue de la visite du château, la salle de l'**épave de Kyrenia** recèle la plus ancienne épave jamais remontée des eaux chypriotes. Ce navire marchand grec à la coque de bois (pin d'Alep) sombra au large de Kyrenia aux alentours de 300 avant notre ère, et fut découvert par un plongeur en 1967. Sa cargaison était constituée d'amphores, d'amandes, de céréales, de vin et de meules à grains en provenance des îles grecques de Samos, Rhodes et Kos. Il semble qu'il devait faire du commerce le long de la côte d'Anatolie et jusqu'aux îles grecques du Dodécanèse.

De nouveaux éléments indiquent que le bateau, 80 ans au moment du naufrage, n'a pas coulé en raison de son usure, mais à la suite d'une attaque de pirates. La majeure partie de sa marchandise a été pillée et la coque comporte des marques de lances. Une tablette de défixion a également été retrouvée dans l'épave. À l'époque, les pirates croyaient que le fait de placer une telle tablette sur un bateau en train de couler permettrait d'en sceller le sort, en maintenant l'épave par le fond à jamais.

Une superbe reconstitution du bateau (fabriquée dans les mêmes matériaux) est exposée au musée municipal de la Mer d'Agia Napa (p. 119).

TOUT EST DANS LE NOM

Depuis 1974, tous les toponymes grecs d'origine ont été rebaptisés en turc. Ceux qui ne connaissaient que les noms antérieurs à la partition de l'île pourront avoir du mal à se repérer sans une nouvelle carte en turc. Les panneaux de signalisation routière et toutes les indications murales en grec on disparu, et nombre des grands axes touristiques n'ont ni numéro ni nom. Le plus simple est de donner le nom du village où vous vous rendez. Se déplacer dans le nord de Chypre donne parfois l'impression d'être dans une région reculée de Turquie.

Musée des Arts populaires — MUSÉE

(Halk Sanatları Müzesi ; 3 TL ; 9h-18h juin à mi-sept, 9h-12h30 et 13h30-16h45 mi-sept à mai). Installé sur le port dans un bâtiment de style vénitien, ce musée expose une modeste mais intéressante collection de mobilier, costumes et ustensiles traditionnels, ainsi qu'un pressoir à olives traditionnel en bois, au rez-de-chaussée.

Musée des Icônes (Archangelos Icon) — MUSÉE

(Canbulat ; 4 TL ; 9h-14h tlj et lun 15h30-18h juin à mi-sept, 9h-13h et 14h-16h45 mi-sept à mai). À l'ouest du vieux port, dans l'église Archangelos facilement reconnaissable à son clocher imposant, cette exposition comporte des icônes des XVIIe et XVIIIe siècles. La collection, répartie sur trois étages, est constituée

Kyrenia (Girne)

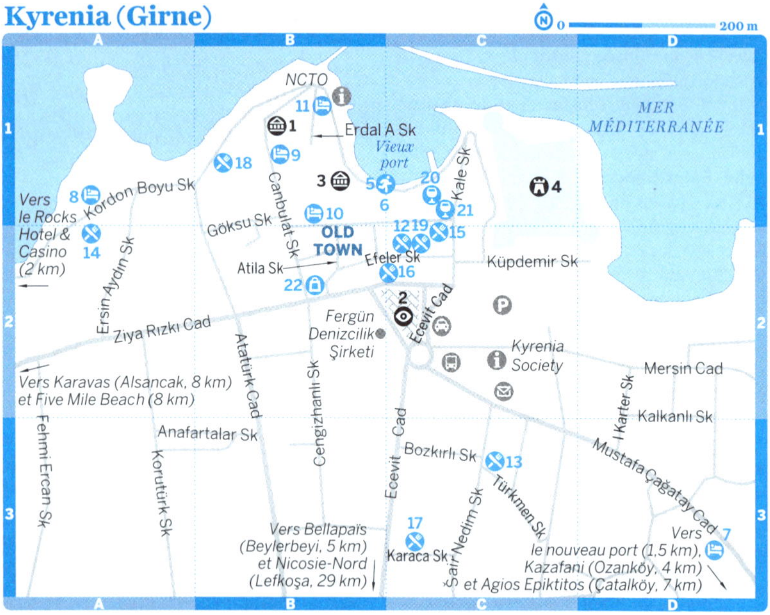

d'icônes récupérées des pillages des églises orthodoxes de la région. Elles représentent notamment saint Georges terrassant le dragon, la décapitation de saint Jean-Baptiste et la Vierge à l'Enfant.

Vieille ville SITE HISTORIQUE

Le petit centre-ville, contenu entre les vestiges des remparts de la vieille ville au sud du vieux port entre les rues Canbulat Sokak et Kale Sokak, vaut une balade. On est frappé par les bâtiments (grecs) à l'abandon côtoyant les édifices à l'influence ottomane évidente. Dans le dédale des ruelles, vous découvrirez des escaliers dissimulés et d'anciennes murailles, ainsi qu'un tombeau gréco-romain et l'église délabrée de Khrysopolítissa, érigée au XIVe siècle.

Activités

PLONGÉE

La plongée sous-marine est très bien organisée à Kyrenia – une activité également très appréciée au sud de l'île (voir p. 25).

Scuba Cyprus PLONGÉE

(☎865 2317 ; www.scubacyprus.com ; Karaoğlanoğlu ; ⏲9h-17h). Cours de plongée PADI et BSAC. Départ de Camelot Beach, à Karavas (Alsancak), à environ 8 km à l'ouest de Kyrenia. Le bateau est souvent amarré dans le vieux port. Baptême de plongée à partir de 30 €.

Blue Dolphin Scuba PLONGÉE

(☎0542 851 5113 ; www.bluedolphincyprus.com ; ⏲9h-17h). Basé au Jasmine Court Hotel sur Naci Talat Caddesi, avec une antenne sur le vieux port. Gère deux bateaux partant d'Escape Beach à Karavas (Alsancak). Cours PADI open-water à partir de 150 € environ.

CROISIÈRES

Depuis le vieux port de Kyrenia, les opérateurs d'excursions en bateau proposent tous à peu près la même chose. Pour 50 à 60 TL, vous aurez droit à une croisière d'une journée sur une goélette turque (bateau traditionnel en bois à la proue élancée) avec deux haltes baignade et snorkeling, s'achevant généralement par un barbecue à bord (boisson en sus). Les bateaux partent en général vers 10h30 pour rentrer à 17h et embarquent jusqu'à 20 passagers.

Aphrodite Boat Fishing CROISIÈRES

(☎0533 868 0943 ; musaaksoy@superonline.com ; Girne Limanı ; croisières 25 €). Cette goélette propose des croisières dans la baie, des sorties de pêche et des excursions de pêche en haute mer. Le capitaine Musa Aksoy se fera un plaisir de faire griller vos prises,

Kyrenia (Girne)

À voir

1 Musée des Icônes (Archangelos Icon) ... B1
2 Belediye Meydanı ... C2
3 Musée des Arts populaires (Halk Sanatları Müzesi) ... B1
Galerie d'artefacts (Tomb-Finds Gallery) ... (voir 4)
4 Château de Kyrenia ... C1
Musée des Épaves (Shripwreck Museum) ... (voir 4)

Activités

5 Aphrodite Boat Fishing ... B1
Blue Dolphin Scuba (stand d'accueil) ... (voir 5)
6 Highline Tandem ... C1

Où se loger

7 Club Z ... D3
8 Dome Hotel ... A1
9 Harbour Scene ... B1
10 Nostalgia ... B1
11 White Pearl Hotel ... B1

Où se restaurer

12 Baragadi Bar & Restaurant ... C2
13 Kyrenia Tavern ... C3
14 Niazi's Restaurant & Bar ... A2
15 No.14 ... C2
16 Öz-Vip ... C2
17 Padişah ... C3
18 Six Brothers Restaurant ... B1
19 Stone Arch ... C2

Où prendre un verre

20 Café 34 ... C1
21 Ego Bar ... C1
Bar du White Pearl Hotel ... (voir 11)

Achats

22 Round Tower ... B2

après une halte baignade à Escape Beach et quelques autres magnifiques criques.

AUTRES ACTIVITÉS

Highline Tandem PARAPENTE
(☎0542 855 5672 ; www.highlineparagliding.com ; adulte transport, vol et assurance compris 70 €). Sur le vieux port, géré par un couple néo-zélandais-chypriote. Cette société peut se vanter d'avoir fait entrer une centenaire écossaise dans le *Livre Guinness des records*, en en faisant la femme la plus âgée à avoir pratiqué ce sport. Quatre vols par jour grimpant à 750 m d'altitude.

Walks and Wild Orchids PROMENADE À PIED
(☎0542 854 4329 ; www.walksnorchidsnorthcyprus.com ; mi-fév à mai déj compris 18 €). La marche part de **Hisarköy**, un village traditionnel situé sur les pentes sud du massif de Kyrenia. La zone est un paradis pour les amateurs de fleurs et d'orchidées sauvages et pour les ornithologues. Les promenades durent environ deux heures et sont assez faciles. Vous découvrirez les tulipes noires et identifierez plus de 20 espèces d'orchidées, notamment la très rare *Orchis punctulata*, qui ne pousse que dans certaines régions de Chypre, de Crimée, de Turquie et d'Iran. De nombreuses autres espèces endémiques de fleurs sauvages sont à découvrir.

Où se restaurer

Le vieux port offre pléthore de restaurants, mais mieux vaut se limiter ici à un café ou à un verre en soirée. La plupart de ces établissements ne comptent en effet que sur l'emplacement et la vue pour attirer les clients, au détriment du contenu de l'assiette.

En revanche, d'excellents restaurants vous attendent à l'intérieur des terres, dans l'ancien quartier turc et la ville de Kyrenia.

VIEUX PORT ET QUARTIER TURC

♥ **Kyrenia Tavern** TURC €€€
(Bag Sokak ; plats 30-40 TL ; ⏲soir). Dans une ruelle près de la petite caserne des pompiers, cette humble adresse dotée d'un jardin vaut la peine d'être dénichée. Au menu, une savoureuse cuisine chypriote turque. Pas de carte, mais mezze, moussaka et agneau tendre sont généralement préparés quotidiennement, avec des ingrédients très frais. Pour les amateurs d'authenticité.

Stone Arch INTERNATIONAL €€€
(13 Efeler Sokak ; plats 30-40 TL ; ⏲soir ; 🍷). À deux pas du vieux port, voici une jolie cour pleine de charme. Les plats, savoureux (crevettes, steaks, etc.), sont un peu chers mais valent leur prix. Service excellent et bonne carte de vins à prix raisonnables. Une très bonne adresse.

No.14 INTERNATIONAL €€€
(Yazıcızade Sokak ; plats 18-28 TL ; soir). Poussez la porte de la "Yazade House" dans le vieux quartier turc pour découvrir ce restaurant élégant avec piscine, proposant des délices maison tels que porc au poivre, filet de bœuf ou calamars farcis. Une carte simple et un service parfait. Ne manquez pas le délicieux gâteau fondant au caramel.

Niazi's Restaurant & Bar GRILLADES €€
(www.niazis.com ; Kordon Boyu Sokak ; kebab complet 25 TL ; 11-minuit). Grand choix de grillades à la braise, sans oublier le traditionnel mezze. Une adresse appréciée des Chypriotes, qui viennent pour le "kebab complet" (*full kebab*), mariant saveurs turques et chypriotes et se déclinant sous trois formes : *sheftelia*, *köfte* et *shish*.

Six Brothers Restaurant TURC €€€
(Kordon Boyu Sokak ; plats 35 TL). À la lisière du vieux port, ce restaurant propose mezze, kebabs et poisson à prix raisonnables. Les meilleures tables, avec vue sur la baie, sont situées à l'extérieur, de l'autre côté de la rue.

Baragadi Bar & Restaurant TURC €€
(Doğan Türk ; plats 20-25 TL ; soir ;). Dans un décor colonial, une cuisine turque avec du poisson frais péché le jour même et livré sur le vieux port. La fraîcheur de son jardin, avec bar, est agréable lors des chaudes soirées d'été.

Padişah CHYPRIOTE €
(Ecevit Caddesi ; kleftiko 11 TL). Un cadre simple et une cour fermée et ombragée pour dîner en soirée. Cuisine traditionnelle, notamment *kleftiko* (agneau au four) et mezze. Situé dans un recoin, en face du Colony Hotel.

Öz-Vip SUPERMARCHÉ
(Efeler Sokak ; 9h-18h). Idéal pour faire des provisions de nourriture en prévision d'un pique-nique ou d'une randonnée. Tous les produits de base sont là, et même un peu plus, à prix raisonnable.

EXTÉRIEUR DE LA VILLE

Anı POISSON ET FRUITS DE MER €€
(Zeka Adil Caddesi, Çatalköy ; plats de poisson 10-20 TL ; soir). Excellent restaurant aux plats de poisson abordables servis dans le jardin. Goûtez le "poisson salé" aux légumes du jardin. À 2,5 km à l'est de Kazafani (Ozanköy), c'est l'une des meilleures tavernes spécialisées dans le poisson de Chypre.

Erol's Bar & Restaurant CHYPRIOTE €€
(Ozanköy ; kleftiko 12 TL ; soir). À l'est, en direction de Bellapaïs. Bonnes grillades, mezze et poisson. Belle vue sur le village de Kazafani (Ozanköy). Soupes réconfortantes en hiver.

Address Restaurant & Brasserie MÉDITERRANÉEN €€
(Ali Aktaş Sokak 13 ; plats 11-16 TL ; soir). En direction de Karaoğlanoğlu, sur la route principale en direction de l'ouest. Sur une pointe surplombant la mer. Au menu, poisson, pâtes et steaks. Ne manquez pas le délicieux poulet orange-estragon.

Ambiance INTERNATIONAL €€€
(www.ambiancecyprus.com ; Parasut Sokak 20, Karaoğlanoğlu ; plats 35-45 TL ;). Restaurant flambant neuf, avec *beach club*, à l'ouest de Kyrenia sur le bord de mer. Immense carte, proposant poulet, poisson et steaks, entre autres. De délicieux desserts et vins, à déguster au bord de la piscine.

Altınkaya I TURC €
(Yavuz Çıkarma Plaj ; plats 10 TL ; soir). Du nom de la plage toute proche, sur la route de Lapithos (Lapta), ce restaurant se situe à environ 10 km à l'ouest de la ville. Bon rapport qualité/prix, avec un bon choix de mezze et de poisson frais.

Où prendre un verre et sortir

Les bars et cafés du bord de mer sont tous plus ou moins semblables, mais vous pouvez essayer les suivants :

Ego Bar BAR
(Doğan Türk ; 21h-2h été). Atmosphère détendue. Une bonne adresse pour prendre un verre le soir, dans une cour fermée en plein air. L'été, des concerts de jazz, rock, blues et soul.

Café 34 CAFÉ-BAR
(Girne Limanı ; 16h-2h). Au bout de la promenade du vieux port, le Café 34 est idéal pour prendre une bière fraîche ou déguster un café et un gâteau en journée. Le soir, place à la musique et aux jeunes.

Five Mile RESTAURANT-BAR
(Yavuz Çıkarma Plaji, Alsancak ; plats 10-30 TL ; soir). Après 22h, le restaurant et sa terrasse en bois se transforment en un bar festif. Jumelé avec l'Escape Beach (voir ci-après), il forme un grand espace bar/danse/détente en plein air, avec des sofas circulaires en cuir.

Escape Beach DISCOTHÈQUE

(www.escapebeachclub.com ; Yavuz Çıkarma Plaji, Alsancak). Désormais situé dans les locaux du Five Mile, le club rencontre un succès fou avec sa musique R&B, hip-hop et turque. Donnant sur la mer, il se trouve à 20 minutes de route de Kyrenia sur la route côtière de l'ouest, juste après Karavas (Alsancak).

Ice Lounge BAR

(www.icecyprus.com ; Yavuz Cikartma Plaji, Alsancak ; ⏲21h-2h). En surplomb de la plage de Cikarma (Cikarma Plaji), à Karavas (Alsancak), ce club est l'un des plus appréciés des noctambules de Kyrenia. Lumières irisées pour le bar et la piste extérieurs. Accueille des DJ internationaux en été.

Achats

En retrait de Ziya Rızkı Caddesi se trouve un petit centre commercial avec boutiques et marques d'importation, ainsi que plusieurs magasins touristiques vendant de tout, du matériel de plongée aux articles de maroquinerie.

Round Tower ARTISANAT

(Ziya Rızkı Caddesi ; ⏲10h-17h30). Dans le centre de Kyrenia, à l'intérieur de la "Tour Ronde" datant de l'époque des Lusignan, cette petite boutique d'artisanat propose d'intéressantes poteries, tapisseries et peintures.

Green Jacket LIBRAIRIE

(Temmuz Caddesi 20). À l'ouest du centre-ville, près du supermarché Astro. Livres en langues étrangères.

Renseignements

ACCÈS INTERNET Cafe Net (Efeler Sokak ; 3 TL/h ; ⏲10h-minuit). Avec 12 postes Internet, c'est la meilleure adresse pour consulter vos e-mails. Le gérant, Mehmet Çavuş, parle anglais et propose boissons chaudes et fraîches, ainsi que des pommes de terre en robe des champs. Également une petite bourse aux livres.

Bati Net Cafe (Ziya Rızkı Caddesi ; 3 TL/h ; ⏲10h-23h). À l'ouest de la place Belediye Meydanı. 14 postes Internet.

AGENCES DE VOYAGES Les ferries pour la Turquie partent du **nouveau port** (2,5 km à l'est). Billets vendus dans les agences suivantes :

Fergün Denizcilik Şirketi (☎815 3866 ; Mustafa Çağatay Caddesi 6/2c)

Ertürk Turizm (☎815 2308 ; fax 815 1808 ; İskenderum Caddesi). Près du nouveau port.

ARGENT Nombreux **DAB** dans Ziya Rızkı Caddesi.

Türk Bankası (Ziya Rızkı Caddesi) Près de la place Belediye Meydanı.

> **POUR ALLER PLUS LOIN**
>
> Pour obtenir des conseils, des recommandations et des critiques, ou pour acheter le chapitre *Est de la côte méditerranéenne* du guide Lonely Planet *Turquie* au format PDF téléchargeable, consultez la rubrique *Pick&Mix* du site www.lonelyplanet.fr.

İş Bankası (angle Ziya Rızkı Caddesi et Atatürk Caddesi)

BUREAUX DE CHANGE Yazgın Döviz (☎228 6673 ; Ziya Rızkı Caddesi)

Gesfi Exchange (Kordon Boyu Sokak 40). En face du Dome Hotel.

OFFICES DU TOURISME North Cyprus Tourism Organisation (NCTO ; Girne Limanı ; ⏲8h-18h). L'office du tourisme de Chypre-Nord, situé à l'extrémité ouest du vieux port, publie un plan gratuit de la ville en anglais.

Kyrenia Society (Mersin Caddesi ; ⏲10h-12h). Derrière la poste. Informations sur les événements et les excursions prévus (surtout en été). Consultez le tableau d'affichage.

POSTE Bureau de poste (Mustafa Çağatay Caddesi) à 150 m au sud-est de Belediye Meydanı.

SERVICES MÉDICAUX Akçiçek Hastahanesi (☎815 2254 ; Mustafa Çağatay Caddesi). Hôpital de Kyrenia, à 300 m au sud-est de la poste.

TÉLÉPHONE Le bureau des télécoms est juste en face de la poste.

TOILETTES Les toilettes publiques sont sur la jetée, à l'ouest du vieux port.

Depuis/vers Kyrenia

AVION Cyprus Turkish Airlines (Kıbrıs Türk Hava Yolları, KTHY ; ☎815 2513 ; www.kthy.net/kthyen/html ; Philecia Ct, Suite 3, Kordon Boyu Sokak). Agence à l'ouest du vieux port.

BATEAU Des bateaux express pour Taşucu, en Turquie, partent à 9h30 tous les jours (55 TL, 3 heures) du nouveau port, à l'est de la ville. Un ferry plus lent circule quotidiennement (40 TL, 7 heures). Les billets s'achètent à l'accueil passagers de la compagnie maritime Fergün (Fergün Denizcilik Şirketi) sur le port. L'été, un ferry express bihebdomadaire rallie Alanya, en Turquie (35 €, 4 heures 30).

BUS ET MINIBUS La gare des bus longue distance est située dans Bedrettin Demirel, dans la ville nouvelle. Des minibus (*dolmuş*) partent de Belediye Meydanı pour Famagouste (Mağusa ; 5 TL, 1 heure 15, toutes les 30 min de 7h à 18h30) et Nicosie-Nord (Lefkoşa ; 3 TL, 20 min, toutes les 30 min de 7h à 18h30).

Comment circuler

LOCATION DE VOITURE Kyrenia se parcourt aisément à pied, mais si vous souhaitez vous rendre plus loin, la ville compte plusieurs agences de location de voiture. Les prix sont semblables dans toute l'île (40-50 €/jour en moyenne). **Oscar Car Rentals** (☎815 2272 ; Kordon Boyu Sokak) se trouve en face du Dome Hotel.

TAXI COLLECTIF Des taxis relient Kyrenia à nombre de destinations, notamment à l'aéroport d'Ercan (30 TL, 1 heure), à Bellapaïs (12 TL, 20 min) et à Saint-Hilarion (7 TL, 25 min).

ENVIRONS DE KYRENIA ET LES MONTAGNES

Kyrenia est une base parfaite pour partir en excursion dans d'autres parties du nord de l'île, à la découverte des plages, des sentiers de randonnée, de la montagne et de la nature sauvage, sans oublier les incroyables châteaux médiévaux et sites archéologiques. La région est peu étendue et les sites touristiques assez proches les uns des autres. La plupart des routes sont accessibles avec une voiture citadine.

Randonnée

Le sentier de grande randonnée **Kyrenia Mountain Trail** est très réputé. Totalisant 240 km, il traverse le nord de Chypre d'ouest en est, du **cap Kormakitis** (Koruçam Burnu) au **cap Apostolos Andreas** (Zafer Burnu). Vous pouvez n'en parcourir qu'un tronçon, mais pour les randonneurs confirmés, cela peut constituer un magnifique trek traversant des paysages variés.

Le printemps est la meilleure saison pour pratiquer la randonnée, car on peut alors observer un grand nombre des 1 600 espèces de plantes, 350 espèces d'oiseaux et 26 espèces de reptiles de la péninsule de Karpas (Kırpaşa). Le printemps est également idéal pour admirer les superbes orchidées sauvages en fleur (p. 167) qui tapissent les flancs des montagnes, les ânes sauvages, les églises antiques et les crêtes désertes.

La NCTO (North Cyprus Tourism Organisation) publie la brochure *Mountain Trails*, qui comprend une carte des sentiers de randonnée, disponible à l'office du tourisme de Kyrenia. Cette carte couvre deux zones principales du massif de Kyrenia et constitue une bonne introduction. Avant de partir en randonnée, il est toutefois recommandé de se procurer des cartes plus détaillées de la région à la librairie Green Jacket de Kyrenia.

La randonnée reliant **Agirda** (Ağirdağ) à **Panagra** (Geçitköy) est recommandée aux marcheurs expérimentés. Mieux vaut la parcourir en plusieurs jours. Le sentier longe le flanc sud du massif de Kyrenia vers l'ouest. Il part du village d'Agirda, sur la route Kyrenia-Nicosie-Nord et s'achève à Panagra, sur la route Kyrenia-Morfou (Güzelyurt). Il traverse **Lapithos** (Lapta ; p. 176), une étape idéale. La plupart des tronçons qui le composent peuvent être parcourus en deux à trois heures.

Avec plus de 40 km de sentier, la randonnée entre **Alevkaya** et **Kantara** relie d'ouest en est le relais forestier de l'Herbarium d'Alevkaya (p. 176) et le château de Kantara.

La marche qui longe l'arrête du **massif de Pentadaktylos** (Beşparmak) emprunte des sentiers de forêt et traverse plusieurs villages. Là encore, mieux vaut faire la randonnée en plusieurs jours, en faisant étape dans l'un des villages. Planifiez votre itinéraire sur www.kyreniamountaintrail.org.

Plages

La plupart des plages du nord de Chypre sont soit payantes, soit publiques (*halk plajlari*). Pour bénéficier des meilleures infrastructures, préférez les plages payantes autour de Kyrenia, pensées pour les touristes : il vous en coûtera entre 6 et 10 TL. Les plages publiques sont surtout fréquentées par les Chypriotes qui viennent s'y baigner et pique-niquer, et bien que certaines soient superbes, elles ne sont en général pas ou peu développées.

Yavuz Çıkarma Plaji (Five Mile) est de loin l'une des plus belles plages de Kyrenia pour se baigner. À l'ouest de la ville, on y trouve le bar et restaurant Five Mile (p. 168). Cette crique sableuse possède trois noms : Altınkaya, du nom du rocher voisin ; Beşinci Mil, qui signifie cinq miles (*five mile*) et Yavuz Çıkarma, signifiant "débarquement résolu". Elle est l'une des plages ayant servi de porte d'entrée à l'invasion des troupes turques en 1974. Sur la route surplombant la plage, remarquez le **monument** à l'allure phallique, érigé en l'honneur de l'événement. Localement, il est surnommé "l'érection turque".

Aujourd'hui, la plage est très appréciée et, en été, il faut arriver tôt pour trouver une place. Mieux vaut louer un transat ainsi qu'un parasol, car il n'y a pas d'ombre. De nombreux sports nautiques sont proposés autour de la digue rocheuse qui protège la plage. Baigneurs, attention au vent fort qui

L'ÎLE AUX TORTUES

Les tortues vivent sur terre depuis plus de 200 millions d'années. Il existe huit espèces de tortues dans le monde, dont deux vivent en Méditerranée orientale.

La tortue verte (*Chelonia mydas*) et la caouanne (*Caretta caretta*) ont depuis longtemps élu domicile dans le bassin méditerranéen, et plus particulièrement à Chypre. Selon les estimations, la plus importante population de tortues vertes, espèce aujourd'hui menacée, vit à Chypre, et a fait des plages de la côte nord et de la péninsule de Karpas (Kırpaşa) son site de ponte de prédilection. La caouanne, classée comme espèce "menacée" par les défenseurs de la nature, niche elle aussi sur ce littoral sauvage.

L'empiétement progressif des humains sur le territoire des tortues a fait chuter le taux de survie de ces fantastiques animaux marins, et leur nombre a fortement reculé au fil des ans.

L'un des principaux lieux de reproduction des tortues dans le nord de Chypre est la plage d'Alagadı, également connue sous le nom de Turtle Beach, à 19 km à l'est de Kyrenia. La plage de Golden Beach (dans la baie de Nangomi) ainsi que de grandes portions de la baie de Famagouste sont elles aussi des sites de ponte importants, de même que la partie nord de la péninsule de Karpas (Kırpaşa), encore très sauvage.

Lors de votre visite sur les plages de Chypre, gardez à l'esprit que votre présence au cours de la saison de ponte (surtout la nuit) pourrait déranger le cycle de reproduction des tortues.

Soyez vigilant et attentif lorsque vous arrivez sur une plage de tortues. Certaines plages (dont la plage d'Alagadı, ou Turtle Beach) sont fermées du coucher au lever du soleil, et les zones de ponte sont délimitées par des cages de protection. Sur d'autres plages, de simples mesure telles que le fait de planter votre parasol au bord de l'eau, aident déjà grandement à éviter de perturber les nids d'œufs enfouis dans le sable plus haut.

Si vous êtes très intéressé par les tortues, joignez-vous à un groupe de bénévoles tel que le **Cyprus Turtle Project** (www.seaturtle.org).

peut souffler du large (par ailleurs parfait pour le ski nautique, le kitesurf et le jet-ski).

La **plage de Çatalköy**, à 7 km à l'est de Kyrenia, plus calme et moins développée, est une bande étroite de sable fin dans une jolie crique protégée. Possibilité de louer des transats et de plonger depuis le ponton. À 1,5 km de la route principale, sur la droite.

Un peu plus à l'est, la **plage privée de Vrysi (Acapulco Beach)** est gérée par l'**Acapulco Holiday Village** (☎824 4110), qui accueille principalement des groupes de touristes. Les visiteurs extérieurs sont acceptés, et l'entrée au complexe, qui coûte 5 TL, donne accès à tous les équipements.

Trois kilomètres plus loin, la **plage de Vakıflar (Lara Beach)** est appréciée des expatriés pour son sable gris et dense et ses eaux limpides. Elle possède des vestiaires agréables à côté du snack-bar.

La **plage d'Alagadı (Turtle Beach)**, à environ 19 km à l'est de Kyrenia, héberge un poste d'observation de la Société de protection des tortues (SPOT), appelé la "cabane à chèvres". Ce n'est pas vraiment une plage de baignade, mais vous pouvez profiter du paysage. Ses deux bandes de sable sont intentionnellement sous-développées, car elles sont le territoire des tortues, ce qui n'empêche pas certaines personnes peu attentionnées d'y laisser leurs déchets et d'y organiser des barbecues. La plage est fermée de 20h à 8h de mai à octobre. À côté, sur la route principale, le **St Kathleen's Restaurant** (☎0533 861 7640) sert d'excellents mezze, grillades et poisson, notamment de la *tsipura* (daurade), à petits prix.

Golf

Korineum GOLF

(☎6001500 ; www.korineumgolf.com ; Mersin 10 Esentepe). À 10 minutes à l'est de la plage d'Alagadı (Turtle Beach), dans la région d'Agios Amvrosios (Esentepe), ce golf de 18 trous comporte aussi une boutique spécialisée, un practice, un restaurant, un hôtel et un club. Vous pouvez acheter votre pass journalier pour le green au club. En été, un parcours de 18 trous coûte 68 €, contre 35 € pour un neuf trous. La location d'une voiturette débute à 25 € la journée.

ℹ Comment circuler

BUS ET MINIBUS Les transports de Kyrenia sont assurés par des bus et minibus circulant en journée entre les villes et grands villages. Bon marché (environ 3 TL), mais les bus sont parfois rares ou en retard.

TAXI Stationnant près du vieux port, ils vous emmènent où vous voulez.

TAXI COLLECTIF Appelés *dolmuş*, ils desservent également les villes et villages. Ils pratiquent des prix raisonnables (4-6 TL). Les chauffeurs ont tendance à conduire de manière agressive. Si vous êtes anxieux, vous préférerez peut-être louer votre propre véhicule.

VÉLO Bonne solution lorsque la météo le permet, car la région s'y prête très bien. Les itinéraires est-ouest sont plutôt plats et bien lotis en hôtels, restaurants et plages.

Château de Saint-Hilarion

La silhouette du **château** (☎0533 161 276 ; adulte/enfant 7/3 TL ; ⏲9h-18h30 juin à mi-sept, 9h-12h30 et 13h30-16h45 mi-sept à mai), tout droit sorti d'un conte de fées, se révèle pleinement lorsqu'on se trouve au pied de l'édifice. Les murs de pierre se fondent parfaitement dans le paysage rocheux. Le château (*kalesi* en turc), avec ses pièces secrètes, ses tunnels, ses jardins envahis d'herbe, ses escaliers escarpés et ses sentiers, vous laissera sans voix et émerveillera les enfants.

D'après la rumeur, Walt Disney se serait inspiré des contours tourmentés du château de Saint-Hilarion pour créer le dessin animé *Blanche-Neige*. Une légende locale affirme que le château comptait autrefois 101 chambres, dont la dernière était un jardin secret appartenant à une reine féerique. Cette enchanteresse, qui séduisait les chasseurs, les bergers et les voyageurs, les détroussait en les plongeant dans un profond sommeil.

L'histoire réelle du château est un peu moins fantastique. Le fort tient son nom du moine Hilarion, qui fuit les persécutions en Terre sainte. Il vécut (et mourut) dans une grotte surplombant la plaine de Kyrenia, protégeant le col entre la côte et Nicosie (Lefkosia).

Au Xe siècle, les Byzantins construisirent une église et un monastère sur l'emplacement de la tombe d'Hilarion. En raison de sa position stratégique, le site servit de tour de guet lors des assauts arabes des VIIe et VIIIe siècles. C'était alors un important maillon de la chaîne de communication entre les châteaux de Buffavento et de Kantara, plus à l'est.

En 1191, Guy de Lusignan prit le contrôle de Saint-Hilarion, battant l'empereur (byzantin) autoproclamé de Chypre, Isaac Comnène. Le château fut ensuite considérablement agrandi et utilisé comme avant-poste militaire et comme résidence d'été de la cour des Lusignan. Plus tard, durant la période vénitienne, le château fut abandonné et tomba progressivement en ruine.

En 1964, le Turk Müdafaa Teskilati (TMT), une faction nationaliste turque clandestine, mit la main sur le château en raison de sa position stratégique. Depuis, il est resté sous domination chypriote turque. Une base militaire turque est logée sur un relief en contrebas.

Le site est composé de trois parties principales, qui ne sont pas évidentes à repérer de prime abord. L'entrée se fait par la barbacane de l'**enceinte inférieure**, qui accueillait autrefois la garnison et les écuries. On suit ensuite un sentier sinueux menant à l'**enceinte centrale**, à l'origine protégée par un pont-levis. On y voit les vestiges d'une église, de baraquements, d'appartements royaux répartis sur quatre niveaux et d'une grande citerne qui servait à stocker l'eau de pluie.

L'accès à l'**enceinte supérieure** se fait via une piste escarpée et sinueuse (désormais pavée), menant à la porte Lusignan. Gardée par la tour byzantine, elle ouvre sur une cour centrale sur laquelle donnaient les appartements royaux, les cuisines et des chambres ancillaires.

Enfin, une dernière ascension vous emmène à la **tour du prince Jean**. La légende veut que le prince Jean d'Antioche, persuadé que ses gardes du corps complotaient pour l'assassiner, les ait fait jeter du haut de la falaise.

Les efforts nécessités par cette ascension ardue de la tour sont récompensés par la superbe vue. Par temps clair, on voit le mont Taurus, à 100 km de là, en Turquie. L'été, mieux vaut arriver tôt pour éviter de monter dans une chaleur étouffante.

Bellapaïs (Beylerbeyi)

La route vertigineuse menant à ce village de montagne vous conduit à la spectaculaire **abbaye de Bellapaïs**, d'où la vue s'étend à l'infini sur l'horizon. Bellapaïs en soi est un village verdoyant, une destination idéale pour une excursion d'une journée au départ de Kyrenia. Juste après le monastère se trouve un grand parking, à gauche, qui permet d'éviter de stationner dans la rue principale.

Le village a été immortalisé par l'écrivain britannique Lawrence Durrell, qui vécut ici pendant la révolte de l'Ethniki Organosi tou

Kypriakou Agona (EOKA, Organisation nationale des combattants chypriotes) contre le pouvoir britannique. Dans ses mémoires *Citrons acides*, il raconte tout son amour pour ce village (et pour Chypre).

À voir

Abbaye de Bellapaïs SITE HISTORIQUE

(billeterie adulte/enfant 9/3 TL ; 9h-20h juin à mi-sept, 9h-12h30 et 13h30-16h45 mi-sept à mai). Les magnifiques ruines de ce monastère augustin justifient à elles seules le trajet jusqu'en haut de la montagne. Il fut érigé au XIIe siècle par les moines augustins fuyant la Palestine après la chute de Jérusalem face au chef des Sarrasins, Saladin (Selahaddin Eyyubi) en 1187. Les moines nommèrent leur monastère abbaye de la Paix, un nom français, d'où vient le nom actuel qui en est une déformation, Bellapaïs.

La structure originale, construite entre 1198 et 1205, fut agrandie entre 1267 et 1284, sous le règne de Hugues III. Les cloîtres et le grand réfectoire, ajoutés par la suite par Hugues IV (1324-1359), sont les principaux éléments encore visibles.

Aujourd'hui, le site est composé d'éléments bien conservés côtoyant des ruines. Le **réfectoire** sur le côté nord du cloître accueille régulièrement des rassemblements, des fêtes et sert de décor aux photos de mariage. De là, vous pouvez admirer une vue imprenable sur la mer et la plaine. Du côté ouest se trouvent les **cuisines**, dont il ne reste que quelques murs. Les plus audacieux grimperont sur le mur fragile pour une vue encore plus spectaculaire.

L'**église**, assez sombre, est relativement en bon état et est restée pratiquement inchangée depuis 1976, lorsque le dernier des fidèles de l'orthodoxie stoïcienne a dû fuir.

Le **cloître** du XIVe siècle, bordé de cyprès, est le lieu le plus émouvant du monastère. Il est pratiquement intact, hormis son côté ouest où les murs sont tombés, ou ont été détruits. Il surplombe le restaurant **Kybele**, où l'on dîne de mezze dans la cour en plein air en profitant de la vue.

Demeure de Lawrence Durrell ÉDIFICE REMARQUABLE

(13 TL ; 11h30-13h sept). Durrell, génie de la littérature, vécut à Bellapaïs au début des années 1950. Dans ses mémoires, *Citrons acides*, il dépeint une vie harmonieuse au sein d'une communauté mélangée. Pour beaucoup, ce livre évoquant une période révolue est une lecture incontournable avant de visiter Chypre.

L'**arbre de la Paresse**, sous lequel les personnages du livre de Durrell passent de longues heures indolentes, est toujours debout (voir l'encadré ci-dessous). Quant à la demeure de l'écrivain (signalée par une plaque jaune sur la porte d'entrée), c'est aujourd'hui une résidence privée, qui n'ouvre qu'en septembre. Pour vous y rendre, dirigez-vous vers l'intérieur des terres, en suivant la rue, qui part à droite du restaurant Huzur Ağaç. La maison se dresse 200 m plus loin, sur la gauche, dans une allée étroite.

Fêtes et festivals

Festival de musique de Bellapaïs MUSIQUE

(www.bellapaisfestival.com). Tous les ans, en mai et juin, ce festival se tient dans l'abbaye.

LA COLLINE AUX DEUX ARBRES

L'écrivain britannique Lawrence Durrell, en séjournant à Bellapaïs entre 1953 et 1956, ne pouvait se douter du débat qu'il allait faire naître près de 50 années plus tard. Dans son célèbre livre *Citrons acides*, il décrit son quotidien dans une communauté vivant en harmonie et ses tribulations pour acheter et rénover une maison, sur fond des intrigues et des commérages qui font une vie de village.

L'une des activités favorites des villageois était notamment de bavarder pendant des heures sous "l'arbre de la Paresse", qui dominait la place du village. Mais jamais, dans tout le livre, Durrell ne précise de quelle espèce d'arbre il s'agit. Un platane, un mûrier ou peut-être un chêne ?

Aujourd'hui, deux arbres peuvent prétendre au titre. L'un est un mûrier touffu, ombrageant le café proche de la billetterie du monastère. L'autre, à 20 m de là à peine, est un robinier qui s'élève à côté du restaurant Huzur Ağaç (arbre de la Paresse). Tous deux seraient parfaits pour le rôle : chacun a ses partisans et attire une foule de paresseux venant s'asseoir pour siroter un café ou une bière fraîche, exactement comme à l'époque de Durrell. Alors choisissez votre camp et venez paresser !

Au programme : concerts, récitals et fanfares dans le réfectoire. Renseignez-vous à Kyrenia et aux alentours.

Où se restaurer

Kybele CHYPRIOTE €€
(enceinte de l'abbaye ; plats 30 TL ; soir). Au cœur d'une végétation luxuriante, cette adresse bénéficie d'une vue splendide sur l'abbaye, qui se trouve juste à côté. Cuisine traditionnelle à bon prix, service excellent. Idéal en été avec son jardin accueillant.

Guthrie's Bistro Bar INTERNATIONAL €€€
(815 2820 ; plats 45 TL ; soir, boissons toute la journée). Un petit restaurant dans un jardin sublime, servant une cuisine fraîchement préparée. Au menu, des entrées telles que gaspacho ou *halloumi* (*helimi*) aux tomates, des plats (*kleftiko,* poulet à l'ail ou porc aigre-doux), et des desserts (glace ou compote). Réservation généralement nécessaire.

Huzur Ağaç Restaurant MÉDITERRANÉEN €€€
(815 3380 ; plats 35 TL). Prétendant au titre du célèbre "arbre de la Paresse" du livre de Lawrence Durrell, un robinier de 200 ans assure le charme des lieux. Le menu unique du soir comprend une multitude d'amuse-gueules, des entrées et un plat. Bon choix d'en-cas en journée également.

Paşa TURC €
(repas 12 TL). Une adresse simple, au bout de la rue principale, servant une bonne cuisine maison. Goûtez au *lahmacun* (pizza turque) et aux raviolis turcs, servis avec une bonne portion de salade.

SPÉCIAL ENFANTS : L'OCTOPUS AQUA PARK

En été, les parcs aquatiques de Chypre font fureur auprès des jeunes voyageurs. L'**Octopus Aqua Park** (853 9674 ; Beşparmak Caddesi, Çatalköy ; 8h-17h été), à 8 km à l'est de Kyrenia, est un paradis de la baignade, où les petits pourront grimper, glisser et faire des ploufs, sans oublier de s'amuser sur les aires de jeux hors d'eau, tandis que leurs parents profiteront du bar et du restaurant de la piscine.

Château de Buffavento

Situé entre les châteaux de Kantara et de Saint-Hilarion, **Buffavento** (Buffavento Kalesi ; entrée libre ; lever-coucher du soleil) est perché à 940 m, surplombant la plaine de la Mésorée (Mesarya). Les assauts constants des vents auxquels il résiste lui ont valu son nom, qui signifie "celui qui défie les vents" en italien.

On sait peu de chose de son origine. Au Moyen Âge, il était connu sous le nom du château du Lion, car Richard Cœur de Lion l'avait confisqué à la fille de l'empereur byzantin Isaac Comnène en 1191. Plus tard, les Lusignan s'en servirent de prison et tour de guet, le faisant communiquer avec Kantara, à l'est, et Saint-Hilarion, à l'ouest.

Aujourd'hui, tout l'attrait du château réside dans son isolement et dans le panorama spectaculaire qu'il offre. S'il est plus dégradé que les autres châteaux, son chemin de ronde protégé et la vue du sommet sont spectaculaires.

Le château est divisé en deux parties : l'**enceinte inférieure** et l'**enceinte supérieure**, qui occupe une superficie plus petite, sur le piton rocheux. Le château est construit de telle façon qu'aucune fortification autre que sa muraille extérieure n'était nécessaire. Son emplacement naturellement protégé ne permet qu'un seul accès, par l'entrée principale.

Le simple fait de s'y rendre fait partie de l'intérêt de la visite. Clairement indiqué (*Buffavento Kalesi*) depuis le col de Pentadaktylos (Beşparmak), il faut rouler 15 minutes sur la piste pour rejoindre le parking en contrebas du château. De là, une marche de 40 minutes assez raide mais régulière mène en haut. Mieux vaut porter des chaussures fermées.

Monastère Panagia Absinthiotissa

Accroché aux pentes du massif de Pentadaktylos (Beşparmak), ce monastère paisiblement niché dans les genévriers offre une vue plongeante sur la plaine de la Mésorée (Mesarya).

Datant de la fin de l'ère byzantine, ce monastère doté d'un colossal tambour, surmonté d'un dôme et percé de douze ouvertures, accueillit des moines latins au XVe siècle. Ils y ajoutèrent une voûte gothique, ainsi qu'un narthex peu habituel comportant une double abside à son extrémité. De l'autre

DÉPART **KAZAPHANI (OZANKÖY)**
ARRIVÉE **DAVLOS (KAPLICA)**
DISTANCE **115 KM**
DURÉE **6 À 8 HEURES**

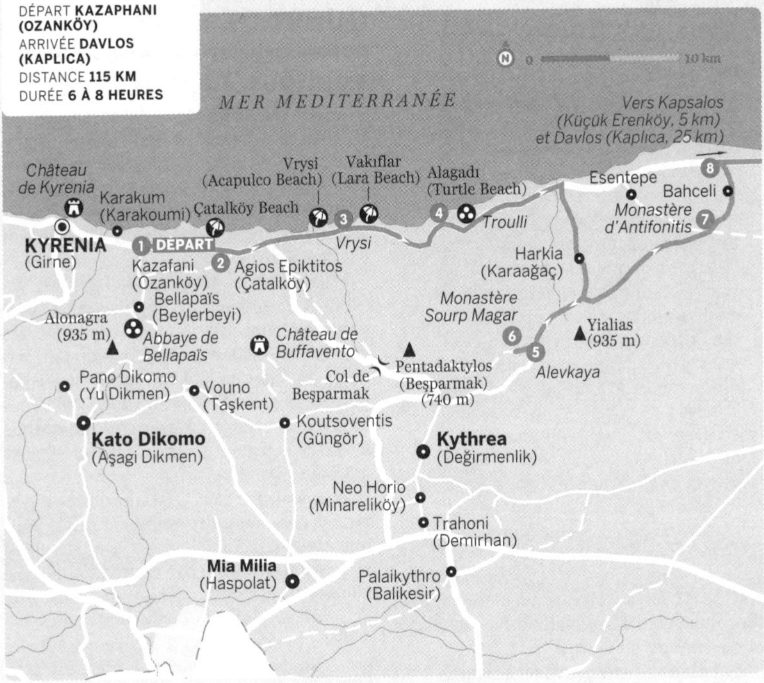

Excursion en voiture

Le Nord-Est entre mer et montagne

À 4 km à peine à l'est de Kyrenia, le joli village de 1 **Kazaphani (Ozanköy)** est renommé pour son huile d'olive et son sirop de caroube. Après vous en être procuré une bouteille, visitez l'église médiévale puis poursuivez vers l'est jusqu'à 2 **Agios Epiktikos (Çatalköy)**, dont les grottes abritèrent l'ermite Epiktitos au XIIIe siècle. Au croisement, prenez sur la gauche vers le nord-est (en suivant le panneau "Uğur Mumcu Bulvan") et rejoignez la route côtière. Vous pourrez faire halte au site néolithique de 3 **Vrysi** et son promontoire qui subit l'érosion. Une fois revenu sur la route côtière, vous atteignez 10 km plus loin la 4 **plage d'Alagadı (Turtle Beach)** (tournez à gauche au panneau "Alagadı Beach"), parfaite pour un bain de mer ou pour observer les tortues en saison. Longez la côte, puis bifurquez à droite en suivant l'indication "Karaağaç". Le paysage montagneux devient extraordinaire. Tournez sur votre droite pour rejoindre le relais forestier (indiqué) et l'aire de pique-nique d' 5 **Alevkaya**, où les amoureux de la nature visiteront l'Herbarium. À 2,5 km plus à l'ouest (sur la route principale), vous apercevrez à droite les vestiges du monastère arménien copte 6 **Sourp Magar**, datant du XIe siècle, qui se dressent au milieu des pins en contrebas. Pour vous y rendre, tournez à droite au niveau de l'aire de pique-nique et empruntez la piste forestière qui serpente jusqu'à l'église. Reprenez vers l'est sur 17 km, en longeant les montagnes, et suivez la route escarpée après l'agglomération d'Agios Amvrosios (Esentepe) jusqu'au d' 7 **monastère d'Antifonitis**.

Non loin, au niveau du croisement, prenez la route principale (pavée) vers le sud-est et traversez le petit village de Kalogaia (Bahceli). Lorsque vous verrez à nouveau la mer, tournez à droite pour rejoindre la côte. Après avoir dépassé la ville de Kapsalos (Küçük Erenköy), vous suivrez sur 40 km un littoral désert, seulement émaillé de quelques entrepôts de caroubes abandonnés. La route longe le rivage jusqu'à 8 **Davlos (Kaplıca)**, où vous pourrez admirer le coucher de soleil sur la petite plage et terminer votre périple en beauté en dégustant un kebab géant au Kaplica, le meilleur restaurant de la ville.

ARNAQUES IMMOBILIÈRES

Plus de 4 000 Britanniques vivent à Chypre-Nord. Ses magnifiques paysages et son marché immobilier relativement bon marché en font un endroit idéal pour l'acquisition d'une résidence d'été. Mais attention aux ventes illégales et à toutes les formalités nécessaires. La Cour européenne des droits de l'homme rapporte des cas où des occupants turcs ont vendu des terrains dont les propriétaires légaux étaient des Chypriotes grecs déplacés après la partition de 1974. Les acheteurs ont dû démolir les maisons qu'ils y avaient construites, la Cour s'étant prononcée en faveur des propriétaires grecs. Si vous êtes tenté par un achat dans le Nord, vérifiez bien que tous les papiers sont valables et légaux, et que le terrain est bien vendu par son véritable propriétaire.

côté de la cour, au nord, le réfectoire est bien reconnaissable à son plafond bas, se voûtes et ses fenêtres en ogives.

Laborieusement restauré dans les années 1960, le monastère a malheureusement souffert d'un important vandalisme après 1974. Ses nombreuses fresques ont été soit volées, soit défigurées.

Le monastère se trouve à environ 15 minutes du château de Buffavento. Il suffit de suivre la route goudronnée en sortant du parking pour s'y rendre.

Herbarium d'Alevkaya

En empruntant la petite route traversant le massif de Pentadaktylos (Beşparmak), vous tomberez sur le relais forestier entre Agios Amvrosios (Esentepe) et Kythrea (Değirmenlik). L'**Herbarium** (entrée libre ; 8h-16h) abrite une flore chypriote endémique, notamment 1 250 espèces natives de l'île. Un large éventail de spécimens sous presse ou vivants sont exposés, tous issus d'une collection rassemblée par le botaniste anglais Deryck Viney, dont l'ouvrage *Illustrated Flora of North Cyprus* recense les trésors botaniques de l'île.

Pour vous rendre à l'Herbarium, suivez la route forestière balisée qui part du côté sud du col Pentadaktylos. Ou bien, depuis la route côtière nord, suivez les panneaux qui indiquent Harkia (Karaağaç) ou Esentepe.

OUEST DE KYRENIA

Lapithos (Lapta)

Lapithos était l'une des cités-royaumes originelles de Chypre, et une capitale régionale sous l'Empire romain. Ses ressources abondantes en eau et son emplacement protégé ont fait son succès auprès des souverains étrangers et des colonisateurs au cours des siècles.

Village mixte avant 1974, Lapithos accueillait une population de Grecs et de Turcs vivant en harmonie, avant les échauffourées des années 1960 et la dégradation d'un minaret qui marqua le début du divorce communautaire. Au milieu des années 1990, des incendies de forêt dévastèrent une grande partie de la région, épargnant heureusement le village.

Proche de Kyrenia, ce grand village, qui se visite à pied, est une destination prisée pour une excursion d'une journée, avec ses allées verdoyantes et son charme traditionnel. Le village est aujourd'hui peuplé d'expatriés, de Turcs du continent et de Chypriotes turcs.

Pour se restaurer, la meilleure adresse est le **Başpınar restaurant** (821 8661 ; plats 20 TL), situé au sommet de la colline qui domine le village, à côté d'un ancien aqueduc romain d'où la vue est superbe. Au menu : ragoût de lapin et l'habituel mezze. Téléphonez pour réserver.

Pour un peu d'activité, rejoignez le littoral de Lapithos, où vous trouverez hôtels cinq étoiles et casinos, tels que l'immense **Lapethos Resort Hotel Casino & Spa** (821 8669), qui offre piscines, toboggans et parcs aquatiques. Les casinos sont souvent fréquentés par des continentaux venus de Turquie en ferry pour le week-end et par des Chypriotes grecs du Sud, où les jeux d'argent sont toujours illégaux.

LE NORD-OUEST

La région nord-ouest du massif de Kyrenia recouvre la péninsule de Kormakitis (Koruçam). Au sud, on découvre la ville agricole de Morfou et sa baie (Güzelyurt Körfezi). Le joli village perché de Lefka (Lefke) et le port autrefois minier de Karavostasi (Gemikonağı) sont à l'ouest. Plus loin encore se trouvent les grands sites archéologiques de Soloi et Vouni.

Les distances sont plutôt courtes, et la région se prête à un itinéraire circulaire, revenant à Nicosie-Nord (Lefkoşa) via la péninsule et Kyrenia, ou vice versa. Il existe un autre point de passage de la frontière (la Ligne verte) vers la République de Chypre à Zodhia, près de Morfou.

Plages

Sables et galets alternent sur les 12 km de plages qui s'étendent à l'ouest de Karavostasi (Gemikonağı) jusqu'à la frontière avec le Sud.

Yedidalga Belediyesi Plaji, plage de galets avec des sections de sable rapporté artificiellement, possède un ponton en bois pour la plongée et la baignade, un petit bar et restaurant, ainsi que des vestiaires. Bien signalée, elle est facile à trouver.

La **plage d'Asmalı** est également une plage agréable, en face du village frontalier de Limnitis (Yeşilirmak). C'est une plage de galets propre, bordée de quelques restaurants. Si vous venez jusque-là, jetez un coup d'œil à l'immense pied de vigne, planté en 1947, qui recouvre totalement la terrasse de l'Asmalı Beach Restaurant, à l'ouest.

Comment circuler

BUS Des bus quotidiens réguliers relient Nicosie-Nord (Lefkoşa) aux destinations suivantes :

Morfou (Güzelyurt) (3 TL, toutes les 30 min)

Karavostasi (Gemikonağı) (5 TL, toutes les 30 min via Morfou)

Lefka (Lefke) (5 TL, toutes les 30 min via Morfou)

TAXI COLLECTIF Des véhicules venant de Nicosie-Nord (Lefkoşa) ou de Kyrenia desservent la région en suivant des itinéraires circulaires, mais il est bien plus simple de circuler avec votre propre véhicule, surtout si vous voulez voir les sites archéologiques de Soloi et Vouni.

Péninsule de Kormakitis (Koruçam)

La pointe nord-ouest de Chypre, connue sous le nom de **cap Kormakitis** (Koruçam Burnu), constitue une formidable destination pour une excursion d'une journée, et permet de découvrir de magnifiques plages désertes sur le trajet. Prévoyez un pique-nique et goûtez la solitude du cap et de ses abords. Cette "fin de la terre" exposée au vent accueille également la moins connue des communautés religieuses de Chypre, les maronites.

Il est assez simple de s'y rendre, en suivant une route en majeure partie pavée menant pratiquement jusqu'à destination. La meilleure option est de faire une boucle partant de l'extrémité nord de la route Kyrenia–Morfou, au croisement après le village de **Vasileia** (Karşıyaka). Suivez ensuite les panneaux indiquant le village turc continental de **Livera** (Sadrazamköy).

Sur la droite, vous verrez un panneau signalant la **Horse Shoe Beach** et le **Horseshoe Beach Restaurant** (☎851 6664 ; grillades et poissons 8 TL), parfaits pour déjeuner et se baigner.

Pour rejoindre le cap, suivez la route sinueuse sur 10 km. À partir de Livera (Sadrazamköy), elle se transforme en une piste de

LES MARONITES DE KORMAKITIS (KORUÇAM)

Au cours du IVe siècle, les maronites se séparèrent de la religion orthodoxe chrétienne dominante, selon laquelle Dieu est à la fois humain et divin. Ils se rallièrent à la doctrine du monophysisme, qui prône que Dieu n'a qu'une substance, et que celle-ci est divine.

Persécutés par les chrétiens orthodoxes, ils trouvèrent refuge tout d'abord au Liban et en Syrie, avant de gagner Chypre au XIIe siècle, dans le sillage des croisés, qu'ils avaient aidés lors de leur campagne en Terre sainte.

Depuis 1974, la zone d'influence des Chypriotes maronites n'est plus qu'un mouchoir de poche, le village de Kormakitis (Koruçam), où ils ont toujours une église. Au fil des ans, la congrégation autrefois vigoureuse s'est étiolée, et ne compte plus qu'une petite centaine de personnes qui font vivre la tradition et la religion. Les maronites, tout comme les communautés religieuses arméniennes et latines, ont dû choisir entre allégeance aux Grecs ou aux Turcs dans les années 1960. Ils ont choisi les Grecs, et depuis 1974, les jeunes du village sont pratiquement tous partis pour étudier dans les écoles grecques du Sud. Ceux qui sont restés ont réussi à tracer une barrière, aussi ténue soit-elle, entre leurs allégeances politiques et religieuses. Avant 2003, leurs familles proches du Sud étaient même autorisées à venir leur rendre visite le week-end. Depuis l'ouverture de la frontière, les maronites du Sud viennent pour des périodes plus longues. Beaucoup espèrent que les jeunes reviendront y vivre pour perpétuer la vie du village et ses traditions.

terre sur 3,5 km, qui se parcourt facilement en voiture citadine. Roches nues, phare solaire et îlot rocheux composent le décor. Le cap est le point de l'île le plus proche de la Turquie, qui se trouve à seulement 60 km.

Pour changer de paysage au retour, revenez par la belle route de l'intérieur des terres, qui traverse le village de Kormakitis (Koruçam) et passe devant la grande **église maronite d'Agios Georgios**, construite en 1940 grâce aux dons des villageois.

Les maronites de Kormakitis (Koruçam) parlent toujours un dialecte d'araméen (la langue du Christ), qui a traversé les siècles en s'enrichissant d'emprunts grecs, turcs, français et italiens. La plupart des villageois parlent ce dialecte ou le turc, mais certains parlent aussi le grec, notamment dans le petit café. Sur la place, en face de l'église, le **Yorgo's Restaurant** (menu unique 15 TL) est le lieu rêvé pour déjeuner d'un délicieux *kleftiko* ou d'un mezze préparé le jour même, et cuit dans le four extérieur.

Le dernier tronçon de route ramenant à l'axe Kyrenia-Morfou traverse une zone militaire turque comportant des postes de contrôle où vous serez peut-être arrêté. Après cela, rejoignez la route principale à Myrtou (Çamlibel) et retournez à Kyrenia. Vous pouvez également poursuivre vers le sud jusqu'à Morfou ou bifurquer vers le sud-est pour rejoindre Nicosie-Nord (Lefkoşa).

Morfou (Güzelyurt)

ENVIRON 15 000 HABITANTS

La ville paisible de Morfou (rebaptisée Güzelyurt par les Chypriotes turcs) était autrefois la plaque tournante de l'industrie lucrative des agrumes à Chypre.

L'homme d'affaires chypriote turc Asil Nadir détenait la société Sunzest implantée ici, et produisait d'importantes quantités de jus d'orange pour l'exportation. Aujourd'hui placée sous tutelle judiciaire, la société dépérit en attendant le jugement d'Asil Nadir qui doit avoir lieu au Royaume-Uni, et le secteur des agrumes, pourtant prometteur, vit au ralenti. La majorité des plantations d'agrumes ici sont toujours la propriété de Chypriotes grecs, et la zone reste un point d'achoppement de tous les dialogues de réunification depuis 1974.

Les vastes plantations commencent peu avant le village de Masari (Şahinler) et s'étendent jusqu'à la mer. Elles sont irriguées par un réseau d'aquifères souterrains. Malheureusement, le niveau de ses réserves hydriques a fortement chuté. À cela s'ajoutent l'augmentation de la salinité des eaux souterraines et le manque d'entretien des cultures, autant de facteurs conjugués qui mettent à mal des plantations autrefois magnifiques.

Il y eu des temps meilleurs, au début du XXe siècle. Les belles oranges de Morfou étaient transportées en train à travers la plaine de la Mésorée (Mesarya) jusqu'à Famagouste, où elles partaient pour l'exportation. Cette ancienne ligne ferroviaire, qui ne transportait plus de passagers depuis 1932, continua à servir au transport des marchandises jusqu'en 1951. Elle a ensuite été laissée à l'abandon et s'est dégradée. On peut toutefois encore voir l'une des deux locomotives rescapées, une Baldwin de 1924 originaire de Philadelphie, exposée au **Belediye Parki**, à l'extérieur de Morfou.

Aujourd'hui, Morfou compte quelques ruelles étroites, des petites boutiques et une agriculture qui piétine. Sur la place principale, une impressionnante **mosquée** a été construite en face de l'**église orthodoxe d'Agios Mamas**, dédiée au bien-aimé saint patron de l'île, qui refusait de payer les taxes. L'église occupe le site d'un ancien temple païen. Avant 1974, les fidèles avaient coutume de se rendre sur la tombe en marbre de saint Mamas. On raconte qu'il en perla un mystérieux liquide lorsque les Ottomans la transpercèrent en quête d'un trésor. Le liquide, coulant librement et à intervalles irréguliers, aurait soigné les maux d'oreilles, ce qui explique les offrandes en forme d'oreille que l'on voit autour du tombeau. L'église est généralement fermée, mais vous pouvez demander à y entrer en vous adressant au conservateur du **musée d'Archéologie et d'Histoire naturelle** (6 TL ; ⏲9h-18h) voisin. Le musée, qui abrite une collection hétéroclite de taxidermie, objets et poteries antiques provenant de Toumba tou Skourou et de Soloi, vaut une visite rapide.

C'est en outre à Morfou que l'on mange l'un des meilleurs mezze du Nord, à **Nayazi Şah** (☎714 3064 ; mezze 25 TL), situé au sud du rond-point nord. Des concerts sont régulièrement organisés le week-end, et on déguste des plats de viande, comprenant des cailles et des saucisses d'agneau.

Karavostasi (Gemikonaği)

Depuis la plage de galets bruts, paisible et retirée, vous pouvez admirer toute la côte qui s'étend au nord-est vers la baie de Morfou. Si les plages n'ont pas ici l'attrait des plages de sable fin de la côte nord, elles ont l'avantage d'être moins fréquentées.

Avant 1974, les villageois de Morfou et des contreforts du Troodos venaient se baigner dans la baie, ce qu'ils recommencent à faire aujourd'hui avec l'ouverture de la frontière.

Le port de Karavostasi (Gemikonaği), jadis florissant, domine la baie, son ponton à l'abandon s'affaissant lentement.

À l'est de la ville, le paysage est défiguré par une exploitation minière massive qui cessa de fonctionner en 1974, laissant derrière elle une ville presque fantôme.

La ville tire néanmoins son épingle du jeu avec une petite activité touristique, grâce à quelques restaurants et à ses plages. Elle plaira à tous ceux qui recherchent une atmosphère plus authentique et des restaurants et plages moins touristiques. Non loin, le **Mardin Restaurant** (☎727 7527 ; plats 35 TL) offre une terrasse avec vue sur la mer, de bons plats de poisson, des mezze et des kebabs Adana complets (*full Adana kebabs*). Juste à côté, une plage artificielle permet de se rafrachir.

Lefka (Lefke)

ENVIRON 9 000 HABITANTS

À quelques kilomètres de Karavostasi (Gemikonaği), la route bifurque sur la droite vers le village de montagne de Lefka. La verdure à perte de vue et les collines ondoyantes qui l'entourent donnent une impression de fraîcheur.

La ville tient son nom du mot grec *lefka* (peuplier). Aujourd'hui, les peupliers ont laissé la place aux orangeraies et aux palmiers, le village étant renommé pour ses magnifiques agrumes.

Hébergeant une importante communauté d'expatriés britanniques, c'est également l'un des bastions de l'islam, et notamment le siège de la confrérie soufie Naqshbandi, composée du chef charismatique Şeyh Nazım Kıbrısli et de ses partisans. Cette confrérie suit les préceptes de l'islam à la lettre, et incite fortement les Chypriotes turcs plus modérés à faire de même.

Il y a peu de choses à faire dans le village lui-même, mis à part visiter la **mosquée Piri Osman Pasha** et sa cour, arpenter les rues exposées au vent, goûter aux délicieuses

LA CÔTE EN DANGER

La côte s'étendant de Kyrenia (Girne) à Yiallousa (Yenierenköy) était autrefois le paysage le plus sauvage de la région. Les choses ont bien changé. Le développement des routes a provoqué le bétonnage de grandes sections du littoral, et d'immenses étendues de terres jusque-là paisibles ont connu un développement à outrance, les complexes hôteliers poussant comme des champignons.

L'origine de ces développements remonte à 2004, avec le plan Annan, dont l'objectif était d'encadrer la réunification de l'île : il stipulait que tous les terrains du Nord non développés appartenant à des Grecs devraient être rendus à leurs propriétaires d'avant 1974, et qu'une compensation devrait être versée dans le cas où ces terrains auraient déjà été développés. Bien que le Sud ait finalement rejeté par référendum l'adoption de ce plan, les promotteurs du Nord continuèrent à construire à tout-va, au cas où l'accord serait à nouveau d'actualité.

D'après le journal chypriote turc *Yeni Duzen*, les nouvelles constructions couvraient 607 000 m^2 en 2000. En 2005, cette surface avait explosé pour dépasser 4,4 km^2. Cette urbanisation a grandement affecté les habitats naturels, la faune régionale et nombre d'anciennes oliveraies. Le patrimoine culturel est lui aussi menacé. En 2004, le Département chypriote turc des antiquités et des musées était en émoi après le grave endommagement de la nécropole de Vounos, près de Kyrenia : 140 tombes antiques ont été "passées au bulldozer, abîmées et complètement écrasées" lors de la construction de résidences de luxe par un promoteur privé. Mis devant ses responsabilités, celui-ci ne s'est d'ailleurs pas démonté, en produisant son permis de construire accordé par l'État. Sur le plan politique, ces incidents n'ont fait que renforcer les inquiétudes des Chypriotes grecs quant à leurs droits et leurs propriétés foncières, compliquant davantage tout processus de réconciliation entre le Nord et le Sud. À présent, les défenseurs de l'environnement de part et d'autre de la frontière appellent de leurs vœux un développement modéré, durable et écologique qui préserverait certaines zones en attendant que les négociations sur l'avenir de l'île s'achèvent.

oranges et repérer les vestiges des anciens aqueducs en ruine.

Le moyen le plus simple de rejoindre le poste-frontière de **Zodhia** est d'emprunter la route principale au sud de Morfou. L'ouverture de la frontière a permis de relier à nouveau la région à Tylliria et à la forêt de Paphos, à seulement 3 km de là. Les routes qui traversent ces montagnes sont balayées par les vents mais très belles. Il existe également un nouveau poste-frontière non loin du site archéologique de Vouni, à Limnitis (Yeşilirmak), près de Kato Pyrgos, facilitant encore davantage l'accès à la région.

Site archéologique de Soloi

Également une cité-royaume dans l'Antiquité, **Soloi** (Soli Harabeleri ; adulte/enfant 7/3 TL ; ⏲9h-19h juin à mi-sept, 9h-12h30 et 13h30-16h45 mi-sept à mai) s'appelait à l'origine Si-il-lu, comme l'atteste une liste de tribut assyrienne datant de 700 avant notre ère.

En 580 av. J.-C., le roi Philokyprios en fit la capitale de son royaume, au détriment d'Aepia, sur les conseils de son bras droit, le philosophe athénien Solon. Philokyprios renomma immédiatement la cité Soloi, en son honneur.

En 498 avant notre ère, Chypre étant alors sous domination persienne, Soloi prit part à la révolte ionienne, menée par Onesilos, roi de Salamine. Ce dernier, après avoir unifié toutes les cités-royaumes de Chypre (sauf Amathous) pour tenter de renverser l'Empire, fut finalement vaincu.

Soloi végéta jusqu'à l'époque romaine, où elle connut à nouveau la prospérité grâce à ses riches mines de cuivre. Comme ce fut le cas dans beaucoup de régions de Chypre, Soloi subit mises à sac et pillages par les envahisseurs arabes au VIIe siècle.

Le site est composé de deux parties principales : la **basilique** (aujourd'hui couverte) près de l'entrée, et l'**amphithéâtre**, sur les hauteurs, au sud de la basilique. Les vestiges d'un palais royal se dressent encore sur l'**acropole** près du théâtre, mais ils pourraient dater d'une période plus tardive.

Saint Marc fut baptisé ici par saint Auxibius, et l'on pense que la première **église** du site aurait été construite au IVe siècle. Aux vues de ce qu'il en reste aujourd'hui, il est difficile de se rendre compte de la taille de l'église, mais elle était immense. Les éléments les plus intéressants qui nous sont parvenus sont les sols ornés de mosaïques, dont une, décorée de motifs floraux entrelacés, représente un cygne et de petits dauphins.

Le **théâtre romain** a été plus ou moins bien restauré, après l'appropriation de la majeure partie de ses pierres par les Britanniques à la fin du XIXe siècle pour reconstruire le quai de Port-Saïd, en Égypte. Le théâtre pouvait accueillir jusqu'à 4 000 spectateurs. La célèbre statuette romaine d'Aphrodite de Soli a été découverte non loin de là. Elle est exposée au musée archéologique de Chypre, à Nicosie (Cyprus Museum ; p. 129).

Site archéologique de Vouni

Magnifiquement situé au sommet d'une colline, ce **site archéologique** (Vouni Sarayı Kalıntıları ; adulte/enfant 6/3 TL ; ⏲9h-17h juin à mi-sept, 9h-12h30 et 13h30-16h45 mi-sept à mai) abritait à l'origine un palais et un grand ensemble de bâtiments, datant du IVe siècle avant notre ère.

Ses origines et son histoire sont incertaines, mais on pense que le fort a été érigé par le dirigeant perse de la cité-royaume voisine de Marion (aujourd'hui Polis). Il voulait pouvoir ainsi tenir en respect la cité de Soloi, située à proximité et ralliée aux Grecs. Cette théorie est toutefois loin d'être confirmée, et se base sur quelques lignes d'Hérodote, dans le Livre V de ses *Histoires*. Il est en revanche vrai que le fort possède bien une architecture de palais perse, et que celui-ci fut agrandi et embelli sous la domination hellénistique.

Le site est composé d'un **mégaron** (pièce rectangulaire divisée en trois parties avec un foyer central et un trône) bien visible, de chambres privées et d'un escalier descendant à une cour sous laquelle se trouve une **citerne** et où l'on peut encore voir une pierre piriforme qui aurait servi de socle à un treuil.

Le palais fut incendié en 380 avant notre ère (on ne sait ni pourquoi, ni par qui) et ne fut jamais reconstruit. Aujourd'hui, ces tristes vestiges contemplent le superbe panorama depuis leur promontoire. On s'y rend par une route étroite qui part de la route principale (suivre le panneau Vouni Sarayı) vers le nord, jusqu'au parking. La billetterie se trouve tout en haut.

Famagouste (Mağusa) et la péninsule de Karpas (Kırpaşa)

Dans ce chapitre »

Le top des restaurants

- » Aspava Restaurant (p. 189)
- » Ginkgo (p. 188)
- » Cyprus House Restaurant (p. 189)
- » Petek Confectioner (p. 188)

Le top des hébergements

- » Crystal Rocks (p. 215)
- » Salamis Bay Conti (p. 215)
- » Nitovikla Garden (p. 215)
- » Karpaz Arch Houses (p. 216)
- » Club Malibu (p. 216)

Pourquoi partir

Probablement la région la plus fascinante de l'île, avec sa constellation de bâtiments historiques, de vestiges antiques et de sites archéologiques d'une beauté saisissante, Famagouste et la péninsule ont beaucoup à offrir aux voyageurs indépendants, qui iront de découverte en découverte.

La cité antique de Salamine offre un aperçu passionnant du passé hellène de l'île. La côte de la péninsule de Karpas (Kırpaşa) et sa longue langue de terres sauvages pointant vers le continent asiatique est à couper le souffle. Si des efforts sont faits pour développer la région, elle n'en reste pas moins l'une des plus paisibles du pays, dotée de fabuleuses plages désertes et d'une nature sauvage.

Tout à la pointe de la péninsule s'accroche le très respecté monastère orthodoxe d'Apostolos Andreas, l'un des rares édifices religieux du Nord à avoir survécu à l'invasion. Les Chypriotes grecs y viennent toujours en pèlerinage deux fois l'an.

Quand partir

De mars à mai, les plages du Nord sont fréquentées par une grande diversité d'oiseaux, tels que des huppes, des rolliers et des loriots d'Europe. En septembre et octobre, les plages sauvages de la péninsule accueillent des espèces rares de tortues méditerranéennes qui nichent et pondent leurs œufs dans le sable fin.

Les soirées de juin et juillet résonnent de musique, de danse et de théâtre : Famagouste est sous les feux de la rampe avec son Festival artistique et culturel international, qui embrase la vieille ville et les ruines de Salamine.

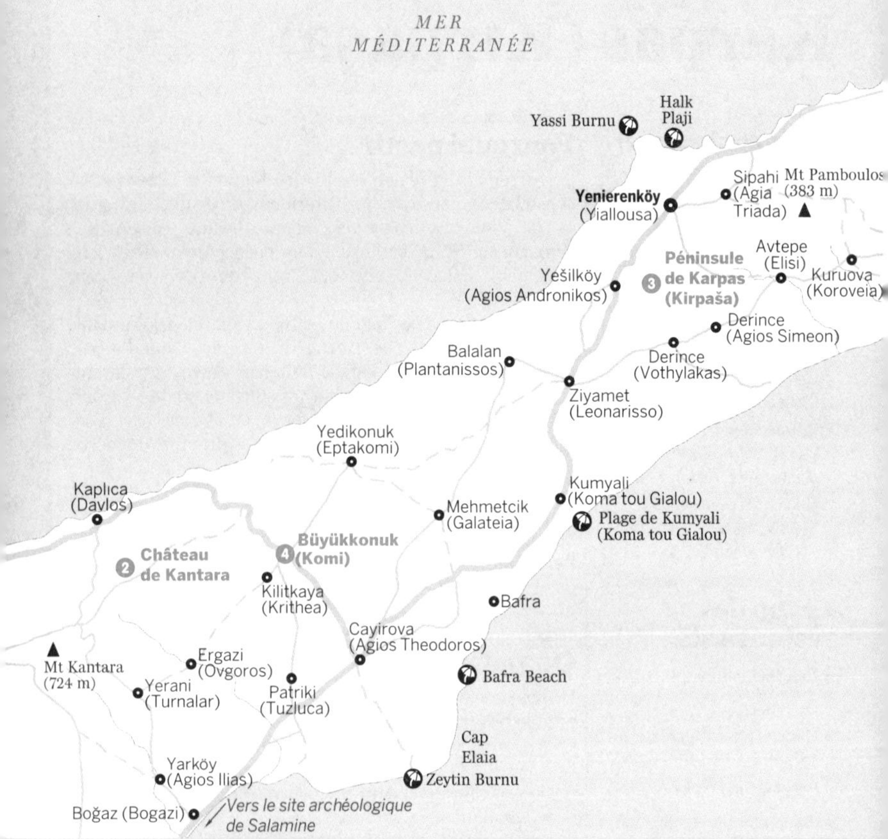

À ne pas manquer

❶ Un saut dans le passé d'une grande cité chypriote antique au **site archéologique de Salamine** (p. 191)

❷ Les remparts du **château de Kantara** (p. 197) et le magnifique panorama sur la côte et la péninsule

❸ Le silence et la solitude des paysages sauvages de la **péninsule de Karpas (Kırpaşa)** (p. 195)

4 La vue sur la cité fortifiée de **Famagouste** (p. 186) depuis son imposante muraille vénitienne et ses bastions

5 **Golden Beach** (baie de Nangomi ; p. 196), l'une des plus belles plages désertes de l'île

6 Les mosaïques, le site archéologique et les plages enchanteresses d'**Agios Filon** (p. 198)

7 Le **monastère d'Apostolos Andreas** (p. 199), l'un des rares édifices religieux orthodoxes existant encore dans le Karpas, à la pointe est de l'île

FAMAGOUSTE (MAĞUSA)

30 000 HABITANTS

Histoire

Famagouste et ses environs possèdent une histoire riche et complexe. L'étendue de la baie de Famagouste et l'immense plaine de la Mésorée (Mesarya) ont connu trois implantations majeures au cours de l'histoire : la cité d'Enkomi (Alasia) à l'âge du bronze, au XVIIe siècle avant notre ère, puis, à partir du IXe siècle av. J.-C., une ville et nécropole mycénienne décrite comme florissante dans *L'Iliade* d'Homère, et enfin l'illustre royaume de Salamine, qui prospéra au VIe siècle av. J.-C.

Fondée par Ptolémée Philadelphe d'Égypte au IIIe siècle av. J.-C., Famagouste était connue à l'origine sous son nom grec, Ammochostos, qui signifie "enterrée dans le sable". Elle est restée de longues années durant dans l'ombre de la célèbre cité-royaume de Salamine, un peu au nord.

Après l'abandon de Salamine en 648, la population de Famagouste s'accroît considérablement, mais il faut attendre la chute d'Acre en 1291, et l'arrivée des chrétiens qui fuient la Terre sainte et viennent s'y

Famagouste

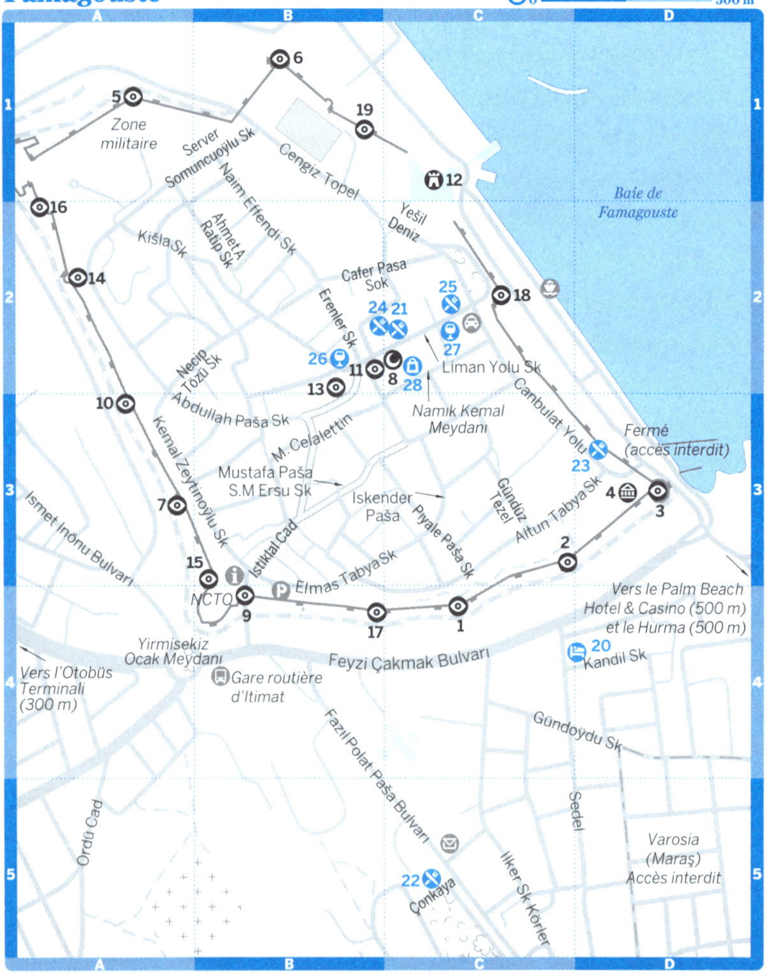

réfugier pour que la ville prenne vraiment son essor.

À la fin du XIIIe siècle, devenue la principale plaque tournante du commerce de la région, la ville est immensément riche. Le luxe l'envahit, et l'on rapporte qu'elle compte alors plus de joyaux et d'or que toutes les cours royales d'Europe. Les fidèles pieux voient en cela le signe d'une décadence morale de leurs concitoyens, et, en réaction, de nombreuses églises sont rapidement érigées.

Le déclin de cette grande cité est amorcé lorsque les Génois en prennent le contrôle au XIVe siècle, provoquant l'exode de ses riches notables.

Bien que Famagouste passe aux mains des Vénitiens plus d'un siècle plus tard, elle ne retrouve pas sa véritable prospérité d'antan. C'est à cette époque que sont construits les immenses remparts et bastions, ce qui n'empêchera pas les Ottomans de s'emparer de la ville en 1571. Près de 100 000 boulets de canon auraient été tirés lors du siège sanglant qui s'est ensuivi et dura 10 mois.

Sous le joug ottoman, Famagouste dépérit. Ses bâtiments endommagés sont laissés en l'état et le temps semble s'être arrêté. La vieille ville, Kaleici, devient un bastion chypriote turc.

Famagouste connaît un renouveau au début des années 1960, grâce à l'essor, sur le front de mer de son quartier sud majoritairement grec, de la station balnéaire de Varosia (Maraş), aux plages magnifiques, où affluent chaque année des milliers de vacanciers en quête de soleil.

Mais, en 1964, la région est très touchée par les conflits communautaires. Les Turcs se retranchent derrière les remparts de la vieille ville, et les rares Grecs encore présents s'exilent aux confins de Varosia.

L'armée turque, qui envahit l'île en 1974, place Famagouste, et notamment le secteur de Varosia, dans une zone frontalière à accès restreint. Désertée par la population grecque face à la progression rapide des troupes turques, Varosia se dresse aujourd'hui telle une ville fantôme dans une vaste zone tampon inhabitée. Hormis quelques postes militaires et patrouilles occasionnelles de casques bleus, le secteur est resté tel qu'il était en 1974 et, derrière des barricades de bidons et de fils barbelés, offre le spectacle sinistre de tours d'immeubles abandonnées, aux fenêtres béantes.

DISTANCES ROUTIÈRES (KM)

	Maraş (Varosia)	İskele Trikomo	Boğaz (Bogazi)	Agios Filon et Afendrika
İskele Trikomo	25			
Boğaz (Bogazi)	28	9		
Agios Filon et Afendrika	69	47	38	
Yenierenköy (Yiallousa)	64	45	36	15

Famagouste (Mağusa)

À voir

1 Bastion Andruzzi ... C4
2 Bastion Camposanto ... C3
3 Bastion Canbulat ... D3
4 Musée Canbulat ... D3
5 Bastion Del Mezzo ... A1
6 Bastion Diamante ... B1
7 Bastion Diocare ... A3
8 Lala Mustafa Paša ... C2
9 Porte de la Terre (Land Gate) ... B4
10 Bastion Moratto ... A3
11 Prison de Namık Kemal ... B2
12 Tour d'Othello (citadelle) ... C1
13 Palazzo del Provveditore ... B2
14 Bastion Pulacazara ... A2
15 Bastion Ravelin (Rivettina) ... B3
16 Bastion San Luca ... A2
17 Bastion Santa Napa ... B4
18 Porte de la Mer (Sea Gate) ... C2
19 Bastion Signoria ... B1

Où se loger

20 Portofino ... D4

Où se restaurer

21 Aspava Restaurant ... C2
22 Cyprus House Restaurant ... C5
23 Desdemona Bar & Restaurant ... D3
24 Ginkgo ... B2
25 Petek Confectioner ... C2

Où prendre un verre

26 D&B ... B2
27 Monks Inn ... C2

Achats

28 Hoşgör ... C2

Orientation

Vous n'aurez aucun mal à visiter Famagouste, car la plupart des sites se trouvent à l'intérieur ou près de la vieille ville.

Sur la grande place de la ville nouvelle, Yirmisekiz Ocak Meydanı, se dresse une immense statue noire d'Atatürk, impossible à manquer. C'est par la porte de la Terre (Land Gate), en face, qu'on accède le plus facilement à la vieille ville. Un parking très pratique se trouve juste à droite en entrant.

İstiklal Caddesi est l'artère principale : elle traverse la vieille ville jusqu'à Namık Kemal Meydanı, la place qui fait face à la mosquée Lala Mustafa Paşa. À l'est de la vieille ville, le port accueille les ferries en provenance et à destination de la Turquie.

Au sud, des barbelés délimitent la zone abandonnée de Varosia ; on peut s'en approcher, mais il est interdit de les franchir. Attention aux panneaux indiquant les routes à accès limité ou interdit.

Cartes

L'office du tourisme de Chypre-Nord (North Cyprus Tourism Organisation, NCTO) publie un plan de la ville gratuit, *City Plan of Gazimağusa*, en anglais et en turc. La vieille ville n'est pas très détaillée, mais le plan donne une bonne vue globale de la ville, ainsi que de la plupart des sites importants de la région.

À voir et à faire

Du haut de la tour d'Othello, à l'angle nord-est de la muraille vénitienne, se dévoile l'horizon de Famagouste, hérissé d'églises à l'abandon et d'édifices gothiques. Des ruelles sinueuses bordées de bâtiments bas en partie écroulés composent maintenant le paysage de ce qui fut autrefois la cité la plus prospère et la plus importante de Chypre. C'est à pied qu'il faut découvrir ce dédale éclectique de petites rues à arcades, de chapelles en ruine, de bains turcs, d'églises byzantines, de quartiers médiévaux et de témoignages de l'époque des Templiers. Une visite en règle de la ville vous prendra une bonne partie de la journée.

Les infrastructures d'accueil font encore défaut à Famagouste, et bien que les visiteurs soient nombreux en raison de la richesse de son histoire, la plupart d'entre eux choisissent de loger ailleurs.

Remparts vénitiens SITE HISTORIQUE

Encerclant la vieille ville, ces remparts massifs et étendus évoquent ceux de Jérusalem et d'İstanbul. Mesurant plus de 15 m de haut et jusqu'à 8 m de large, cette muraille dont les douves sont aujourd'hui asséchées fut érigée par les Vénitiens au début du XVIe siècle. Malgré sa taille colossale, elle n'a pas suffi à repousser les assauts des Ottomans en 1571, mais elle a résisté aux troubles que la ville a connus par la suite.

Comme ceux de Nicosie, les remparts de la vieille ville comprennent 14 bastions et cinq portes. Il est possible de parcourir cette muraille au plan grossièrement rectangulaire sur presque toute sa longueur, et de profiter de la vue sur la ville en contrebas. (Sachez que des postes militaires turcs sont installés à certains endroits).

Vous pouvez commencer votre promenade à l'extrémité sud, près de la **porte de la Terre** (Land Gate) sur le **bastion Ravelin (Rivettina)** (5 TL ; 9h-18h en sem), appelé “Akkule” ou “tour blanche”. C'est là que les Ottomans ont effectué leur première brèche dans les fortifications, face aux Vénitiens qui agitaient le drapeau blanc.

Du bastion Ravelin, on suit la muraille vers le nord en croisant quatre petits **bastions** (**Diocare**, **Moratto**, **Pulacazara** et **San Luca**), ainsi que le **bastion Martinengo**, qui penche fortement. On bifurque ensuite vers la mer et les **bastions Del Mezzo**, **Diamante** et **Signoria**, avant d'atteindre l'impressionnante citadelle qu'est la tour d'Othello.

La **porte de la Mer** (Sea Gate) coté est, ouvrait à l'origine directement sur la mer. Aujourd'hui, les docks du port moderne ont gagné beaucoup d'espace sur la mer.

À l'extrémité sud-est se trouve le **bastion Canbulat**, où périt vaillamment le général Canbulat Bey, héros ottoman, en attaquant les fortifications à cheval pendant le siège. De là, la muraille achève sa boucle pour revenir à la porte de la Terre en passant par les **bastions Camposanto**, **Andruzzi** et **Santa Napa**.

Tour d'Othello (citadelle) SITE HISTORIQUE

(Othello Kalesi ; adulte/enfant 7/3 TL ; 9h-20h juin à mi-sept, 9h-12h30 et 13h30-16h45 mi-sept à mai). Extension des remparts côté nord-est, face à la mer, cette tour fut érigée au XIIe siècle sous le règne des Lusignan afin de protéger le port et la porte de la Mer, plus au sud. En 1492, les Vénitiens fortifièrent la tour-citadelle, qu'ils transformèrent en avant-poste d'artillerie.

La tour est ainsi nommée car elle aurait un vague rapport avec la pièce de Shakespeare *Othello,* qui comporte une scène faisant allusion à “un port de Chypre”. Le **lion vénitien**, sculpté par l'architecte de la tour Nicolò Foscarini, en surveille d'en haut l'impressionnante entrée. Léonard de Vinci se serait rendu à Famagouste lors de son passage Chypre en 1481 et aurait prodigué des conseils pour la rénovation de la tour.

La citadelle en elle-même comporte plusieurs tours et galeries menant à des chambres d'artillerie, une grande cour jouxtant un réfectoire ainsi que des appartements. Le réfectoire comme les appartements situés à l'étage datent de l'époque des Lusignan.

La cour et sa scène (destinée à des spectacles folkloriques) sont bordées par la grande salle, dotée à son extrémité de magnifiques arches et de murs de grès alvéolés par la corrosion. Les puits de ventilation donnent sur les remparts et conduisent à des galeries dérobées et à des chambres secrètes aménagées sous les Lusignan. La légende veut que le trésor enterré par les marchands vénitiens à l'approche des Ottomans se trouve toujours ici.

Les remparts offrent une vue imprenable sur la ville, particulièrement belle tôt le matin et en soirée.

Lala Mustafa Paşa MOSQUÉE

(Erenler Sokak ; adulte/enfant 7/3 TL ; ⏲en dehors des heures de prière). La mosquée, le plus bel exemple d'architecture gothique de l'époque des Lusignan à Chypre, fut érigée entre 1298 et 1326.

Sous le règne des Lusignan, cet édifice, à l'origine la cathédrale d'Agios Nikolaos, était le plus prestigieux de Famagouste. C'est ici que le dernier des rois de Chypre de la dynastie Lusignan, Jacques II, et son fils dauphin (Jacques III) sont inhumés.

Bâtie sur le modèle de la cathédrale de Reims en France, elle éclipse l'église d'Agia Sofia (aujourd'hui la mosquée Selimiye) à Nicosie-Nord (Lefkoşa). Convertie en mosquée (ou *camii*, en turc) après l'invasion ottomane de 1571, elle domine toujours le paysage de la vieille ville.

Elle fut considérablement endommagée au cours du siège de Famagouste par les Ottomans, et ses tours jumelles furent détruites. Les Ottomans lui greffèrent un minaret, en supprimèrent tous les éléments de décoration chrétiens et vidèrent ses tombeaux.

LA VILLE FANTÔME DE VAROSIA (MARAŞ)

Avant 1974, le district de Varosia (Maraş, en turc) abritait une communauté prospère de Chypriotes grecs, dont bon nombre possédaient et géraient les grands complexes hôteliers de ce qu'on appelait alors la riviera de Famagouste, qui surplombaient les plus belles plages de l'île.

Au mois d'août cette année-là, devant les raids aériens et l'avancée militaire turque dans le Nord, les habitants de Varosia fuyèrent en abandonnant tout derrière eux. Beaucoup pensaient revenir au bout de quelques jours, une fois un semblant de normalité rétabli. Il n'en fut rien. L'armée turque entra dans la ville sans rencontrer de résistance, et Varosia est restée déserte depuis.

Aujourd'hui, l'image des barricades de Varosia rappelle les jours sombres de l'année 1974. Immeubles, boutiques et maisons, couverts de poussière et de sédiments, sont restés tels qu'ils ont été laissés il y a 37 ans. Un concessionnaire de voitures, pillé, possède toujours un modèle de 1974, enfermé pour toujours dans sa vitrine, comme pétrifié. Les grands hôtels de cette station balnéaire autrefois florissante, aux trous béants à la place des fenêtres, portent encore les traces d'éclats d'obus et ont été laissés à l'abandon, comme les carcasses vides de sentinelles géantes dressées sur la côte.

La ville abritait également un Musée archéologique. Personne ne sait ce qu'est devenue sa considérable collection après les pillages. L'isolement de la ville rend toute vérification impossible. Les historiens craignent que les pièces maîtresses n'aient été déplacées ou vendues au marché noir.

Des barbelés entourent Varosia et toute cette "zone morte", et des barils de métal bloquent l'accès aux routes. L'accès en est interdit aux visiteurs, à l'exception de l'**église Agios Ioannis** (4 TL ; ⏲9h-13h lun-ven), 120 m à l'intérieur de la zone interdite. Pour s'y rendre, il faut franchir un poste de contrôle. Ne soyez pas étonné si vous êtes refoulé sans explication.

Seule une minuscule partie de la ville est toujours habitée, à 200 m de l'avenue principale, Polat Paşa, où l'on peut longer la clôture et voir à l'intérieur de la zone. Il est interdit de prendre des photos.

La façade ouest, qui donne aujourd'hui sur une zone piétonne, est la plus impressionnante avec ses trois portiques qui pointent gracieusement vers une ouverture à six panneaux, ornée d'une rosace.

À l'intérieur, les murs ont été blanchis à la chaux, comme le veut la coutume islamique, mais les lignes gothiques élancées sont toujours bien visibles. Les visites ne sont possibles qu'autour des heures de prière. Habillez-vous de façon traditionnelle.

Prison de Namık Kemal MUSÉE

(Enceinte du palais ; adulte/enfant 5/3 TL ; ⏲9h-14h juin-mi-sept, 9h-12h30 et 13h30-16h45 mi-sept à mai). Le poète, dramaturge et dissident turc Namık Kemal (1840-1888) fut enfermé dans cette ancienne prison pendant près de quatre années pour avoir produit des écrits ayant offensé le sultan. La place séparant la prison de la mosquée Lala Mustafa Paşa porte son nom.

Immédiatement à l'ouest se dressait le **Palazzo del Provveditore**, palais vénitien dont il reste peu de chose, sauf quelques boulets de canon, arches décrépites et colonnes provenant de Salamine.

Musée Canbulat MUSÉE

(Canbulat Yolu ; adulte/enfant 5/3 TL ; ⏲9h-19h juin à mi-sept, 9h-12h30 et 13h30-16h45 mi-sept à mai). Pendant le siège de Famagouste, le héros ottoman Canbulat aurait chargé à cheval un dispositif défensif utilisé pendant les sièges à l'époque médiévale, composé d'une roue hérissée de pointes. Ayant eu raison du dispositif (au prix de sa vie et de celle de son cheval), il aurait ainsi ouvert aux Ottomans la voie de la conquête.

Sa tombe, à l'angle sud-est de la muraille vénitienne, abrite un musée comportant une collection de poteries et de tableaux représentant le sultan Soliman et la mosquée Lala Mustafa Paşa. Une exposition historique retrace le rôle des Turcs dans les événements de 1974, et l'histoire des enclaves de la vieille ville.

Plages

Palm Beach PLAGE

Cette plage, la plus belle plage de Famagouste, s'étend devant le Palm Beach Hotel & Casino et est accessible aux non-résidents de l'hôtel. Les aménagements sont corrects mais chers. Suivez les panneaux "To the Beach Club", au sud de l'hôtel.

Glapsides PLAGE

Cette plage publique de sable fin est située à 4 km au nord de Famagouste. Ses eaux peu profondes et protégées par la baie sont appréciées des habitant, et idéales pour les enfants.

On y trouve un bar et un restaurant, des douches et des toilettes, et on peut y louer des transats et des parasols. Jet-skis, pédalos et canoës sont également proposés à la location, et les conditions sont idéales pour le snorkeling. Le lieu est parfait aussi pour regarder les oiseaux pendant les périodes de migration.

Glapsides est accessible par le sentier à côté du restaurant Golden Terrace, sur la route principale venant de Famagouste.

Fêtes et festivals

Festival artistique et culturel international de Famagouste FESTIVAL CULTUREL

(Magùsa Kültüre ve Sanat Festivali). Tous les ans, entre le 20 juin et le 12 juillet, ce festival programme des concerts de musique (classique, jazz, hip-hop et reggae) par des artistes internationaux et locaux. Namık Kemal Meydanı, la tour d'Othello et l'amphithéâtre de Salamine accueillent par ailleurs des représentations théâtrales.

Où se restaurer

Famagouste possède quelques bons restaurants dans la vieille ville et ses alentours.

♥ **Ginkgo** FUSION €€€

(Liman Yolu Sokak 1 ; plats 15-25 TL ; ⏲10h30-23h30 lun-sam). Un café-restaurant tendance à deux pas de la mosquée Lala Mustafa Paşa, qui occupe une ancienne madrasa (école religieuse islamique) située dans un édifice chrétien à arcades. Atmosphère agréable et carte fournie (copieux burgers maison et salades, pâtes, poisson et viande grillés).

♥ **Petek Confectioner** BOULANGERIE €

(☎366 7104 ; Yeşil Deniz Sokak 1 ; pâtisserie à partir de 4 TL ; ⏲10h-23h). Ce salon de thé est un temple des délices sucrés. Les *lokum* (loukoums turcs) se déclinent en spirales multicolores, cercles ou formes géométriques, aux côtés des gâteaux maison au miel, aux noix et au chocolat, des *simit* (pains ronds au sésame) et des baklavas, pour ne citer qu'eux. Certains produits sont chers, mais les gourmets s'y retrouveront.

Aspava Restaurant TURC €€
(Liman Yolu Sokak 19 ; kebab 11 TL ; midi et soir). Exquis chiche-kebabs grillés, assortiments de grillades (15 TL) et mezze. On vous sert dans un jardin ombragé par une vigne vierge, donnant sur la place et la mosquée.

Desdemona Bar & Restaurant TURC €€
(Canbulat Yolu Sokak 3 ; plats 17 TL). Dans une tour sans fenêtres, ce bar-restaurant sert de généreux mezze à petit prix, dans une ambiance chaleureuse. En hiver, c'est un bar musical branché fréquenté par les habitants.

Hurma MÉDITERRANÉEN €€€
(Kemal Server Sokak 17 ; plats 25 TL ; soir). À deux pas du Palm Beach Hotel, ce restaurant aux airs d'hacienda, agrémenté de palmiers et d'une terrasse calme surplombant la mer, concocte une cuisine internationale épatante, comme les escargots ou le poisson frais aux herbes, ail et citron.

Cyprus House Restaurant TURC €€
(Fazıl Polat Paşa Bulvarı ; plats 15 TL ; soir). Installé dans un ancien manoir de la ville nouvelle, l'établissement possède un espace frais et ombragé où déguster kebabs et grillades. Le week-end, des danseuses du ventre viennent souvent divertir les clients. À 400 m environ au sud-est de Yirmisekiz Ocak Meydanı.

Eyva Restaurant CHYPRIOTE €€
(Salamis Yolu ; plats 15 TL ; soir). Soirées spectacles avec *kleftiko* maison (agneau au four) et musique live (et danse) grecque ou turque le week-end. Comptez 25 TL pour le dîner et le spectacle. Sur la route principale en direction de Salamine, à gauche de l'intersection.

Où prendre un verre

Famagouste compte peu d'adresses où sortir et prendre un verre. La route de l'université en direction de Salamine, où s'égrènent quelques bars et cafés identiques, constitue généralement la meilleure option.

D&B CAFÉ
(Namik Kemal Meydanı ; 10h-23h30 lun-sam). Idéal pour boire un verre au milieu des ruines, juste en face de la mosquée principale. Populaire auprès des étudiants et des habitants.

Monks Inn BAR
(Namik Kemal Meydanı ; 18h-23h30 lun-jeu, 12h-23h30 ven-sam). Dans une maison médiévale, on se détend en goûtant les cocktails. Une adresse où prendre un rafraîchissement ou un en-cas dans une ambiance sympathique, juste à côté de la place.

Achats

Famagouste offre très peu de choix en matière d'achats. Sachez que certains produits, comme les montres, les baskets et les vêtements de marque sont très certainement des contrefaçons provenant de Turquie.

Hoşgör BROCANTE
(Mahmut Celalettin Sokak 24/1 ; 10h-14h lun-sam). Une caverne d'Ali Baba où dénicher céramiques chypriotes traditionnelles, gravures, broderies et autres cadeaux.

Renseignements

Vous trouverez un DAB sur la place principale, en face de Lala Mustafa Paşa, et des téléphones à carte dans Liman Yolu Sokak, à côté de la mosquée.

Bureau de change (İstiklal Caddesi ; 8h-17h30 lun-ven, 8h-18h30 juin et juil)

Centre téléphonique (366 5332 ; İlker Sokak Körler)

Hôpital (366 2876 ; Fazıl Polat Paşa Bulvarı). À 5 minutes au sud de la vieille ville.

Office du tourisme (North Cyprus Tourist Organisation, NCTO ; 366 2864 ; İstiklal Caddesi ; 8h-17h lun-sam). Le NCTO se situe au niveau de la porte de la Terre (Land Gate) ; le personnel parle anglais.

Poste (366 2250 ; Fazıl Polat Paşa Bulvarı)

Poste de police (366 5310 ; İlker Sokak Körler)

Depuis/vers Famagouste

BATEAU Des ferries pour Mersin (Turquie) quittent le port à l'est de la vieille ville les mardis, jeudis et dimanches (aller adulte/étudiant 80/50 TL taxes comprises, 10 heures, 21h). Les billets s'achètent au terminal des passagers et auprès de **Cyprus Turkish Shipping** (366 4557 ; cypship@superonline.com ; Bulent Ecevit Bulvarı).

BUS **Otobüs Terminali** (366 6347 ; www.gocmentransport.com ; Gazi Mustafa Kemal Bulvarı), la gare routière principale, se trouve du côté ouest de la vieille ville ; elle dessert :

Nicosie-Nord 5 TL, 45 minutes, toutes les 15-30 min de 6h à 19h

Kyrenia (Girne) 6 TL, 1 heure 15, toutes les heures de 7h à 18h30

Yenierenköy 5 TL, 1 heure 15 ; via Kyrenia

MINIBUS Des minibus partent régulièrement de la **gare routière İtimat** (366 6666 ; Yirmisekiz Ocak) vers :

Environs de Famagouste (Mağusa)

Nicosie-Nord 6 TL, 45 minutes
Kyrenia 5 TL, une heure ; via Nicosie-Nord

Comment circuler

Il y a une borne de taxi dans la vieille ville, près de la porte de la Mer (Sea Gate). **Ulaş Taksi** (☎366 8988/1276) dessert Famagouste et ses environs, et même plus loin. Les tarifs sont généralement fixes, mais vérifiez avant d'accepter la course.

La ville ne compte pas de bus urbains, la plupart des sites étant accessibles à pied.

ENVIRONS DE FAMAGOUSTE

La plupart des sites archéologiques et des plages de la région se situent à 9-10 km au nord de Famagouste, le long de la baie.

Vous pourrez vous installer dans un des hôtels de la côte ou des complexes tranquilles de Boğaz (Bogazi). Si vous êtes motorisé, optez pour l'un des villages de l'arrière-pays, moins fréquentés, tels que Geçitkale (Lefkoniko) ou İskele (Trikomo), dans la plaine de la Mésorée (Mesarya).

Plages

De belles plages s'étendent depuis le site archéologique de Salamine, au nord de Famagouste, jusqu'à la baie de Famagouste. L'eau arrive aux genoux sur 70 m et la mer peut être agitée les jours de vent.

Silver Beach PLAGE

Au nord de Famagouste, avant Salamine, cette plage de sable aux eaux peu profondes se prête parfaitement à la baignade et au snorkeling. On peut y explorer le port englouti du site antique.

Bediz Beach PLAGE

Juste après Salamine, cette plage de sable fin propose toutes les infrastructures possibles, notamment transats, parasols, douches et bar-restaurant. Venez y piquer une tête après une journée de visite sous le soleil.

Bafra Beach PLAGE

Une plage de sable publique et signalisée, où l'eau est propre et qui dispose des infrastructures de base, 10 km après Boğaz ; tournez à droite en direction de la baie de Bafra.

Comment circuler

L'idéal est d'avoir son propre véhicule, mais la plupart des sites sont accessibles en taxi (comptez environ 14 € pour un aller-retour entre Famagouste et le site archéologique de Salamine).

Le vélo est une autre possibilité... à condition d'avoir le sien : Famagouste ne compte pas de bonne adresse de location.

Site antique de Salamine

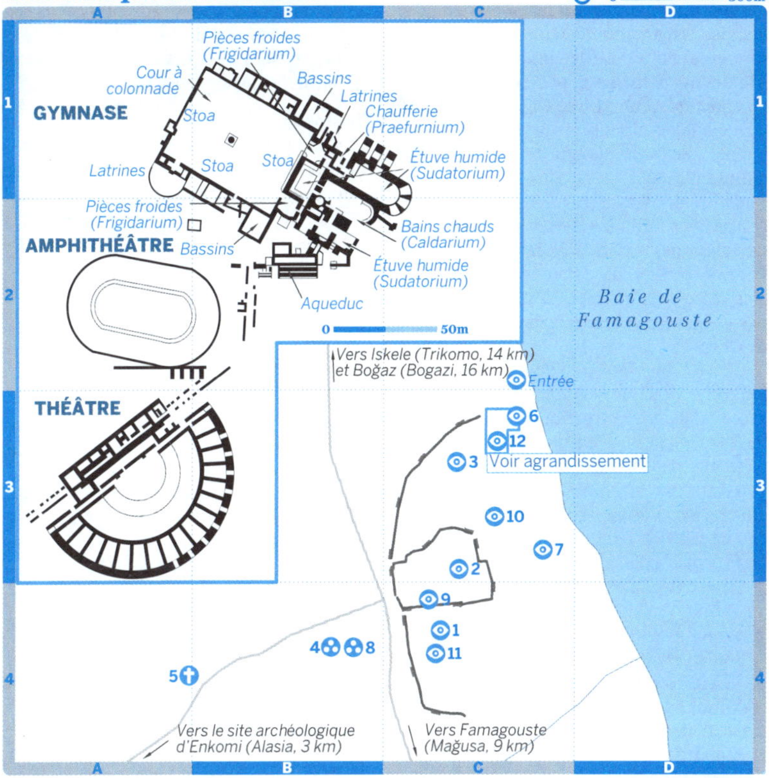

Site antique de Salamine

À voir

1 Agora ... C4
2 Basilique Agios Epifanios ... C3
3 Thermes ... C3
4 Tombes de Cellarka ... B4
5 Monastère d'Apostolos Varnavas ... A4
6 Gymnase ... C3
7 Basilique Kambanopetra ... C3
8 Nécropole de Salamine (tombeaux royaux) ... B4
9 Réservoir ... C4
10 Villa romaine ... C3
11 Temple de Zeus ... C4
12 Théâtre ... C3

Les bus urbains entre Famagouste et Yenierenköy s'arrêtent à Boğaz et passent à proximité de Salamine, mais ils sont peu fréquents et circulent jusqu'à 17h30 seulement.

Site antique de Salamine

Salamine était la plus importante des dix cités-royaumes antiques de Chypre.

D'après la légende, la **cité de Salamine** (Salamis Harabeleri ; adulte/enfant 9/5 TL ; ⌚9h-20h juin-mi-sept, 9h-12h30 et 13h30-16h45 mi-sept à mai) fut fondée vers 1180 av. J.-C. par Teucer (Teukros), fils de Télamon, roi de l'île grecque de Salamine. Frère du héros grec Ajax et n'ayant pu en venger la mort, il ne put regagner sa patrie après la guerre de Troie.

Plus tard, Salamine tombe sous domination assyrienne ; on en trouve la première trace écrite sur une stèle assyrienne datant de 709 av. J.-C.

En 450 av. J.-C., après une bataille terrestre et maritime entre les Grecs et les Perses, la cité (et l'île) se rend et restera sous contrôle perse jusqu'à ce que le roi grec et grand patriote Evagoras se batte pour obtenir l'indépendance. Sous son règne, Salamine prospère, frappe sa propre monnaie et favorise l'émergence d'un mouvement philosophique et littéraire dynamique, accueillant d'éminents penseurs et poètes grecs.

Après qu'Alexandre le Grand eut mis un terme à la domination perse sur l'île, la cité connut une brève période de paix. À la mort d'Alexandre, elle passe sous le contrôle des Ptolémée de 294 à -58 av. J.-C., qui nomme le gouverneur militaire Nicocréon (dernier roi de Salamine) à la tête de la cité et de l'île. Pour des raisons obscures, ce dernier se suicide, et la ville périclite. Paphos supplante alors Salamine et devient la première ville de Chypre.

Ce n'est que lorsque l'île devient une colonie romaine que la cité retrouve son faste, grâce à la reconstruction et aux travaux publics engagés. S'ensuivront deux tremblements de terre et un raz de marée, qui nécessiteront une nouvelle reconstruction, effectuée sous l'empereur Constantin II. En 350, la ville est rebaptisée Constantia et déclarée épiscopale.

Confrontée aux mêmes problèmes que Salamine, Constantia subit les attaques de Sarrasins aux VIIe et VIIIe siècles.

Son port, ensablé, devient inutilisable, et la cité sombre dans l'oubli. Ses pierres serviront plus tard en grande partie à la construction de Famagouste.

Aujourd'hui, Salamine est l'un des sites majeurs de l'île, et les fouilles se poursuivent.

À voir

Prévoyez une demi-journée pour tout voir, en comptant 7 km de marche. Après l'entrée principale, étudiez la carte du site pour ne pas revenir trop souvent sur vos pas.

Chapeau et bouteille d'eau sont indispensables par forte chaleur, car il n'y a pas d'ombre. Attention aux serpents, surtout dans les parties envahies par la végétation. Le restaurant de l'entrée est idéal pour déjeuner. Et, après une journée de visite, rien ne vaut une baignade sur la plage voisine.

Salamine se trouve à 9 km au nord de Famagouste, du côté mer de la route Famagouste-Boğaz.

Gymnase — GYMNASE

Les vestiges du gymnase, avec sa cour intérieure à colonnade et ses bassins adjacents, servant aux exercices physiques et au bien-être, rappellent la splendeur passée de Salamine. Son portique nord est entouré de statues décapitées par des fanatiques chrétiens qui y voyaient le symbole de rites païens. Celles qui ont échappé aux nombreux assauts ont disparu depuis 1974. Heureusement, certaines ont été mises en lieu sûr au Musée archéologique de Chypre, à Nicosie.

Thermes — THERMES

À l'est du portique se situent les thermes hellénistiques et romains, dont on peut voir le système de chauffage sous le sol. L'entrée sud est décorée d'une fresque représentant deux visages et le hall sud renferme deux des plus belles mosaïques du site, datant des IIIe et IVe siècles. Sur la première, on voit Léda et le Cygne, tandis que l'autre représente Apollon et Artémis combattant les Niobides. Certains pensent qu'il s'agit d'une scène de bataille entre guerriers et Amazones.

Théâtre — THÉÂTRE ROMAIN

Datant de l'époque d'Auguste (règne. 27 av. J.-C.-14 apr. J.-C.), le théâtre pouvait accueillir 15 000 spectateurs. Il fut en grande partie détruit par les tremblements de terre, et ses blocs de pierre furent pillés pour servir à d'autres constructions. Il a été partiellement restauré depuis, et des manifestations de plein air y sont parfois organisées (repérez les affiches à Famagouste).

Villa romaine — DEMEURE

Au sud du théâtre, cette villa se composait à l'origine de deux niveaux : un hall de réception et une cour intérieure dotée d'un portique à colonnes.

Basilique Kambanopetra — ÉGLISE

Cette basilique du IVe siècle possède un sol en mosaïque élaboré et une cour à colonnade.

Basilique Agios Epifanios — ÉGLISE

Au centre du site, cette basilique qui fut jadis la plus grande de Chypre date de l'épiscopat d'Epifanios (386-403).

Réservoir — RÉSERVOIR

Plus au sud, vous verrez les ruines du réservoir.

Agora — "CENTRE-VILLE"

Vestiges du lieu de rassemblement de la cité.

Temple de Zeus — TEMPLE

Également au sud d'Agios Epifanios.

Nécropole de Salamine — TOMBEAUX ROYAUX

(Salamis Mezarlık Alanı ; ☎378 8331 ; adulte/enfant 7/3 TL ; ⏱9h-20h juin à mi-sept, 9h-12h30 et 13h30-16h45 mi-sept à mai). Quelque 150 tombes sont disséminées dans ce vaste cimetière antique datant des VIIe et VIIIe siècles av. J.-C.

L'agencement des chambres funéraires correspond d'assez près à la description que fait Homère des tombeaux mycéniens dans *L'Iliade*. Rois et nobles étaient enterrés ici avec leurs possessions préférées : mets, boissons et même leurs esclaves sacrifiés. Les squelettes de chevaux, sacrifiés eux aussi après avoir transporté un roi jusqu'à son tombeau (n°79), rappellent ces pratiques sinistres. Au fil des ans, la plupart des tombes ont été pillées, mais au moins trois d'entre elles ont livré leurs trésors, exposés au Musée archéologique de Chypre, à Nicosie.

Plus au sud, un eucalyptus isolé marque l'emplacement des **tombes de Cellarka**. Plus petites et taillées dans la roche, ces tombes accueillaient les membres moins importants de la famille royale. Des marches raides mènent aux chambres souterraines où des urnes de pierre étaient placées en attendant que leur contenu se décompose. Les os étaient ensuite retirés et les chambres réutilisées.

La nécropole est clairement indiquée depuis le sud de Salamine sur la route menant au monastère d'Apostolos Varnavas.

Monastère d'Apostolos Varnavas MONASTÈRE
(☎378 8331 ; adulte/enfant 7/3 TL ; ⏲9h-20h juin à mi-sept, 9h-12h30 et 13h30-16h45 mi-sept à mai). L'église orthodoxe du monastère de Saint-Barnabé (Apostolos Varnavas) a échappé à la destruction et au pillage, destin de bien des églises du nord de l'île, lorsque les autorités turques en ont fait un musée. Si de nombreux Chypriotes grecs ont protesté contre son utilisation à des fins lucratives et non plus religieuses, ils se réjouissent que l'édifice soit toujours debout.

Trois moines (également frères) du nom de Varnavas, Stefanos et Khariton, ont dirigé le monastère à partir de 1917. Ils tentèrent de rester après 1974, mais durent partir en 1976 en raison des fouilles constantes des locaux et des restrictions de déplacement imposées par les autorités turques. Les trois frères ont fini leurs jours au monastère de Stavrovouni.

L'église est dédiée à saint Barnabé (Varnavas ; voir p 223), ami proche de saint Paul, né à Chypre et missionnaire sur l'île. Bien que son nom apparaisse dans les Actes des Apôtres de la Bible, il n'a jamais été officiellement reconnu comme l'un d'entre eux.

L'église d'origine a été construite en 477 sur la tombe de Varnavas. Celle-ci fut découverte par Anthémios, évêque de Constantia (Salamine), à la suite d'un rêve. L'édifice actuel, que fit ériger l'archevêque Philothéos en 1756, intègre en grande partie l'église d'origine désormais transformée en **musée des Icônes orthodoxes**.

Dans la cour, un petit **Musée archéologique** expose des objets découverts à Salamine et près d'Enkomi. Certaines pièces proviennent peut-être aussi de l'ancien Musée archéologique de Varosia.

Les pièces exposées et les salles ne sont pas bien indiquées. À partir de l'entrée, dans le sens des aiguilles d'une montre, la première salle est dédiée à l'âge du bronze, la deuxième à la période vénitienne, et la dernière aux périodes ottomane et classique. La pièce maîtresse est une statue de femme tenant un chiot, peut-être la déesse Déméter.

Pour rejoindre l'église, située à 9 km au nord-ouest de Famagouste, près de Salamine, prenez l'embranchement face à la vieille ville de Salamine. Ensuite, la route est bien indiquée.

Site archéologique d'Enkomi (Alasia)

Cette **cité de l'âge du bronze** (Enkomi Ören Yeni ; adulte/enfant 5/3 TL ; ⏲9h-19h juin à mi-sept, 9h-12h30 et 13h30-16h45 mi-sept à mai) date de 1800 av. J.-C. Elle connut son apogée en tant que centre de production de cuivre à la fin de l'âge du bronze (1650-1050 av. J.-C.).

Sur les tablettes cunéiformes acadiennes retrouvées à Tel el-Amarna en Égypte, le roi d'Alasia promet du cuivre au pharaon en échange d'argent et de produits de luxe. On ne sait toujours pas si le nom d'Alasia se réfère à Chypre dans son ensemble ou seulement à Enkomi.

Les ruines du site remontent à environ 1200 av. J.-C. Le plan en damier date d'alors, époque où ses beaux édifices publics ont été érigés. La cité était autrefois connue pour son train de vie coûteux et ses riches marchands qui commerçaient pour le compte des Mycéniens.

Un incendie et deux tremblements de terre au moins ont entraîné le déclin d'Enkomi, puis son port intérieur s'est ensablé. Selon certaines théories, ses derniers habitants gagnèrent la côte, où ils fondèrent Salamine. Le site a été en grande partie pillé, mais de nombreuses tombes auraient recelé de l'or, de l'ivoire et d'exquises poteries mycéniennes.

DÉPART **İSKELE (TRIKOMO)**
ARRIVÉE **KALEBURNU GALINOPORNI**
DISTANCE **85 KM**
DURÉE **5 À 6 HEURES**

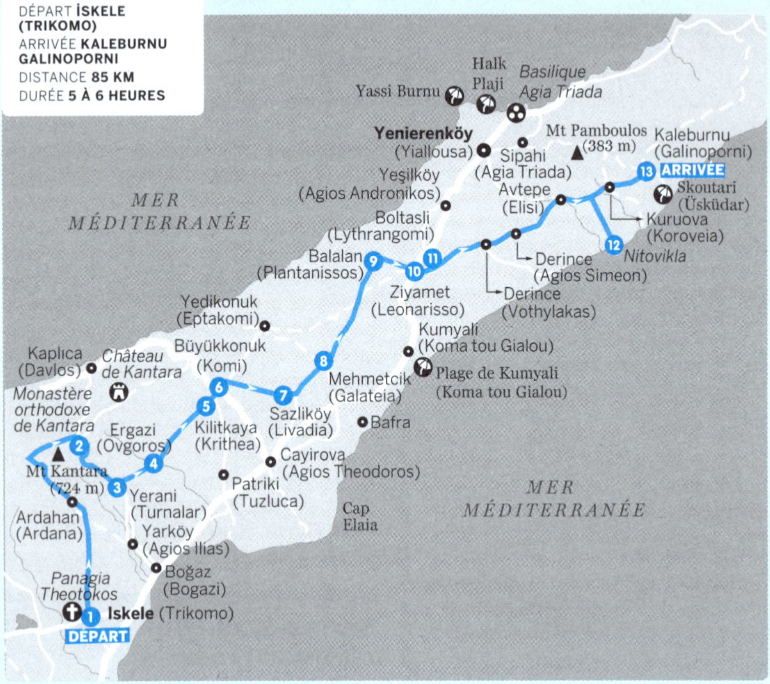

Excursion en voiture
Les villages isolés du Karpas

Après avoir visité l'église et le musée d'❶ **İskele**, prenez au nord direction Ardahan (Ardana), puis bifurquez vers l'est par une route qui serpente sur 12 km entre les pins et le long de falaises, de collines et du ❷ **monastère orthodoxe de Kantara**. Empruntez la route principale vers le sud jusqu'au village de ❸ **Yerani (Turnalar)**, où vous attend l'église Panagia Evangelistria, à 1 km à l'ouest. De là, prenez à l'est (via Kutulus Turnalar Yolu), traversez le village traditionnel d'❹ **Ergazi (Ovgoros)**, puis continuez sur 9 km vers le nord-est en descendant sur ❺ **Kilitkaya (Krithea)**. À 2,5 km de là, la route mène à ❻ **Büyükkonuk (Komi)**, premier écovillage de Chypre, avec ses bâtiments traditionnels restaurés et son vieux moulin à huile d'olive. Dégustez quelques amandes et figues locales, puis suivez l'ancienne route à l'est en direction du village de ❼ **Sazliköy (Livadia)** et des ruines de l'église Panagias tis Kryas datant du VIe siècle. Au nord-est, la route traverse les vignobles du village de ❽ **Mehmetcik (Galateia)**, producteur de *zivania* (liqueur de marc de raisin) Poursuivez par la route principale au nord-est (pas la route du stade) à travers le centre du Karpas sur 16 km de champs et de bosquets jusqu'à ❾ **Balalan (Plantanissos)**. Continuez sur 3 km jusqu'à ❿ **Ziyamet (Leonarisso)**, où le paysage devient vallonné. Passé les carrefours de Karpas Anayolu et le village de Gelincik (Vasili), vous arrivez au village de ⓫ **Boltasli (Lythrangomi)**, où se dresse la Panagia Kanakaria, église du VIe siècle (fermée à clé). De là, une route (étroite) en bon état rejoint un chapelet de petits villages (Derince, Avtepe et Kuruova) et plusieurs pistes non fléchées menant à d'anciens tombeaux rupestres et au fort de ⓬ **Nitovikla** (à 3 km) datant de l'âge du bronze, sur la côte sud. Renseignez-vous dans les villages sur les meilleurs chemins à emprunter à pied. Une fois cette petite région explorée, cap vers l'est et ⓭ **Kaleburnu (Galinoporni)**, la plus grande des villes de la péninsule. Après avoir mangé un morceau, suivez la piste de Skoutari (Üsküdar) en direction de la plage pour un petit plongeon.

Le site est étendu et sa visite nécessite de marcher beaucoup. À la billetterie, procurez-vous le dépliant comportant un plan.

Ne manquez pas la **maison des Bronzes**, où des attirails en bronze ont été mis au jour en 1934, la **maison au Pilier**, un bâtiment public, le **sanctuaire du Dieu cornu**, où une statue de bronze de 60 cm (à présent au musée de Chypre) a été retrouvée, et la **Tombe 18**, où la majeure partie du trésor du site a été trouvée.

L'**enceinte fortifiée** et le **cénotaphe** construit sur un avant-poste rocheux valent également le coup d'œil. Son bûcher funéraire et sa construction sur un monticule ont permis à la majeure partie de ses trésors d'échapper aux pilleurs. Des statues en calcaire, des amphores provenant de Rhodes, un bouclier de bronze archaïque et des figurines en argile ont été retrouvés. Les archéologues pensent aujourd'hui qu'il pourrait s'agir du tombeau de Nicocréon, et que la plaine qui s'étend entre Enkomi et Salamine représentait autrefois un axe essentiel entre les deux cités.

Le site archéologique se situe à l'ouest de la nécropole de Salamine.

İskele (Trikomo)

Le village d'İskele, carrefour et lieu de naissance de Georgios Grivas, leader de l'Ethniki Organosi tou Kypriakou Agona (EOKA, l'organisation nationale des combattants chypriotes), est remarquable de par son église de la Bienheureuse Vierge Marie, **Panagia Theotokos**, qui date du XIIe siècle. L'édifice, surmonté d'un dôme et dont les murs latéraux comportent des niches à arcades, renferme de beaux tableaux de la Vierge de l'Annonciation et de la Prière de Joachim et Anne, où le couple s'enlace tandis qu'une jeune fille les regarde par une fenêtre. Les incrustations de marbre de l'iconostase d'origine se trouvent dans le beffroi.

L'église abrite aujourd'hui un **musée de l'Icône** (İskele İkon Müzesi ; adulte/enfant 5/3 TL ; ⏲9h-12h30 et 13h30-16h45 juin à mi-sept, 9h-14h mi-sept à mai) comportant une petite collection de peintures murales du XIIe au XVe siècle et des icônes plus récentes remontant aux années 1950 et 1960.

L'église est facilement repérable à l'extrémité ouest du village.

Boğaz (Bogazi)

Boğaz, petit village de pêche à 24 km au nord de Famagouste, possède la dernière plage avant que la route ne s'enfonce dans la péninsule de Karpas. Il abrite un petit port au sud duquel s'étend la plage, équipée de parasols et de transats. Un grand nombre de touristes en séjour clé en main sont installés dans les hôtels discrets du village (voir p. 215). L'endroit est particulièrement apprécié des Russes et des Allemands, et des restaurants de poisson onéreux s'alignent désormais sur le front de mer. Sur la promenade, jouissant d'une vue splendide, le **Kiyi** (plats 25-30 TL) sert le poisson pêché du jour accompagné de frites en quantité, pour un prix raisonnable.

PÉNINSULE DE KARPAS (KIRPAŞA)

Loin de l'agitation urbaine, la péninsule de Karpas (appelée également Karpasia et Kırpaşa, en turc) déroule ses kilomètres de champs ondulants, de nature sauvage, d'oliveraies, de caroubiers, de plages immenses invitant à la baignade, de sites archéologiques oubliés et de ruines d'églises chrétiennes. Ce paradis des cyclistes et des promeneurs se couvre au printemps de fleurs sauvages multicolores (p. 237).

Les villages de la péninsule préservée de l'urbanisation semblent s'être figés dans le temps. La région est restée en marge des événements de 1974, les populations turque et grecque isolées ayant ignoré l'appel à la ségrégation et continué de vivre côte à côte.

Si le village de Dipkarpaz (Rizokarpaso) abrite toujours quelques vieux Chypriotes grecs, la plupart des villages sont à présent peuplés de colons turcs venus du continent, un phénomène de plus en plus manifeste à mesure que l'on va vers le Nord.

Le plus grand village est Yenierenköy (Yiallousa), doté d'une petite place en son centre et d'un office du tourisme utile, créé dans l'optique d'accroître l'intérêt pour la région. L'accès à Chypre-Nord étant moins problématique aujourd'hui, le nombre de visiteurs augmente dans le Karpas, et les prix commencent à s'en ressentir.

Beaucoup de Chypriotes grecs effectuent deux fois par an le pèlerinage depuis le sud jusqu'à l'extrémité de l'île pour visiter le monastère d'Apostolos Andreas.

Péninsule de Karpas (Kırpaşa)

Les promoteurs commencent à gagner du terrain dans la péninsule : vous remarquerez des constructions en béton qui jurent dans le paysage (voir l'encadré, p. 198). Heureusement, tout le cap à partir de Dipkarpaz a été classé parc national dans l'espoir d'y préserver la vie sauvage et l'environnement dans les années à venir.

Plages

Plage de Kumyali (Koma Tou Gialou) PLAGE

Ce petit port de pêche doublé d'une plage, à la sortie du village de Kumyali, est idéal pour une dernière brasse avant de continuer à remonter le flanc ouest de la péninsule vers des plages plus splendides encore.

Golden Beach (baie de Nangomi) PLAGE

Peut-être la plus belle de l'île, Golden Beach vaut à elle seule le déplacement jusqu'au Karpas. Ses dunes de sable blanc descendent en courbes douces jusqu'à une mer calme et transparente. Profitez de la paix de ce cadre enchanteur et encore très sauvage, où les ânes broutent tranquillement sur les collines voisines.

Désormais intégrée au parc national, cette plage est également un lieu de ponte pour les tortues (voir l'encadré p. 171). Si vous venez au mois de septembre, contactez les volontaires agréés qui surveillent les tortues et vous aurez peut-être la chance d'assister à la naissance de bébés.

La plage se situe 5 km avant Zafer Burnu (cap Apostolos Andreas), au milieu d'une lande de buissons s'étendant sur plusieurs kilomètres. On y accède par des pistes de sable et de terre. Vous y trouverez des paillotes rudimentaires (voir p. 215) et deux restaurants.

Plage d'Agios Filon PLAGE

Encore une plage de rêve, avec son sable doux et ses gros rochers plats, près de l'hôtel-restaurant Oasis at Ayfilon (p. 215). Les tor-

tues viennent également y pondre, et le coucher de soleil est superbe.

Comment circuler

Seul transport public de la région, un bus relie Famagouste à Yenierenköy (6 TL, 1 heure 15). Vous aurez donc besoin de votre propre véhicule pour découvrir la région. Il est possible de s'arranger sur place pour obtenir un taxi.

La route principale menant à la péninsule est en très bon état, bien que certains panneaux indiquant les sites soient peu clairs et peu visibles. Emportez votre carte.

Château de Kantara

Kantara (Kantara Kalesi ; adulte/enfant 6/3 TL ; ⏲9h-17h juin à mi-sept, 9h-12h30 et 13h30-16h45 mi-sept à mai), le plus à l'est des trois châteaux gothiques de l'époque des Lusignan est aussi le moins élevé (690 m). Il offre un panorama à 360° sur la région et une vue sur la mer des deux côtés de la péninsule. Par temps clair, on aperçoit la côte turque et même celle de la Syrie.

En 1191, Richard Cœur de Lion s'empara du château, appartenant alors à Isaak Komninos, l'empereur byzantin de Chypre. Kantara, considéré comme une forteresse stratégique de par sa position élevée, servit de phare pour communiquer avec le château de Buffavento, à l'ouest.

Au XVIe siècle, les stratèges militaires vénitiens se fiaient davantage à la puissance de feu qu'à l'altitude pour leur protection, et les ports de Famagouste, Larnaka et Kyrenia prirent davantage d'importance. La garnison vénitienne quitta le château en 1525, qui fut laissé en pâture aux pilleurs à la recherche des trésors de Kantara dont parlent les légendes.

La partie nord de l'ouvrage est bien conservée, avec ses tours et ses murs résolument debout. L'entrée extérieure mène à la barbacane, aujourd'hui envahie par la végétation. Les tours nord et sud gardent l'entrée intérieure par où l'on pénètre dans le château à proprement parler. L'intérieur abrite la garnison, les latrines et une citerne.

Le point culminant est la tour de guet, où les torches étaient allumées pour prévenir d'un danger imminent. À l'extrémité sud-ouest se trouvent d'autres garnisons et la poterne d'où sortaient les troupes pour prendre les éventuels attaquants par surprise. Depuis le toit de la tour nord, étroit, sans balustrade et vertigineux, la vue est imprenable.

Un plan gratuit est fourni ; comptez une heure pour tout voir. Les enfants doivent être accompagnés d'un adulte à tout moment, car le site comporte des endroits dangereux sans barrière, des passages accidentés et des trous non bouchés.

Pour se rendre à Kantara, le plus simple est de passer par Boğaz, à 45 minutes en voiture. Depuis Kaplıca, la route est étroite mais en bon état. Comptez deux heures pour rallier le château depuis Kyrenia. Aucun transport ne le dessert.

Yenierenköy (Yiallousa)

Autrefois majoritairement grec, Yenierenköy a été repeuplé par des Chypriotes turcs d'Erenköy (Kokkina), dans le Sud. C'est le deuxième village de la péninsule par la taille. Une marina de plus de 500 mouillages y est en construction. Le village et l'ensemble de

PROTÉGER LA NATURE DU KARPAS

En 1983, une zone de 150 km^2, allant de Dipkarpaz au cap Apostolos Andreas, dans le Karpas, a été classée parc national par les autorités chypriotes turques. Depuis, conséquence de l'urbanisation grandissante et du boom de l'immobilier de 2004, anticipant la réunification de l'île, de nouveaux hôtels et complexes hôteliers sont apparus dans des endroits proches du parc tels que Bafra et Yenierenköy (Yiallousa). Ce développement rapide suscite des inquiétudes quant à la préservation de l'environnement de la région, et, notamment, de sa faune et de sa flore uniques, de ses sites archéologiques encore inexplorés et de ses plages sauvages. Groupes de pression, biologistes et écologistes se sont alliés pour demander que le parc soit étendu jusqu'à la baie de Ronas (au nord de Dipkarpaz). Ils exigent des autorités qu'elles s'engagent à soumettre les activités dans la péninsule, et notamment son urbanisation, à des directives plus strictes. Les inquiétudes les plus vives portent sur la construction de nouvelles routes et sur les projets d'électrification des zones les plus reculées du cap. Avoir classé la région parc national est déjà un pas en avant, mais beaucoup reste à faire pour protéger l'un des derniers habitats préservés de l'île.

la péninsule espèrent en retirer des retombées économiques importantes.

Le personnel de l'**office du tourisme** (☎374 4984 ; ⏲10h-18h juin à mi-sept, 9h-13h et 14h-17h mi-sept à mai) parle anglais et fournit d'amples informations sur la péninsule et ses sites, dont les impressionnantes **tombes rupestres** de **Derince** (Vothylakas) et leurs versions miniatures entre **Avtepe** (Elisi) et **Kuruova** (Koroveia). Dans cette région encore largement méconnue, de nombreuses pistes accidentées mènent au sud, vers la mer et les ruines du fort de **Nitovikla** datant de l'âge du bronze.

Plus à l'est sur la côte, les **grottes de grès** situées près de **Kaleburnu** (Galinoporni) ne sont pas indiquées. Il est recommandé de prendre un 4x4 pour emprunter ces pistes, de se munir d'une bonne carte et de se renseigner à l'office du tourisme (ou dans le village) sur le meilleur chemin à prendre pour les trouver.

Sipahi (Agia Triada)

Le petit village de Sipahi regroupe de nombreux colons turco-bulgares et une minuscule communauté de Grecs du Karpas. À l'instar de la petite communauté de Dipkarpaz, ils ont refusé de quitter leur maison dans le Nord et sont restés dans la péninsule en dépit de la situation politique.

Aujourd'hui en ruine, la **basilique Agia Triada** (adulte/enfant 5/3 TL ; ⏲9h-17h), du Ve siècle, possède de superbes mosaïques.

S'il ne reste pas grand-chose de sa structure, on peut admirer son sol en mosaïque aux motifs géométriques et abstraits. Les inscriptions en grec figurant aux extrémités nord et sud de l'ancienne nef indiquent que la construction de la basilique a été en partie financée par le diacre Iraklios qui avait prononcé un vœu de dévouement.

Implanté à l'extrémité est du village, le site est plus facile d'accès depuis le côté Dipkarpaz de Sipahi. Les billets d'entrée s'achètent au petit kiosque en face.

Dipkarpaz (Rizokarpaso)

3 500 HABITANTS

C'est le village le plus important et le plus isolé de la péninsule. Une grande mosquée contemporaine y jouxte une vieille église orthodoxe, dont la cloche ne sonne plus bien qu'un petit nombre de Chypriotes grecs vivent toujours dans le village. Autrefois prospère, la ville est aujourd'hui peuplée en majorité de Turcs et de Kurdes, qui travaillent la terre et vivent dans des conditions difficiles.

Le village ne compte que quelques boutiques et une station-servvice, dernière chance pour faire le plein. Le **Manolyam Restaurant** (plats 20-30 TL), la meilleure table, se trouve à côté des Karpaz Arch Houses (p. 216), à 500 m du centre du village. Il propose des plats turcs traditionnels sous forme de mezze ; l'assortiment est limité, mais copieusement servi.

Agios Filon et Afendrika

Datant du XIIe siècle, l'**église Agios Filon** veille silencieusement sur la côte, à 5 km au nord de Dipkarpaz. Jouxtant l'hôtel Oasis at Ayfilon (p. 216), son enceinte extérieure bien conservée a été érigée sur une basilique chrétienne antérieure du Ve siècle. On peut voir les mosaïques conceptuelles de la basilique d'origine sur les murs extérieurs de l'église. Ancien site de **Karpasia**, l'endroit connut la prospérité pendant la période hellénistique et au Moyen Âge. Il abrita aussi un port romain : on peut encore voir dans la mer les vestiges de la digue.

Tout près de là se trouvent l'idyllique plage d'Agios Filon (p. 196) et le restaurant de l'hôtel **Oasis** (Oasis at Ayfilon, voir p. 215 ; plats 20-30 TL ;), qui sert des grillades et les meilleurs poissons frais de la péninsule, marinés dans l'huile d'olive.

Sept kilomètres plus à l'est, **Afendrika** fut une ville importante au IIe siècle av. J.-C. Il n'en reste que les ruines, attenantes, de trois églises : **Agios Georgios** (VIe siècle), **Panagia Khrysiotissa** et **Panagia Asomatos** (Xe siècle). Non loin, on peut voir la nécropole et les vestiges d'une citadelle.

Monastère d'Apostolos Andreas

Chaque année, le 15 août et le 30 novembre, les Chypriotes grecs sont nombreux à venir en pèlerinage à ce **monastère** (dons bienvenus) situé près de la pointe de la péninsule de Karpas. En 1996, les autorités chypriotes turques ont autorisé les pèlerins à se rendre dans le Nord, mais uniquement en voyage organisé et à ces deux dates.

Aujourd'hui, l'ouverture de la frontière en certains points facilite le pèlerinage des fidèles qui peuvent désormais visiter sans escorte ce lieu censé être propice aux miracles.

L'église actuelle date de 1740, mais l'enceinte du monastère a été élargie par la suite. La réputation miraculeuse du monastère remonte à l'époque de saint André, le patron des marins, qui aurait rendu la vue à un capitaine de navire à son retour de Palestine.

Depuis, les miracles authentifiés vont de la guérison des aveugles, des épileptiques et des infirmes à l'exaucement de vœux extraordinaires. Avant 1974, le monastère bénéficiait d'un soutien important de la part des fidèles et des pèlerins.

Aujourd'hui coupé de ses donateurs et ne comptant que quelques gardiens (des Chypriotes grecs), le monastère a perdu de sa splendeur d'antan. Prévu de longue date, un programme de restauration financé par les Nations unies et l'Union européenne doit être mis en œuvre.

Le monastère accueille les visiteurs toute l'année. Si vous trouvez l'un des gardiens, il se fera un plaisir de vous guider à l'intérieur. Les dons sont toujours bienvenus et servent à l'entretien de l'église. À l'extérieur, un petit stand vend des souvenirs tels que des bracelets de prière.

Zafer Burnu (cap Apostolos Andreas)

L'extrémité orientale de l'île, à 3 km seulement du monastère d'Apostolos Andreas, est accessible par une route de terre. De là, on aperçoit l'archipel d'îles rocailleuses des **Kleides** (les Clés).

C'est ici que se trouvait autrefois le site néolithique de **Kastros**. Plus tard, les Grecs y édifièrent un temple en l'honneur d'Aphrodite, dont il ne reste rien. Si vous possédez un 4x4, empruntez la piste accidentée vers le nord pour regagner Dipkarpaz, en sachant qu'elle peut être particulièrement difficile par temps de pluie.

Hébergement

Dans ce chapitre »

Le top des hébergements

- » Lapida (p. 214)
- » Aeneas (p. 211)
- » Elyssia (p. 205)

Le top des petits budgets

- » Crystallo Apartments (p 207)
- » Petrou Bros (p. 210)
- » Luxor Guest House (p. 203)

Le top des gîtes agrotouristiques

- » Amarakos Inn (p. 208)
- » Apokryfo (p. 203)
- » Archontiko Rousias (p. 206)

Où se loger

Le charme de Chypre réside en partie dans le fait que chaque région a son propre caractère. Il convient donc avant tout de vous demander ce que vous attendez de votre séjour. Larnaka, au sud, est le centre de la région la plus touristique de l'île, avec sa voisine Agia Napa, qui jouit du statut de capitale de la fête. À l'ouest, Limassol est une ville sophistiquée réputée pour ses restaurants : le point de chute idéal pour explorer l'intérieur des terres et au-delà. Tout à fait à l'ouest, Paphos est le choix favori des familles. Elle offre également un excellent accès aux plages préservées de la côte ouest et aux montagnes du Troodos. Pour une expérience urbaine, choisissez la capitale, une ville culturelle regorgeant de superbes musées, de galeries et de curiosités historiques. En Chypre-Nord, Kyrenia compte quelques formidables hôtels surplombant le port. Vers l'ouest, la péninsule de Karpas conviendra à ceux qui souhaitent s'isoler au cœur d'un somptueux paysage composé de plages et de criques immaculées.

Tarifs

Les prix indiqués dans ce guide sont ceux d'une chambre double avec salle de bains privée, hors petit-déjeuner (sauf mention contraire). Les deux tarifs donnés correspondent à la saison haute (été) et à la saison basse (hiver).

La catégorie petits budgets comprend des hébergements aux commodités limitées, parfois avec salle de bains commune. Les options de la catégorie moyenne incluent souvent la télévision par satellite, un balcon privé et le Wi-Fi, tandis que les hébergements de la catégorie supérieure disposent de toutes ces commodités et davantage, et occupent généralement de somptueux édifices anciens (ou résolument modernes).

CATÉGORIE	PRIX
€ Petits budgets	< 60 € (République de Chypre) < 40 € (Chypre-Nord)
€€ Catégorie moyenne	60-90 € (République de Chypre) 40-70 € (Chypre-Nord)
€€€ Catégorie supérieure	> 90 € (République de Chypre) > 70 € (Chypre-Nord)

Types d'hébergements

Vous trouverez à Chypre toute la gamme des hébergements possibles pour poser votre valise, de la cabane sur la plage à l'hôtel ultraluxueux. Les tarifs indiqués dans la brochure *Cyprus Hotel Guide* (Guide des hôtels de Chypre) délivrée gratuitement par l'office du tourisme de Chypre (CTO) correspondent aux prix maximums admis, généralement appliqués uniquement au plus fort de l'été.

GÎTES AGROTOURISTIQUES

Les gîtes ruraux qui entrent dans le cadre du programme d'agrotourisme chypriote (voir l'encadré ci-dessous), sont légion dans le Sud. Vous y trouverez notamment des maisons indépendantes avec jardin, idéales pour les familles nombreuses ou les groupes d'amis. Les couples opteront plus volontiers pour un appartement indépendant dans un vieil édifice en pierre. Tous sont parfaitement équipés, et certains proposent même une piscine et le Wi-Fi.

C'est une excellente manière, souvent très économique, de découvrir le pays pour les voyageurs indépendants. Les tarifs tournent généralement autour de 35 € pour une chambre simple, 50 à 70 € pour une chambre double et 100 € pour un studio de luxe.

La plupart des gîtes sont éloignés des principaux centres urbains. Il est donc préférable de disposer de votre propre moyen de transport pour circuler, sans quoi il vous faudra dépendre de transports en commun parfois limités.

CAMPING

Il n'existe que quatre terrains de camping agréés dans le Sud, ouverts uniquement en saison. Tous sont équipés de douches chaudes, d'une supérette et d'un café-bar. Le Nord est encore moins bien pourvu, et ses rares terrains de camping ne sont pas aussi bons que dans le Sud. Les prix, en revanche, sont équivalents.

CHAMBRES CHEZ L'HABITANT

Les *domatia*, ces chambres louées par un particulier annoncées par une pancarte "*camere*", ne sont pas répandues à Chypre ; de fait, cette pratique est officiellement découragée par le CTO. Vous verrez cependant quelques pancartes à Agia Napa, et parfois même dans les stations de montagne les plus fréquentées, dans le massif du Troodos, par exemple, ou dans le district de Paphos, dans le Sud. Les chambres sont généralement très peu chères, entre 15 et 20 € en moyenne, et des repas sont souvent proposés. Si vous ne croisez aucune pancarte, vous pouvez toujours vous renseigner auprès du bar ou de la taverne du coin.

HÔTELS

Dans les grandes stations balnéaires du Sud, beaucoup d'hôtels travaillent essentiellement avec des groupes en voyage organisé. Cependant, les voyageurs indépendants pourront y trouver une chambre dans la plupart des cas. La qualité est très inégale, malgré un strict contrôle des prix effectué par le CTO. Les hôtels sont généralement bien équipés, et s'adressent surtout aux familles. Le petit-déjeuner est souvent compris.

Dans le Nord, la qualité des hôtels est excellente dans l'ensemble. Là encore, les voyages organisés constituent le gros de la clientèle, mais les voyageurs indépendants trouvent habituellement à s'y loger. Vous pourrez vous procurer le Guide des

AGROTOURISME : L'ORIGINE DE L'HÉBERGEMENT RURAL

L'agrotourisme, ou l'hébergement chez l'habitant en milieu rural, remonte aux années 1990, lorsqu'un organisme chypriote, la Cyprus Agrotourism Company (CAC), soucieux de lutter contre l'exode rural, a souhaité protéger le patrimoine des maisons traditionnelles en aidant à leur reconversion en hébergement de charme pour les touristes. La randonnée à pied ou à vélo et le ski sont typiquement des activités mises en avant par les gîtes agrotouristiques, mais la fabrication du fromage *halloumi*, la récolte des olives, la randonnée à cheval et la visite organisée des églises byzantines en sont d'autres. Il existe une centaine de propriétés, essentiellement concentrées au pied du Troodos et dans les districts de Nicosie, Larnaka, Limassol et Paphos.

La **Cyprus Agrotourism Company** (CAC ; ☎2233 7715 ; www.agrotourism.com.cy ; P.O. Box 4535, CY-1390 Lefkosia), propose une brochure en couleurs de très bonne qualité répertoriant les gîtes ruraux. Vous les retrouverez également en ligne.

LOCATION DE MAISON

Il est courant de louer une maison à Chypre, solution plus rentable que l'hôtel pour un séjour d'une semaine ou plus. Vous pouvez trouver de belles maisons avec ou sans piscine aussi bien dans les zones touristiques qu'au milieu de nulle part. Pensez à contacter des agences immobilières. Sinon, consultez les petites annonces des journaux locaux. Comptez au moins 40 € par personne et par nuit. La durée de séjour minimum est en général de deux semaines.

hôtels de Chypre-Nord (*North Cyprus Hotel Guide*) auprès du NCTO, l'office du tourisme de Chypre-Nord, ou auprès de n'importe quel bureau du CTO dans les villes principales.

Réserver son hôtel en ligne permet souvent de réaliser des économies, et cela vaut pour toute l'île.

RÉSIDENCES HÔTELIÈRES

Les résidences hôtelières sont de plus en plus populaires, et prévalent dans les grandes villes du Sud comme Paphos, Limassol et Larnaka, de même qu'à Kyrenia et dans ses environs, en Chypre-Nord. La majorité des appartements sont pourvus de cuisines bien équipées.

Les prix démarrent habituellement autour de 35 € pour un studio et de 40 € pour un appartement avec chambre double (les deux avec kitchenette).

LIMASSOL (LEMESOS) ET LA CÔTE SUD

Limassol (Lemesos)

La bonne nouvelle, c'est que les hôtels ne manquent pas à Limassol. La mauvaise, c'est qu'ils se trouvent pour beaucoup sur l'axe touristique qui s'étend sur 9 km au nord-est de la vieille ville, qu'ils sont bondés et souvent excessivement chers. Vous trouverez peu d'hôtels haut de gamme dans la vieille ville, mais il est plus facile pour les voyageurs n'ayant pas de réservation d'y dénicher une chambre libre.

Les hôtels les moins chers sont concentrés à l'est du château, tandis que les établissements de luxe se trouvent essentiellement à l'extrémité nord-est du centre touristique.

♥ **Chrielka** RÉSIDENCE HÔTELIÈRE **€€**
(☎2535 8366 ; www.chrielka.com.cy ; Olympion 7 ; basse/haute saison studios 60/70 €, app 2 pers 85/110 € ; ❄ ≋). Séjourner là, c'est un peu comme de passer ses vacances chez un grand-oncle bourlingueur. Le propriétaire, M. Nikitas, a rapporté de ses voyages de splendides céramiques asiatiques et une foule d'autres objets, et s'est constitué une superbe cave à vin (oui, il y a un bar !). Les 33 appartements sont décorés avec goût. Ils sont équipés d'une kitchenette, de la télévision par satellite et d'un balcon donnant sur les jardins municipaux pour certains. La petite piscine est une agréable surprise.

Curium Palace HÔTEL **€€€**
(☎2536 3121 ; www.curiumpalace.com ; Vyronos 2 ; s/d 90/115 € ; P ❄ @ ≋). Cet établissement bien établi occupe un rutilant palais de marbre blanc, sans doute l'une des meilleures options haut de gamme de Limassol. Soyez assuré d'y passer un séjour très confortable avec ses excellents restaurants, ses bars sophistiqués, sa piscine, sa salle de sport, son sauna et son court de tennis (un entraîneur vous attend sur place pour travailler votre service). L'hôtel est idéalement situé en face des jardins municipaux.

HAUTE ET BASSE SAISONS

En juillet et août, période de grandes vacances pour les Chypriotes, et dans toute l'Europe, attendez-vous à croiser davantage de touristes, notamment dans les stations balnéaires, et à subir des tarifs hôteliers majorés. La chaleur est difficilement supportable en août à Nicosie (Lefkosia) et Nicosie-Nord, et de nombreuses boutiques et restaurants ferment pendant une semaine environ. De mars à juin et de septembre à octobre, votre séjour sera beaucoup plus agréable : les prix de l'hébergement sont plus raisonnables, et les températures agréablement douces. Durant la basse saison (de novembre à février), vous pouvez obtenir des prix intéressants dans les hôtels.

SUR INTERNET

- **Cyprus Agrotourism Company** (www.agrotourism.com.cy). Gîtes ruraux et location de maisons à la campagne.
- **Rent Cyprus Villas** (www.rentcyprusvillas.com). Location de villas de luxe.
- **Cyprus Apartments** (www.cyprus-apartments.net). Appartements indépendants dans le Sud.
- **North Cyprus Hotels** (www.northcyprushotels.co.uk). Guide complet des hôtels de Chypre-Nord.

Luxor Guest House AUBERGE DE JEUNESSE €
(2536 2265 ; www.luxorlimassol.com ; Agiou Andreou 101 ; dort/d 12/35 € ; @). Le Luxor est la seule véritable auberge de jeunesse de la ville, voire du pays. Ses chambres au plafond en bois peint sont spacieuses et pourvues d'un petit balcon donnant sur une rue piétonne animée, qui peut être bruyante si vous prévoyez de traîner au lit. L'accès Internet est gratuit pour les clients. Une chambre double avec salle de bains privée est également disponible.

Londa BOUTIQUE-HÔTEL €€€
(2586 5555 ; www.londahotel.com ; George A 72, Potamos Yermasoyias, Yermasoyia ; ch avec petit-déj basse/haute saison 114/170 € ; P). Le premier hôtel haute couture de l'île, avec son mobilier sur mesure de la marque italienne Londasports, ses têtes de lit ciselées à la main et ses tapis Cavallino. Les chambres sont vastes, décorées dans des tons naturels avec du linge de lit blanc en abondance. Nombreux équipements, dont un spa et une piscine à débordement. Quant au bar de l'hôtel, le Caprice, il se convertit en discothèque romantique le soir venu, lorsque le DJ résident prend place. À 550 m du centre historique.

Aquarius Hotel HÔTEL €€
(2532 6666 ; www.aquarius-cy.com ; Amathus 11 ; s/d basse saison 40/50 €, haute saison 50/70 € ; P). Un excellent choix. Situé à deux pas de la plage et à 5 km du centre historique, l'Aquarius s'adresse aux voyageurs qui préfèrent la natation aux visites touristiques, et souhaitent profiter d'équipements haut de gamme à un prix raisonnable. Les chambres, spacieuses et agréablement décorées, jouissent pour la plupart d'une vue sur mer. Une piscine intérieure chauffée, un sauna, une salle de sport et un salon de beauté vous attendent. Les sportifs apprécieront les cours de tango et d'aquagym, et le prêt gratuit de vélos.

Lordos Hotel Apts RÉSIDENCE HÔTELIÈRE €
(2558 2850 ; www.lordoshotelapts.com ; Andrea Zaimi 13 ; app 2 pers à partir de 55 € ;). Cette résidence hôtelière moderne offre un excellent rapport qualité/prix. Ses appartements 2 pièces sont équipés de la télévision par satellite et d'un petit balcon. Son emplacement, à une rue d'un magasin Debenhams (un excellent repère), conviendra particulièrement aux voyageurs souhaitant cuisiner eux-mêmes. Le centre historique est à 2 km, mais vous trouverez de nombreux restaurants et magasins dans le quartier.

Metropole HÔTEL €
(2536 2330 ; www.metropolehotel.com.cy ; Ifigenias 6 ; s/d 45/55 € ;). Une excellente option bon marché au cœur du centre historique. L'endroit, confortable, est décoré dans d'apaisantes tonalités blanc et pêche, avec de jolies gravures de la ville au mur. L'hôtel possède également le Retro Music Club voisin (23h-4h, ouvert le week-end seulement), où vous pourrez dépenser votre énergie au son de tubes des années 1960 à 1980.

Le Méridien Limassol HÔTEL €€€
(2586 2000 ; www.lemeridien-cyprus.com ; s/d basse saison 101/120 €, haute saison 170/292 € ; P @). Un géant du luxe, où des fontaines crachent de l'eau dans d'immenses piscines décorées de grottes. Un vaste choix vous est proposé, de la chambre standard à l'opulente suite présidentielle en passant par les villas "Citrus garden" à 2 chambres doubles pouvant accueillir jusqu'à 7 personnes. Le Méridien dispose en outre de chambres luxueuses pour handicapés, d'un restaurant pour enfants et d'offres spéciales familles. À 13 km au nord des jardins municipaux en suivant la route côtière.

Environs de Limassol

Apokryfo AGROTOURISME €€€
(2581 3777 ; www.apokryfo.com ; Lofou ; ch avec petit-déj à partir de 150 € ; P). Le bien-nommé Apokryfo ("caché", en

grec) est une charmante propriété isolée installée à la lisière du pittoresque village de Lofou. Elle se compose de plusieurs cottages de pierre rénovés par un architecte chypriote grec et sa femme décoratrice d'intérieur, et le résultat est une réussite. L'intérieur se décline dans des tons naturels, avec du marbre raffiné, du bois chaulé et des tissus locaux. Baignoires et lits pour bébé, ainsi que chaises hautes sont disponibles sur demande. Le restaurant de l'hôtel, l'Agrino, est également de première classe.

Art by Praxis RÉSIDENCE HÔTELIÈRE €€
(☎9989 4737 ; www.praxis-designs.com ; Governor's Beach ; app 4/8 pers 240 €/sem ; ❄ ≋). Des appartements ultramodernes au décor minimaliste élégant, émaillés d'œuvres d'art contemporaines saisissantes. La résidence se trouve à quelques pas de la plage Governor's Beach et de quelques bons restaurants de poisson. Praxis est une société de design et d'architecture établie à Limassol, spécialisée dans le design bioclimatique. Les appartements ont donc été construits dans des matériaux recyclables, l'énergie est exclusivement solaire et l'irrigation se fait avec de l'eau recyclée. Séjour minimum : une semaine.

Bunch of Grapes Inn AGROTOURISME €
(☎2522 1275 ; Ioannou Erotokritou 9, Pissouri ; s/d 30/50 €). Cette accueillante demeure bicentenaire appartenait autrefois à un riche habitant de Pissouri. Elle fut redécouverte et rénovée il y a 30 ans, et abrite depuis un hôtel doublé d'un restaurant réputé (p. 60). Ses 9 chambres doubles au confort sommaire (pas de climatisation, ventilateurs uniquement) sont équipées de vitres teintées donnant sur une cour intérieure au doux parfum de jasmin et de chèvrefeuille. L'endroit, parfaitement indiqué, se trouve au cœur du village.

Vouni Lodge AGROTOURISME €€
(☎9968 5395 ; www.agrotourism.cy.com a; Vouni ; app 2/4 pers 65/85 € ; P ≋). Cet édifice bicentenaire se trouve dans la rue principale du village. Il abrite 3 appartements au style rustique traditionnel, avec des chambres aux poutres apparentes, mobilier en fer forgé et couvre-lits en dentelle. Des tables sont installées à l'ombre des oliviers. L'appartement du dernier étage jouit d'une vue sur la mer, au loin. Séjour minimum : 3 jours.

MASSIF DU TROODOS

Troodos

Le Troodos Forest Park compte quatre terrains de camping. Celui de Troodos, indiqué ci-après, est recommandé pour les longs séjours. Les trois autres, Platania (voir p. 68), Kampi tou Kalogyrou et Prodromos, sont bons également, mais plus adaptés à un court séjour ou à un week-end. Leurs installations sont plus rudimentaires.

Jubilee HÔTEL €€
(☎2542 0107 ; jubilee@cytanet.com.cy ; s 40-70 €, d 60-98 € ; P ❄ @). Cet élégant hôtel ancien se trouve à 350 m à l'extérieur du village, sur la route de Prodromos. Accueillantes et confortables, ses chambres décorées de bois foncé et de grands fauteuils sont équipées du chauffage central en hiver. Un lieu idéal pour un séjour de ski en raison de la proximité des pistes.

Troödos CAMPING €
(☎2242 1624 ; empl 6 €/tente; ⏲mai-oct; P). À 500 m à l'est de Central Troodos. Cuisine, douches, toilettes et point d'eau.

Platres

Un parfum de colonie britannique flotte encore dans les hôtels de montagne : ces établissements pleins de caractère possèdent une charmante atmosphère surannée. Les gîtes agrotouristiques sont de plus en plus populaires dans les villages. Vous y trouverez d'excellentes options.

Semiramis HÔTEL €€
(☎2542 2777 ; www.semiramishotelcyprus.com ; Spyrou Kyprianou 55 ; ch 45-75 € ; P ❄). Niché au milieu des pins, ce formidable hôtel familial au charme 1900 propose des chambres accueillantes. Son ambiance détendue vous donnera le sentiment d'être chez vous, les pauses gastronomiques et le personnel attentionné en plus.

Pendeli HÔTEL €€
(☎2542 1736 ; www.pendelihotel.com ; Makariou 12 ; ch avr/mai/sept 38 €, juin-août 75 € ; ⏲fermé oct-mars ; P ❄ @ ≋ 👪). Un hôtel imposant au décor sobre et aux chambres propres et rangées. La grande majorité d'entre elles jouissent d'une excellente vue

sur la vallée en contrebas. Une piscine fantastique, rarement bondée, vous attend sur la mezzanine. Envie de vous faire bichonner ? Allez faire un tour au club de remise en forme (salle de sport, sauna, Jacuzzi et spa), accessible en supplément.

Forest Park HÔTEL €€€
(2542 1751 ; www.forestparkhotel.com.cy ; Spyrou Kyprianou 62 ; ch 90-150 € ;). Un hôtel historique qui a accueilli les familles royales grecque, égyptienne et britannique. Sa grandeur s'est quelque peu fanée au fil du temps, bien que l'on retrouve toujours le glamour d'antan à son superbe bar. Les chambres sont parfaitement équipées, et vous trouverez sur place deux piscines, une salle de sport, un salon de massage et un sauna. L'endroit est fréquenté par de riches Chypriotes.

Minotel New Helvetia HÔTEL €€€
(2542 1348 ; www.minotel.com ; Elvetias 6 ; ch basse/haute saison 75/90 € par pers ;). Un hôtel paisible et isolé à l'extrémité nord-ouest du village, non loin de l'autoroute. Les chambres (doubles) sont équipées de la télévision, du téléphone et d'un petit balcon. Le bar, sombre et triste, est prolongé d'une formidable terrasse entourée de pins. Des voitures et des VTT sont disponibles à la location.

Environs de Platres

To Spitiko tou Arhonta AGROTOURISME €€
(2546 2120 ; www.spitiko3elies ; app 2/4 pers 75/130 € ;). Perchée non loin du sommet du village de Treis Elies, cette maison jouit d'un agréable jardin ombragé. Elle abrite deux appartements de 2 pièces et un appartement de 3 pièces en hébergement seul, décorés comme autant de paradis rustiques. L'adorable propriétaire, Androulla, peut préparer à manger si vous le lui demandez et se fera un plaisir de vous apprendre à cuisiner le *kleftiko* (agneau au four). Si vous parcourez le sentier européen E4, ce gîte est fait pour vous.

To Spiti tou Xeni AGROTOURISME €
(9941 9251 ; studios 40-50 € ;). Située dans le village de Galata, cette maison traditionnelle bien tenue propose des formules en hébergement seul. Elle dispose de grands lits, de fours en argile et d'une cheminée. Une atmosphère sereine enveloppe le lieu, qui jouit d'un superbe panorama sur les collines et les vallées environnantes. Appelez Mme Vathoulla directement pour vous renseigner sur les tarifs de groupes ou pour savoir comment vous y rendre.

Vallée de Marathassa

Les options d'hébergement à Pedoulas sont convenables. Vous y trouverez des établissements au décor sobre, offrant un minimum de confort.

Elyssia HÔTEL €
(9975 3573 ; Filoxenias 47, Pedoulas ; ch 40-60 € ;). Les chambres, spacieuses et décorées avec goût, sont dotées d'un balcon surplombant la vallée. L'hôtel est impeccablement tenu par un propriétaire charmant et très serviable. La terrasse du toit constitue une bonne alternative à la piscine. Le petit restaurant du rez-de-chaussée sert le petit-déjeuner, et une cuisine chypriote traditionnelle plus tard dans la journée.

Two Flowers BED & BREAKFAST€
(2295 2372 ; Filoxenias 26, Pedoulas ; pension complète sept-juil/août 25/40 € par pers ;). Un formidable Bed & Breakfast dont les chambres individuelles, au décor rouge ou blanc, jouissent pour certaines d'une vue sur la vallée. Familles bienvenues. Un excellent rapport qualité/prix.

Health Habitat HÔTEL €€
(22952283;www.healthhabitat.com;Pedoulas; ch 56-90 € ;). Cet hôtel niché parmi les pins propose des programmes de relaxation et des menus sains composés par un diététicien qualifié : idéal si vous souhaitez mincir ou vous relaxer. Les chambres, sobres et paisibles, possèdent un balcon donnant sur la vallée ou la montagne. Pas de télévision dans les chambres, mais le sauna, la salle de sport et toutes sortes d'activités vous attendent.

Olga's Katoï AGROTOURISME €€
(2235 0283 ; Kalopanayiotis ; d 70 € ;). Cette maison de pierre traditionnelle à deux étages est méticuleusement entretenue depuis plus de 300 ans. Elle se compose d'un bâtiment principal avec un salon, une cuisine et 2 chambres à l'étage. Les 10 autres chambres occupent un bâtiment séparé, et offrent un panorama

unique sur la vallée environnante. Le petit-déjeuner est servi sur la terrasse.

To Spiti tis Polyxenis AGROTOURISME €€
(☎2249 7509 ; maison 2/4 pers 100/175 € ; P ❄). Une maison de 2 chambres située dans le village de Kalopanayiotis, côté Nicosie (Lefkosia). Le gîte est équipé de mobilier traditionnel, avec de grandes portes de bois s'ouvrant sur une cour ensoleillée. Vous y trouverez également une kitchenette et une grande salle de bains.

Vallée de Solea

Kakopetria est le seul endroit dans les montagnes pourvu de deux excellents hôtels, l'un juste en face de l'autre.

Linos Inn HÔTEL €€€
(☎2292 3161 ; www.linos-inn.com.cy ; Palea Kakopetria 34, Kakopetria ; d 95-135 € ; P ❄ @). La splendide architecture originale de l'édifice a été conservée partout où c'était possible. L'hôtel regorge de mobilier ancien, de chambres rustiques, de lits à baldaquin avec couvre-lits tissés blancs, et de cheminées. Les suites haut de gamme sont dotées d'écrans plasma et de Jacuzzi (il y a aussi un sauna). Réservez si vous prévoyez d'y séjourner le week-end. Le restaurant sert une cuisine traditionnelle de grande qualité.

Mill HÔTEL €€
(☎2292 2536 ; www.cymillhotel.com ; Mylou 8, Kakopetria ; ch 45-70 € ; ⊙fermé 20 nov-20 déc ; P ❄). Situé près du vieux moulin, côté colline par rapport au cours d'eau, cet hôtel historique abrite une vaste gamme de chambres spacieuses et confortables, décorées dans un somptueux style néocolonial. Elles sont lumineuses et dotées de vastes salles de bains (avec Jacuzzi pour certaines). Idéalement situé à 2 minutes de la place centrale.

Ekali HÔTEL €
(☎2292 2501 ; www.ekali-hotel.com ; Grigoriou Digeni 22, Kakopetria ; ch 40-55 € ; P ❄ 👪). Une option simple, propre et bien tenue. Les chambres parquetées sont très convenables, décorées dans des tons rouge foncé. Avec ses chambres équipées d'écoute-bébés, l'endroit est idéal pour les familles avec de jeunes enfants. Les prix peuvent être élevés hors réservation.

Agros

Archontiko Rousias AGROTOURISME €€
(☎2275 0605 ; maisons 2/4 pers 100/175 € ; P ❄ 👪). Cette vieille maison située dans le village de Palichori (après Agros) offre ce qui se fait de mieux en termes de gîte rural. Ses chambres sont luxueuses et dotées d'équipements modernes (lave-vaisselle, climatisation) tout en conservant leur charme originel. Parfait pour une escapade romantique ou en famille, pour les voyageurs souhaitant cuisiner eux-mêmes. Les balcons offrent une vue inégalée sur le village.

Rodon HÔTEL €€
(☎2552 1201 ; www.rodonhotel.com ; Agros ; s/d 65/95 € ; P ❄ @ ≋ 👪). Un gigantesque hôtel chic et élégant, essentiellement fréquenté par d'importants groupes en voyage organisé. Ses excellentes commodités (restaurant, 2 piscines, courts de tennis, etc.) suffisent à en faire un choix gagnant. La base idéale pour les randonneurs explorant les nombreux sentiers de la région.

PAPHOS ET L'OUEST

Paphos

L'hébergement à Paphos s'adresse essentiellement aux groupes en voyage organisé, et vous n'y trouverez qu'une poignée d'options économiques correctes. La plupart des hôtels ne sont pas habitués à recevoir des voyageurs indépendants, mais se feront un plaisir de vous loger s'il leur reste de la place, ce qui ne devrait pas poser de problème en dehors de juillet-août. Les résidences hôtelières représentent une bonne alternative, souvent économique et offrant davantage d'espace qu'un hôtel classique. La plupart des établissements sont concentrés à Kato Paphos.

Kiniras HÔTEL €€
(Carte p. 91 ; ☎2694 1604 ; www.kiniras.cy.net ; Leoforos Archiepiskopou Makariou III 91 ; s/d basse saison 40/65 €, haute saison 60/80 € ; ❄ 📶). Cet hôtel du centre de Ktima est tenu avec enthousiasme par son propriétaire Georgios, un personnage charismatique qui est également l'auteur des fresques et peintures colorées qui parsèment l'hôtel et le restaurant. Ses chambres sans

prétention, aux couleurs discrètes, ont comme un parfum d'histoire avec leurs plafonds hauts, et sont équipées du nécessaire : téléphone, radio, télévision, réfrigérateur et coffre-fort. Les parties communes ont conservé leur sol carrelé des années 1920. En bas, le Kiniras Garden est un restaurant de qualité.

Axiothea Hotel HÔTEL €€

(Carte p. 91 ; ☎2693 2866 ; www.axiotheahotel.com ; Ivis Malliotis 2 ; s/d basse saison 40/52 €, haute saison 60/75 € ; P ❄ 📶). Cet hôtel vieux rose, situé au sud-ouest du bureau du CTO de Ktima, possède une vaste réception et un salon au sol d'origine meublés de canapés confortables permettant de profiter de la vue panoramique offerte sur la ville et la mer. Le sympathique propriétaire tient l'établissement avec sa famille. Les chambres avec moquette sont confortables, mais de taille variable ; celles du fond sont plus petites.

Agapinor Hotel HÔTEL €€

(Carte p. 91 ; ☎2693 3926 ; www.agapinorhotel.com.cy ; Nikodimou Mylona 24-25 ; s/d basse saison 45/65 €, haute saison 65/90 € ; P ❄ 🏊). Populaire auprès des groupes en voyage organisé, cet hôtel de Ktima se distingue par ses installations de qualité : 2 piscines, une terrasse ensoleillée, des chambres spacieuses et un restaurant récemment rénové, ouvert le soir. L'établissement, spécialisé dans la cuisine chypriote, propose le dimanche un déjeuner à l'anglaise, avec rosbif et Yorkshire pudding.

♥ Crystallo Apartments RÉSIDENCE HÔTELIÈRE €

(Carte p. 86 ; ☎2695 4233 ; crystallo@cytanet.com.cy ; Ikarou 2 ; studio 2 pers basse/haute saison 35/40 € ; @ 🏊). Les studios de cette résidence de Kato Paphos sont spacieux et bien équipés : kitchenette (avec casseroles et assiettes à profusion), table à manger, canapé, chaises confortables, télévision et petite terrasse dont beaucoup donnent sur la vieille église d'Agia Marina. La décoration et le mobilier sont fatigués, mais si l'on considère l'emplacement et le prix, l'endroit défie toute concurrence. Vous trouverez des terminaux Internet à la réception et un café-bar à côté. George, le propriétaire, vous réservera un accueil chaleureux.

Annabelle HÔTEL €€€

(Carte p. 86 ; ☎2693 8333 ; www.annabelle.com.cy ; Posidonos ; ch avec petit-déj basse/haute saison 200/250 € ; P ❄ 📶 🏊 👪). À Kato Paphos, un fabuleux hôtel aux chambres luxueuses, dotées, pour certaines (ô comble du faste), d'une piscine privée. De hauts palmiers projettent leur ombre sur les chaises longues qui bordent l'immense piscine serpentant à travers le parc. Vous trouverez sur place plusieurs bars et restaurants, un spa et des cours de yoga. Les familles apprécieront l'accueil qui leur est réservé, avec un club enfants, des aires de jeux couvertes et en plein air, un service de garde d'enfants et des menus adaptés.

Dionysos HÔTEL €€

(Carte p. 86 ; ☎2693 3414 ; www.dionysoshotelpaphos.com ; Dionysou 1 ; s/d basse saison 55/60 €, haute saison 60/70€ ; ❄ @ 📶 🏊). À quelques mètres de l'avenue Posidonos, à Kato Paphos, le Diosnysos constitue une excellente option de catégorie moyenne avec sa cour ombragée, sa petite piscine bordée d'un solarium et l'atmosphère chaleureuse que lui confèrent la pierre calcaire et le bois, omniprésents. Les chambres, agréables sans être exceptionnelles, ont été rafraîchies récemment. Certaines sont carrelées, d'autres avec moquette, et toutes bénéficient de la télévision par satellite et d'un petit balcon privé (supplément de quelques euros pour une vue sur la piscine). Accès Wi-Fi gratuit à la réception.

Pyramos Hotel HÔTEL €

(Carte p. 86 ; ☎2693 0222 ; www.pyramos-hotel.com ; Agias Anastasias 4 ; s/d avec petit-déj basse saison 35/45 €, haute saison 40/50 € ; ❄). Pour un séjour original, demandez une chambre avec vue sur le site archéologique adjacent de Hrysopolitissa Basilica. Le décor de l'hôtel, sans doute l'un des meilleurs petits établissements de Kato Paphos, est apaisant avec ses murs crème, ses jetés de lit orange et ses élégantes salles de bains au sol en mosaïque. Le petit bar chic à l'avant offre un accès Wi-Fi gratuit aux clients.

Daphne RÉSIDENCE HÔTELIÈRE €€

(Carte p. 86 ; ☎2693 3500 ; www.daphne-hotel.com ; Alkmisnis 3 ; s/d basse saison 33/50 €, haute saison 60/73 € ; ❄ 🏊 👪). Une résidence hôtelière à l'écart de l'effervescence touristique, idéale pour les voyageurs souhaitant préparer eux-mêmes leurs repas. Les appartements sont propres et bien équipés. Une petite piscine légèrement exposée (sur la rue) vous attend devant le bâtiment. Les enfants y bénéficient d'un espace réservé et de réductions intéressantes. Des lits de bébé sont disponibles gratuitement sur demande. L'emplacement, à Kato Paphos, est très central, et le personnel amical.

Alexander the Great HÔTEL €€€
(Carte p. 86 ; ☎2696 5000 ; www.kanikahotels.com ; Posidonos ; ch avec petit-déj basse/haute saison 105/150 € ; P❄📶🏊👪). Un établissement chic au cœur de Kato Paphos, essentiellement fréquenté par une clientèle aisée en voyage organisé. Les chambres se déclinent dans des tons bleu et or, avec d'élégants tableaux au mur et de la moquette au sol. Si vous ne voulez pas sortir, vous trouverez tout sur place : des courts de tennis, une salle de sport, une aire pour les enfants, des piscines intérieure et extérieure, un restaurant et un bar… le tout sur la plage. Des réductions de 40% sont consenties hors saison.

Environs de Paphos

Camping Feggari CAMPING €
(☎2662 1534 ; empl adulte/enfant/tente 3/1/3 € ; ⏲avr-oct). À quelques minutes à pied seulement de la plage de Coral Bay, cet agréable terrain de camping planté de cyprès est également proche de nombreux magasins et restaurants. Il est pourvu de bonnes installations, notamment d'un snack-bar.

Hauteurs d'Akamas

♥ **Amarakos Inn** AGROTOURISME €€
(☎2663 3117 ; www.amarakos.com ; Kato Akourdalia ; studio/app 1 ch basse saison 60/77 €, haute saison 77/94 € ; ❄@📶🏊). Les bâtiments de pierre et de bois de ce splendide gîte rural s'organisent autour d'une cour ensoleillée, fleurie de chèvrefeuille et de jasmin odorants, dans laquelle trône une authentique presse à vin. Deux des appartements possèdent une cheminée. La famille des propriétaires (la grand-mère est aux fourneaux) propose des excursions culturelles en minibus et des promenades équestres. Vous trouverez sur place une piscine, des équipements pour les enfants et un délicieux restaurant.

Sappho Manor House AGROTOURISME €€
(☎2633 2650 ; www.agrotourism.com.cy ; Droushia ; studio/app 2 ch à partir de 50/70 € ; ⏲mai-oct ; 🏊). Cette vieille demeure joliment restaurée, située non loin de l'adorable église du village, date de 1912. Elle abrite plusieurs studios et appartements, tous décorés dans un style traditionnel avec leurs portes et leurs fenêtres en pin chypriote. Des studios avec terrasse privative sont proposés moyennant un supplément de 10 €. Une laverie (5 € la machine), un jardin et une piscine sont également à votre disposition.

Kostaris AGROTOURISME €€
(☎2962 6672 ; www.agrino.org/eleonora ; Goudi ; maison 2 pers 130 € ; 🏊). Les 5 belles maisons en pierre et en bois de cet établissement se trouvent au sommet du joli village de Goudi. La maison pour 2 personnes est particulièrement charmante avec sa cheminée et sa cour plantée de palmiers, de vigne et de géraniums carmin. Le Kostaris compte également une piscine destinée à ses hôtes.

Ayii Anargyri Natural Healing Spa Resort HÔTEL €€€
(☎2681 4000 ; www.aasparesort.com ; Miliou ; ch à partir de 150 € ; ❄📶🏊). Situé juste à l'extérieur du village préservé de Miliou, dans une vallée aux versants densément boisés, ce magnifique hôtel occupe un ancien monastère. Certaines chambres sont d'ailleurs d'anciennes cellules de moines. Pas grand-chose de monacal en revanche dans le spa de marbre brillant, attenant, où sont proposés des traitements curatifs, notamment un enveloppement de boue (45 €) ou le soin raffermissant pour le visage "Timeless Youth" ("Jeunesse éternelle" ; 75 €), associés à des techniques thérapeutiques de pointe. L'eau thermale riche en minéraux de la source Agia Anargyri jaillit depuis le XVIIe siècle.

Makriniari AGROTOURISME €
(☎2693 2931 ; www.agrotourism.com.cy ; Kritou Terra ; app 2 pers à partir de 40 €). Cette maison rurale en pierre, de plain-pied, est idéale pour une escapade relaxante de quelques jours. Ses appartements d'une chambre s'organisent autour d'une cour centrale et d'un jardin avec four traditionnel, dominant une gorge verdoyante.

Péninsule d'Akamas

Bougainvillea Hotel Apartments RÉSIDENCE HÔTELIÈRE €
(Carte p. 99 ; 2681 2250 ; www.bougainvillea.com ; Verginas 13 ; studio/app 1 ch 50/65 € ; avr-oct ;). Le meilleur endroit où séjourner à Polis. Une allée fleurie court le long des appartements, qui sont composés d'une chambre, d'un salon et d'un balcon donnant sur de paisibles bosquets d'oliviers. L'atmosphère est intime et douillette, et on apprécie la piscine, la pelouse et l'aire de jeux pour les enfants.

Polis Camp Site CAMPING €
(Hors carte p. 99 ; 2681 5080 ; empl adulte/enfant/tente 2,50/1/3 € ; avr-oct). Ce joli camping planté d'eucalyptus odorants qui offre un bel ombrage dispose d'une plage privée. Très vaste, il est bien équipé. Situé à environ 2 km au nord de Polis, il est indiqué depuis le centre-ville. Des concerts y sont régulièrement organisés en été.

Stephanos Hotel Apartments RÉSIDENCE HÔTELIÈRE €
(Carte p. 99 ; 2632 2411 ; www.stephanos-hotel.com ; Leoforos Arsinois ; app 2 pers 50 € ; P). Deux ensembles d'appartements sont disposés autour de la piscine. Bien entretenus et lumineux avec leur décor pin naturel et blanc cassé, les appartements, dotés de kitchenettes équipées et de balcons, sont appréciés des marcheurs du Royaume-Uni et d'Allemagne. Le grand restaurant du rez-de-chaussée prépare une cuisine chypriote correcte, mais qui n'a rien d'exceptionnel.

Nicki Holiday Resort RÉSIDENCE HÔTELIÈRE €€
(Hors carte p. 99 ; 2632 2226 ; www.nickiresort.com ; Polis ; studio basse/haute saison 40/70 € ; P). Une résidence hôtelière tenue en famille, pleine de charme, légèrement à l'extérieur de la ville en direction de Latsi. Les appartements de son bâtiment bas sont bordés de jardins aménagés et de 3 piscines, dont une pataugeoire. Sur place également, un restaurant, un snack-bar, des courts de tennis et un centre de fitness. À l'heure de vous reposer en fin de journée, vous ne serez pas déçu : dotées de kitchenettes équipées et de la télévision par satellite, les chambres sont parfaites.

Tylliria

Tylos Beach Hotel HÔTEL €
(2652 2348 ; www.tyloshotel.com.cy ; Nikolaou Papageorgiou 40, Kato Pyrgos ; ch avec petit-déj 30 €/pers ;). De style moderne (plutôt que contemporain), le Tylos loue des petites chambres soignées, au décor pin et bleu clair et au sol en marbre un peu fatigué. La plupart possèdent un balcon dominant le port. Le restaurant du rez-de-chaussée, intérieur et extérieur, est spacieux et conçu pour accueillir des groupes.

Troodos occidental

Stelios House AGROTOURISME €
(2672 2343 ; www.agrotourism.com.cy ; Pano Panagia ; app 2 pers à partir de 48 €). La "maison de Stelios" (To Spiti tou Steliou) fait partie de ces nombreuses maisons traditionnelles en pierre qui ont été transformées en appartements touristiques. Elle ne diffère pas des autres, avec ses tons chauds et rustiques, ses volets de bois et ses balcons individuels. L'un de ses atouts : sa cour, jolie et vaste.

LARNAKA ET L'EST

Larnaka

La ville dispose de petits hôtels bon marché convenables, d'appartements économiques en résidence hôtelière, de chambres dans des maisons rénovées et d'hôtels récents en hébergement seul. La plupart d'entre eux feront le bonheur des voyageurs indépendants à la recherche d'un point de chute d'où visiter l'île. Vous trouverez aussi, bien sûr, des hôtels de luxe sur la plage de Dekelia, à l'est de la ville. Il est conseillé de réserver avant de partir pendant les mois d'été.

E-Hotel HÔTEL €€€
(2474 7000 ; www.hotel-e.com ; Faros dromo 1 ; s/d 70/140 € ; P @). Cet hôtel flambant neuf doublé d'un spa surplombe les paisibles falaises de Faros Beach, à 20 minutes en voiture de la ville vers l'ouest. Les chambres, luxueuses et modernes avec télévision à écran plat et salle de bains étincelante, ont été décorées dans des tons neutres. Tout est prévu pour les clients

exigeants qui recherchent luxe et sérénité aux portes de la ville. Rien n'a été laissé au hasard à l'Eden spa, équipé d'un hammam traditionnel, d'un sauna, d'un bain de vapeur et d'une piscine traitée à l'oxygène. Toute une gamme de soins du visage et du corps y est proposée.

Petrou Bros RÉSIDENCE HÔTELIÈRE €

(Carte p. 108 ; 2465 0600 ; www.petrouaparthotel.com ; Armenikis Eklisias ; app 2 ch 45-60 € ; P ❄ @ ≋). Une résidence centrale et bon marché. Les kitchenettes sont grandes, quoique mal éclairées, équipées d'un réfrigérateur, de 2 plaques de cuisson et de quantité d'ustensiles de cuisine. Les chambres sont plus petites mais agréablement meublées et dotées de terrasses privatives.

Easy HÔTEL €€

(Carte p. 108 ; 2410 2703 ; www.easyhotel.com ; Kimonos 1 ; ch 60 € ; P ❄). Au cœur de la ville, cet hôtel a tout : confort, emplacement central et, selon les chambres, une belle vue. Ses petites chambres sans prétention au style rétro sont propres et bien pensées.

Alkisti City HÔTEL €

(Carte p. 108 ; 2481 5140 ; www.cityalkisti.com ; Agiou Lazarou ; d 45 € ; P ❄). Cette maison traditionnelle en pierre a été entièrement rénovée en 2006 et transformée en un charmant hôtel de 8 chambres, modernes et compactes, toutes avec salle de bains privative. Au rez-de-chaussée, à côté de l'espace réception et du restaurant, la petite cour invite à prendre le soleil. L'établissement est idéalement situé, juste en face d'Agios Lazarus et à 100 m seulement de la promenade de Phinikoudes.

Livadhiotis City HÔTEL €€

(Carte p. 108 ; 2462 6222 ; www.livadhiotis.com ; Nikolaou Rossou 50 ; ch 60-115 € ; P ❄ @ ♿). Cet hôtel central (à deux pas d'Agios Lazarus et de la plage) et récemment rénové abrite des chambres confortables, propres et compactes, décorées dans un style rétro. Les cafés accueillants qui bordent la place en font un lieu populaire en été.

Eleonora RÉSIDENCE HÔTELIÈRE €€

(Carte p. 108 ; 2462 6222 ; www.eleonorahotelapts.com ; Ermou 55 ; ch 55-85 € ; P ❄ ≋ ♿). En plein centre-ville, la résidence Eleonora dispose de grandes chambres simples et de studios avec balcon donnant sur la petite place Ermou. Très bon marché, elle propose même des appartement 2 pièces, de l'électroménager en option (four, planche et fer à repasser, etc.), et des réduction pour la location de transats sur la plage.

Sun Hall HÔTEL €€€

(Carte p. 108 ; 2465 3341 ; www.aquasol-hotels.com ; Leoforos Athinon 6 ; s 100-110 €, d 145-180 € ; P ❄ @ ≈ ♿). Les chambres de cet hôtel du front de mer et leurs balcons bénéficient d'une superbe vue sur la promenade et sur la mer. Le Sun Hall vient tout juste de rouvrir après une remise à neuf complète : tout est rutilant et n'attend que de faire le bonheur des clients. Vivre pleinement l'expérience d'une ville côtière, en plein sur la promenade de Phinikoudes, a bien sûr son prix.

Golden Bay HÔTEL €€€

(2464 5444 ; www.goldenbay.com.cy ; s 135-175 €, d 195-240 € ; P ❄ @ ≋ ≈). Le géant du luxe de Larnaka est numéro un sur la liste des hôtels du front de mer bordant la route de Dekelia. Il offre tous les services d'un grand établissement : chambres spacieuses et confortables, vastes halls et couloirs élégants. Sa grande piscine, la salle de gym, le salon de beauté et le restaurant complètent la parfaite panoplie de l'établissement haut de gamme.

Agia Napa

De mi-juin à mi-août, la réservation est impérative. La station balnéaire dispose de nombreuses solutions d'hébergement, allant des chambres chez l'habitant aux hôtels de luxe. Les touristes ne rentrent généralement à l'hôtel que pour y dormir (ou récupérer d'un abus de boisson) et cela se ressent : les chambres sont généralement propres mais quelconques (parfois vieillottes), et exagérément chères. Les voyageurs indépendants seront bienvenus s'il reste de la place (ou bien redirigés vers un hôtel partenaire), mais se verront facturer un supplément pour défaut de réservation. Beaucoup d'hôtels de la côte n'ouvrent que de mars à octobre.

♥ **Okeanos Beach** HÔTEL €€

(Carte p. 120 ; 2372 4440 ; www.okeanoshotel.com.cy ; 1 Oktovriou ; ch 60-100 € ; P ❄ @ ≈ ♿). Bon rapport qualité/prix. Les chambres sont exiguës, meublées d'un lit double et du strict nécessaire, avec de jolis petits balcons donnant sur la piscine et la plage. Très bien situé : tout est accessible à pied.

Limanaki Beach HÔTEL €€

(Carte p. 120 ; ☎2372 1600 ; 1 Oktovriou 18 ; ch 70-120 € ; P ❄ @ ≋ 👪). À proximité du port et à quelques minutes à pied de la place centrale, cet hôtel accueille volontiers les familles. Les chambres sont propres mais un peu petites, dotées de balcons donnant sur la piscine et sur la mer.

Diomylos RÉSIDENCE HÔTELIÈRE €€

(Carte p. 120 ; ☎2372 2219 ; Leoforos Archiepiskopou Makariou III 35 ; ch 40-70 € ; P ❄ ≋). Une résidence branchée, dotée de solariums et d'une piscine. L'accueil chaleureux de la part du personnel en fait un endroit simple et confortable. Situé dans le centre, l'hôtel est desservi par le bus, idéal pour partir en escapade. La climatisation est facturée en supplément (7 €/ jour), alors optez plutôt pour une chambre d'angle bénéficiant de la brise.

Napa Prince RÉSIDENCE HÔTELIÈRE €€

(Hors carte p. 120 ; ☎2372 1483 ; www.napaprince.com ; Tefkrou Anthiou 65 ; ch 40-70 € ; P ❄ ≋). Cet hôtel familial récemment rénové est très accueillant. Les chambres, spacieuses et bien équipées, sont propres et bien entretenues. À seulement 3 minutes à pied de la place centrale, l'établissement possède une superbe piscine avec un bar refait à neuf, et un personnel des plus serviables. La climatisation est facturée en plus (6 €/jour).

Aeneas HÔTEL €€€

(☎2372 4000 ; www.aeneas.com.cy ; Leoforos Nisiou 100 ; s/d 220/450 € ; P ❄ @ 📶 ≋). L'Aeneas s'adresse aux visiteurs à la recherche d'un hébergement un peu plus haut de gamme. Ses chambres au décor rustique contemporain donnent sur l'une des plus grandes piscines de la Méditerranée. Véritable havre de luxe célébrant l'eau, l'établissement, idéalement situé en face de la plage Nissi Beach, offre tout ce dont vous pourriez avoir besoin.

Green Bungalows RÉSIDENCE HÔTELIÈRE €

(Carte p. 120 ; ☎2372 1511 ; www.greenbungalows.com ; Katalymata 19 ; ch 45-65 € ; ⊙avr-oct ; P ❄ @ ≋). Les studios au sol carrelé de cette résidence sont sobres, meublés simplement, avec un séjour ouvrant sur le coin cuisine, et dotés d'un petit balcon. L'endroit, parfait pour les groupes, peut attirer les fêtards.

Environs d'Agia Napa

La majorité des hôtels sont rassemblés le long de la route Protaras-Pernera, et beaucoup sont destinés aux clients de voyages organisés. S'il n'existe pas énormément d'hébergements à bas prix, le choix est plus intéressant dans les autres catégories. Il est conseillé de réserver pendant la haute saison.

Brilliant RÉSIDENCE HÔTELIÈRE €€

(☎2383 2211 ; www.brillianthotelapts.com ; Kavo Greco, Protaras ; ch 60-120 € ; P ❄ @ 📶 ≋ 👪). Les appartements, propres et lumineux, sont ouverts sur la kitchenette et la terrasse. Vous trouverez sur place une piscine très bien équipée, un bar et un bon restaurant.

Cavo Maris Beach HÔTEL €€€

(☎2383 2043 ; www.cavomaris.com ; Protaras ; ch 80-150 € ; P ❄ @ ≋ 👪). Luxueux et d'un bon rapport qualité/prix, cet hôtel est installé sur sa propre plage et possède plusieurs piscines, restaurants et bars. Des activités sont organisées en soirée. Les chambres, spacieuses, sont agrémentées de balcons.

Seagull RÉSIDENCE HÔTELIÈRE €€

(☎2383 1270 ; www.seagullhotelapts.com ; Hifastios 2 ; ch 55-110 € ; P ❄ ≋). Située à proximité de la plage de Pernera, à 2 km de Protaras en suivant la côte, la résidence Seagull propose des appartements lumineux, neufs et spacieux avec balcon. La piscine est parfaite pour les familles. Petit-déjeuner complet à partir de 6 €.

NICOSIE (LEFKOSIA)

Les hébergements bon marché sont plutôt rares à Nicosie. Ceux qu'on y trouvait autrefois ont fermé, ou se sont reconvertis en hébergement de catégorie moyenne. Comme partout ailleurs, les hôtels haut de gamme sont luxueux, confortables et design. Malheureusement, à quelques exceptions près, les établissements inventifs et originaux font gravement défaut.

Nicosie (Lefkosia)

♥ **Royiatiko** HÔTEL €€€

(Carte p. 130 ; ☎2244 5445 ; www.royiatikohotel.com.cy ; Apollonos 27 ; s/d avec petit-déj 85/110 € ; P ❄ 📶 🏊). Situé en plein centre historique, cet hôtel qui a ouvert début 2010 complète agréablement l'offre en hébergement de la ville. Les chambres sont élégamment décorées dans des tons marron et crème et de gros coussins moelleux vous attendent sur le lit, de même qu'un réfrigérateur, une bouilloire, des fleurs fraîches et une élégante salle de bains au sol carrelé gris. Côté équipements, vous pourrez profiter d'une salle de gym et d'une piscine chauffée (en hiver).

Classic Hotel HÔTEL €€

(Carte p. 130 ; ☎2266 4006 ; www.classic.com.cy ; Rigenis 94 ; s/d 80/97 € ; P ❄ 📶). Cet hôtel situé non loin de la porte de Paphos est membre du prestigieux groupe "Small Luxury Hotels of the World", et ce n'est pas une surprise. En octobre 2010, il a fait l'objet d'une rénovation complète. De la réception aux chambres, chics et confortables, le design est minimaliste et les tons bois et crème apaisants. Son restaurant gastronomique, le 59 Knives, et la salle de gym sur le toit en font un havre de luxe.

Centrum HÔTEL €€

(Carte p. 130 ; ☎2245 6444 ; www.centrumhotel.net ; Pasikratous 15 ; s/d avec petit-déj basse saison 70/90 €, haute saison 90/110 € ; ❄ @ 📶). Combinant avec classe hôtel de charme et d'affaires, le Centrum dispose de chambres spacieuses, parfois avec balcon, aux délicats tons rosés. Seules certaines possèdent une baignoire, alors précisez votre préférence lors de la réservation. L'hôtel ne se trouve qu'à quelques secondes de la Plateia Eleftherias. Les équipements s'adressant aux voyageurs d'affaires sont excellents, et un centre de fitness doit ouvrir ses portes début 2012, ainsi qu'une nouvelle aile byzantine aux chambres meublées de façon traditionnelle. Le restaurant est réputé pour sa cuisine chypriote.

Sky Hotel HÔTEL €

(Carte p. 130 ; ☎2266 6880 ; www.skyhotel.ws ; Solonos 7c ; s/d 49/60 € ; ❄). Sis en plein cœur du quartier historique, entouré de boutiques de souvenirs et de cafés, le Sky est le meilleur hébergement économique de Nicosie. Les chambres sont spacieuses et claires, avec de la moquette et des meubles en pin. Un grand balcon avec vue sur les toits agrémente la plupart d'entre elles.

Averof HÔTEL €

(Hors carte p. 140 ; ☎2277 3447 ; www.averof.com.cy ; Averof 19 ; s/d avec petit-déj 50/65 € ; ❄ 📶). Proche du centre historique, dans un quartier résidentiel calme de Nicosie, l'Averof se distingue par sa décoration rustique assez kitsch et son service impeccable. Les chambres au style faussement traditionnel sont propres et lumineuses. Il est possible de négocier un meilleur tarif pour les longs séjours.

Cyprus Hilton HÔTEL €€€

(Hors carte p. 140 ; ☎2237 7777 ; www.hilton.com ; Leoforos Archiepiskopou Makariou III ; s/d avec petit-déj basse saison 173/207 €, haute saison 218/252 € ; P @ 📶 🏊). C'est dans ce grand hôtel que se retrouvaient, dit-on, les espions de l'Est comme de l'Ouest pendant la guerre froide, période à laquelle la position de Chypre présentait alors un intérêt stratégique majeur. Qui sait quelles manœuvres politiques se sont tramées dans ses chambres luxueuses, dans la piscine d'intérieur et d'extérieur, sur les courts de tennis et les terrains de squash et dans ses restaurants ? Des réductions sont proposées sur le site Internet de l'hôtel.

Environs de Nicosie

♥ **Avli House** AGROTOURISME €

(☎22543236 ; www.agrotourism.com.cy ; Markou Drakou 3 ; d basse/haute saison 45/52 €, ste familiale 60 €, maison 268 €). Non loin de la forêt de Maheras, ce gîte rural enchanteur se trouve dans le village de Lythrodontas. Il peut accueillir jusqu'à 14 personnes dans des chambres indépendantes. Les appartements et la maison, joliment décorés par le propriétaire, un artiste accompli, sont disposés autour d'une jolie cour verdoyante. Des peintures et des estampes (de bon goût) parent les murs, le bois, omniprésent, confère au lieu un côté chaleureux, les tissus et tapis sont colorés et, partout, des détails d'architecture traditionnelle attirent le regard. Séjour minimum : 2 nuits.

NICOSIE-NORD (LEFKOŞA)

L'offre en hébergement de Nicosie-Nord (Lefkoşa) est assez sommaire. Les "hôtels" bon marché sont concentrés dans le quartier de la mosquée Selimiye et dans les rues à l'est de Girne Caddesi. Tous louent des chambres de type dortoir, et un lit y coûte environ 7 €. Nous ne vous les recommandons pas. En dehors de cela, vous trouverez plusieurs hôtels de catégorie moyenne ou supérieure qui, malgré leurs casinos, ont bonne réputation.

City Royal HÔTEL-CASINO €€

(☎228 7621 ; www.city-royal.com ; Gazeteci Kemal Aşik Caddesi ; s/d 50/70 € ; ❄📶🏊). Favori des clients d'affaires et des amateurs de casino. Les chambres sont spacieuses, avec moquette et minibar, téléphone, télévision par satellite et même un téléphone dans la salle de bains. À découvrir également : la piscine et la salle de gym de l'établissement. À 300 m au nord-est de la porte de Kyrenia.

Golden Tulip HÔTEL-CASINO €€€

(Hors carte p. 154 ; ☎610 5050 ; www.goldentulipnicosia.com ; Dereboyu 1 ; s/d 85/135 € ; P❄📶🏊). L'un des hôtels les plus récents de Nicosie-Nord. Malgré son nom, le Golden Tulip ressemble plus à une bouteille en verre renversée qu'à une tulipe. À l'intérieur, une décoration tape-à-l'œil et un assortiment d'équipements, dont un club de gym et un spa et une garderie. Sans oublier un casino, si vous vous sentez d'humeur chanceuse. Des prestations et un service haut de gamme, mais une ambiance internationale et anonyme.

Saray HÔTEL €€

(Carte p. 154 ; ☎228 3115 ; saray@northcyprus.net ; Atatürk Meydanı ; s/d 50/75 € ; ❄). Lors de notre visite, le Saray était sur le point de rouvrir après une rénovation nécessaire. Cet établissement de la vieille ville, situé sur la place Atatürk Meydanı, est un monument incontournable. Depuis le bar installé sur le toit, vous bénéficierez d'une vue à 360° sur la ville.

KYRENIA (GIRNE) ET LA CÔTE NORD

Kyrenia (Girne)

Dans le centre-ville, on trouve des chambres d'hôtes et des petits hôtels, souvent anciens, alors que les faubourgs ont hérité des immenses hôtels avec casinos et centres de villégiature. Les établissements ci-après sont installés en centre-ville.

♥ **White Pearl Hotel** BOUTIQUE-HÔTEL €€

(Carte p. 166 ; ☎815 4677 ; www.whitepearlhotel.com ; Girne Limanı ; ch 40-60 € ; ❄). Un établissement rénové, d'un bon rapport qualité/prix. Ses 9 chambres propres et raffinées ont chacune leur propre décor ; certaines possèdent un balcon offrant une belle vue sur le port. Le bar du toit est parfait pour savourer un cocktail en fin de soirée, même si vous ne séjournez pas à l'hôtel.

Club Z HÔTEL €€

(Carte p. 166 ; ☎815 1549 ; www.hotelclubz.com ; Mustafa Çağatay Caddesi ; ch 45-60 € ; P❄@📶🏊). Proche de la ville et du port, le Club Z propose des studios, spacieux et simples, avec kitchenette, et des chambres dans des villas. La décoration est sommaire, voire un peu fanée, mais l'hôtel est intéressant compte tenu de son emplacement. En été, demandez une chambre avec vue sur la piscine adjacente.

Nostalgia HÔTEL €€

(Carte p. 166 ; ☎815 3079 ; fax 815 1376 ; Cafer Paşa Sokak 7 ; ch 35-55 € ; ❄). Une collection de livres, de radios et de machines anciennes orne la réception de ce bel hôtel occupant une maison de ville ancienne. Idéalement situé à 2 minutes à pied du port, il propose des chambres rustiques, démodées et propres. Pour davantage de luxe, choisissez la suite et son superbe lit à baldaquin.

Dome Hotel HÔTEL €€€

(Carte p. 166 ; ☎815 2453 ; www.dome-cyprus.com ; Kordon Boyu Sokak ; s/d 80-110 € ; P❄@📶🏊👪). Situé sur le front de mer, comme le mentionne Lawrence Durrell dans son roman *Citrons acides*, ce pilier de l'offre hôtelière de Kyrenia est toujours considéré comme le meilleur établissement de la ville. Ses chambres confortables et accueillantes disposent de tous les équipements modernes. Vous y trouverez également une grande piscine d'eau de mer et une pataugeoire pour enfants.

Rocks Hotel & Casino HÔTEL-CASINO €€€
(Hors carte p. 166 ; ☎650 0400 ; www.rockshotel.com ; Kordon Boyu Sokak ; s/d 105-140 € ; P ❄ @ 📶 🏊 👪). Cet immense hôtel-casino propose des chambres modernes, décorées avec style, bien équipées et donnant sur la mer ou les montagnes. Le service est excellent. De luxueux spas, saunas et bains turcs vous y attendent entre deux parties de black jack.

Harbour Scene HÔTEL €
(Carte p. 166 ; ☎815 6855 ; Canbulat Sokak 32 ; ch 35 € ; ❄). Un établissement propre et bon marché aux chambres confortables donnant sur la mer et les montagnes. Son bar en bois est unique. Le quartier (parfois bruyant) regorge de restaurants, de bars et de discothèques.

Environs de Kyrenia et les montagnes

Bellapaïs, assez proche de Kyrenia pour être facilement accessible, mais suffisamment loin (et suffisamment en altitude) pour bénéficier d'une ambiance paisible, compte quelques excellentes options.

♥ **Lapida** HÔTEL €€
(☎862 1500 ; www.lapidahotel.com ; Ibrahim Nidai Cad, Lapta ; ch à partir de 40 € ; P ❄ 🏊 👪). Un hôtel familial aux jardins verdoyants avec piscine. Les chambres, vastes et lumineuses, sont accueillantes. Et les patios, véritables havres de paix, parfaits pour vous imprégner de la sérénité de la vallée aux effluves de citron.

Hideaway Club HÔTEL €€€
(☎822 2620 ; www.hideawayclub.com ; ch à partir de 70 € ; P ❄ @ 📶 🏊). Ce superbe établissement où domine le blanc se détache sur fond de montagnes majestueuses. Ses cottages avec vue sur mer, impeccables, sont joliment décorés de fleurs et de dentelles. L'endroit, agrémenté de patios et de piscines paradisiaques, est parfait pour une escapade romantique, d'autant que les enfants n'y sont pas acceptés. Situé à 4 km à l'ouest de Kyrenia en direction de Lapta, dans le village de Karaoğlanoğlu (Agios Georgios).

Sempati HÔTEL €
(☎821 2770 ; www.hotelsempati.com ; Ali Ocak Sokak 7 ; ch à partir de 30 € ; P ❄ @ 📶 🏊 👪). Situé sur la côte de Lapta (à 9 km du port de Kyrenia), à une centaine de mètres dans les terres, cet établissement offre un excellent rapport qualité/prix. Ses chambres confortables avec balcon, sobrement décorées, et ses vastes bungalows indépendants entourent une grande piscine baignée de soleil.

Dedeman Olive Tree HÔTEL €€
(☎824 4200 ; Onar, Çatalköy ; ch 60-80 € ; P ❄ @ 📶 🏊 👪). Dans le jardin bien tenu de ce paisible hôtel, chalets et villas accueillent volontiers les familles. Les chambres, très propres et accueillantes, sont décorées dans des tons rouge et orange rétro. La piscine est dotée d'un superbe bar, parfait pour siroter un verre à l'ombre sans sortir de l'eau.

Bellapais Monastery Village HÔTEL €€
(☎815 9171 ; www.bellapaismonasteryvillage.com ; Bellapaïs ; ch 50-70 € ; P ❄ @ 🏊). À proximité du monastère, l'établissement loue des villas-studios avec chambre en mezzanine et des chambres d'hôtel. La piscine, apaisante, est bordée d'une terrasse offrant une vue dégagée sur Kyrenia jusqu'au port. Le restaurant propose un menu à la carte en journée et un petit-déjeuner à la demande. L'accueil des enfants de moins de 12 ans n'est pas prévu.

Bellapais Gardens HÔTEL €€€
(☎815 6066 ; www.bellapaisgardens.com ; Bellapaïs ; ch basse/haute saison 70-90 € ; P ❄ @ 📶 🏊). Ce lieu de villégiature de luxe dispose de studios indépendants et d'appartements de 1 ou 2 chambres avec vue sur mer. Un jardin verdoyant aux allures de jungle tropicale en occupe le centre, avec sa piscine et son bar. Il jouxte l'abbaye, dont vous pourrez admirer l'architecture en sirotant un verre au bord de la piscine.

Gardens of Irini HÔTEL ET COTTAGES €€
(☎815 2820 ; www.gardensofirini.com ; Bellapaïs ; s/d à partir de 40 €, d 300 €/sem). L'hôtel Gardens of Irini est situé sur les hauteurs du village, dans un écrin de verdure, et jouxte une maison traditionnelle. Ses cottages avec cour privative sont équipés d'une cuisine agrémentée de tapis et d'une cuisinière à l'ancienne – l'une d'elles dispose même d'une cheminée. Deirdre,

la propriétaire, cuisine le déjeuner (et le dîner sur demande) qu'elle sert dans le jardin, où des chats et de paisibles chiens abandonnés ont trouvé refuge.

Le Nord-Ouest

Güzelyurt Otel HÔTEL €€

(☎714 3412 ; Bahçelievler Bulvarı ; s/d 30-50 € ; ❄ 🏊). En périphérie de la ville de Morfou, cet hôtel tout simple est le seul hébergement correct des environs : un choix avisé si vous souhaitez faire une escale sur votre trajet. Les chambres sont sobres, et les installations comprennent une piscine, un bar et un service de blanchisserie.

Soli Inn HÔTEL €€

(☎727 7575 ; soliinn@northcyprus.net ; s/d avec petit-déj 30-50 € ; P 🏊). À l'ouest de Morfou, à Gemikonaği, cet ancien caravansérail abrite aujourd'hui un hôtel économique et confortable. Proche de la mer, il loue des chambres doubles sans fioritures et des suites (mieux équipées). Une piscine correcte et un terrain de golf s'offrent à vous à proximité.

FAMAGOUSTE (MAĞUSA) ET LA PÉNINSULE DU KARPAS (KIRPAŞA)

Famagouste (Mağusa)

Les hôtels de Famagouste sont tout l'un ou tout l'autre : ultraluxueux ou sommaires, les options intermédiaires étant rares.

♥ **Crystal Rocks** BUNGALOWS €€

(☎378 9400 ; www.cypruscrystalrocks.com ; Yolu Salamis ; ch 57-70 € ; P ❄ @ 📶 🏊 👪). Une soixantaine de formidables bungalows à proximité de la plage et non loin de Salamine. Les chambres, modernes, lumineuses et calmes, sont décorées avec goût. Les bungalows sont installés dans un jardin odorant doté d'une piscine en fer à cheval et d'une pataugeoire. Idéal pour les couples et les familles.

Salamis Bay Conti HÔTEL €€€

(☎378 8201 ; www.salamisbay-conti.com ; Gazi ; ch 60-90 € ; 🏊 👪). À 8 km au nord de Famagouste, dans la baie de Salamine, cet immense complexe présente un bon rapport qualité/prix. Il dispose d'une vaste plage privée et d'une grande piscine intérieure/extérieure. Les chambres sont grandes et cossues, comme on est en droit de l'attendre d'un établissement abritant des salons de massage, de scintillants casinos et des bains turcs. L'endroit idéal pour de longues vacances au soleil. Les chambres sans vue sur mer sont plus économiques.

Portofino HÔTEL €

(Carte p. 184 ; ☎366 4392 ; www.portofino-hotel-cyprus.com ; Feyzi Çakmak Bulvarı 9 ; ch 25-40 € ; P ❄ 🏊). Propre et sans chichis, cet hôtel bon marché tient ses promesses. Bien situé, dans l'ancien port de la vieille ville, il abrite des chambres spacieuses et un peu vieillottes. Parfait pour les voyageurs au budget serré. Une piscine correcte est à disposition.

Environs de Famagouste

Boğaz Hotel HÔTEL €€

(☎371 2559 ; www.bogazhotel.com ; Gazi Mustafa Kemal Bulvarı, Boğaz ; ch avec petit-déj 37-50 € ; P ❄ 🏊). Un hôtel économique confortable, avec de grands canapés et des chambres neutres de bonne taille. Il possède une petite piscine couverte et un Jacuzzi. La piscine extérieure, plus agréable, se trouve de l'autre côté de la route (un peu passante).

Exotic HÔTEL €€

(☎371 2885 ; www.cyprusexotic.com ; Boğaz ; ch avec petit-déj 35-50 € ; P ❄ 🏊 👪). Sans accès à la plage. Les chambres sont propres et bien agencées, et les tarifs, intéressants. En extérieur, profitez des piscines pour adultes et pour enfants, toutes deux équipées de toboggans.

Péninsule de Karpas (Kirpaşa)

La péninsule de Karpas recèle quelques formidables hébergements, uniques sur l'île.

♥ **Nitovikla Garden** AGROTOURISME €

(☎375 5980 ; www.nitovikla.com ; Mehmetcik Kumyali ; ch 25-37 € ; P ❄ 🏊). Splendide gîte agrotouristique situé dans le village côtier de Kumyali. Le propriétaire, Zekai, met tout son savoir-faire et sa passion pour la cuisine et le bien-vivre au service de son hôtel-restaurant. Les 10 chambres décorées dans un style chypriote traditionnel (meubles en bois sculpté et broderies de soie) sont dotées d'un balcon avec vue sur mer. La piscine est agréable et la plage toute proche.

Theresa HÔTEL €
(☎374 4266 ; www.theresahotel.com ; Yenierenköy ; ch 25-37 € ; P ❄). Ce petit établissement de bord de mer propose des chambres simples et soignées possédant de grandes salle de bains et des balcons avec vue sur mer. L'hôtel abrite un restaurant et donne sur une plage de sable équipée de parasols et de transats. À 7 km à l'est de Yenierenköy.

Club Malibu HÔTEL ET BUNGALOWS €€
(☎374 4264 ; www.clubmalibucy.com ; Yenierenköy ; ch 45-65 € ; P ❄ 👪). Les chambres de cet hôtel sont simples, élégantes et lumineuses, avec un balcon d'où l'on voit la plage. Quelques bungalows installés sur le sable sont également disponibles à la location. Un endroit idéal pour les familles recherchant des vacances économiques sous le signe des activités de plein air.

Karpaz Arch Houses AGROTOURISME €
(☎372 2009 ; www.karpazarchhouses.com ; Dipkarpaz ; ch 30-40 € ; P ❄). À environ 500 m du centre du village de Dipkarpaz. Ce gîte occupe une vaste maison à arcades avec cour, entourée de jardins verdoyants. Les 12 chambres au décor traditionnel sont proposées en hébergement seul. Une vraie atmosphère de partage règne dans le gîte, renforcée par l'utilisation commune du barbecue d'extérieur.

Oasis at Ayfilon HÔTEL €
(☎840 5082 ; www.oasishotelkarpas.com ; plage d'Agios Filon ; ch avec petit-déj 30-45 € ; P). Un vrai paradis pour amoureux de la nature. Les 7 chambres, propres et minimalistes, donnent directement sur la petite plage. Elles sont équipées d'un confortable lit double, d'une moustiquaire et d'une lampe à huile. La salle de bains est commune pour 4 chambres, les trois autres jouissent d'une salle d'eau privative. Copieux petit-déjeuner avec pain et légumes frais.

Blue Sea HÔTEL €
(☎372 2393 ; www.blueseahotelkarpaz.com ; Dipkarpaz ; ch à partir de 25 € ; P ❄). Familial, paisible et simple, le Blue Sea se trouve à proximité de la plage d'Alagadı ("tortue"), au sud de la péninsule. Il est construit sur un éperon rocheux à l'ombre des arbres du bord de mer. Le propriétaire de l'hôtel sert la pêche du jour.

Seabird BUNGALOWS €
(☎372 2012 ; ch à partir de 25 € ; P). À 1 km à peine du monastère d'Apostolos Andreas, ce restaurant saisonnier loue quelques bungalows tout simples, en pierre et en bois, installés directement sur la plage. Rudimentaires, ils disposent de lits et d'une moustiquaire mais n'ont pas l'eau chaude. Une option qui conviendra aux campeurs et aux amateurs de plongée.

Comprendre Chypre

densité de population (km²)

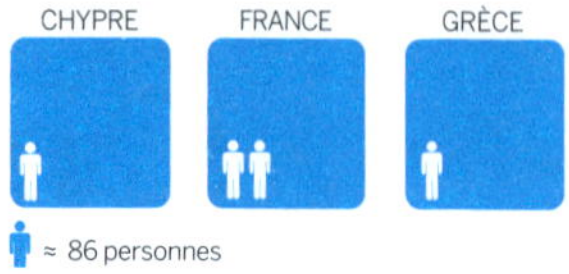

Chypre aujourd'hui

Négociations pour la paix, l'histoire sans fin ?

Depuis la partition de l'île en 1974, les pourparlers pour la réunification se sont révélés infructueux. Remis à l'ordre du jour en 2008 par le président de la République Demetris Christofias, qui s'était engagé à travailler avec son homologue chypriote turc d'alors, Mehmet Ali Talat, ils ont donné lieu à une centaine de réunions. Le "climat de paix" que les deux chefs d'État étaient parvenus à instaurer a alors suscité l'inquiétude des autorités de Turquie continentale, vite rassurées toutefois par l'arrivée au pouvoir à Chypre-Nord du proturc Dervis Ergolu en 2010, qui a bloqué le processus.

Depuis lors, les sempiternels discours sur les pourparlers avec les médiateurs des Nations unies s'enchaînent. On ne sait pas combien de temps durera le cycle de négociations actuel, les dates butoirs n'étant généralement pas respectées. Bien souvent, ces cycles ne débouchent que sur un accord promettant de parvenir à un accord lors d'un prochain cycle. En attendant, les problèmes que connaît l'île (en particulier économiques) sont négligés, les élites étant monopolisées par l'épineux problème du partage du pouvoir et de la propriété foncière. Les dirigeants actuels des deux parties de l'île étant aux antipodes sur le plan idéologique, l'éventualité de parvenir à une proposition de paix acceptable par tous paraît mince.

Les Chypriotes ne sont pas optimistes quant à une solution dans un avenir proche. Beaucoup avaient espéré que l'entrée de l'île dans l'Union européenne en 2004 faciliterait sa réunification, mais il semble malheureusement que cela n'ait fait que compliquer les choses, les grands États européens pesant désormais dans le débat.

» Population : 1 120 489 hab (285 000 hab à Chypre-Nord, selon les estimations)

» Superficie : 9 251 km² (3 355 km² pour Chypre-Nord)

» PIB : République de Chypre 22,18 milliards de dollars Chypre-Nord 4,4 milliards de dollars

Union européenne et économie

L'entrée de Chypre dans l'UE en 2004 a changé la donne dans de nombreux domaines. Les lois et les amendes concernant des infractions telles que le stationnement sur la chaussée, l'absence de port du casque à moto ou de ceinture en voiture, sont désormais appliquées de façon

Pas d'impair !

» Les Chypriotes adorent téléphoner au volant, et ne mettent pas leur clignotant. Aux carrefours, veillez à croiser le regard du conducteur avant de vous engager.

» Abordez avec tact les questions concernant la politique, la partition et la Ligne verte.

» Si vous êtes invité au restaurant, votre hôte paiera l'addition. Proposez de participer, en sachant qu'on vous le refusera.

» Ne vantez pas trop la richesse ou le fait d'avoir de la chance, car pour de nombreux Chypriotes, cela attire les jalousies et le "mauvais œil".

À lire

» **Citrons acides** (Libretto, 2012), de Lawrence Durrell.

» **Notes de voyage à Chypre** (Éd. L'Harmattan, 2003), de Philippe Cardella. Histoire de Chypre de l'Antiquité à nos jours.

religions
(en %)

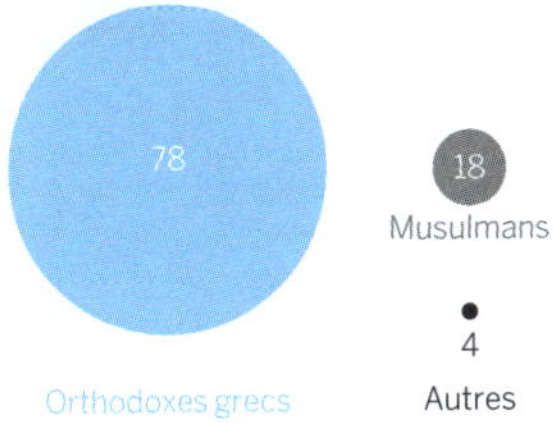

sur 100 personnes à Chypre

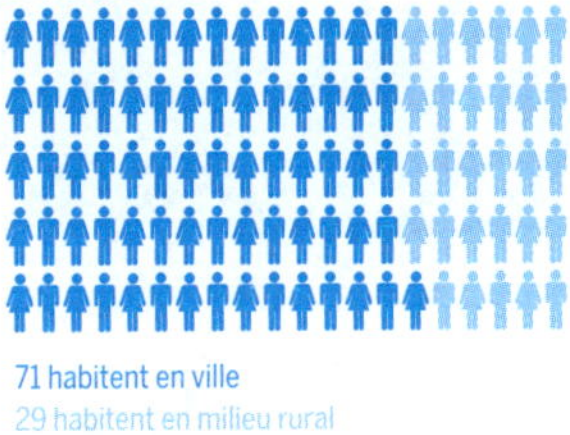

moins laxiste et non plus accueillies avec un simple "*dembirasi*" (pas grave). Taxes et redevances ont augmenté sur l'achat de biens immobiliers ou la construction. Les tarifs de l'eau et de l'électricité se sont envolés. Les prix des denrées alimentaires et des produits locaux ont aussi connu une hausse indirecte, menaçant de mettre à mal le vieil adage : "À Chypre, tu n'auras jamais faim".

L'arrivée sur le marché du travail d'étrangers venus d'Europe de l'Est, d'Asie, d'Afrique et d'Inde, source de main-d'œuvre bon marché qui menace le niveau des salaires, a suscité des problèmes de comportements sociaux et accentué la criminalité. Aujourd'hui, le personnel des restaurants et des boutiques est principalement originaire d'Europe de l'Est. Beaucoup de familles emploient des employées de maison et des nourrices srilankaises ou philippines.

Ne voulant pas dépendre uniquement du tourisme, le gouvernement cherche à exploiter les gisements importants de pétrole brut et de gaz naturel que recèlent les fonds marins entre le Liban, Israël et Chypre. Des négociations en vue de leur exploration sont actuellement en cours.

Le Nord en chiffres

Le problème sociopolitique posé par le statut et l'avenir des colons turcs venus "gonfler la population" depuis 1974 est l'une des questions les plus débattues et les plus instrumentalisées politiquement à Chypre. Selon les Chypriotes grecs, ces "Türkiyeli" seraient plus de 150 000 au Nord. Les enquêteurs indépendants avancent des chiffres compris entre 90 000 et 250 000. Les Turcs eux-mêmes estiment être environ 40 000, et parmi la population chypriote turque, au moins 50% sont des agriculteurs ayant émigré de Turquie continentale.

Les Chypriotes turcs ont récemment rejeté l'idée d'un recensement de la population (sous l'égide des Nations unies) afin de déterminer le nombre réel de colons auxquels a été accordée la "citoyenneté" chypriote turque.

MONNAIE

Le 1er janvier 2008, l'euro est devenu la monnaie nationale de la République de Chypre, remplaçant la très forte et très stable livre chypriote en circulation depuis la fin des années 1800. Chypre-Nord a conservé la livre turque.

Sur le Web

» **Talk Cyprus** (www.talkcyprus.org). Chypriotes du Nord et du Sud parlent politique ensemble.

» **Laika Music** (wn.com/laika_(music). Musique folklorique chypriote.

» **Cypriot Food** (www.flavoursofcyprus.com). Recettes d'hier et d'aujourd'hui.

Kypriaka

» Le kypriaka est le dialecte très expressif parlé par les Chypriotes.

» C'est un dérivé du grec ancien, enrichi d'emprunts au vieux français, au provençal, à l'italien, à l'arabe, et d'un vocabulaire propre à l'île.

» La plupart des hellénophones peineront à le comprendre.

En sécurité

» À Chypre, le taux de criminalité ne représente que 17 % de la moyenne européenne.

» Chypre est l'un des pays les plus sûrs, non seulement d'Europe, mais aussi du monde.

» Les 6,4 délits pour 1 000 hab représentent majoritairement des infractions mineures.

Histoire

Située au carrefour maritime de l'est du bassin méditerranéen, Chypre se targue d'une histoire aussi riche et variée que les mosaïques sophistiquées de plus de 6 000 ans que l'on peut admirer sur ses rivages.

Au fil des siècles, d'innombrables colonisateurs, envahisseurs et immigrés se sont installés sur l'île ou ont tenté de conquérir ses terres. Tour à tour, les Grecs, Phéniciens, Égyptiens, Byzantins, Romains, Lusignan, Génois, Vénitiens, Ottomans et Britanniques ont laissé leur empreinte indélébile sur l'histoire et la culture chypriotes. Cet héritage est perceptible dans les superbes temples, tombeaux, ports, églises, basiliques, aqueducs et châteaux, ainsi que dans les chapelles, bastions, forteresses et anciens murs d'enceinte partout sur l'île.

Cette combinaison d'influences et de contrastes contribue à faire de Chypre la destination incroyable qu'elle est aujourd'hui.

Au Ier siècle av. J.-C., l'étain était importé à Chypre et mélangé à du cuivre pour obtenir du bronze. Cet alliage était plus solide et durable, ce qui permettait de fabriquer de meilleurs outils et armes.

BRONZE

La Chypre antique

Les cités-royaumes de Chypre

Les immigrants grecs fondèrent plusieurs cités-royaumes à Kourion, Paphos, Marion (aujourd'hui Polis), Soloi, Lapithos, Tamassos et Salamine et, plus tard, deux autres à Kition et Amathous. De leur côté et à la même époque, les Phéniciens, grands commerçants, traversèrent la mer pour s'installer à Kition (Larnaka).

Entre 1400 et 1200 av. J.-C., les Grecs mycéniens et achéens commencèrent à arriver en masse, apportant avec eux leur langue, leur culture, leur art et leurs dieux. Les Chypriotes se découvrirent des accointances particulières avec la déesse de la Fertilité, Aphrodite.

De 750 à 475 av. J.-C., les cités-royaumes connurent une période de progrès et de prospérité grandissante, dont témoignent les spectaculaires tombeaux des Rois près de Salamine (p. 87). Les tombes contenaient d'extravagants signes de richesse et ressemblaient

CHRONOLOGIE

Il y a des millions d'années

L'île surgit à la surface de la mer Méditerranée, révélant le massif du Troodos, la chaîne de montagnes de Kyrenia et la plaine de la Mesaoria. Les scientifiques étudient désormais le fond marin à cet endroit.

10 000-8000 av. J.-C.

Des chasseurs-cueilleurs établissent les premiers villages. Les premiers puits à eau du monde sont construits et des animaux domestiqués sont introduits.

6000 av. J.-C.

Des habitations en pierre, comme celles de Choirokoitia, sont construites dans de petits villages fermés. Les habitants commencent à organiser le travail au sein de la société, avec des récoltes, des artefacts en pierre et des animaux domestiques.

beaucoup à la description qu'Homère fit des monuments funéraires mycéniens dans *L'Iliade*.

Durant cette période, l'influence grecque se répandit à travers l'île et Chypre attira différents monarques étrangers, notamment des Assyriens, des Égyptiens et des Perses. Ces puissances cherchaient à établir le contrôle par le biais d'un tribut plutôt que d'une occupation et laissaient les cités-royaumes s'autogouverner.

En 498 av. J.-C., sous le règne du roi Onésilos de Salamine, les cités-royaumes se joignirent à la révolte ionienne contre la domination perse, à l'exception d'Amathous, qui se rangea aux côtés des Phéniciens. L'armée perse débarqua près de Salamine et une furieuse bataille s'engagea. Finalement, le roi de Kourion, Stesenor, trahit les Grecs. Onesilos fut tué et la révolte écrasée.

En dépit de l'hégémonie perse, l'île maintint des liens forts avec l'hellénisme. En 381 av. J.-C., le roi Évagoras de Salamine tenta d'unifier les cités-royaumes et essaya de renverser les Perses une nouvelle fois. Il fut vaincu et assassiné sept ans plus tard, ce qui sonna le glas de la période classique de l'influence grecque (dont les vestiges restent très présents sur l'île à ce jour).

Les Chypriotes grecs descendent principalement des premiers habitants mycéniens et achéens, qui se mêlèrent à la population native autour de 1100 av. J.-C., et des colonisateurs successifs qui arrivèrent sur l'île jusqu'au XVIe siècle.

La Chypre hellénistique

En 333 av. J.-C., la victoire d'Alexandre le Grand sur le roi perse Darius III à Issus libéra l'île de l'Empire perse. Alexandre gouverna Chypre, qui

ÂGE DE PIERRE

Les premières habitations humaines de l'île sont datées autour de 10 000 av. J.-C. À cette époque, des chasseurs-cueilleurs occupaient les grottes côtières d'Akrotiri Aetokremnou ("falaise du vautour") et sa péninsule dans le sud. Certains des plus anciens puits à eau du monde ont également été découverts dans l'ouest de Chypre.

Puis, autour de 6 000 av. J.-C., ces nomades construisirent des villages en pierre, à l'instar de la communauté néolithique précéramique de Choirokoitia. Construite à flanc de colline, en bordure d'une rivière, elle comptait plus de 300 habitants vivant dans des *tholoi* (huttes) rondes, aux toits plats, édifiées en pierres et boue. Ces maisons ressemblaient aux édifices construits à la même période en Crète et en Mésopotamie. Les huttes étaient entourées d'un mur de protection et organisées autour d'une cour centrale : certaines pièces étaient consacrées à la cuisine et aux repas, d'autres au repos et au stockage.

Des signes montrent que les habitants travaillaient la pierre pour fabriquer des outils, armes, récipients et bijoux. Ils ramassaient des fruits, pêchaient, et élevaient des moutons et des chèvres. Ils avaient même des animaux de compagnie. La preuve la plus ancienne d'un lien de domesticité entre un félin et l'homme (un chat enterré avec son maître) a été mise au jour à Chypre ; elle est largement antérieure aux trouvailles similaires réalisées en Égypte.

2500 av. J.-C.

Les immigrés levantins introduisent de nouveaux styles et techniques. Parmi les réalisations artistiques, on compte des figurines humaines en forme de croix fabriquées en picrolite, une pierre chypriote.

2300-1950 av. J.-C.

Début de l'âge du bronze ; les objets sont fondus en utilisant de l'étain importé et les poteries s'ornent de motifs qui s'inspirent souvent de la vie humaine et animale au sein et autour des villages.

1950-1650 av. J.-C.

Milieu de l'âge du bronze ; extraction intense du cuivre et début des relations commerciales avec les Égéens. Les communautés, principalement agraires, sont surtout installées dans les plaines et au pied des montagnes.

1650-1050 av. J.-C.

L'écriture, sous forme d'un script syllabique (syllabaire chypro-minoen), arrive de Crète, puis est adaptée. Le commerce intense avec l'étranger coïncide avec la production de superbes bijoux, sculptures et poteries.

L'ÎLE DU CUIVRE

Lorsque le cuivre fut découvert autour de 2600 av. J.-C., il remplaça progressivement la pierre et d'importants gisements commencèrent à être exploités dans le massif du Troodos.

La production et l'exportation du cuivre s'organisèrent, et le négoce avec les îles méditerranéennes et l'Égypte débuta sérieusement. Cela donna à Chypre une grande importance commerciale dans le monde méditerranéen civilisé.

Pendant la transition de l'île vers l'âge du bronze, autour de 2000 av. J.-C., une vague d'influences étrangères provenant d'immigrés comme les Hittites apporta de nouveaux styles et techniques.

Cette période vit également la création de nouvelles villes sur la côte, ce qui favorisa le commerce de récipients en poterie et de lingots de cuivre (en forme dite peau-de-bœuf) avec l'étranger.

Chypre connut un épisode de prospérité sans précédent, accompagné par l'arrivée sur l'île de produits et de peuples étrangers. Grâce à sa situation géographique et à sa richesse naturelle, elle devint un point de rencontre entre les civilisations occidentales et orientales.

faisait alors partie de l'Empire grec, de façon plutôt souple. Il affirma son autorité en donnant aux cités-royaumes leur autonomie mais en leur refusant la possibilité de frapper leur propre monnaie. Après sa mort en 323 av. J.-C., les cités-royaumes furent soumises par Ptolémée Ier d'Égypte, qui intégra l'île à l'Égypte hellénistique.

La capitale fut déplacée de Salamine à Paphos, plus près de l'Égypte. Nicoclès, dernier roi de Salamine, aida Ptolémée à centraliser le pouvoir loin des cités-royaumes, dans les mains d'un général-gouverneur unique nommé à Paphos. Par la suite, il fut accusé de trahison et brûla entièrement Salamine avant de se suicider.

Un *demos* (équivalent antique du Parlement) fut établi sur l'île, qui demeura une colonie ptolémaïque pendant encore 200 ans.

Chypre est l'une des cinq plus importantes réserves de cuivre du monde. Selon certains, le nom de l'île en grec, "Kypros", serait à l'origine du nom latin du métal, *cuprum*.

Les Romains et l'essor du christianisme

En 58 av. J.-C., Chypre fut annexée par l'Empire romain, alors en pleine expansion, et l'orateur et écrivain Cicéron devint l'un de ses premiers proconsuls. Puis, en 40 av. J.-C., l'île fut offerte à Cléopâtre VII d'Égypte par le général romain Marc Antoine (son amant). À leur mort 10 ans plus tard, le sort de l'île retomba aux mains de Rome.

Sous la domination romaine, Chypre bénéficia de 600 ans de paix et d'une prospérité relative, et beaucoup d'édifices publics, routes et aqueducs datent de cette période.

1200 av. J.-C.
L'île connaît un niveau de prospérité et d'immigration sans précédent. Les premiers Grecs s'installent sur l'île avec leur langue, leur art, leurs dieux et leur culture.

1200-1100 av. J.-C.
Les villes sont (re) construites en suivant un quadrillage rectangulaire. Les portes des cités et les édifices importants correspondent aux systèmes des rues. Les notions de hiérarchie sociale et d'ordre sont introduites.

1200-1000 av. J.-C.
Les grandes cités-royaumes de Salamine, Kourion, Paphos, Marion, Soloi, Lapithos et Tamassos prospèrent. L'île profite d'une période de progrès et d'enrichissement rapides.

XIe siècle av. J.-C.
Les auteurs classiques attribuent aux héros grecs revenant de la guerre de Troie la fondation de villes importantes : Salamine aurait été créée par Teukros, et Paphos par Agapénor (de Tégée).

Salamine devint un centre important pour l'éducation, le commerce et la culture, jusqu'à ce que des tremblements de terre, en 15 av. J.-C., détruisent la majeure partie de la ville. Cela encouragea l'empereur Auguste à la faire reconstruire dans le grand style romain. Il fit notamment édifier le théâtre de Kourion, le gymnase à colonnade de Salamine et le sanctuaire d'Apollon Hylatès. Les ruines de la plupart de ces édifices antiques sont encore visibles aujourd'hui, de même que de nombreuses mosaïques de sols représentant des scènes de la mythologie grecque.

L'île des Saints

Le christianisme fit son apparition sur l'île vers l'an 45 de notre ère. À cette époque, l'apôtre Paul commença à diffuser la nouvelle religion, accompagné de Barnabé, un juif grec natif de Salamine qui fut par la suite canonisé saint Barnabé (Agios Varnavas, en grec). Les missionnaires voyagèrent à travers l'île, répandant la parole de Dieu et convertissant de nombreux habitants. Lorsqu'ils arrivèrent à Paphos, le proconsul romain Sergius Paulus leur accorda une audience. Un magicien de la Cour se moqua du discours des apôtres au sujet de Jésus, ce qui mit Paul en colère, et l'on dit qu'il aurait rendu le sorcier temporairement aveugle pour le punir de son impertinence. Le proconsul fut tellement abasourdi par cette scène qu'il fut le premier à se convertir au christianisme. Chypre devint le premier pays au monde à être gouverné par un chrétien et le christianisme se développa sur l'île.

Les apôtres fondèrent l'Église de Chypre, l'une des plus anciennes églises indépendantes du monde, et l'île fut bientôt surnommée "l'île des Saints".

De nombreuses personnes impliquées dans la diffusion initiale du christianisme furent sanctifiées, notamment Lazare, sorti de son tombeau par Jésus, qui devint archevêque de Kition. Sainte Hélène se rendit également sur l'île avec des reliques de la "Sainte Croix" qu'elle mit à l'abri dans le monastère de Stavrovouni et à Tochni, où on peut encore les voir aujourd'hui.

À l'époque de Constantin le Grand, le christianisme avait quasiment supplanté le paganisme.

La Chypre byzantine

L'appel de Constantinople

Après la scission de l'Empire romain en 395, Chypre fut assujettie à l'Empire byzantin, dont la capitale était Constantinople. Des dirigeants byzantins furent envoyés à Chypre pour gouverner l'île.

Lorsque l'archevêque de Chypre réussit à convaincre l'empereur byzantin que l'Église de Chypre avait été fondée par les apôtres, l'île put garder un degré considérable d'autonomie ecclésiastique.

VIIIe-IIIe siècles av. J.-C.

Les Assyriens deviennent les premiers d'une série de conquérants à contrôler Chypre. Viennent ensuite les Égyptiens, sous le règne de l'empereur Amasis (568-525 av. J.-C.), et les Perses, menés par le roi Cyrus (559-529 av. J.-C.).

560-525 av. J.-C.

Les premières pièces de monnaie chypriotes apparaissent sous les auspices du roi de Salamine. Elles sont fabriquées à base de métaux, en utilisant le système de poids perse.

AUT/IMAGEBROKER ©

» Statue antique, Salamine

499-450 av. J.-C.

Les cités-royaumes de Chypre se joignent à la révolte ionienne contre les Perses. La révolte est écrasée et Salamine est punie pour son implication. Kition devient un important centre de commerce phénicien.

En 488, l'archevêque obtint le droit de porter un sceptre à la place de la crosse habituelle. Il se vit aussi accorder le privilège de signer à l'encre violette impériale (encre de cinabre), une pratique qui a toujours cours aujourd'hui.

Pendant cette période, nombre des fabuleuses églises de l'île furent construites et agrémentées de fresques murales, mosaïques et toits en dôme. Citons notamment l'église Saint-Barnabé, édifiée à l'emplacement de la tombe du saint à Famagouste (p. 193).

Cette relative stabilité n'allait pas durer, puisque l'île allait bientôt se retrouver aux premières lignes des conflits opposant les Byzantins et l'Empire islamique de plus en plus puissant.

Les attaques arabes

L'expansion islamique du VIIe siècle eut un impact profond sur l'île. Les terres de l'Empire byzantin furent attaquées. En 647, des flottes de navires commencèrent une série d'attaques sanglantes, faisant de nombreuses victimes et détruisant les villes côtières. Salamine (Constantia), ravagée et lourdement pillée, ne se releva jamais vraiment. La cité-royaume de Kourion connut un terrible déclin, et les habitants du littoral se réfugièrent dans les terres.

En réaction, on construisit des fortifications et des châteaux, les trois plus imposants étant ceux de Saint-Hilarion, Buffavento et Kantara dans les montagnes de Kyrenia, destinés à défendre la côte nord.

Au cours d'un raid à Kition, Umm Haram, épouse d'un commandant arabe et tante du prophète Mahomet, tomba de sa mule et mourut. La mosquée de Hala Sultan Tekke fut édifiée à l'emplacement de son accident, au bord du lac salé de Larnaka. C'est l'un des sites les plus sacrés du monde musulman.

En 688, une trêve fut déclarée lorsque Justinien II et le calife arabe Abd-al-Malik signèrent un accord pour diriger conjointement Chypre. Cet accord resta appliqué jusqu'en 965, quand l'empereur Nicéphore II Phocas envoya une armée sur l'île en vue de redonner le plein contrôle de l'île aux Byzantins.

De nouveaux gouverneurs furent envoyés à Chypre, avec le titre de ducs. En raison des dégâts dans les villes côtières, la capitale fut déplacée à l'intérieur des terres, à Nicosie, et construite sur les vestiges de l'ancienne cité de Ledra.

Le meilleur site pour se renseigner en matière d'archéologie est www.ancientcyprus.ac.uk (en anglais). Que vous soyez amateur ou spécialiste, vous y trouverez quantité de renseignements pour mieux comprendre l'histoire antique de Chypre.

Les croisades

La domination byzantine aurait pu se prolonger si un gouverneur rebelle, Isaac Comnène, ne s'était pas autoproclamé empereur de Chypre en 1184.

En route pour la Terre sainte lors de la troisième croisade, la flotte du roi Richard Cœur de Lion affronta une météo difficile et fut contrainte de jeter l'ancre à Limassol. À bord du premier navire se trouvaient la sœur de

411-325 av. J.-C.

Période classique ; Alexandre le Grand libère Chypre du joug perse (351 av. J.-C.). L'art chypriote se développe, fortement influencé par la culture attique. Le philosophe Zénon naît à Chypre (334 av. J.-C.).

323 av. J.-C.

Après la mort d'Alexandre, les rois chypriotes s'allient à Ptolémée Ier contre Antigonos. Ptolémée devient roi d'Égypte, de Syrie, de Pentapolis (Libye) et de Chypre (323-283 av. J.-C.).

323-58 av. J.-C.

Les liens commerciaux forts avec Athènes et Alexandrie maintiennent une influence hellénistique sur l'île. Assurée par des administrateurs égyptiens, la domination ptolémaïque se poursuit jusqu'en 58 av. J.-C.

300 av. J.-C.

La philosophie stoïcienne de Zénon devient le courant dominant à Athènes. Basée sur des éthiques logiques et formelles, elle se développe pendant la période hellénistique et jusqu'à l'époque romaine.

Richard, la reine Jeanne de Sicile, veuve depuis peu, ainsi que sa fiancée, Bérengère de Navarre.

Isaac Comnène tenta de capturer l'équipée royale afin d'obtenir une rançon, mais lorsque Richard s'en rendit compte, il marcha sur Limassol, renversa Comnène et prit le contrôle de l'île. Cet épisode marqua la fin de la domination byzantine.

Comnène se refugia dans le château de Kantara au nord, et le roi Richard épousa sa reine dans la chapelle Agios Georgios du château de Limassol, en 1191. À ce jour, Chypre est le seul pays étranger à avoir accueilli un mariage royal anglais.

Richard tomba malade et resta à Chypre, reportant son périple enTerre sainte. Il fut rejoint par le chevalier français Guy de Lusignan, qui l'aida à se débarrasser de Comnène. Après avoir été capturé, ce dernier fut attaché, avec des chaînes en argent et non en fer, comme il l'avait demandé.

Richard entreprit la conquête de la totalité de l'île et séjourna sur place une année, le temps d'être complètement rétabli et de reprendre son voyage. Il vendit alors Chypre aux Chevaliers du Temple, pour renflouer ses caisses. Mais les Templiers ne purent assurer la gestion de leur acquisition et en 1192, ils la cédèrent à Guy de Lusignan, roi dépossédé de Jérusalem.

La dynastie des Lusignan

Le seigneur francophone de Chypre, Guy de Lusignan, établit une longue dynastie qui apporta à l'île des événements plus ou moins heureux. Il mourut en 1194 et fut enterré à l'église des Templiers de Nicosie. Son frère Amalric lui succéda.

Guy avait invité des familles chrétiennes qui avaient perdu leurs propriétés en Terre sainte à s'installer à Chypre. Nombre de ces familles étaient encore plongées dans des conflits fonciers à Jérusalem. L'effet sur l'économie chypriote fut très positif jusqu'à la chute de Saint-Jean-d'Acre en 1291.

Pendant environ 100 ans, Chypre bénéficia d'une période d'immense richesse, l'actuelle Famagouste devenant un centre commercial d'une puissance sans pareille. Nombre de châteaux byzantins furent agrandis avec faste et de beaux édifices et églises furent érigés. La cathédrale Agia Sofia à Nicosie-Nord (Lefkoşa), l'abbaye Bellapaïs à Kyrenia et le château de Kolossi, à côté de Limassol, furent achevés à cette époque.

Les descendants des Lusignan continuèrent à gouverner le royaume de Chypre jusqu'en 1474. L'île atteint le sommet de sa gloire sous le règne de Pierre Ier (règne 1359-1369), qui passa beaucoup de temps à guerroyer à l'étranger. Il réprima de nombreuses tentatives de raids de pirates turcs, avant de fomenter une contre-attaque en 1365. Au cours de cette croisade infructueuse, il parvint seulement à saccager la ville d'Alexandrie.

The Stones of Famagusta ("Les Pierres de Famagouste", 2008) est un documentaire consacré aux ruines de la splendide architecture de Famagouste. La population locale a énormément apprécié ce projet mené par deux expatriés britanniques passionnés (www.stonesoffamagusta.com).

289 av. J.-C.

Ptolémée II devient corégent d'Égypte, de Chypre et des régions voisines. L'important port commercial de Famagouste (près de Salamine) est créé durant son règne (285-247 av. J.-C.).

60 av. J.-C.

Naissance du médecin chypriote Apollonius à Kition. Il écrira plusieurs grands traités médicaux. *Peri Arthron* ("Des articulations"), illustré de dessins peints à la main, est le seul à avoir survécu.

58 av. J.-C. -395

Les Romains prennent la suite de la dynastie ptolémaïque. D'importants édifices publics sont construits, notamment des théâtres et des gymnases. Des routes et des aqueducs apportent l'eau aux diverses communautés.

45

Saint Paul et saint Barnabé introduisent le christianisme sur l'île. L'Église de Chypre est établie. Chypre est le premier pays à être gouverné par un chrétien.

La Reine vénitienne (Pygmalion, 2008), de Silvia Alberti de Mazzeri, relate de façon romancée le destin de la dernière reine de Chypre.

Après l'assassinat de Pierre Ier par des compatriotes aristocrates, la destinée des Lusignan s'affaiblit.

Lorgnant sur la richesse de Chypre et sur son emplacement stratégique pour servir d'entrepôt, Gênes et Venise jouèrent des coudes pour obtenir son contrôle. Finalement, Gênes prit Famagouste et la garda 100 ans, ce qui provoqua le déclin de la ville mais aussi de l'île. Le dernier roi Lusignan fut Jacques II (règne 1460-1473), qui parvint à chasser les Génois de Famagouste. Il épousa Catherine Cornaro, une noble vénitienne, qui lui succéda. Elle fut la dernière reine de Chypre et le dernier personnage royal de la dynastie des Lusignan. Sous pression, elle finit par céder Chypre à Venise.

Les forts vénitiens

Les Vénitiens dominèrent Chypre de 1489 à 1571. Leur gouvernement se caractérisa par une grande indifférence vis-à-vis de la population grecque, pour qui les choses n'allaient pas mieux qu'avec les dirigeants génois.

Les Vénitiens étant d'excellents commerçants, leur préoccupation principale était l'expansion de leur empire maritime. Ils exploitèrent l'île pour sa situation sur la "route de la soie" menant en Chine et comme point de défense contre la menace grandissante des Ottomans.

Ils construisirent de solides fortifications autour des villes de Nicosie et Famagouste, craignant une attaque des Ottomans.

Les habitants de Famagouste (Mağusa) étaient incroyablement riches et dépravés. Un jour, un commerçant broya un gros diamant pour assaisonner sa nourriture, devant tous ses invités.

Ces derniers visèrent d'abord Nicosie, la prirent sans difficulté et massacrèrent la garnison. Ils se tournèrent ensuite vers Famagouste. Tel un message funeste, la tête décapitée du gouverneur de Nicosie fut envoyée au général vénitien de Famagouste, Marcantonio Bragadino. Il se prépara rapidement pour l'assaut, avec 8 000 hommes sur le pied de guerre.

Les Ottomans organisèrent le siège de la ville avec plus de 200 000 hommes et 2 000 canons. Bragadino résista pendant près d'un an, complètement encerclé, la baie de Famagouste envahie de navires ottomans.

Cette insoumission valut à Bragadino des tortures atroces au moment de sa capture. On lui trancha le nez et les oreilles et il fut écorché vif.

Après la chute de Famagouste, il n'y eut plus de présence occidentale ni de bastion chrétien dans le Levant pendant 300 ans.

Une province ottomane

Après la défaite des Vénitiens en 1571, plus de 20 000 Turcs s'installèrent à Chypre, mais l'île n'était pas une priorité pour les Ottomans. Le sultan au pouvoir envoya des gouverneurs turcs pour diriger sa nouvelle conquête, et ces derniers supprimèrent rapidement l'Église latine. Ils abolirent le servage et restaurèrent la hiérarchie orthodoxe et l'Église de Chypre, afin d'apaiser et de mieux contrôler la population.

Dès lors, les impôts furent arbitrairement augmentés pour les Chypriotes grecs, et l'archevêque orthodoxe (considéré comme le chef)

115-116

Une importante révolte juive sévit en Mésopotamie et atteint Chypre, faisant des milliers de morts. L'empereur romain Trajan intervient pour restaurer la paix et chasse les Juifs de Chypre.

IVe siècle

Une série de violents tremblements de terre secoue l'île et de nombreuses villes côtières sont gravement endommagées, voire détruites, notamment la prestigieuse cité de Salamine. S'ensuit une période de sécheresse et de famine.

350

Salamine est reconstruite avec faste par Constantin II, fils de Constantin le Grand. Le site est rebaptisé Constantia.

395-647

L'île tombe aux mains des Byzantins après la scission de l'Empire romain. Constantinople accorde à l'Église de Chypre une autonomie ecclésiastique sans précédent, qui reste en vigueur aujourd'hui.

devint responsable de la perception des taxes. Face à la situation, certains Grecs se convertirent à l'islam pour échapper à l'oppression.

Les Ottomans nommèrent un drogman du *sérail* (interprète rattaché au palais du gouverneur) dans chaque ville. Ces drogmans résidaient dans de luxueuses maisons en pierre et jouaient le rôle de modérateurs dans toutes les affaires concernant des Chypriotes grecs.

Le gouvernement ottoman fut marqué par l'indolence et la corruption, et de fréquentes rébellions furent réprimées par l'oppresseur. Des révoltes sanglantes éclatèrent en 1764 et 1833.

En 1821, les Grecs du continent menaient leur grande guerre de libération contre les Ottomans. L'archevêque orthodoxe chypriote Kyprianos envoya de l'argent et du soutien à la Grèce, dans l'espoir que cela aiderait aussi à libérer Chypre. Lorsque le *paşa* (seigneur), Mehmed Silashor, s'en rendit compte, il fit pendre l'archevêque sur la place publique, devant le *serai* (palais). Tout soutien à la révolution grecque fut rapidement étouffé. Trois autres évêques soupçonnés des mêmes faits furent décapités, et de nombreux prêtres, notamment l'abbé de Kykkos, furent exécutés.

Les Ottomans gardèrent le contrôle de l'île jusqu'en 1878, quand les Britanniques imposèrent leur autorité dans la région.

Les Chypriotes turcs sont les descendants des Ottomans qui arrivèrent à Chypre à partir de 1570, après avoir renversé les Vénitiens et conquis l'île.

La Chypre moderne

Guerre civile

En 1878, la Turquie et la Grande-Bretagne signèrent un accord selon lequel la Turquie garderait la souveraineté de la colonie tandis que la Grande-Bretagne assumerait la responsabilité de l'administration insulaire. Le but de la Grande-Bretagne était de s'assurer une position stratégique au Moyen-Orient, d'où elle pourrait contrôler les mouvements militaires et commerciaux dans le Levant et le Caucase. L'accord prévoyait aussi que la Grande-Bretagne protégerait les territoires asiatiques du sultan face à une menace russe. En 1914, avec le déclenchement de la Première Guerre mondiale, les deux parties se retrouvèrent en guerre. La Grande-Bretagne endossa la souveraineté absolue de l'île, mais il fallut attendre le traité de Lausanne, en 1923, pour que la Turquie reconnaisse l'annexion de son territoire. Ce traité comportait aussi les revendications territoriales de la Grèce, nouvellement indépendante.

Dans un premier temps, le contrôle britannique de Chypre fut bien accueilli par la population, majoritairement grecque, qui imaginait que la Grande-Bretagne ferait tout pour parvenir à une "*Enosis*" (union) avec la Grèce. Pour les Chypriotes turcs, minorité représentant 17% de la population, cette perspective était bien moins enthousiasmante, car ils craignaient d'être ostracisés.

Beaucoup de Turcs venus du continent ont épousé des Chypriotes turcs. Ces relations sont parfois désapprouvées par les Chypriotes turcs des classes moyennes, qui se considèrent comme différents des Turcs de Turquie.

647

La première attaque arabe entraîne beaucoup de destructions et de souffrances. Salamine est ravagée et Kourion périclite. Les habitants des côtes migrent à l'intérieur des terres pour échapper aux attaques et pillages continuels.

» Fresques byzantines

688-965

Justinien II et le calife arabe Abd-al-Malik s'entendent pour gouverner Chypre conjointement. Leur accord est rompu en 965 et les Byzantins prennent une nouvelle fois le contrôle de l'île.

1191

En route pour Saint-Jean-d'Acre, Richard Cœur de Lion est contraint de jeter l'ancre à Limassol ; le roi anglais conquiert Chypre et épouse la princesse Bérengère de Navarre dans la chapelle Agios Georgios, à Limassol.

Entre 1955 et 1958, un lieutenant colonel chypriote, Georgios "Digenis" Grivas, fonda l'Ethniki Organosi tou Kypriakou Agona (EOKA ; Organisation nationale des combattants chypriotes) et lança une série d'attaques contre l'administration et l'armée britanniques. Les militants d'EOKA exprimaient ainsi leur mécontentement à l'égard des Britanniques qui ne les aidaient pas à obtenir l'*Enosis*.

L'action du roman de Sadie Jones, *Les Petites Guerres* (10/18, 2012) se situe en 1956, lors de la répression britannique contre les rebelles d'EOKA.

Les Britanniques émirent plusieurs propositions pour parvenir à un régime d'autonomie limitée, mais les Chypriotes turcs commencèrent à demander le *taksim* (division), afin de partager l'île entre la Grèce et la Turquie.

En 1959, l'archevêque Makarios III (ethnarque chypriote grec) et le leader chypriote turc Faisal Küçük se rencontrèrent à Zürich. Ils signèrent un accord sur lequel ils s'étaient préalablement entendus, qui donnerait à Chypre son indépendance à des conditions satisfaisant toutes les parties.

En vertu de l'accord, les Britanniques gardaient deux bases militaires et quelques autres sites. Chypre acceptait également de n'entrer dans aucun type d'union politique ou économique avec la Turquie ou la Grèce, et de ne pas être divisée. Le pouvoir politique devait être partagé sur la base de 70% pour les Grecs et 30% pour les Turcs. La Grande-Bretagne, la Turquie et la Grèce furent désignées comme les "puissances protectrices" de l'île.

La nouvelle République

L'indépendance de la République de Chypre fut déclarée le 16 août 1960. La transition du statut de colonie à celui de nation indépendante fut difficile, et des épisodes de violence et de protestation éclatèrent ponctuellement, car les extrémistes des deux parties proposaient des programmes incompatibles.

Si les Chypriotes turcs et grecs sont séparés par des barrières physiques, ils ont en commun le culte d'un dieu unique, même s'ils pratiquent deux religions différentes : l'islam sunnite et l'orthodoxie orientale.

De sérieuses violences d'origine religieuse éclatèrent en 1963, divisant encore plus les communautés grecque et turque. Les Chypriotes turcs se retirèrent du gouvernement, sous prétexte que le président, l'archevêque Makarios III (voir l'encadré p. 74), était pro-*Enosis* et ne faisait pas assez pour contrôler les extrémistes.

En 1964, l'ONU envoya sur l'île des forces de maintien de la paix menée par le général Peter Young. Afin de séparer les secteurs grec et turc de la capitale, le général traça un trait de crayon vert sur la carte de Nicosie, créant ainsi la "Ligne verte" qui allait diviser l'île dans sa totalité. Beaucoup de Chypriotes turcs se réfugièrent dans des enclaves partout sur l'île, s'isolant eux-mêmes des Grecs.

Au plus fort de la guerre froide, Chypre revêtait une importance stratégique puisqu'elle permettait aux Britanniques et aux Américains de contrôler les activités soviétiques. Makarios cherchait une position de non-alignement politique, ce qui lui valut d'être soupçonné de communisme. Craignant une répétition de la crise cubaine en

1191-1192
Richard tombe malade et ses finances sont au plus bas. Après s'être débarrassé du gouverneur de Limassol Isaac Comnène, il vend Chypre aux Templiers. L'argent obtenu lui permet d'entreprendre sa troisième croisade sacrée.

1192
Les Templiers cèdent Chypre à Guy de Lusignan. Construction de splendides églises et châteaux.

1194
Le système féodal est introduit sur l'île par Amalric Lusignan à la mort de son jeune frère Guy. Il devient Amalric Ier, roi de Chypre.

1478
Le dernier roi Lusignan, Jacques II, épouse une noble vénitienne, Catherine Cornaro, qui devient la dernière reine de Chypre. En 1489, elle cède Chypre à Venise.

Méditerranée, les Américains et leurs alliés britanniques décidèrent d'intervenir au plus vite.

Alors que la situation politique de l'île était toujours instable, les évènements se calmèrent sur le terrain entre 1964 et 1967, quand les Chypriotes turcs s'installèrent dans des zones protégées. Ils créèrent notamment un gouvernement provisoire dans la partie nord de Nicosie (Nicosie-Nord).

Coup d'État et invasion

Des discussions visant à séparer les communautés chypriotes grecque et turque reprirent en 1967. En Grèce, un coup d'État porta au pouvoir une junte militaire de droite, et les relations entre la Grèce et Chypre se refroidirent. Makarios participa à plusieurs réunions diplomatiques avec les Soviétiques, conformément à sa politique de non-alignement. À l'instar des Américains, la junte grecque n'appréciait pas cette attitude, craignant que l'île ne bascule vers le communisme.

En juillet 1974, la CIA appuya un coup d'État fomenté par la junte grecque à Chypre, avec l'objectif de mettre en place un gouvernement qui soit davantage pro-Occident.

Le 15 juillet, un détachement de 180 dissidents de la garde nationale, mené par des officiers venus de Grèce, tentèrent d'assassiner Makarios et d'établir l'*Enosis*. Makarios s'échappa de justesse et le palais présidentiel fut détruit. Le Chypriote Nikos Sampson, ancien membre d'EOKA lié à la junte grecque, fut proclamé président de Chypre.

Cinq jours plus tard, les forces turques débarquèrent près de Kyrenia (Girne), utilisant comme prétexte leur droit de restaurer un gouvernement légal.

L'armée chypriote grecque tenta de résister à l'avancée turque. Cependant, une fois que les Turcs eurent installé une tête de pont autour de Kyrenia, ils établirent rapidement des liens avec le secteur turc de Nicosie-Nord. Dès lors, l'armée chypriote grecque fut dépassée en nombre et ne put empêcher l'attaque turque.

Le 23 juillet 1974, la junte grecque du continent fut remplacée par le gouvernement démocratique de Konstantinos Karamanlis. Au même moment, les Chypriotes chassèrent Sampson et le remplacèrent par Glafcos Clerides, président du parlement chypriote et membre du gouvernement démocratique.

Les trois puissances protectrices (Grande-Bretagne, Grèce et Turquie) se rencontrèrent pour discuter à Genève, comme l'exigeait le traité, mais il s'avéra impossible d'arrêter les Turcs. Ils maintinrent la pression pendant plus de trois semaines, jusqu'au 16 août 1974. La Turquie contrôlait alors 37% du territoire de l'île. Lorsque Makarios revint pour assurer la présidence, après sa tentative d'assassinat, Chypre était divisée.

DIVISION

Nombre d'églises orthodoxes du Nord furent détruites par les Turcs après la division de 1974. À de rares et précieuses exceptions près, celles qui restèrent furent transformées en mosquées ou en étables, ou furent fermées.

1571

L'Empire ottoman écrase les Vénitiens et s'empare de Chypre. La hiérarchie orthodoxe est restaurée pour aider au prélèvement des taxes locales. Quelque 20 000 Turcs s'installent sur l'île.

1625-1700

La peste tue la moitié de la population de l'île. Plusieurs rébellions contre l'oppression ottomane sont écrasées sauvagement. Fin de l'épidémie de peste en 1700.

1821

Les Chypriotes grecs, dans une révolte contre la domination turque, s'allient avec la Grèce. En représailles, les grands représentants de l'Église orthodoxe sont exécutés et 20 000 chrétiens quittent l'île.

1878-1923

La Grande-Bretagne s'entend avec la Turquie pour assurer l'administration de l'île. Les Britanniques annexent officiellement Chypre en 1914. La Turquie ne reconnaît l'annexion qu'en 1923.

CARNAGE À LA FRONTIÈRE

Le 11 août 1996, un cortège pacifique de motards originaires de toute l'Europe termina son périple Berlin-Chypre dans le village chypriote grec de Deryneia. Le village jouxtait la Ligne verte séparant Chypre-Nord de la République de Chypre. Parmi les motards se trouvait un jeune Chypriote grec de Protaras, nommé Tasos Isaak.

Alors que les motards manifestaient à la frontière pour exprimer leur mécontentement vis-à-vis de l'occupation forcée du Nord par l'armée turque, une émeute éclata. Des affrontements entre Chypriotes grecs et Chypriotes turcs se produisirent dans la zone tampon de l'ONU qui sépare les deux communautés.

Dans le chaos, Tasos Isaak fut séparé de ses amis et entouré par des Turcs. Il ne portait pas d'arme mais fut tout de même battu à mort. Son corps fut ensuite retrouvé par des membres de l'ONU.

Trois jours plus tard, après les funérailles d'Isaak, la foule se rassembla à nouveau au checkpoint de Deryneia, pour dénoncer cette mort injuste. Solomos Solomou, un jeune homme de 26 ans que le décès de son ami Isaak avait rendu furieux, était parmi les manifestants. Malgré des tentatives répétées pour le retenir, Solomos échappa aux forces de l'ONU, pénétra dans le no-man's-land et gagna le mât portant le drapeau chypriote turc. Cigarette à la bouche, il parvint à grimper à la moitié du mât avant d'être touché par cinq balles. Les tirs provenaient du poste-frontière chypriote turc et probablement de soldats armés dissimulés dans les buissons. La mort de Solomos fut filmée et la vidéo est désormais projetée aux points d'observation qui dominent le site tragique de Deryneia.

Chypre entre l'Europe et la Turquie, de Jean-François Drevet (Karthala, 2011), analyse la question chypriote en recherchant les éléments d'une solution.

Au total, 190 000 Chypriotes grecs qui vivaient dans le tiers nord du pays furent déplacés et contraints d'abandonner leurs maisons, terres et entreprises. Beaucoup furent tués pendant les affrontements, les autres partirent se mettre à l'abri dans le Sud. Dans le même temps, environ 50 000 Chypriotes turcs quittèrent le Sud pour se rendre dans les régions du Nord sous contrôle turc.

Pour l'île, les conséquences humaines et économiques furent catastrophiques. Désormais tronquée, la République de Chypre avait perdu certaines de ses meilleures terres, deux grandes villes, son industrie des agrumes alors florissante et la majorité de ses infrastructures touristiques.

L'invasion et la division forcée de Chypre répondaient à des objectifs politiques et militaires complexes. La réintégration du gouvernement légitime et la dissolution de la junte militaire ne modifièrent pas la position du gouvernement turc. Il continua son occupation illégale et forcée du Nord, et l'armée turque demeura sur place.

1914-1915

La Turquie s'allie à l'Allemagne pendant la Première Guerre mondiale. La Grande-Bretagne offre Chypre à la Grèce afin de l'encourager à soutenir les Britanniques. Tentant de rester neutre, le roi Constantin décline l'offre.

1923-1925

La Turquie est dédommagée par les Britanniques pour la perte de son île. Chypre devient une colonie de la couronne britannique (1925) ; elle est gouvernée par un haut-Commissaire britannique.

1955-1960

L'Ethniki Organosi tou Kypriakou Agona (EOKA ; Organisation nationale des combattants chypriotes) est fondée. La guérilla est dirigée contre les Britanniques. Makarios est le premier président de la République indépendante de Chypre.

1963-1964

Le président Makarios propose des changements constitutionnels ; s'ensuivent des conflits intercommunautaires. Les Chypriotes turcs se réfugient dans des zones protégées et l'ONU envoie des forces de maintien de la paix. La Ligne verte est tracée à travers Nicosie.

Depuis cet épisode, les forces de maintien de la paix de l'ONU restent présentes le long de la Ligne verte et de la frontière qui partage l'île dans sa longueur.

En 1983, le président Rauf Denktaş proclama la République turque de Chypre-Nord (RTNC), que seule la Turquie reconnaît officiellement.

Tentatives de réunification

Depuis la division, des pourparlers pour la réunification de l'île ont eu lieu épisodiquement, mais sans succès, chaque partie présentant des points de vue tranchés et inflexibles.

Au cours du printemps et de l'été 2002, Chypre et la Turquie tentèrent d'adhérer à l'UE. Les leaders du Nord et du Sud se rencontraient trois fois par semaine pour parvenir à la réunification. À nouveau, les

RAUF DENKTAŞ : PORTRAIT D'UN REBELLE

Considéré comme le fléau de la société chypriote par les Grecs et comme le sauveur de la nation par beaucoup de Turcs, Rauf Denktaş continue de susciter des sentiments extrêmes parmi les Chypriotes. Avant de quitter, en 2005, le poste de président de la République indépendante autoproclamée, cet ancien avocat pouvait se targuer d'une longévité politique égalée par bien peu de dirigeants du Moyen-Orient. Il joua de beaucoup de charme et fit preuve d'une grande ténacité pour diriger la communauté chypriote turque, et ce bien avant la division forcée de Chypre en 1974. Lorsque Mehmet Ali Talat gagna l'élection de 2005, il lui céda sa place après 31 ans au pouvoir.

Personnage versatile, Denktaş est né près de Paphos, sur la côte sud de l'île. Il est devenu avocat à Londres avant de se lancer dans une longue carrière politique. En tant que leader de la Chambre communale turque à partir de 1960, il fut plus ou moins sur le devant de la scène – ou enfoncé dans les problèmes – jusqu'en 1974, date à laquelle il prit la tête du secteur chypriote turc divisé.

Denktaş était connu pour son obstination et son intransigeance, perceptibles dans la recherche d'une solution pour réunifier Chypre. Sa volonté de trouver une solution mutuellement acceptable pour sortir de l'impasse politique fut compromise par sa fermeté et son refus de s'écarter de la ligne tenue depuis toujours par son parti. Lors des rencontres organisées trois fois par semaine dans la zone tampon de l'ONU pendant le printemps et l'été 2002, Denktaş refusa de céder d'un pouce concernant la position de ses partisans turcs venus du continent. Ils insistaient pour obtenir un État constitué de deux zones et deux communautés, avec un large degré d'autonomie et une séparation entre les deux entités. Les négociations se poursuivirent jusqu'en 2003, en vain.

En 2003, contre toute attente, Denktaş annonça qu'il faciliterait les contrôles à la frontière, ce qui permettrait aux Chypriotes des deux côtés de franchir la Ligne verte, avec un effet immédiat. Cette décision constitua une étape cruciale dans l'histoire de Chypre et marqua une véritable évolution vers un futur différent pour l'île.

1974

La junte grecque organise un coup d'État. L'armée turque débarque à Chypre et occupe un tiers de l'île. Le palais archiépiscopal est le théâtre de nombreux affrontements. Makarios reprend la présidence. Depuis 1974, Chypre est divisée.

CHRIS CHRISTO/LONELY PLANET IMAGES ©

» Palais archiépiscopal

1975

Les Chypriotes turcs établissent une administration indépendante et font de Rauf Denktaş son leader. Denktaş et Clerides s'entendent sur un échange des populations entre le Nord et le Sud.

1977

Le premier président de Chypre, l'archevêque Makarios III, meurt brutalement à l'âge de 63 ans. Plus de 250 000 personnes lui rendent hommage pendant ses funérailles. Spyros Kyprianou lui succède.

discussions se heurtèrent aux problèmes de la propriété des terres et du nombre réel d'habitants turcs venant du continent.

Malgré son essor économique grandissant, le Nord est très dépendant d'Ankara, politiquement mais surtout financièrement (à hauteur de 600 millions de dollars par an).

En avril 2003, le président de la RTNC, Rauf Denktaş, annonça de façon inattendue que les restrictions pour le passage de la frontière seraient assouplies, ce qui permettrait aux Chypriotes grecs d'accéder quotidiennement au secteur nord de l'île. Depuis, sept checkpoints ont été ouverts et la durée autorisée du séjour est passée d'une journée à une durée allant jusqu'à trois mois.

Pendant cette période, l'ancien secrétaire général de l'ONU, Kofi Annan, prépara un plan de réunification, qui allait être soumis à un référendum des deux côtés de l'île.

Le "plan Annan" était conçu pour faire de Chypre une fédération constituée de deux États, avec un pouvoir partagé de façon proportionnelle. Les leaders politiques des deux bords firent campagne pour un vote négatif. Les Chypriotes grecs rejetèrent le plan (76%), tandis que les Chypriotes turcs l'approuvèrent (65%). La proposition fut donc abandonnée. Les Chypriotes grecs justifièrent leur vote en disant que les droits qui leur étaient accordés étaient inférieurs à ceux d'avant 1974, et qu'ils refusaient la présence militaire turque sur l'île telle qu'autorisée par le plan.

Réparer les dégâts

Nombre de Chypriotes grecs se regroupèrent rapidement après 1974, mettant leurs énergies en commun pour reconstruire leur nation brisée. En quelques années, l'économie se releva et la République de Chypre fut reconnue par la communauté internationale comme la seule représentante légitime de l'île. La croissance se poursuivit dans les années 1980. En 1999, l'ouverture de la Bourse chypriote commença par absorber d'importantes quantités de fonds privés. Au début des années 2000, la Bourse plongea et beaucoup de Chypriotes perdirent d'énormes sommes d'argent.

La Turquie ne peut intégrer l'UE avant d'être parvenue à un accord concernant Chypre, ce qui impliquerait une reconnaissance de sa part du gouvernement chypriote grec.

Le secteur touristique resta dynamique, mais la tendance est désormais à la baisse depuis 2002. En 2008, des indicateurs annoncèrent que le tourisme allait traverser la plus grave crise de son histoire. Cette chute de fréquentation s'expliquait par le mécontentement des clients face aux services proposés et par les prix en augmentation constante.

Le nord de la Ligne verte est appelé "Chypre-Nord" par la plupart des étrangers, et "Territoires occupés" (*ta katehomena*) par les Grecs. En comparaison avec le Sud, cette région s'est développée à un rythme très lent. L'afflux de Turcs du continent et les sanctions économiques internationales contre le gouvernement du Nord, non reconnu, ont entravé tout progrès. Chypre-Nord reste très soutenue par la Turquie, mère-patrie et principal client, qui injecte des fonds directs et utilise l'île comme bastion militaire.

1983
La République turque de Chypre-Nord est proclamée par son leader. Seule la Turquie reconnaît sa souveraineté. Des milliers de Turcs du continent s'installent au nord de l'île.

1999
La République de Chypre commence à prospérer sur le plan économique et le niveau de vie monte en flèche. Chypre-Nord est beaucoup aidée par la Turquie, dans un contexte de sanctions économiques internationales.

2002
Chypre et la Turquie souhaitent adhérer à l'UE. Les leaders de la République et du Nord participent à des négociations intenses en vue d'une réunification. Les discussions stagnent et aucun accord n'est atteint.

2003
Contre toute attente, le leader de Chypre-Nord, Rauf Denktaş, annonce que les Chypriotes des deux parties pourront désormais se rendre de l'autre côté de l'île. Après 29 ans de division, les premiers passages se font sereinement.

La société chypriote

Le peuple chypriote est un mélange de peuples qui résulte des siècles que l'île a passé sous la domination de différentes puissances. Un large éventail de types physiques y est représenté : du type petit et trapu, à la peau sombre et aux cheveux presque crépus, aux origines maures, au type grand et élancé, à la peau olive, d'ascendance phénicienne, en passant par les descendants des colons achéens et vénitiens, c'est toute l'histoire tourmentée de l'île qui s'exprime dans les multiples traits de ce peuple unique.

Aujourd'hui, même si certains se revendiquent grecs ou turcs, la plupart se considèrent avant tout comme chypriotes.

La division

La vie quotidienne des Chypriotes reste en grande partie dominée par l'attention nationale et internationale portée à la question de la division de l'île. Depuis 37 ans, deux générations quasiment ont grandi avec la partition, et beaucoup éprouvent de l'indifférence, voire de la lassitude, face aux sempiternelles discussions des deux côtés de la Ligne verte quant au "problème chypriote". L'amertume et l'exaspération que beaucoup ressentent à cet égard ne sauraient être sous-estimées.

Lorsque les premiers points de passage frontaliers ont ouvert entre le Nord et le Sud en 2003, personne ne pouvait présumer des conséquences ou des réactions des Chypriotes. Fallait-il s'attendre à des émeutes ou à des manifestations, après 29 années durant lesquelles personne n'avait franchi la Ligne verte sauf pour des raisons diplomatiques ? Beaucoup de Chypriotes avaient encore de la famille ou une maison de "l'autre côté".

Les checkpoints récemment ouverts ont attiré des milliers de personnes. Beaucoup de Chypriotes turcs passant au Sud ont été émerveillés par la richesse et l'élégance relatives des magasins et restaurants de Nicosie, alors que de nombreux Chypriotes grecs, errant dans les ruines de Nicosie-Nord, constataient avec surprise que, là-bas, le temps s'était arrêté il y a 30 ans. On a retrouvé de vieilles connaissances, on a versé des larmes. Des Chypriotes grecs sont retournés voir leurs anciennes maisons et propriétés dans le Nord, et dans certains cas, les nouveaux occupants les ont cordialement accueillis, les invitant à prendre une tasse de café et leur offrant en cadeau des agrumes ou un bouquet de fleurs. On estime que 35% de la population chypriote a traversé la frontière dans les deux premières semaines, et que 25 000 Chypriotes turcs ont fait la demande d'un passeport (de la République de Chypre) durant cette seule année.

Les gens ont fait preuve entre eux d'une civilité et d'une gentillesse toute particulières, et à l'heure actuelle, des années après l'ouverture partielle de la frontière, aucun incident majeur n'a été déploré. Franchir la frontière est devenu de plus en plus normal, et plus de 20 millions de passages ont été enregistrés, 70% d'entre eux s'étant effectués du Nord

Espérance de vie moyenne

- Moyenne nationale : 78,2 ans
- Hommes : 76,3 ans
- Femmes : 80,1 ans

Quelques chiffres

- 326 jours d'ensoleillement par an en moyenne
- Point culminant : mont Olympe (1 952 m)
- Formation ophiolitique, Chypre est sortie de la mer il y a 20 millions d'années

vers le Sud. En effet, beaucoup de Chypriotes turcs traversent chaque jour la Ligne verte pour aller faire leurs courses ou travailler dans la partie sud de l'île. À l'inverse, les Chypriotes grecs, qui traversent moins la frontière, le font plutôt pour partir en vacances à Pâques, aller visiter l'église de l'apôtre Saint-André (p. 199), faire de bonnes affaires ou jouer au casino.

Bien que de part et d'autre de la frontière la politique ne soit pas un sujet tabou, il convient de l'aborder avec tact. Même si Chypriotes turcs et grecs en parlent ouvertement, il est plus sage de leur laisser l'initiative de la discussion sur ce point.

L'utilisation du prénom seul, considérée comme trop familière, n'est acceptable qu'entre amis. Les gens se saluent en utilisant le titre *kyrie* ou *kyria* (monsieur ou madame, en grec) avant le nom. En turc, on utilise *bey* et *hanım* de la même manière.

Multiculturalisme

D'un naturel très hospitalier, certains Chypriotes se méfient toutefois des étrangers, ce qui se comprend au vu d'une histoire marquée par les occupations et les luttes pour l'indépendance.

Pour certains îliens, notamment ceux qui n'ont jamais quitté l'île, les expatriés et les Chypriotes de deuxième génération venant du Royaume-Uni, des États-Unis, du Canada et d'Australie restent des *xeni* (étrangers). Plus de 90% des Chypriotes grecs parlent anglais et certains ne cacheront pas leur déception si la réciproque n'est pas vraie de la part des anglophones. Certains, qui n'avaient pas fait l'effort d'apprendre la langue (et parfois même malgré cela) après s'être installés sur l'île, ont eu du mal à se faire accepter par les communautés locales. Les attaches avec la couronne d'Angleterre persistent, du fait du passé colonial de l'île et de sa dépendance actuelle vis-à-vis du tourisme. Ainsi, à tort ou à raison, de nombreux îliens se sentent envahis par des étrangers.

Certains ont même le sentiment de perdre leur mode de vie et leur culture traditionnels. Malgré l'émotion et le mécontentement que cela peut susciter, les étrangers et la diversité sont favorablement accueillis par de nombreux Chypriotes, notamment ceux qui ont voyagé et étudié à l'étranger.

La plupart des Chypriotes acceptent progressivement l'évolution de leur société vers plus de multiculturalisme. Cette tendance se traduit par un nombre croissant de mariages entre Chypriotes et étrangers (14% des mariages), plus particulièrement les Européens et les Russes (pour beaucoup des chrétiens orthodoxes), donnant ainsi naissance à une nouvelle génération multiculturelle de Chypriotes. Un phénomène qui démontre que si les barrières culturelles et raciales existent encore, elles perdent de leur influence.

La plupart des Chypriotes sont amicaux, accueillants et sympathiques, que ce soit en ville, à la campagne ou dans les zones moins développées.

Le summum de la relaxation pour un Chypriote, dans sa cour ou son jardin, requiert sept chaises en bois bien patinées : une pour sa canne, une pour son café, une pour chaque bras, une pour chaque jambe et, bien sûr, une pour s'asseoir.

Orthodoxie et islam

Près de 78% des Chypriotes sont orthodoxes grecs, 18% musulmans et les 4% restants maronites, arméniens apostoliques ou appartiennent

AU KAFENEIO (CAFÉ)

Dans les villages, le *kafeneio* local (café) est le lieu de rencontre central. On en compte généralement deux par village, chacun d'un bord politique (socialiste ou nationaliste). Les hommes de tous âges, assis, en train de boire ou de jouer, s'y retrouvent. On s'y rend sur le chemin du travail ou en revenant. Les plus vieux, à califourchon sur une chaise, regardent la journée passer en grignotant du *halloumi* et des olives ou en buvant du café et de la *zivania* (eau-de-vie de marc de raisin). Les bons amis s'assoient par deux, fument des cigarettes et jouent au *tavli* (backgammon) à l'ombre des treilles. On entend les dés rouler, les pions avancer et les stratégies s'élaborer au gré des murmures. À l'heure du déjeuner, il ne reste dans le café que la fumée flottant dans l'air : les hommes ont regagné leur foyer pour prendre leur repas et faire la sieste, avant de remettre cela le soir.

LE SOUVLA D'ÉTÉ

Un des passe-temps préférés des Chypriotes consiste à déguster un *souvla* (sorte de méchoui) cuit à la broche pendant des heures au-dessus d'un grand brasier. Particulièrement agréable sur la plage. Une blague raconte que le véhicule favori des Chypriotes est le pick-up parce qu'on peut y entasser les 20 chaises, la table et tout le nécessaire à barbecue pour partir en week-end en famille. En effet, beaucoup de Chypriotes partent en vacances d'été en camping, sur des plages peu touristiques où l'on peut entendre les broches tourner et humer la viande et les herbes rôties.

à d'autres confessions chrétiennes. Du fait de la division de l'île, les musulmans se trouvent principalement au Nord et les orthodoxes grecs au Sud.

Dernièrement, l'augmentation du nombre de demandeurs d'asile en provenance du Moyen-Orient, d'Afrique et d'Asie du Sud et centrale est venue grossir les rangs des pratiquants musulmans vivant en République de Chypre, notamment à Larnaka, qui possède l'une des rares mosquées du sud de l'île.

La présence de l'Église orthodoxe est indissociable de la vie politique et quotidienne, l'année chypriote s'articulant autour des fêtes, commémorations et saints du calendrier orthodoxe. Les dimanches sont souvent consacrés à la visite des monastères et des églises byzantines du massif du Troodos (voir l'encadré p. 71).

Au Nord, les Chypriotes turcs sont principalement des musulmans sunnites laïques. Si la religion joue un rôle important dans la culture chypriote turque, les traditions islamiques et fondamentalistes plus conservatrices qui prévalent ailleurs au Moyen-Orient (et dans les zones rurales de Turquie) ne sont pas aussi manifestes à Chypre. On trouve facilement de l'alcool, par exemple, et les Chypriotes turcs en consomment fréquemment ; les femmes, quant à elles, s'habillent de manière beaucoup plus décontractée qu'en Turquie continentale.

Si se baigner sans haut est généralement accepté, le nudisme ne l'est pas et il n'existe pas de plages réservées aux naturistes à Chypre. En quittant la plage, gardez à l'esprit que Chypre est un pays traditionnel et qu'il vaut mieux enfiler un T-shirt.

Des rôles qui changent

Les idées traditionnelles sur le rôle des femmes (cuisine, famille, ménage) sont encore bien ancrées dans certains secteurs de la société chypriote. Cependant, les femmes chypriotes modernes, surtout les citadines, aiment s'habiller avec des vêtements de marques, fréquentent les plages en bikini, soignent leur carrière et sortent le soir.

Libres et indépendantes à maints égards, les femmes sont encore loin d'égaler les hommes en termes d'emplois, le monde du travail étant encore très largement masculin.

La société chypriote fait preuve depuis quelques années d'une plus grande tolérance vis-à-vis de l'homosexualité, mais les gestes d'affection ouverts entre homosexuels sont toujours mal vus. On trouve quelques bars et discothèques gay, à l'atmosphère variée et accueillante, dans des villes comme Nicosie, Limassol, Larnaka et Paphos. Dans la partie turque de l'île, on voit parfois des hommes se tenir la main, mais ce geste n'a aucune connotation sexuelle, et il est préférable de rester discret, ne serait-ce que pour éviter les regards soutenus.

Environnement

Topographie de l'île

Chypre, troisième île de la Méditerranée en termes de taille, émerge des flots tel un espadon avec son bec pointu et ses nageoires évasées.

Au nord, la chaîne de Kyrenia (Girne), longue de 170 km, a été formée par la poussée d'énormes quantités de calcaire mésozoïque. Elle est plus connue localement sous le nom de Pentadaktylos ("cinq doigts", en grec) en raison des cinq crêtes de son arête qui s'élèvent presque parallèlement à la côte nord. Au sud de ces montagnes s'étend la vaste plaine de la Mésorée ("entre les montagnes" en grec), de Morfou (Güzelyurt) à l'ouest, à Famagouste (Güzelyurt) à l'est. La capitale divisée de l'île (Lefkosia/Nicosie-Nord) se trouve en son centre. La plaine possède plus de 1 900 km² de terres irriguées et représente la première région céréalière de l'île.

Les voyageurs qui souhaitent s'immerger dans l'habitat naturel auront le choix parmi de nombreux gîtes ruraux installés dans les montagnes et les villages traditionnels. Consultez le site www.agrotourism.com.cy.

Plus au sud, l'île est dominée par le vaste massif montagneux du Troodos, formé il y a plusieurs millions d'années par une poussée de roche en fusion dans le fond océanique. Son point culminant est le mont Olympe et ses plateaux, à l'est. La région est riche en minéraux et en ressources naturelles comme la chromite, le gypse, la pyrite de fer, le marbre et le cuivre. Ses mines ont été exploitées pendant des millénaires, et elle joua un rôle important dans le développement de l'île dans l'Antiquité.

Une flore foisonnante

La diversité de la flore à Chypre ne se révèle pas d'emblée à ceux qui découvrent l'île. Après l'explosion de couleur des fleurs sauvages et de

RÉSERVES ET PARC NATIONAUX

Le statut de parc national a progressivement été octroyé à un nombre croissant de zones naturelles. La liste officielle des parcs comprend : le parc forestier national d'Akamas, région de Paphos ; le parc national du Troodos, déclaré en 1992 ; le cap Greco (p. 124) et Peninsula Bay, à l'est d'Agia Napa ; le parc forestier national d'Athalassa, à l'ouest de Nicosie ; le parc forestier national de Polemidia, près de Limassol ; le parc forestier national de Rizoelia, près de Larnaka ; et la réserve naturelle de Tripylos, à l'est de Paphos, qui englobe la splendide vallée des Cèdres (p. 104). Les régions susceptibles de s'y ajouter sont la vallée de Platis, près du monastère de Kykkos, dans le Troodos ; Madari, à l'est du Troodos en direction de Larnaka ; Mavroi Kremnoi, qui appartient à la forêt nationale de Paphos ; et les lacs salés d'Akrotiri, sur la péninsule d'Akrotiri.

Chypre compte également une réserve marine, la réserve de Lara Toxeftra, située le long de la côte ouest non loin de Lara, dans la région de Paphos, destinée à protéger les tortues marines et leurs plages de nidification.

En Chypre-Nord, 150 m² de la péninsule du Karpas (Kırpaşa) ont été déclarés parc national (p. 195). Les écologistes ont réussi à protéger cette belle région vulnérable de l'urbanisation. Les quelques tortues qui pondent sur les plages des deux côtés de la péninsule devraient désormais bénéficier de cette décision.

FLOWER POWER

Pour observer les fleurs, les passionnés devront prendre la peine d'explorer longuement l'île et d'en parcourir les sentiers, car de nombreuses espèces sont cantonnées à une petite zone géographique. Alors armez-vous de patience !

Delphinium caseyi Une espèce à la floraison tardive. Au sommet de sa fine tige s'épanouissent une douzaine de fleurs éperonnées d'un violet profond. Son habitat se limite aux pics rocheux situés à 1,5 km au sud-est de Saint-Hilarion.

Crocus de Chypre Une délicate fleur jaune et blanche de la famille des iris. Cette espèce menacée est protégée. On la trouve généralement à haute altitude dans le massif du Troodos.

Tulipe de Chypre Cette fleur délicate, d'un rouge foncé, également rare et protégée, se trouve essentiellement sur la péninsule d'Akamas, la péninsule de Kormakitis (Koruçam) et dans les recoins éloignés de la chaîne des Pentadaktylos (Beşparmak).

Orchidées La plus populaire des fleurs sauvages. La seule orchidée endémique, *Ophrys kotschyi*, est une superbe fleur ressemblant à une abeille, tant par sa forme que par ses motifs. Bien qu'elle soit assez rare, on la trouve dans de nombreux habitats à travers l'île. D'autres variétés poussent sur les versants du mont Olympe, notamment l'*Orchis anatolica troodi*, une fleur rose et gracile ; l'orchis pyramidal en forme de cône ; l'orchidée géante ; et l'ophrys bécasse, très coloré.

Brassica hilarionis, ou chou de Saint-Hilarion. Cette jolie fleur pousse dans le Nord, essentiellement sur des affleurements rocheux du côté du château de Saint-Hilarion. Elle mesure 1 mètre et porte des grappes de fleurs blanc cassé.

Onosma Troodi Une fleur endémique aux clochettes jaunes, appartenant à la famille de la bourrache. C'est également une espèce menacée, confinée aux plus hauts sommets du massif du Troodos.

la flore endémique au printemps, l'île revêt une apparence austère en été, ne conservant que quelques fleurs résistantes et des chardons.

L'île compte quelque 1 800 espèces et sous-espèces de plantes, dont environ 7 % sont endémiques. Le profil de la flore se caractérise par cinq grands habitats : les forêts de pins, la garrigue et le maquis, les zones rocheuses, les zones côtières et les zones humides. Le massif du Troodos (voir p. 64) possède l'une des plus grandes concentrations d'espèces indigènes de Chypre (environ 45). La péninsule du Karpas (Kırpaşa, voir p. 195) possède 19 autres espèces endémiques propres au Nord.

Plus de 40 variétés d'orchidées peuplent l'île. La plupart, dont l'orchidée Punctate, une espèce rare, poussent au sein de la chaîne de Kyrenia (p. 163). La meilleure époque pour observer les fleurs sauvages de Chypre est le début du printemps (de février à mars) ou la fin de l'automne (d'octobre à novembre), lorsque la plupart des espèces profitent du climat humide pour fleurir.

Le symbole national est le mouflon chypriote (mouton sauvage). Autrefois menacé, il n'évolue désormais plus que dans les chaînes de montagnes reculées du Troodos et de Paphos. D'après certaines sources, des sous-espèces erreraient dans la zone tampon inhabitée entre le Nord et le Sud.

Conscience écologique

Malheureusement, cette belle île est en proie à de nombreux problèmes environnementaux. S'il est vrai que certains découlent de son activité touristique, il en existe un plus grave encore : celui que posent les détritus qui jonchent ses rues et ses plages, et le déversement d'ordures en bord de route. Des résidus industriels, des réfrigérateurs, des gravats et toutes sortes de déchets sont souvent jetés dans les forêts ou à proximité des lacs salés naturels.

Soucieux de remédier à la situation, le gouvernement a lancé une campagne incitant les habitants à mettre leurs ordures dans les poubelles et à cesser de jeter leurs mégots sur la plage. De nouveaux points de recyclage ont été inaugurés un peu partout sur l'île. Pour attaquer le problème à la racine, des programmes éducatifs ont été lancés dans les écoles primaires afin de développer la conscience écologique des générations à venir et de leur enseigner l'intérêt du recyclage. Les conseils municipaux sont également passés à l'action, en installant des bennes à proximité des habitats naturels, aux endroits où sont souvent déposées des ordures. Les mesures positives de ce type sont porteuses d'espoir et contribuent à mettre le problème en lumière.

De l'eau, de l'eau, et encore de l'eau !

L'autre grave problème récurrent auquel l'île est confrontée, la pénurie d'eau, semble avoir été résolu. La sécheresse et les précipitations irrégulières dont elle a souffert de nombreuses années durant ont sérieusement entamé ses réserves d'eau stockées dans des centaines de barrages et de réservoirs souterrains. Les restrictions imposées par le gouvernement (surtout en été) et son discours de sensibilisation et de responsabilisation ont entraîné une légère amélioration de la situation, mais l'accroissement démographique et les 3 millions de touristes qui visitent l'île chaque année rendent urgente une solution durable et permanente.

Le dessalement a été la réponse apportée au problème de pénurie d'eau de Chypre. C'est cependant un procédé coûteux et énergivore. Pour une évaluation à jour des problèmes environnementaux de Chypre, consultez le site www.cypenv.info/cyprusee.

Le Water Development Department, l'institution chargée de la gestion de l'eau, semble avoir calmé les esprits avec la création de nouvelles usines de dessalement plus performantes. Les usines actuelles ont assuré près de 50 % de l'approvisionnement en eau à usage domestique ces 10 dernières années, et ce chiffre devrait grimper avec l'ouverture de trois nouvelles unités de dessalement, prévue d'ici à 2013 : à Limassol (2011), Paphos (2012) et Famagouste (2013). Ces dernières viendront s'ajouter aux usines existantes, situées à Dekelia et à proximité de l'aéroport de Larnaka. Il est prévu que chacune de ses installations produise 40 000 m^3 d'eau par jour, ce qui devrait largement suffire à approvisionner la population.

Pour le moment, les barrages restent la principale source d'eau à usage agricole, bien que le gouvernement prévoie de mettre sur pied des unités de dessalement destinées à l'irrigation agricole. Heureusement pour les habitants de l'île, les coupures d'eau ont complètement cessé,

LES MEILLEURS LIEUX D'OBSERVATION

Les oiseaux voyageant entre l'Afrique et l'Europe font escale à Chypre sur leur route de migration. Pour les ornithologues amateurs, Chypre est un excellent lieu d'observation aussi bien des espèces migratoires les plus exotiques que des oiseaux locaux. Voici quelques-uns des meilleurs spots d'observation de l'île :

Lac salé de Larnaka Un important habitat migratoire qui se remplit d'oiseaux aquatiques, notamment de flamants roses, de février à mai. Des postes d'observation sont installés à intervalles réguliers le long de la route de l'aéroport à Larnaka. Vous pouvez également suivre les chemins de promenade qui ceinturent les lacs après la mosquée de Hala Sultan Tekke (p. 115).

Massif du Troodos Les nombreux sentiers de randonnée sillonnant les montagnes offrent d'excellents points d'observation. Emportez vos jumelles pour avoir une chance d'apercevoir des vautours, des faucons ou encore des crécerelles. L'un des meilleurs sites d'observation est le sentier Kaledonia, où évoluent de nombreuses fauvettes chypriotes et sardes, et des rossignols (p. 72).

Péninsule du cap Greco Outre ses superbes grottes marines, le cap se distingue par sa garrigue et ses affleurements rocheux servant de zone migratoire de choix à de nombreux oiseaux. Attendez-vous à y découvrir une grande variété d'oiseaux, de la perdrix choukar à la fauvette à lunettes en passant par le busard pâle et l'hirondelle rousseline (p. 124).

ESPÈCES MENACÉES

Les mouflons, ces moutons sauvages de montagne endémiques à Chypre, sont d'habiles grimpeurs, vifs et timides. Les mâles sont dotés d'immenses cornes recourbées. Ils étaient chassés pour le sport par les nobles sous le règne des Lusignan. Cependant, la prise de conscience du danger menaçant l'espèce a conduit à leur protection dans certaines régions, comme dans le relais forestier de Stravos tis Psokas, à Paphos, où vit un petit troupeau (voir p. 98). À l'état sauvage, les mouflons n'évoluent que dans des endroits reculés des chaînes montagneuses, et il est rare d'en apercevoir.

Cela fait des siècles que les tortues vertes et les carettes se reproduisent et vivent sur les plages chypriotes, mais le tourisme et l'urbanisation des plages ont empiété sur leurs zones vitales de ponte. Pour faire leur nid, les tortues affectionnent particulièrement les plages de sable fin du Nord, qui sont désormais signalées et fermées la nuit (c'est la nuit qu'a lieu l'éclosion). Faites attention aux programmes de protection sur les zones côtières. Respectez les règles et les heures de baignade autorisée, et plantez votre parasol aussi près du rivage que possible pour éviter d'écraser des œufs (voir l'encadré p. 171).

Les phoques moines sont difficiles à apercevoir sur la côte. Ils étaient considérés comme une espèce éteinte il y a 10 ans seulement. Cependant, quelques individus ont été repérés le long de la côte est et du côté des grottes marines du cap Greco, ravivant l'espoir. Il semblerait qu'un petit nombre survive dans des lieux reculés au large des côtes chypriotes. Les défenseurs de l'environnement se sont battus pour que les aires de reproduction restent secrètes, afin de protéger de l'urbanisation les habitats naturels où se réfugient les phoques. Faute d'une prise de conscience plus importante et d'un effort concerté pour protéger les grottes de reproduction, les phoques pourraient bien disparaître pour de bon.

et tous les foyers de la République de Chypre jouissent désormais d'un approvisionnement continu en eau potable.

La faune chypriote

Mammifères

Tandis que l'animal sauvage chypriote le plus populaire reste le mouflon, de nombreux ânes sauvages peuplent également la péninsule du Karpas (Kırpaşa). Ces derniers descendent très certainement des ânes domestiques qui s'échappèrent ou furent abandonnés en 1974.

Dans les différents habitats forestiers de l'île, vous pourrez également apercevoir des animaux plus petits comme des renards, des lapins, des lièvres, des hérissons, des écureuils et des roussettes.

> Chypre compte 140 plantes à fleurs uniques ne poussant que dans le massif du Troodos, 390 espèces d'oiseaux migrateurs au printemps et en été, et plus de 80 sites de nidification de tortues rares et protégées.

Reptiles

Le climat estival de l'île, à la fois chaud et sec, en fait un habitat naturel pour les lézards, les geckos, les caméléons et les serpents ; seules la couleuvre de Montpellier et la couleuvre à nez plat sont venimeuses.

Les lézards sont partout, se chauffant au soleil sur des rochers, des ruines ou des murs en béton. Si vous séjournez dans l'un des merveilleux gîtes agrotouristiques que compte Chypre, vous avez même des chances de voir un gecko sur le pas de votre porte.

Faune marine

Les eaux limpides et chaudes de Chypre sont peuplées de 260 différentes sortes de poissons. Les criques et les récifs sous-marins longeant ses côtes abritent une vie marine variée (corail, éponges, moules, anémones de mer, etc.), ce qui en fait un véritable paradis pour amateurs de plongée et de snorkeling (voir p. 25).

Arts et culture

Artisanat traditionnel »
Théâtre »
Arts visuels »
Musique et danse »
Littérature »

Danseurs à Kissonerga

LOOK DIE BILDAGENTUR DER FOTOGRAFEN GMBH/ALAMY ©

Artisanat traditionnel

Chypre continue de faire vivre sa riche tradition d'artisanat, de la vannerie à la dentelle. Pour des articles authentiques et des prix raisonnables, rendez-vous dans une succursale du Cyprus Handicrafts Centre.

Poterie

Les poteries décoratives valent le coup d'œil. Vous verrez forcément les énormes *pitharia* (jarres en terre cuite), souvent utilisées comme pots de fleurs. Elles servaient jadis à stocker de l'eau, de l'huile ou du vin. Leur taille rend le transport impossible et vous ne pourrez toutefois pas en rapporter une chez vous. Le village de Kornos (p. 116), entre Limassol (Lemesos) et Larnaka, est célèbre pour ses poteries, de même que Paphos, dans le sud-ouest de l'île.

Ci-dessous
Poteries traditionnelles

Vannerie

La vannerie, l'une des techniques artisanales les plus anciennes, était jadis enseignée à tous les membres de la famille. Aujourd'hui, les paniers sont toujours réalisés à partir de roseaux, même si certains villages de la péninsule d'Akamas, comme Kritou Terra (p. 95), sont réputés pour leurs paniers sophistiqués en brindilles. Les feuilles et la paille de palmier sont utilisées pour créer les *tsestos* ("plateaux" décoratifs ornés de motifs géométriques) aux couleurs vives caractéristiques. On les trouve surtout à Chypre-Nord, notamment dans la région de Karpasia et la plaine de la Mésorée.

Dentelle

L'une des réalisations artisanales les plus exportées est la superbe dentelle de Lefkara (p. 118), fabriquée dans le village du même nom, dans les collines du Troodos. Ne vous laissez pas piéger par les imitations chinoises bon marché. Le village de Fyti (p. 104) est également connu pour ses pièces réalisées à l'aiguille, en particulier les soies et cotonnades tissées et brodées, et il ne fait pas encore partie des circuits touristiques classiques.

LOOK DIE BILDAGENTUR DER FOTOGRAFEN GMBH/ALAMY ©

Théâtre

Partout à Chypre, le théâtre est une forme artistique majeure, forte d'une longue histoire. Les œuvres vont des pièces grecques traditionnelles, dans le Sud, aux spectacles inspirés du théâtre ottoman d'ombres et de marionnettes, dans le Nord.

République de Chypre

Dans le Sud, le théâtre est un art en plein essor : l'atelier de théâtre de l'Université de Chypre (Thepak) et le théâtre municipal de Nicosie (p. 144) sont très actifs et programment des œuvres écrites par des Grecs et des Chypriotes.

Tous les deux ans, le Kypria Festival (www.kypriafestival.com) accueille les spectacles de diverses compagnies nationales. L'Eleftheria Theatre de Nicosie présente des classiques grecs joués par des troupes locales.

Chypre-Nord

Le théâtre serait apparu à l'arrivée des Ottomans en 1570, avec l'importation de Turquie du théâtre d'ombres et de marionnettes Karagöz. Cette tradition est également présente chez les Grecs, qui l'appellent Karagiozis. Le théâtre au sens contemporain du terme a fait ses débuts sur l'île après 1878, sous l'influence des Britanniques, mais n'a réellement pris son envol qu'après 1960 et l'indépendance, quand des compagnies amateurs se sont installées dans la plupart des communautés chypriotes turques.

Ci-dessus
Festival en plein air dans les ruines de Salamine

Arts visuels

L'art chypriote a longtemps témoigné d'influences à la fois orientales et occidentales. L'instabilité politique et la division de l'île ont également eu des conséquences significatives sur la production artistique.

Contexte historique

Les céramiques et mosaïques décoratives de l'époque néolithique reflétaient un désir d'ornementation qui perdura après la conversion de l'île au christianisme en 45 et l'émergence de l'art byzantin. Cette expression religieuse s'exprimait de façon plus évidente dans les fresques, mosaïques et icônes, dont beaucoup existent encore aujourd'hui. Il reste peu de traces des périodes franque (1192-1489) et vénitienne (1489-1571), en raison des pillages auxquels se livrèrent les nombreux envahisseurs. Les troubles se poursuivirent après la conquête des Ottomans en 1570, et la survie physique devint une priorité par rapport à l'art.

Le XIXe siècle vit apparaître des peintres et des sculpteurs traditionnels qui furent les précurseurs de l'art contemporain chypriote. Ils réalisèrent des frises dans les cafés et créèrent des pièces de verrerie décorative et des meubles, en particulier des lits en fer forgé, agrémentés de motifs végétaux ou autres.

Peinture et sculpture aux XXe et XXIe siècles

Dans les années 1950, les artistes ayant étudié à l'étranger commencèrent à regagner Chypre. Parmi les figures importantes qui se firent connaître à cette époque, citons Christofors Savva (1924-1968), qui fut fortement influencé par les mouvements cubiste et expressionniste, et les artistes abstraits Costas Joachim (1936-), Nicos Kouroussis (1937-) et Andreas Ladommatos (1940-).

La partition de l'île en 1974 eut des répercussions importantes sur les courants

De gauche à droite et de haut en bas
1. Mosaïque sur le mur d'un monastère 2. Mosaïque byzantine, monastère de Kykkos 3. Sculpture en bord de mer, Limassol

SEP/IMAGEBROKER ©

2

JON DAVISON/LONELY PLANET IMAGES ©

artistiques : on assista à une montée en puissance du symbolisme et des thèmes traduisant les angoisses spirituelles de l'époque. Les principaux artistes de cette période sont notamment Angelos Makrides (1942-), qui représenta Chypre à la Biennale de Venise en 1988, et Emin Chizenel (1949-), Chypriote turc bénéficiaire d'une bourse Fulbright, qui exposa des deux côtés de la Ligne verte.

Née à Nicosie en 1980, Haris Epaminonda est connue pour ses collages, installations et vidéos. Elle a représenté Chypre lors de la Biennale de Venise de 2007, aux côtés de son compatriote chypriote turc Mustafa Hulusi. En 2010, elle a également exposé en solo à la Tate Modern de Londres. Christodoulous Panayiotou (1978-) expose ses vidéos et ses installations à l'international.

Pour un bon panorama de l'art chypriote, visitez la galerie nationale d'Art contemporain chypriote (p. 134) à Nicosie. Pour de l'art moderne avant-gardiste, rendez-vous au centre municipal des Arts de Nicosie (p. 131).

Icônes

Certaines églises chypriotes conservent encore de magnifiques icônes byzantines, mais beaucoup ont été dévalisées et leurs trésors vendus sur le marché.

Aujourd'hui, de nombreux monastères continuent de produire des icônes. Aujourd'hui, le père Kallinikos Stavrovounis, un prêtre âgé du monastère de Stavrovouni, situé entre Nicosie et Limassol, est considéré comme le peintre d'icônes contemporain le plus brillant de l'Église orthodoxe. Les bénéfices réalisés grâce à ses œuvres vont à l'entretien de Stavrovouni et d'autres monastères.

GRANDS SCULPTEURS CHYPRIOTES

- Demetris Constantinou (1924-)
- Andreas Savvides (1930-)
- George Sfikas (1943-)
- Nicos Dymiotis (1930-1990)
- Kypros Perdios (1942-)
- Leonidas Spanos (1955-)

Musique et danse

Très variées, la musique et la danse chypriotes témoignent d'influences grecque, turque et arabe. L'engouement pour la musique traditionnelle ne se dément pas, comme le prouvent les mélodies de bouzouki qui s'échappent d'innombrables fenêtres ouvertes de voitures.

Musique

Les Chypriotes grecs ont toujours eu tendance à suivre les modes musicales de la Grèce. À l'inverse, Chypre a également produit des musiciens locaux qui ont mené de belles carrières en Grèce comme dans leur pays.

Le bouzouki, que vous entendrez partout à Chypre, est un instrument s'apparentant à une mandoline, semblable aux *saz* et *baglama* turcs. C'est l'un des principaux instruments de la musique rembetika – l'équivalent grec du blues américain. Aujourd'hui, le paysage musical de Chypre mêle l'ancien et le nouveau, le traditionnel et le moderne. Les jeunes Chypriotes grecs apprécient autant la rembetika ou les chansons *demotic* (traditionnelles) que le rock grec contemporain.

Le chanteur et parolier chypriote Evagoras Karageorgis a composé d'excellents morceaux dont *Topi se Hroma Loulaki* ("Des endroits peints en violet"). Il porte un regard nostalgique et douloureux sur les villages perdus de Chypre-Nord, en chantant dans un mélange de dialecte chypriote et de grec, accompagné d'instruments traditionnels et contemporains.

Au Nord, les tendances musicales se font généralement l'écho de celles de Turquie. Toutefois, la musique grecque reste admirée, et les deux cultures partagent de remarquables qualités en matière de sonorités et d'orchestration.

De gauche à droite et de haut en bas
1. Joueur de bouzouki 2. Instruments de musique fabriqués à la main 3. Danse traditionnelle chypriote

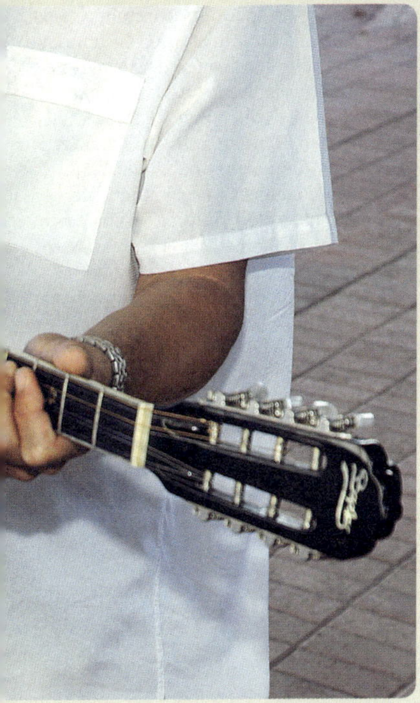

ICONOTEC/ALAMY ©

2

STEVE OUTRAM/JAI/CORBIS ©

Danse

Les danses traditionnelles chypriotes sont généralement des "défis" de deux couples, ou de dynamiques solos masculins dans lesquels le danseur porte un objet, comme une faucille, un couteau, ou un gobelet. Les spectacles organisés dans les restaurants touristiques comportent souvent une *datsia*, danse au cours de laquelle le danseur maintient des verres remplis de vin en équilibre sur un tamis.

Les danses du Nord ont beaucoup de points communs avec celles du Sud : seul le nom diffère souvent. Ainsi, le *tsifteteli* (sorte de danse du ventre) est appelé *ciftetelli* au Nord. Le *testi* et le *kozan* sont des danses exécutées lors de mariages, et le *kaşikli oyunlari*, une danse effectuée avec des cuillères en bois. Ce sont les spectacles donnés dans les restaurants qui vous donneront le meilleur aperçu des différentes danses de Chypre-Nord.

Dancecyprus (www.dancecyprus.org) est le Ballet national de Chypre. La compagnie interprète des chorégraphies modernes ou classiques, dans un style européen rehaussé de touches chypriotes.

TOP 5 DES FESTIVALS DE MUSIQUE

- **Festival de musique de Bellapaïs**, Bellapaïs, Chypre-Nord (mai)
- **Festival international des arts et de la culture de Famagouste**, Famagouste, Chypre-Nord (juillet)
- **Paradise Jazz Festival**, Pomos, République de Chypre (juillet)
- **Festival international de musique**, Limassol, République de Chypre (juillet)
- **Festival d'Aphrodite de Pafos**, Paphos, République de Chypre (septembre)

Littérature

Chypre a produit des génies de l'écriture, et la scène littéraire, en République de Chypre comme en Chypre-Nord, ne manque pas de vigueur.

Loukis Akritas (1932-1965) est l'une des meilleures plumes chypriotes du XXe siècle. Il se fit connaître principalement en Grèce comme journaliste et écrivain, puis se rallia à la cause de l'indépendance chypriote, privilégiant l'écriture à la violence. Son œuvre comporte des romans, des pièces, des nouvelles et des essais.

Theodosis Pierides (1908-1967), qui commença à écrire en 1928, est l'un des poètes chypriotes les plus respectés. Sa *Symphonie chypriote* est le "poème le plus beau et le plus puissant écrit par un Grec au sujet de Chypre", selon les mots de son ami le poète Tefkros Anthias (1903-1968). Anthias lui-même fut excommunié par l'Église orthodoxe et contraint à l'exil intérieur par l'administration britannique en 1931, pour son recueil de poèmes *Le Second Avènement*. Il fut arrêté pendant la lutte pour la libération (1955-1959) et emprisonné. Derrière les barreaux, il écrivit un recueil de poèmes publié en 1956.

Le Nord soutient une communauté littéraire modeste mais bien vivante, avec plus d'une trentaine d'auteurs. Nese Yasin (1959-) est un écrivain, journaliste et poète, membre fondateur du mouvement "Génération poésie 74", qui cherchait l'inspiration dans le climat engendré par la partition de Chypre. Les poèmes de Yasin ont été traduits et publiés dans des magazines, journaux, anthologies et ouvrages à Chypre, en Turquie, en Grèce, en Yougoslavie, en Hongrie, aux Pays-Bas, en Allemagne et au Royaume-Uni.

Ci-dessous
Livre sacré en métal à Pareklisia, près de Limassol

Chypre pratique

Carnet pratique

Activités

Voir p. 25 et p. 21 pour les activités proposées à Chypre.

Alimentation

Dans ce guide, les restaurants sont présentés dans l'ordre de préférence des auteurs. Voir p. 37 pour plus de renseignements sur la cuisine chypriote. Les symboles € utilisés dans les descriptifs de restaurants indiquent les fourchettes de prix suivantes :

	RÉPUBLIQUE DE CHYPRE	CHYPRE-NORD
€	moins de 7 €	moins de 5 €
€€	7-12 €	5-10 €
€€€	plus de 12 €	plus de 10 €

Ambassades et consulats

Ambassades et consulats de la République de Chypre à l'étranger

France ambassade – et fonctions consulaires (☎01 47 20 86 28 ; 23 rue Galilée, 75116 Paris) ; consulat honoraire (☎06 75 41 37 50 ; http://consulatchypremarseille.com ; 17 impasse des Douces, 13011 Marseille)

Belgique ambassade (☎02 650 0610 ; www.mfa.gov.cy/embassybrussels ; avenue de Cortenbergh 61, 1000 Bruxelles)

Canada consulat (☎416 944 0998 ; www.mfa.gov.cy/consulategeneraltoronto ; 365 Bloor St East, Suite #1010 Box 43, Toronto, Ontario M4W 3L4)

Grèce ambassade (☎210 373 4800 ; www.mfa.gov.cy/embassyathens ; 2A Xenofontos St, 105 57 Athènes) ; consulat (☎231 026 0611 ; www.mfa.gov.cy/consulategeneralthessaloniki ; 37 Leoforos Nikis, PO Box 54006, 54013 Thessaloniki)

Suisse ambassade contacter l'ambassade de Chypre en Belgique (voir ci-dessus) ; consulat Genève (☎022/329 78 22 ; www.eda.admin.ch ; rue Goetz-Monin 17, 1205 Genève) ; consulat Zurich (☎044/515 25 10 ; Auf der Mauer 9, 8001 Zurich)

Ambassades et consulats de Chypre-Nord à l'étranger

La Turquie est le seul pays dans lequel Chypre-Nord possède une ambassade et des consulats.

Turquie ambassade (☎0312-446 2920 ; Rabat Sokak 20, Gaziosmanpaşa, 06700 Ankara) ; consulat İstanbul (☎0212-227 3490 ; Yeni Gelin Sokak, B24/1 Balmumcu, Beşiktaş, İstanbul) ; consulat İzmir (☎0232-489 7789/489 4914 ; Gaziosmanpaşa Bulvarı 30, Süreyya Reyent İş Merkezi Kat 4/408, Konak-İzmir) ; consulat Mersin (☎0324-237 2482/83 ; Atatürk Caddesi 71/3, Mersin 33010)

Ambassades et consulats étrangers à Chypre

La France, la Belgique, la Suisse, le Canada et la Grèce disposent d'une représentation diplomatique en République de Chypre. Toutes ces institutions sont installées à Nicosie (Lefkosia).

France (☎(357) 2258 5300 ; www.ambafrance-cy.org ; Ploutarchou 12, Engomi). En cas d'urgence, lors de la fermeture de l'ambassade : ☎(357) 9967 8107

Belgique (☎2244 9020 ; www.diplomatie.be/nicosiafr ; 2A Chilonos Street, Office 102)

Suisse (☎2246 6800 ; Medcon Tower, 6e étage, 46 Themistokleous Dervi)

Canada (☎2277 5508 ; info@consulcanada.com.cy ; Lambousa 1)

Grèce (☎2268 0645 ; www.greekembassy-cy.org ; Leoforos Lordou Vyronos 8-10)

À Chypre-Nord, l'ambassade de Turquie est installée à Nicosie-Nord (Lefkoşa). Si vous envoyez un courrier à cette adresse, assurez-vous d'indiquer "Mersin 10, Turquie", et non "Chypre-Nord".

Turquie (☎227 2314 ; clefkbe@cc.emu.edu.tr ; Bedrettin Demirel Caddesi)

Argent

Depuis janvier 2008, la monnaie de la République de Chypre est l'euro (€).

CHYPRE PRATIQUE

Journaux et magazines

» En République de Chypre, les personnes qui parlent anglais pourront lire le *Cyprus Mail* et le *Cyprus Weekly*. À Chypre-Nord, cherchez le *Turkish Daily News* et le *Cyprus Today*.

» Les quotidiens étrangers sont largement disponibles au Sud comme au Nord.

Radio

» CyBC (Cyprus Broadcasting Corporation) diffuse des programmes et les actualités en anglais sur Radio 2 (91.1 FM). La BBC peut être captée sur 1323 AM.

» Bayrak International est la voix du Nord et propose un bon programme en anglais sur 87.8 FM et 105 FM.

Télévision

» Beaucoup d'hôtels disposent de la BBC, CNN, Sky ou NBC et bien souvent de TV5, la chaîne française internationale et de France 24, la chaîne française d'actualités internationales.

Poids et mesures

» Chypre utilise le système métrique.

Tabac

» Il est interdit de fumer dans tous les bars et restaurants.

La monnaie circulant à Chypre-Nord est la livre turque (Türk Lirası ; TL).

Les taux de change sont variables en raison d'une forte inflation, et ils auront sans doute changé au moment où vous lirez ces lignes. Dans ce guide, tous les prix concernant Chypre-Nord sont indiqués soit en euros pour les hébergements et les excursions, soit en livres turques pour les restaurants, musées et autres dépenses.

Les banques chypriotes changent les principales devises en espèces ou en chèques de voyage. La plupart des commerces et hôtels de Chypre-Nord acceptent les monnaies comme l'euro, le dollar américain et la livre sterling.

Voir le chapitre *L'essentiel* p. 18 pour connaître le taux de change.

Cartes de crédit

Les cartes de crédit peuvent être utilisées dans les magasins, restaurants, supermarchés et stations-service. Dans ces dernières, on peut même prendre de l'essence après la fermeture grâce aux pompes automatiques à carte.

Les cartes de crédit sont plus facilement acceptées en République de Chypre qu'à Chypre-Nord, mais les principaux restaurants, hôtels et agences de location de voitures du Nord les prennent volontiers.

Chèques de voyage

De plus en plus délaissés par les voyageurs au profit des cartes de crédit, les chèques de voyage peuvent néanmoins être très utiles dans la mesure où ils sont remboursables en cas de vol (à condition d'avoir conservé les numéros à part).

Les chèques Amex, Visa et Travelex sont les plus faciles à changer, surtout s'ils sont exprimés en euros, en dollars américains ou en livres sterling. Malheureusement, les banques ont tendance à facturer des commissions de plus en plus élevées, même pour les chèques en euros. Quelle que soit la monnaie, les chèques de voyage peuvent être difficiles à échanger dans les petites villes. Pour obtenir des espèces contre vos chèques, il est obligatoire de présenter un passeport.

En cas de perte ou vol de vos chèques, appelez :

Amex ☎800 91061
MasterCard ☎0809 0569
Travelex ☎809 1061
Visa ☎800 95163

Distributeurs automatiques de billets (DAB)

On trouve des distributeurs automatiques de billets (DAB) dans la plupart des villes et gros villages partout sur l'île.

Espèces

En République de Chypre, beaucoup de banques pourront effectuer des avances en espèces sur une carte Visa, MasterCard, Diners Club, Eurocard ou American Express, et il y a de nombreux DAB. Dans le Nord, les avances en espèces se font sur une carte Visa aux banques Vakıflar et Kooperatif à Nicosie-Nord et Kyrenia. Dans les grandes villes, la plupart des banques (comme Iş Bankası) sont équipées de DAB, et de plus en plus de stations-service disposent aussi de DAB. Toutefois, mieux vaut avoir des espèces sur vous, surtout si vous voyagez dans la péninsule du Karpas (Kırpaşa).

Le mieux est de n'avoir sur vous que les espèces dont vous pouvez avoir besoin pour trois jours environ. Néanmoins, une réserve de 100 € cachée dans votre valise ou votre sac à dos pourra s'avérer utile en cas de problème.

Les devises étrangères peuvent être utilisées dans les principaux centres touristiques, mais plus difficilement dans les villages du massif du Troodos. Dans le Nord, on acceptera volontiers les espèces étrangères à la place de la livre turque.

Les bureaux de change des villes touristiques ont des horaires d'ouverture prolongés et sont ouverts la plupart des week-ends.

Pourboires

Dans les deux parties de l'île, un supplément de 10% pour le service est parfois ajouté à l'addition dans les restaurants. Si ce n'est pas le cas, il convient de laisser un pourboire du même ordre. Les chauffeurs de taxi et les portiers d'hôtel apprécient toujours un petit pourboire. Il n'est pas habituel de marchander, ni au Sud, ni au Nord.

Transferts internationaux

Les transferts internationaux sont possibles depuis votre banque vers n'importe quelle grande banque de Chypre. Cette méthode, sûre mais souvent lente (une semaine voire plus), ne vous sera pas d'une grande utilité si vous avez un besoin urgent de liquidités. Les transferts télégraphiques sont plus rapides (et plus coûteux) mais prennent tout de même jusqu'à trois jours ouvrables.

Les agences financières privées comme Western Union sont généralement les plus efficaces, puisqu'elles vous permettront souvent d'obtenir votre argent dans la journée.

Assurance

La carte européenne d'assurance maladie (CEAM), nominative et individuelle assure l'aide médicale d'urgence (mais non le rapatriement) aux citoyens de l'Union européenne. Vous devez en faire la demande auprès de votre caisse d'assurance maladie (www.ameli.fr). Comptez un délai de 2 à 3 semaines pour la réception.

Il est conseillé de souscrire une police d'assurance qui vous couvrira en cas d'annulation de votre voyage, de vol, de perte de vos affaires, de maladie ou encore d'accident.

Lisez avec la plus grande attention les clauses en petits caractères : c'est là que se cachent les restrictions. Vérifiez notamment que les "sports à risques", comme la plongée, la moto ou même la randonnée ne sont pas exclus de votre contrat, ou encore que le rapatriement médical d'urgence en avion est couvert. De même, le fait de louer un véhicule dans un autre pays ne signifie pas nécessairement que vous serez protégé par votre propre assurance.

Si vous prévoyez de louer une voiture, assurez-vous que la location comprend au moins l'assurance au tiers (ou responsabilité civile) ;

Certaines assurances règlent directement les médecins et les hôpitaux, tandis que d'autres remboursent plus tard les dépenses de santé à l'étranger. Renseignez-vous bien. Dans le second cas, conservez tous les documents en guise de justificatifs.

Attention ! Avant de souscrire une police d'assurance, vérifiez que vous ne bénéficiez pas déjà d'une assistance par votre carte de crédit, votre mutuelle ou votre assurance automobile. C'est bien souvent le cas.

Bénévolat

Quelques possibilités pour faire du bénévolat à Chypre :

Transitions Abroad (www.transitionsabroad.com). Un bon site pour commencer vos recherches.

Earthwatch Institute (www.earthwatch.org). Renseignez-vous pour savoir s'il existe un projet de conservation du patrimoine chypriote.

Go Abroad (www.goabroad.com). Propose souvent des possibilités de bénévolat à Chypre.

Any Work Anywhere (www.anyworkanywhere.com). Nombreux programmes de protection des tortues, à Chypre-Nord et en République de Chypre.

Au départ de France, quelques organismes offrent des opportunités de travail bénévole sur des projets de développement ou d'environnement à l'étranger, parfois sur des périodes courtes, de une à quatre semaines. Certaines associations s'adressent plus spécifiquement aux jeunes. Les chantiers proposés vont de la réfection d'une école aux travaux liés à l'environnement. Il s'agit d'une bonne formule pour s'immerger dans le pays, connaître l'envers du décor touristique, et bénéficier d'une ambiance internationale (les volontaires viennent de divers pays en général).

Concordia (www.concordia-association.org). Association aidant à mettre en place et à soutenir des chantiers de jeunes bénévoles en Europe.

France Volontaires (www.france-volontaires.org). La plateforme des volontariats internationaux d'échange et de solidarité. Renseignez-vous auprès des associations membres pour connaître les éventuels projets à Chypre.

Cartes de réduction

Carte d'étudiant Réductions (généralement moitié prix) pour les étudiants dans certains lieux. Vous devrez présenter une preuve de votre statut d'étudiant, comme la carte d'identité internationale étudiante, **ISIC** (www.isiccard.com).

Carte senior Tarif réduit pour les personnes de plus de 60

Climat

Nicosie/Nicosie-Nord

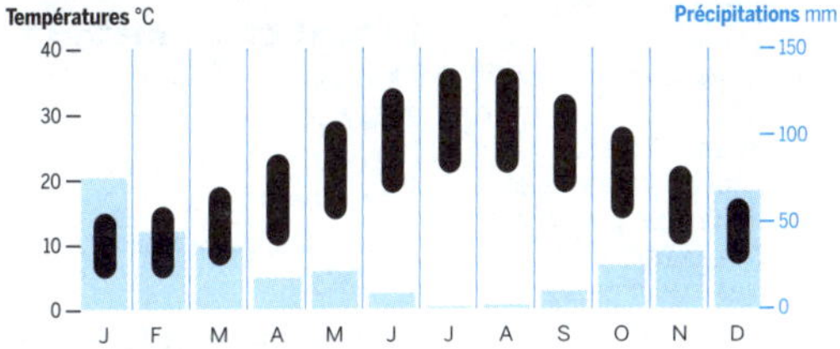

Limassol

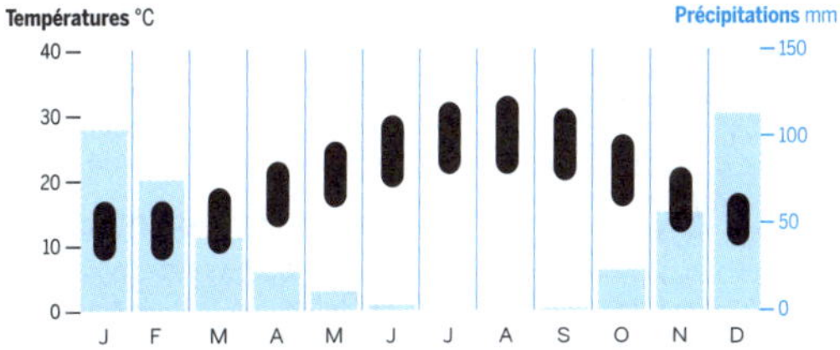

ou 65 ans (selon les lieux) dans différents musées.

Désagréments et dangers

Escroqueries

Si vous séjournez dans les villes les plus touristiques de Chypre, en particulier à Paphos, vous rencontrerez sans doute des rabatteurs vantant les mérites des appartements en multipropriété. Si vous êtes tombé amoureux de l'île, ce type d'investissement peut être intéressant, mais attention au bien que vous choisirez et aux conditions de vente. Exigez d'avoir tous vos droits et obligations par écrit, surtout lorsque l'agence vous promet de vendre votre appartement si vous décidez d'en acheter un autre. Certains circuits touristiques "gratuits" ne consistent en fait qu'en un rapide passage dans un parc d'attractions suivi d'un lourd baratin pour tenter de vous vendre un appartement en multipropriété. Si vous n'êtes pas disposé à cela, dites-le clairement dès le début et évitez tout bavardage inutile.

Et de façon générale, accordez-vous toujours un temps de réflexion suffisant. En d'autres termes, laissez votre carte de crédit sagement à la maison.

Si vous êtes approché pour acheter un bien immobilier à Chypre-Nord, sachez que le ministère des Affaires étrangères français met en garde les acheteurs potentiels : en l'absence de reconnaissance internationale de Chypre-Nord ("RTCN"), toute opération immobilière au nord de l'île comporte d'importants risques d'ordre financier, voire judiciaire. Depuis l'entrée de Chypre dans l'Union européenne, les acheteurs, voire les occupants d'une propriété contestée (question des "propriétés spoliées" en 1974), s'exposent à des poursuites non seulement en République de Chypre mais aussi dans tout État membre de l'UE.

Lire également l'encadré ci-dessous.

Douane

République de Chypre

La réglementation douanière de l'UE s'applique. Il est possible d'apporter ou de ramener des biens, à condition qu'ils soient destinés à un usage personnel et dans les limites légales de l'État de destination. Renseignez-vous auprès du service des douanes compétent.

Chypre-Nord Limites à respecter pour les voyageurs revenant de Chypre-Nord en République de Chypre :

» 40 cigarettes

» 1 litre d'alcool ou de vin

» Achats représentant une valeur maximale de 135 €

L'importation de produits agricoles est soumise à des contrôles de quarantaine stricts et nécessite l'approbation du ministère de l'Agriculture et des Ressources naturelles.

Durant votre séjour, n'oubliez pas que vous serez soumis aux lois douanières de la République de Chypre et de la Grande-Bretagne lorsque vous traverserez la frontière à Pergamos (Larnaka) et à Agios

CONSEILS AUX VOYAGEURS

La plupart des gouvernements possèdent des sites Internet qui recensent les dangers possibles et les régions à éviter. Consultez notamment les sites suivants :

Ministère des Affaires étrangères français (www.diplomatie.gouv.fr)

Ministère des Affaires étrangères de Belgique (http://diplomatie.belgium.be)

Ministère des Affaires étrangères du Canada (www.voyage.gc.ca)

Département fédéral des Affaires étrangères suisse (www.eda.admin.ch/eda/fr)

Nikolaos (Famagouste), car ces deux postes se trouvent dans la Base aérienne souveraine britannique de Dekelia. Les lois sont les mêmes, mais les formalités peuvent prendre un peu plus de temps.

Électricité

Formalités et visas

Les Français et les autres ressortissants de l'Union européenne (UE), ainsi que les citoyens de Suisse, d'Islande, de Norvège et du Liechtenstein, peuvent se rendre en République de Chypre munis uniquement de leur carte d'identité nationale en cours de validité, à condition que celle-ci comporte une photo. Pour les autres nationalités, dont les Canadiens, un passeport en cours de validité est requis.

Les ressortissants de l'UE ne répondent à aucune restriction de séjour en République de Chypre et peuvent séjourner au maximum trois mois à Chypre-Nord. Les citoyens du Canada peuvent séjourner dans le pays jusqu'à trois mois sans visa.

Les visiteurs souhaitant se rendre à Chypre-Nord depuis la République de Chypre, ou vice versa, devront obligatoirement présenter un passeport en cours de validité aux checkpoints. Ils devront remplir un formulaire de visa, en indiquant leur nom, leur date de naissance et le numéro de leur passeport. Ils pourront utiliser le même formulaire pour plusieurs entrées et sorties ; il sera tamponné à chacun de leurs passages.

Avant le départ, il est impératif de contacter les ambassades et les consulats pour s'assurer que les modalités d'entrée sur le territoire n'ont pas changé. Nous vous conseillons de photocopier ou de scanner tous vos documents importants (pages d'introduction de votre passeport, cartes de crédit, numéros de chèques de voyage, police d'assurance, billets de train/d'avion, permis de conduire, etc.). Emportez un jeu de ces copies, que vous conserverez à part des originaux. Vous remplacerez ainsi plus aisément ces documents en cas de perte ou de vol.

Handicapés

Dans l'ensemble, Chypre n'est malheureusement pas une destination facile pour les voyageurs handicapés. La plupart des restaurants, boutiques et sites touristiques ne sont pas prévus pour les fauteuils roulants, même si les établissements de catégories moyenne et supérieure sont généralement équipés de rampes d'accès et de chambres adaptées aux besoins spécifiques. Les transports s'avèrent souvent difficiles, mais vous devriez pouvoir louer une voiture automatique auprès d'une agence internationale, en faisant une demande bien à l'avance.

En fait, il est toujours utile de prévenir à l'avance ; commencez par votre agence de voyages et voyez ce qu'on vous propose en termes d'information et d'assistance.

Location de matériel

Disability Cyprus (www.disability-cyprus.com)

Mobility Abroad (www.mobilityabroad.com)

Para-Quip (www.paraquip.com.cy)

Organisme à Chypre

Accessible Cyprus (www.accessible-cyprus.com). Supervisé par la CTO, ce site publie la liste des hôtels accessibles aux voyageurs handicapés.

Organismes en France

APF (Association des paralysés de France ; ☎01 40 78 69 00 ; www.apf.asso.fr ; 17 bd Auguste-Blanqui, 75013 Paris). Fournit des informations utiles sur les voyages accessibles.

Deux sites Internet dédiés aux personnes handicapées comportent une rubrique consacrée au voyage et constituent une bonne source d'information. Il s'agit de :

Yanous (www.yanous.com/pratique/tourisme/tourisme030613.html)

handicap.fr (www.handicap.fr)

Il existe également des agences de voyages spécialisées, parmi lesquelles **Access Tourisme Service** (☎02 38 74 28 40 ; www.access-tourisme.com ; 8 rue Saint-Loup, 45130 Charsonville).

Heures d'ouverture

Dans ce guide, les heures d'ouverture ne sont indiquées que si elles diffèrent des horaires standards mentionnés ci-après. Ces horaires valent pour la haute saison et sont souvent réduits en saison basse. Ils s'appliquent au Nord comme au Sud, sauf mention contraire.

Banques République de Chypre 8h30-12h30 lun-ven ; pour certaines, également 15h15-16h45 lun

Chypre- Nord 8h-12h et 14h-17h lun-ven, 8h-12h sam-dim

Clubs 21h-3h jeu-sam

Magasins 9h-19h en sem, 9h-14h mer et sam

Offices du tourisme 8h30-14h30 sam-dim, 8h30-14h30 et 15h-18h30 lun-ven

Restaurants 11h-14h et 19h30-23h tlj

Heure locale

Fuseau horaire Chypre avance de deux heures sur l'heure GMT. Le décalage horaire est de + 1 heure par rapport à la France et de + 7 heures sur l'heure EST (pour le Canada).

Heure d'été L'heure d'été (on avance sa montre d'une heure) prend effet le dernier dimanche de mars et s'achève le dernier dimanche d'octobre.

Horloge parlante Au ☎193 en République de Chypre ou sur le Web www.horlogeparlante.com

Homosexualité

L'homosexualité est légale en République de Chypre ; pour plus de renseignements, contactez le **Mouvement de libération gay** (Gay Liberation Movement ; ☎2244 3346 ; PO Box 1947, Lefkosia). Vous trouverez des discussions intéressantes, des conseils et des contacts concernant la communauté homosexuelle à Chypre sur le site www.cyprusgayforum.com.

Au Nord, l'homosexualité, longtemps interdite, a été dépénalisée en 2010. Toutefois, les comportements restent conservateurs dans l'ensemble et des démonstrations d'affection en public seront sans doute regardées d'un mauvais œil. À ce jour, il n'existe pas d'association de soutien à Chypre-Nord.

Internet (accès)

Les connexions Wi-Fi sont de plus en plus souvent disponibles dans les hôtels et certains cafés, restaurants et aéroports ; elles sont souvent gratuites. Dans les hôtels, le débit varie d'une chambre à l'autre, Renseignez-vous à votre arrivée ou au moment de la réservation.

Dans ce guide, les hôtels offrant un accès Wi-Fi à leurs clients sont identifiés par le symbole 🛜. Ceux qui mettent des postes Internet à disposition de leurs clients sont identifiés par le symbole @.

Les cybercafés sont assez courants, surtout dans le Nord, mais ils changent souvent : renseignez-vous à l'office du tourisme. Les tarifs vont de 1,50 à 3 €/heure.

Jours fériés

République de Chypre

Les jours fériés en République de Chypre sont les mêmes qu'en Grèce, avec en plus la journée des Chypriotes grecs (1er avril) et la Fête nationale de Chypre (anniversaire de l'Indépendance, le 1er octobre). Les enfants sont en vacances en août et autour du Jour de l'an. Les jours fériés grecs sont les suivants :

Nouvel An 1er janvier

Épiphanie 6 janvier

Premier dimanche du carême Février

Fête nationale de la Grèce 25 mars

Vendredi saint (orthodoxe) Mars/avril

Dimanche de Pâques (orthodoxe) Mars/avril

Festival de printemps/ Fête du Travail 1er mai

Kataklysmos (célébration du Déluge biblique) Juin

Ascension 15 août

Journée du Ochi (seconde fête nationale grecque) 28 octobre

Noël 25 décembre

Saint-Stéphane 26 décembre

Chypre-Nord

Chypre-Nord respecte les fêtes religieuses musulmanes. Les dates changent chaque année car elles sont calculées en fonction du calendrier lunaire. Les deux principaux jours fériés sont Kurban Bayramı et Şeker Bayramı, qui tombent tous deux à la fin du mois que dure le ramadan (*Ramazan* en turc). Le jeûne n'est pas strictement respecté dans le Nord, et les restaurants et cafés restent ouverts aux horaires habituels. Comme dans le Sud, les enfants sont en vacances en août et autour du Jour de l'an. Autres jours fériés :

Nouvel An 1er janvier

Journée de la paix et de la liberté 20 juillet

Journée de la victoire 30 août

Journée de la République turque 29 octobre

Journée de la République turque de Chypre-Nord 15 novembre

Offices du tourisme

Offices du tourisme à Chypre

RÉPUBLIQUE DE CHYPRE

L'office du tourisme principal du Sud est la **Cyprus Tourism Organisation** (CTO ; ☎2233 7715 ; www.visitcyprus.org.cy ; Leoforos Lemesou 19, Nicosie), appelée Kypriakos Organismos Tourismou (KOT) en grec. Ses brochures et cartes gratuites sont très pratiques. Le siège de la CTO se trouve dans la ville moderne de Nicosie, sur la route de Larnaka et Limassol. Cependant, ce bureau n'est pas vraiment prévu pour répondre aux questions des visiteurs.

La CTO a des bureaux dans les principales villes de Chypre (Agia Napa, Nicosie, Limassol, Larnaka,

Paphos, Polis et Platres), et on y obtient facilement des brochures et de l'aide. Les coordonnées des agences de la CTO sont indiquées dans les chapitres régionaux.

CHYPRE-NORD
L'office du tourisme principal de Chypre-Nord est la **North Cyprus Tourism Organisation** (NCTO ; ☎228 1057 ; www.tourism.trnc.net ; Bedrettin Demirel Caddesi), à Nicosie-Nord. Des antennes sont également installées à la porte de Kyrenia (Girne) et au checkpoint du Ledra Palace Hotel. En outre, la NCTO gère des offices du tourisme à Famagouste, Kyrenia et Yenierenköy (Yiallousa). Vous y trouverez des cartes gratuites des villes et du pays, et un nombre croissant de brochures.

Offices du tourisme à l'étranger

La CTO possède des agences dans la plupart des pays européens.

France (☎01 42 61 42 49 ; www.visitcyprus.com ; 15 rue de la Paix, 75002 Paris)

Belgique (☎00 32 2 735 06 21 ; cyprus@skynet.be ; avenue de Cortenbergh 61, 1000 Bruxelles)

Suisse (☎044 262 33 03 ; ctozurich@bluewin.ch ; Gottfried Keller-Strasse 7, CH8001 Zürich)

Grèce (☎30 210 3610178 ; 38, Voukourestiou St., 106 73 Athènes)

Il n'existe pas d'agence CTO au Canada, mais une aux **États-Unis** (☎00 121 268 352 80 ; gocyprus@aol.com ; 13 East, 40th Street, New York, NY 10016).

La NCTO (Chypre-Nord) est représentée au Royaume-Uni, en Belgique, aux États-Unis, au Pakistan et en Turquie. Dans les autres pays, il faut s'adresser aux offices du tourisme turcs.

Photo et vidéo

Différentes cartes mémoires sont vendues dans les magasins d'appareils photos. On trouve encore des pellicules, mais elles sont souvent chères. Vous pourrez acheter tout le matériel dont vous aurez besoin dans les boutiques spécialisées de Nicosie/Nicosie-Nord et dans les grandes villes.

L'ouvrage *La Photo de voyage*, de Richard l'Anson (Lonely Planet, 2011) est une mine de conseils pour réussir de superbes photos de voyage.

Photographier les gens

Bien souvent, les Chypriotes aiment se faire prendre en photo. Toutefois, il n'est pas poli de pointer son objectif sur quelqu'un sans au moins le saluer. Un simple "*kalimera*" (dans le Sud) ou "*merhaba*" (dans le Nord), ou un sourire, peuvent permettre de briser la glace et de réaliser un superbe portrait.

Il n'est pas correct de prendre des photos dans les mosquées lorsque les fidèles sont en train de prier ou que se déroule un service religieux. En dehors de ces restrictions, vous pourrez habituellement sortir votre appareil photo. Évitez le flash, vous serez plus discret.

Restrictions

En général, il est possible de prendre des photos partout à Chypre, avec quelques exceptions évidentes. Les photos sont interdites à proximité de la Ligne verte. Dans la pratique, cette règle est rarement contrôlée, sauf des deux côtés de la Ligne verte à Nicosie/Nicosie-Nord, où la situation reste sensible. Des panneaux représentant un appareil photo barré d'un trait sont installés bien en vue : respectez-les.

Il est également interdit de prendre des photos dans les zones militarisées. Il en existe dans les deux parties de Chypre, mais vous les remarquerez davantage au Nord. Si vous voyez un panneau d'interdiction, rangez vite votre appareil.

En outre, il est conseillé de ne pas sortir son appareil à proximité des aéroports, ports et autres infrastructures gouvernementales.

En général, les musées n'autorisent pas les photos, sauf si vous présentez une autorisation écrite.

Dans les églises qui conservent des icônes, le flash est à proscrire, et en fonction de la valeur commerciale des photos que vous prenez, toute prise de vue peut être interdite.

Poste

Les services postaux sont habituellement très efficaces des deux côtés de l'île. Des bureaux de poste sont installés dans chaque ville et village. Leur rôle se limite souvent à vendre des timbres et diverses enveloppes. Les timbres sont aussi vendus par les marchands de journaux et les kiosques. On trouve des boîtes aux lettres partout (elles sont jaunes dans le Sud et rouges dans le Nord).

Problèmes juridiques

Conduite en état d'ivresse

L'alcoolémie au volant est surveillée de près et une conduite en état d'ivresse peut entraîner une lourde amende et une nuit derrière les barreaux.

Drogues

En matière de possession et de consommation de drogues, les autorités de la République de Chypre et de Chypre-Nord appliquent une tolérance zéro. Respectez-la strictement.

Santé

Disponibilité et coût des soins

» Si vous avez besoin d'une ambulance, appelez le ☎119 en République de Chypre ou le ☎112 à Chypre-Nord.

» Les pharmacies peuvent vendre des médicaments délivrés sur ordonnance dans la plupart des pays européens. Vous pourrez vous adresser à un pharmacien pour les petits soucis de santé.

» Les soins et traitements d'urgence sont dispensés gratuitement dans les hôpitaux et institutions médicales du secteur public. Toutefois, il faut payer les médicaments, que le patient soit hospitalisé ou non.

Eau potable

L'eau du robinet est potable dans le Sud, mais mieux vaut boire de l'eau en bouteille dans le Nord.

Assurance santé

» Les ressortissants de l'UE peuvent avoir accès aux soins médicaux gratuits ou à moindres frais en République de Chypre, mais pas à Chypre-Nord.

» Les ressortissants de l'UE doivent présenter leur carte européenne d'assurance maladie (voir p. 252). Les citoyens des autres pays doivent se renseigner auprès de leur service de sécurité sociale pour connaître les accords entre leur pays et Chypre en matière de gratuité des soins.

Vaccinations recommandées

» Aucune vaccination particulière n'est nécessaire pour se rendre à Chypre, mais l'Organisation mondiale de la santé (OMS) recommande aux voyageurs de se prémunir contre la diphtérie, la rougeole, les oreillons, la rubéole et la poliomyélite.

Téléphone

Appels nationaux et internationaux

Pour appeler la République de Chypre depuis un autre pays, composez le code d'accès international de votre pays (00 pour la France, la Belgique et la Suisse, 011 pour le Canada), suivi de l'**indicatif de Chypre** ☎357, et du numéro de votre correspondant. Il n'existe pas d'indicatif régional à Chypre, il est intégré au numéro de téléphone.

Depuis Chypre, pour appeler l'étranger, composez le ☎00, suivi de l'indicatif du pays (33 pour la France, 32 pour la Belgique, 41 pour la Suisse et 1 pour le Canada) et le numéro de votre correspondant (sans le "0" initial).

Pour des renseignements concernant les appels du Nord au Sud, ou vice versa, lire l'encadré ci-dessous.

Téléphones portables

Les portables sont très répandus, au Nord comme au Sud. Si vous possédez un téléphone portable avec un forfait international, demandez à votre opérateur si le mode itinérance est disponible.

RÉPUBLIQUE DE CHYPRE

Les numéros de téléphones portables commencent par ☎99. Si vous prévoyez de passer du temps dans le Sud, vous souhaiterez peut-être acheter une carte SIM pour votre téléphone, s'il est débloqué (voir l'encadré ci-dessous). La carte rechargeable SoEasy de CYTA est une possibilité. Pour environ 27 €, vous obtiendrez un kit de démarrage comportant une carte SIM avec un nouveau numéro, des instructions complètes en anglais et en grec pour la connexion et une carte de 5 € de communications. Pour plus de détails, consultez www.cytamobile-vodafone.com. Sachez que vous pourrez acheter du crédit en ligne

TÉLÉPHONER ENTRE CHYPRE-NORD ET LA RÉPUBLIQUE DE CHYPRE

Malgré l'assouplissement des règles de passage entre le Nord et le Sud, dans les deux sens, il faut toujours passer par l'Europe ou l'Asie pour téléphoner d'un côté à l'autre de l'île.

» Les appels pour Chypre-Nord passent généralement par la Turquie. Composez le code international de la Turquie (☎90), puis le code régional pour Chypre-Nord (☎392) et enfin le numéro de téléphone.

» Sachez que ces appels sont facturés au tarif des communications internationales.

» Si vous avez un téléphone portable provenant d'un pays autre que Chypre, avec le mode itinérance activé, il est possible de se connecter au réseau GSM de chaque opérateur des deux côtés de la frontière.

» Si vous avez acheté une carte rechargeable au Nord ou au Sud, sachez qu'elle ne pourra détecter que son propre réseau. Si vous vous éloignez de la Ligne verte, vous devrez utiliser votre carte internationale, car le mode itinérance n'existe pas entre les deux opérateurs locaux.

» Sachez aussi qu'il n'est pas possible d'envoyer des SMS entre le Nord et le Sud.

et que ce crédit est valable un an, si jamais vous prévoyez un autre séjour sur l'île dans ce délai. MTN propose des offres similaires (www.mtn.com.cy).

CHYPRE-NORD

Les numéros de téléphones portables commencent par ☎0542 (Telsim) ou ☎0533 (Turkcell). Pour appeler un numéro local, il faut composer l'ensemble des 11 chiffres, dont le code de Chypre-Nord ☎0392.

La compagnie Telsim offre un bon réseau mais les tarifs sont élevés car ils ne sont pas soumis aux contrôles de l'UE.

Téléphones publics

Vous pourrez appeler l'étranger depuis n'importe quel téléphone public. Toutefois, les appels via Internet, avec des logiciels de type Skype, sont généralement la solution la plus économique.

RÉPUBLIQUE DE CHYPRE

Il y a deux sortes de téléphones publics : ceux qui acceptent les cartes prépayées et ceux qui fonctionnent avec des pièces. Les téléphones à carte comportent des explications en anglais et en grec. Les cartes, d'une valeur de 5, 10 et 15 €, sont vendues dans les banques, postes, boutiques de souvenirs, kiosques et dans les bureaux de la Cyprus Telecommunications Authority (CYTA) dans toutes les villes.

CHYPRE-NORD

Les téléphones publics fonctionnent avec des cartes (5 YTL pour 100 unités) vendues dans les agences de Turkish Telecom ou dans les bureaux de poste.

Toilettes

Dans la plupart des toilettes, une pancarte recommande de ne pas jeter le papier hygiénique dans la cuvette, car cela peut boucher les canalisations en raison de la mauvaise qualité de la plomberie sur l'île. Des corbeilles sont prévues pour le papier. Par ailleurs, il est judicieux d'avoir toujours des mouchoirs en papier sur soi.

La majorité des toilettes publiques sont gratuites, mais une petite participation est parfois exigée. Vous pourrez utiliser les toilettes des bars et des cafés, mais en contrepartie, il est de bon ton de proposer une pièce de monnaie ou d'acheter une boisson.

Travailler à Chypre

Les citoyens de l'UE, de Suisse, de Norvège et d'Islande peuvent travailler librement en République de Chypre. Si on vous propose un contrat, votre employeur se chargera des démarches administratives.

En théorie, toute personne d'une autre nationalité doit obtenir un permis de travail et, pour un séjour de plus de 90 jours, un permis de résidence. Ces procédures sont cauchemardesques à moins d'avoir un contrat de travail signé avant de les entamer.

Complexes touristiques

Un travail pour l'été dans les principales stations balnéaires de la côte est envisageable, surtout si vous arrivez tôt dans la saison et que vous prévoyez de rester assez longtemps. Consultez la presse locale en langues étrangères : on y trouve généralement des offres d'emplois pour des serveurs, cuisiniers, baby-sitters, agents de service et autres.

Équipage de bateau

Il est possible d'embarquer à bord d'un yacht ou d'un voilier de croisière, mais ce travail n'est généralement pas rémunéré. Renseignez-vous dans les différents ports.

Vous pouvez également consulter la rubrique *Emploi* du site Internet de la **Maison des Français de l'étranger** (www.mfe.org), le site institutionnel de l'expatriation, pour vous renseigner sur tous les thèmes ayant trait à la mobilité internationale et connaître les organismes susceptibles de vous aider dans votre démarche.

Voyager en solo

Femme seules

Les femmes voyageant seules courent peu de risques d'agression, mais peuvent subir de fréquentes "approches verbales" de la part de la gent masculine. Les femmes chypriotes en font aussi les frais, mais les étrangères sont les cibles privilégiées des Don Juan chypriotes. Même si cela devient lassant, le mieux est d'ignorer ces avances.

Les femmes seules doivent faire preuve de prudence dans les discothèques animées des complexes touristiques, notamment à Agia Napa, où les hommes soûls peuvent se montrer insistants.

Transports

DEPUIS/VERS CHYPRE

Entrer à Chypre

Les Français et les autres ressortissants de pays membres de l'UE, ainsi que les citoyens de Suisse, d'Islande, de Norvège et du Liechtenstein, peuvent se rendre en République de Chypre munis uniquement de leur carte d'identité nationale en cours de validité, à condition que celle-ci comporte une photo. Pour toutes les autres nationalités, dont les Canadiens, il faut un passeport en cours de validité. Pour plus de détails concernant les visas, voir p. 254.

Passer la frontière

Depuis l'assouplissement des restrictions à la frontière en 2003, il est possible de passer de la République de Chypre à Chypre-Nord, et vice versa. Cependant, on ne peut le faire qu'à des points de passage précis ; voir l'encadré p. 263 pour plus de renseignements.

Passeport

Un passeport en cours de validité est requis pour passer la frontière séparant le sud et le nord (voir l'encadré p. 263). De même, un passeport ou une pièce d'identité sera demandé à chaque enregistrement dans un hôtel chypriote ou lors de transactions bancaires.

> **AVERTISSEMENT**
>
> Les informations contenues dans ce chapitre sont particulièrement susceptibles de changements. Vérifiez directement auprès de la compagnie aérienne ou de l'agence de voyages les modalités d'utilisation de votre billet d'avion. N'hésitez pas à comparer les prestations. Les détails fournis ici doivent être considérés à titre indicatif et ne remplacent en rien une recherche personnelle attentive.

Voie aérienne

La quasi-totalité des visiteurs arrivent à Chypre en avion et pour beaucoup par des vols charters ou des compagnies aériennes low cost au départ de la majorité des villes européennes et du Proche-Orient.

Aéroports

RÉPUBLIQUE DE CHYPRE

Les aéroports accueillant les vols internationaux se trouvent en République de Chypre, à Larnaka et à Paphos.

Aéroport de Larnaka (LCA/LCLK ; ☎2481 6400 ; www.cyprusairports.com.cy)

Aéroport de Paphos (PFO/LCPH ; ☎2600 7002 ; www.cyprusairports.com.cy)

CHYPRE-NORD

Il n'y a pas de vol direct pour l'**aéroport d'Ercan** (ECN ; www.ercanairportnorthcyprus.com ; ☎600 5000), à 14 km au nord de Nicosie-Nord (Lefkoşa), non reconnu par l'organisation de l'Aviation civile internationale (OACI). Les avions doivent d'abord se poser en Turquie avant de continuer sur Chypre-Nord. L'aéroport est néanmoins desservi par des compagnies turques ou chypriotes turques et utilisé pour des vols charters, notamment en provenance ou à destination du Royaume-Uni, d'Allemagne et de Turquie.

Le ministère des Affaires étrangères français avertit les voyageurs qui utiliseraient cet aéroport qu'en cas d'accident, de litige ou de contentieux, ils ne bénéficient pas des conventions internationales protectrices des droits du passager.

Ercan est plus petit que l'aéroport de Paphos et assez mal équipé aux terminaux d'arrivée (chariots insuffisants, manque d'infrastructures, etc.). On ne peut aller ou venir de l'aéroport qu'en taxi. Il est par ailleurs recommandé de réserver pour la location d'une voiture.

VOYAGES ET CHANGEMENTS CLIMATIQUES

Tous les moyens de transport fonctionnant à l'énergie fossile génèrent du CO_2 – la principale cause du changement climatique induit par l'homme. L'industrie du voyage est aujourd'hui dépendante des avions. Si ceux-ci ne consomment pas nécessairement plus de carburant par kilomètre et par personne que la plupart des voitures, ils parcourent en revanche des distances bien plus grandes et relâchent quantité de particules et de gaz à effet de serre dans les couches supérieures de l'atmosphère. De nombreux sites Internet utilisent des "compteurs de carbone" permettant aux voyageurs de compenser le niveau des gaz à effet de serre dont ils sont responsables par une contribution financière à des projets respectueux de l'environnement. Lonely Planet "compense" les émissions de tout son personnel et de ses auteurs.

Compagnies aériennes

Cyprus Airways (www.cyprusairways.com) est la compagnie nationale de la République de Chypre.

Chypre-Nord est principalement desservie par **Turkish Airlines** (Türk Hava Yolları ; www.thy.com).

Parmi les autres compagnies aériennes internationales desservant Chypre, citons :

Aegean Airlines (www.aegeanair.com ; correspondances à l'aéroport international d'Athènes)

Air Malta (www.airmalta.com ; correspondances à l'aéroport de Malte, La Valette)

Alitalia (www.alitalia.com ; correspondances à l'aéroport de Rome-Fiumicino)

Austrian Airlines (www.aua.com ; correspondances à l'aéroport international de Vienne)

British Airways (www.britishairways.com ; correspondances à l'aéroport d'Heathrow, Londres)

EasyJet (www.easyjet.com ; correspondances aux aéroports de Stansted et Gatwick, Londres)

Helios Airways (www.flyhelios.com ; correspondances à l'aéroport de Larnaka)

Jet2 (www.jet2.com ; correspondances à l'aéroport de Leeds Bradford, Angleterre)

Lufthansa (www.lufthansa.com ; correspondances à l'aéroport de Francfort)

Malev (www.malev.hu ; correspondances à l'aéroport de Budapest Ferihegy)

Monarch (www.monarch.co.uk ; correspondances aux aéroports de Luton et Gatwick, Londres)

Olympic Air (www.olympicair.com ; correspondances à l'aéroport international d'Athènes)

Ryanair (www.ryanair.com ; correspondances à l'aéroport de Bruxelles-Charleroi)

Depuis la France

Au départ de Paris-CDG, la compagnie nationale chypriote Cyprus Airways assure des vols directs quotidiens à destination de Larnaka, d'une durée de 4 heures 15 environ.

Depuis Paris et la province, il existe des vols réguliers avec escales. Lufthansa propose ainsi des vols pour Larnaka au départ de Paris-CDG, Lyon, Marseille, Nice, Strasbourg et Toulouse, via Munich ou Francfort. Austrian Airlines assure des liaisons via Vienne au départ de Paris-CDG et Nice. Aegean Airlines propose une liaison pour Larnaka avec une escale à Athènes. Air France ne possède pas de liaison directe pour Chypre mais propose des vols opérés par Tarom (via Bucarest) ou Olympic Air (via Athènes). Enfin, Turkish Airlines relie quotidiennement Paris et l'aéroport d'Ercan à Chypre-Nord via İstanbul.

Les tarifs varient en fonction des saisons, et dans une moindre mesure du jour de la semaine ou de l'horaire du vol. Pour les vols réguliers, il faut compter environ entre 250 et 500 € l'aller-retour, avec des tarifs préférentiels en basse saison.

À l'heure où nous écrivons ces lignes, la compagnie low cost Transavia devait ouvrir en avril 2012 une nouvelle ligne à destination de Larnaka, et proposer, du mois d'avril au mois de septembre, un vol par semaine, le mercredi, au départ de Nantes (escale à Paris-Orly) ou de Paris-Orly. Durant les mois de juillet et août, ce vol devrait être proposé uniquement au départ de Paris-Orly, pour un tarif à partir de 170 € environ.

Voici quelques adresses d'agences et de transporteurs (pour une liste de tour-opérateurs proposant des circuites et des séjours, voir *Voyages organisés* p. 261) :

Aegean Airlines (www.aegeanair.com)

Air France (www.airfrance.fr)

Alitalia (www.alitalia.com)

Austrian Airlines (www.aua.com)

Cyprus Airways (www.cyprusairways.com)

Havas Voyages (www.havas-voyages.fr)

KLM (www.klm.fr)

Les Connaisseurs du Voyage (www.connaisseursvoyage.fr)

Lufthansa (www.lufthansa.fr)

Nouvelles Frontières (www.nouvelles-frontieres.fr)

Thomas Cook (www.thomascook.fr)

Turkish Airlines (www.thy.com)

Voyageurs du Monde (www.vdm.com)

AGENCES EN LIGNE ET COMPARATEURS DE VOLS

- www.anyway.com
- www.bourse-des-vols.com
- www.ebookers.fr
- www.expedia.fr
- www.govoyages.com
- www.illicotravel.com
- www.fr.lastminute.com
- www.liligo.fr
- www.opodo.fr
- www.sprice.fr
- www.voyages-sncf.com
- http://voyages.kelkoo.fr

Depuis la Belgique

Au départ de Bruxelles et à destination de Larnaka, SN Brussels Airlines propose des vols réguliers opérés par Cyprus Airways via Athènes et par Austrian Airways via Vienne. Lufthansa propose des vols pour Larnaka au départ de Bruxelles via Francfort. Comptez environ 300 € en haute saison pour un billet aller-retour. La compagnie low cost Ryanair a récemment ouvert une ligne vers Larnaka au départ de Bruxelles-Charleroi et assure deux vols par semaine, les mercredis et samedis.

Compagnies aériennes et agences recommandées :

Airstop (www.airstop.be)
Austrian Airlines (www.aua.com)
Cyprus Airways (www.cyprusairways.com)
Connections (www.connections.be).
Lufthansa (www.lufthansa.fr)
Ryanair (www.ryanair.com)
SN Brussels Airlines (www.brusselsairlines.com)

Depuis la Suisse

Swiss International Airlines n'assure pas de liaison directe pour Chypre mais propose des vols pour Larnaka opérés par Austrian Airlines au départ de Genève et Zurich via Vienne. Lufthansa propose des vols pour Larnaka au départ de Genève et Zurich via Francfort. La durée des vols avec escale est de 6 heures 30 en moyenne. Il faut compter au minimum 450 € pour un billet aller-retour en haute saison.

Compagnies aériennes et agences recommandées :

Austrian Airlines (www.aua.com)
Cyprus Airways (www.cyprusairways.com)
Swiss International Air Lines (www.swiss.com)
Lufthansa (www.lufthansa.fr)
STA Travel (www.statravel.ch)

Depuis le Canada

Lufthansa et Air Canada assurent des liaisons quotidiennes vers Larnaka au départ de Montréal, Toronto ou Vancouver avec une escale à Athènes, Francfort, Londres ou Vienne, notamment. Comptez environ 2 300 $C pour 14 à 19 heures de vol.

Compagnies aériennes et agences recommandées :

Air Canada (www.aircanada.com)
Airlineticketsdirect.com (www.airlineticketsdirect.com)
Expedia (www.expedia.ca)
Lufthansa (www.lufthansa.fr)
Travelocity (www.travelocity.ca)
Voyages Campus (www.travelcuts.com).

Depuis la Grèce

Depuis la Grèce, on trouve normalement des allers simples ou allers-retours pour la République de Chypre à prix raisonnables dans les agences de voyages à Athènes, Thessalonique ou Héraklion. Assez logiquement, la Grèce bénéficie de liasions régulières avec Larnaka et Paphos en République de Chypre.

Consultez les sites Internet des compagnies suivantes pour plus d'informations sur un trajet particulier :

Aegean Airlines (www.aegeanair.com)
Cyprus Airways (www.cyprusair.com)
Lufthansa (www.lufthansa.com)
Olympic Air (www.olympicair.com)

Pour se rendre à Chypre-Nord depuis la Grèce, il existe des vols quotidiens avec **Turkish Airlines** (www.thy.com) entre Athènes et İstanbul avec correspondances quotidiennes le soir pour l'aéroport d'Ercan.

Agences à partir de la Grèce :

Aktina Travel Services (☎21-0324 9925 ; www.aktinatravel.gr ; Nikodimou 3, Athènes)
STA Travel Athènes (☎21-0321 1188 ; www.statravelgroup.com; Voulis 31, Athènes) ; Thessalonique (☎231-022 1391 ; Tsimiski 130, Thessaloniki)

Depuis la Turquie

Turkish Airlines (www.thy.com) dessert quotidiennement Chypre-Nord.

Voie maritime

Aucune compagnie maritime ne dessert Chypre au départ de la Grèce. Les lignes de ferries pour passagers ont été suspendues et des cargos assurent désormais le transport des voitures. Des croisières organisées en Méditerranée orientale font cependant souvent escale à Limassol (Lemesos).

Les seules lignes de ferries transportant des passagers aujourd'hui relient la Turquie à Kyrenia (Girne) et Famagouste (Mağusa) en Chypre-Nord. Voir p. 169 et p. 189 pour plus d'informations.

VOYAGES ORGANISÉS

En France, plusieurs tour-opérateurs et voyagistes proposent des circuits et divers séjours à Chypre. L'offre la plus répandue est le séjour balnéaire, notamment à Limassol et Paphos. Certaines agences proposent également des circuits itinérants. Même s'il s'agit d'une destination où il est facile d'organiser soi-même son voyage, le recours à un voyagiste vous facilitera la vie, notamment si vous décidez d'axer vos vacances autour d'un thème particulier, comme la randonnée, la plongée ou encore le golf. Reportez-vous également à la rubrique *Circuits organisés locaux* (p. 266).

Agences généralistes

BDV (www.bourse-des-voyages.com)
Donatello (www.donatello.fr). Séjours et circuits.
Héliades (www.heliades.fr). Le spécialiste du voyage en Grèce propose des circuits et séjours variés à la découverte de Chypre.
Jet Tours (www.jettours.com). Propose des séjours à Agia Napa, Larnaka, Limassol et Pissouri.
STI-Voyages (www.stivoyages.fr). Séjours à Limassol, Paphos et Pissouri, et circuits découverte.
Thomas Cook (www.thomascook.fr)
Voyageurs du Monde (www.vdm.com). Propose des séjours soleil et thalasso.

Agences spécialistes activités sportives et culturelles

Allibert (www.allibert-trekking.com). Propose des circuits de randonnées dans le massif du Troodos et la péninsule d'Akamas.
AMV PLongée (www.amv-voyages.fr). Organise des séjours plongée à Latsi et Paphos.
Arts et vie (www.artsetvie.com). Séjours à la découverte du patrimoine culturel chypriote.
Clio (www.clio.fr). Séjour culturel "Toute l'île de Chypre" à la découverte de Paphos, du Troodos, de Nicosie et de Famagouste.
Esprit d'Aventure et Terres d'Aventure (www.terdav.com). Rando-liberté et circuits accompagnés au cœur du Troodos et dans la péninsule d'Akamas.
Greens du monde (www.greensdumonde.com). Séjours golf.

COMMENT CIRCULER

Chypre étant une île de dimension moyenne, il est aisé de se déplacer d'une région à une autre. L'état des routes est correct, la signalisation est bonne, la circulation fluide et on n'y trouve pas ce côté excessif et imprévisible rencontré dans d'autres pays de l'Europe méditerranéenne.

Si vous prévoyez de prendre le volant, soyez très vigilant, les véhicules roulent à gauche.

Les transports publics, sont réduits aux bus et taxis collectifs (voitures pouvant accueillir jusqu'à 8 passagers suivant des itinéraires prédéfinis). Il n'existe pas de réseau ferré ou aérien sur l'île, ni au Nord, ni au Sud. Une autoroute à quatre voies relie Nicosie à Limassol et Larnaka, puis va jusqu'à Paphos à l'ouest et Agia Napa à l'est. Chypre-Nord ne compte qu'une autoroute, qui s'étend de Nicosie-Nord à Famagouste (Mağusa).

Auto-stop

Quel que soit le pays, l'auto-stop présente toujours des dangers, et nous ne le recommandons jamais. Les voyageurs qui optent pour ce mode de déplacement doivent savoir qu'ils prennent des risques potentiellement sérieux. Mieux vaut toujours faire du stop à deux et informer une tierce personne de l'itinéraire prévu.

Faire du stop à Chypre est assez facile mais peu répandu. En zones rurales, mal desservies par les bus, beaucoup de d'habitants font du stop entre les villes et villages. Si vous choisissez cette option, placez-vous bien en évidence à proximité d'un endroit où une voiture pourra se garer, réduisez au maximum vos bagages, ayez l'air propre et net et, par-dessus tout, de bonne humeur. Un sourire vous emmènera loin.

Au Nord, l'auto-stop est souvent voué à l'échec car rares sont ceux qui parcourent de longues distances. Par ailleurs, les transports publics sont suffisamment bon marché pour ne pas avoir besoin de faire du stop.

Bateau

Le port de Limassol, situé à 3 km au sud-ouest du centre-ville, est le principal point de départ et d'arrivée des bateaux de croisère du Sud. Une magnifique marina ouvrira en 2013 (voir p. 56), qui devrait attirer touristes et hommes d'affaires.

Bus

Les bus circulent fréquemment du lundi au samedi dans le Sud, mais il n'y a pas de service le dimanche. En 2010, les compagnies de bus ont été décentralisées et les prix des billets réduits (grâce a des subventions du gouvernement). Chaque district gère sa propre compagnie, qui dispose d'un site Internet complet.

» **Emel** (www.limassolbuses.com). District de Limassol.
» **Osea Buses** (www.oseabuses.com). District de Larnaka.
» **Osel Buses** (www.osel.com.cy). District de Nicosie.
» **Pafos Buses** (www.pafosbuses.com). District de Paphos.
» **Zinonas Buses** (www.zinonasbuses.com). District de Famagouste.

FRANCHIR LA LIGNE VERTE

Traverser la frontière entre le Nord et le Sud est devenu assez simple depuis l'assouplissement des restrictions frontalières en 2003. Il y a maintenant sept points de passage sur l'île, et des discussions sont en cours entre les deux parties pour en ouvrir d'autres. Au moment de l'impression de ce guide, les checkpoints sont ceux du Ledra Palace Hotel et de Ledra Street (tous deux réservés aux piétons uniquement), et ceux d'Agios Dometios, Pergamos, Agios Nikolaos, Limnitis-Yeşilirmak et Zodhia (pour les véhicules). Si vous n'êtes pas motorisé, un taxi vous fera passer la frontière et vous emmènera où vous voulez.

Lors du passage de la frontière du Sud vers le Nord, il faut remplir un formulaire en indiquant vos nom, date de naissance et numéro de passeport. On vous remettra alors un "visa" (qui sera ensuite tamponné) vous permettant de rester jusqu'à trois mois à Chypre-Nord. Conservez bien ce papier puisqu'il vous faudra le présenter lorsque vous partirez. Il n'y a pas de restrictions sur le nombre de passages de frontière dans un sens ou dans l'autre. Ce visa n'est reconnu qu'au Nord.

On peut maintenant passer en République de Chypre si le point d'entrée dans le pays est situé au Nord. Toutes les frontières sont ouvertes 24h/24, et nombreux sont ceux qui traversent en pleine nuit, de retour des discothèques ou des casinos situés au Nord. Il n'y a pas d'exigence particulière pour passer du Nord au Sud, si ce n'est la possession d'un passeport valide (voir p. 254).

En outre, les bus interurbains sont gérés par la société **InterCity Bus Company** (www.intercity-buses.com), proposant des tarifs réduits sur les trajets multiples.

Au Nord, le réseau se compose de bus privés, anciens et plus récents, trop nombreux pour en dresser la liste. Voir les chapitres régionaux pour plus d'informations.

Réservations

Les réservations pour les bus ne sont généralement pas nécessaires, au Sud comme au Nord.

Tarifs

Depuis 2010, les prix des tickets en République de Chypre ont été fixés à 1 € par trajet, 2 € par jour, 10 € par semaine et 30 € par mois pour un nombre illimité de déplacements dans un même district, y compris dans les villages reculés. Les bus InterCity, étonnamment peu chers compte tenu des distances parcourues, sont également subventionnés par le gouvernement.

Les prix des tickets dans le Nord sont généralement de 2,50 TL, ou de 5 TL à 6 TL pour les trajets plus longs.

Pour la fréquence et les horaires des bus, reportez-vous aux chapitres régionaux.

Transports urbains

Bus

Bien qu'il y ait des lignes de bus à Nicosie, Limassol, Larnaka et Famagouste, elles ne sont réellement utiles qu'à Larnaka (pour aller et venir de l'aéroport) et Limassol, où les bus desservent le port (point de départ et d'arrivée des bateaux de croisière). Dans la plupart des villes, les sites toutistiques sont assez proches les uns des autres, rendant le bus facultatif. Les bus relient aussi Kourion et le château de Limassol, mais il s'agit de bus touristiques prévus pour amener les visiteurs de Limassol aux différents sites autour de Kourion et non pour transporter les habitants.

Taxi

Au sud, les taxis sont nombreux et disponibles 24h/24. On peut les appeler depuis la rue ou une borne de taxi ou alors les réserver par téléphone. Il s'agit généralement de Mercedes confortables, modernes, climatisées, et, hormis à l'extérieur des agglomérations, toutes sont équipées d'un compteur que le chauffeur est tenu d'utiliser.

Il existe deux types de tarifs. Le tarif 1, entre 6h et 20h30, avec une prise en charge de 2,40 € par course, puis 0,60 € par kilomètre ; le tarif 2, entre 20h30 et 6h, avec une prise en charge de 3 € par course, puis 0,65 € par kilomètre. Il y a une surcharge de 0,60 € par bagage de plus de 12 kg. Il faut compter un euro supplémentaire pendant la plupart des jours fériés.

Le partage de taxi, très répandu dans les villes grecques telles qu'Athènes, n'est pas autorisé à Chypre. Les chauffeurs de taxi sont généralement courtois et serviables.

Au Nord, les taxis n'ont pas de compteur, aussi faut-il convenir du prix avec le chauffeur à l'avance. À titre indicatif, une course dans n'importe quelle ville coûte généralement 2,50 TL, une course entre Nicosie-Nord et Kyrenia environ 30 TL, et 60 TL entre Nicosie-Nord et Famagouste.

TAXIS COLLECTIFS

Acceptant jusqu'à 8 personnes, ces taxis s'avèrent utiles dans le Sud. Ils sont gérés par le groupe de sociétés privées **Travel & Express** (numéro national unique ☎07 77 477 ; www.travelexpress.com.cy) ; numéro direct pour chaque agence :

» **Nicosie** (☎2273 0888)
» **Limassol** (☎2536 4114)
» **Larnaka** (☎2466 1010)
» **Paphos** (☎2693 3181)

Ils assurent des liaisons directes entre Nicosie, Limassol et Larnaka, mais il faut généralement faire un changement à Limassol pour se rendre à Paphos.

Les prix fixes sont très intéressants par rapport aux bus. Allez directement à l'agence des taxis collectifs ou téléphonez pour que l'on vienne vous chercher à votre hôtel. À prendre en compte en cas de planning serré : les ramassages peuvent avoir 30 minutes de retard sur l'horaire prévu. De la même manière, si vous partez d'un dépôt de taxis collectifs, attendez-vous à passer jusqu'à 30 minutes à récupérer les autres passagers avant d'entamer la course.

Au Nord, il y a des minibus (parfois appelés *dolmuş*) entre Kyrenia, Nicosie-Nord et Famagouste uniquement, pour environ 6 TL par personne.

TAXIS TOURISTIQUES

Les taxis touristiques à proximité du checkpoint du Ledra Palace Hotel, à Nicosie-Nord, vous conduiront où vous voulez à Chypre-Nord. Un circuit d'une journée à Kyrenia, Famagouste, Bellapaïs (Beylerbeyi) et aux châteaux de Buffavento et de Saint-Hilarion coûte entre 30 € et 50 €. Bien que l'euro ne soit pas très utilisé dans le Nord, la plupart des chauffeurs de taxi l'accepteront si vous n'avez pas d'autre devise. Les taxis turcs aux checkpoints afficheront toujours leurs prix en livres sterling.

Vélo

Bon marché, pratique, sain, écologique et surtout amusant, le vélo est cependant à réserver pour l'hiver, l'automne et le printemps car en été, sur de longues distances, les températures élevées rendent l'effort très difficile. En République de Chypre, l'office du tourisme de Chypre (ou CTO) propose une brochure très utile, *Cyprus for Cycling* (Chypre à vélo), qui recense 19 parcours VTT dans le Sud. De 2,5 km à 19 km de long, ils s'étendent de la péninsule d'Akamas, à l'ouest, au cap Greco, à l'est.

Quelques conseils avant de monter en selle :

» Rester sur les routes secondaires, souvent parallèles aux autoroutes, où les vélos sont interdits. Prudence obligatoire, car bien que généralement en bon état, les routes ne possèdent pas de pistes cyclables.
» Prévoir un vélo avec de bonnes vitesses pour attaquer le relief du massif du Troodos et des montagnes de Kyrenia (Girne).
» Petites et grandes villes sont généralement plus adaptées au vélo que leurs homologues méditerranéennes. On trouve de véritables pistes cyclables dans certaines villes, notamment Protaras et Agia Napa.
» Aucun bus n'accepte de vélos à bord.

Location

On peut louer des vélos presque partout. Les prix commencent à environ 15 €/jour et les offices du tourisme locaux fournissent des listes de loueurs fiables. La location de vélo est très répandue vers Agia Napa et la région du Troodos.

Achat

Si vous comptez vous déplacer essentiellement à vélo, vous pouvez acheter un bon vélo en République de Chypre. Nicosie compte quelques magasins spécialisés, notamment **Zanetos Bicycles** (☎2259 0945 ; 34 Agiou Dometieu, Strovolos), mais vous trouverez moins facilement de vélo à acheter à Chypre-Nord.

Voiture et moto

Clubs automobiles

Au sud, il y a la **Cyprus Automobile Association** (☎2231 3233 ; www.caa.com.cy ; Hrysostomou Mylona 12, Nicosie). Le numéro d'assistance pour les urgences sur route, accessible 24h/24, est le ☎2231 3131. Il n'y a pas d'organisme équivalent à Chypre-Nord.

Partir avec sa voiture

À moins de vouloir s'installer à Chypre, il y a peu d'intérêt à venir avec son propre véhicule. Ce n'est que pour un séjour de plus de trois semaines, que le coût (élevé) du transport de votre véhicule sera plus intéressant qu'une location. Votre voiture devra venir en ferry et vous en avion, à moins de débarquer à Kyrenia

VOYAGER EN SAISON CREUSE

Tous les horaires de bus indiqués dans ce guide sont valables pour la haute saison (juin à octobre). La fréquence des transports publics baisse, tout comme la demande touristique, en saison creuse. Cela pose un problème pour les destinations en montagne, que les bus ne desservent parfois jamais. Ainsi, avant un départ pendant les mois les plus calmes, vérifiez bien tous les horaires des transports sur les sites Internet des compagnies de bus concernées.

UNE RELATIVE ASSURANCE

Depuis que les restrictions frontalières entre la République de Chypre et Chypre-Nord se sont assouplies, en 2003, il y a eu beaucoup de discussions à propos des assurances automobiles du Nord délivrées à l'entrée de Chypre-Nord en arrivant de République de Chypre, mais rien n'est encore très clair. Les informations sur les assurances sont assez confuses et contradictoires. Cela s'explique par le fait que la "loi" relative aux assurances de véhicule et de conducteur du Sud est lacunaire et laisse beaucoup d'espace à l'interprétation – surtout de la part des forces de police du Nord.

Lorsque vous entrez à Chypre-Nord en voiture (privée ou de location) par n'importe quel checkpoint, votre assurance automobile personnelle n'est plus valable et il vous faudra souscrire une assurance automobile turque. C'est une assurance au tiers qui couvre à hauteur de 3 000 € tout dégât occasionné par un tiers. En cas d'accident responsable, il vous faudra payer l'intégralité des dommages, sans quoi vous ne pourrez quitter Chypre-Nord.

Si vous conduisez une voiture de location, sachez que les agences de location de la République de Chypre ne font aucune objection à ce que vous vous rendiez dans le Nord, bien qu'elles ne l'approuvent pas. C'est à vous de voir si vous voulez courir ce risque. Par ailleurs, déterminer qui est responsable lors d'un accident peut parfois prendre beaucoup plus de temps qu'on ne le croit et réserver de nombreuses surprises.

Les véhicules appartenant à des Turcs qui passent au Sud doivent être couverts par une assurance standard, similaire à celle des autres pays de l'UE. Lors de nos recherches, les agences de location du Nord n'autorisaient pas leurs véhicules à passer en République de Chypre.

(p. 169) ou Famagouste (p. 189) depuis la Turquie. Si toutefois vous venez avec votre véhicule, il vous faudra votre carte grise ainsi qu'une carte internationale d'assurance (ou carte verte). Votre compagnie d'assurance vous la remettra.

Permis de conduire

Indispensable pour louer une voiture à Chypre :

» Permis de conduire

» Avoir plus de 21 ans (République de Chypre), plus de 18 ans (Chypre-Nord)

» Pour les principales agences de location au moins, détenir une carte de crédit

» Les plus petites sociétés s'accommoderont parfois d'une absence de carte de crédit, mais en République de Chypre, pour les détenteurs d'un permis de conduire obtenu hors Union européenne, il faudra également fournir un permis de conduire international. Les permis obtenus au Canada sont généralement acceptés.

» Un permis de conduire est demandé pour tout véhicule supérieur à 50 cm^3

Carburants et pièces détachées

Les Chypriotes, amateurs de mécanique, sont bien équipés en la matière. Ils seront toujours disposés à vous aider en cas de panne. Le pays compte de nombreuses stations-service et autres garages. Normalement, si vous avez loué une voiture, l'agence de location s'occupe des réparations.

Location

On peut très facilement louer des voitures et 4x4 à partir de 20 €/jour environ pour une location à la semaine.

Dans certaines villes, on peut aussi louer des motos (à partir de 10 €) ou des scooters (10 €).

Les voitures de location sont généralement en bon état, ce qui n'empêche pas une vérification avant de partir.

Les 4x4 ouverts sont très appréciés (et envahissent littéralement le massif du Troodos pendant les week-ends chauds). Ils sont parfaits pour la piste, "l'aventure" et la climatisation naturelle. Si vous êtes en deux-roues motrices, assurez-vous d'avoir la climatisation et assez de puissance pour monter les côtes.

Au Sud comme au Nord, les inscriptions des plaques d'immatriculation des voitures de location sont en noir sur fond rouge, et commencent par un "Z". Les Chypriotes au volant sont généralement un brin plus respectueux envers les voitures en "Z" et la police plus indulgente pour les infractions mineures. Ne poussez toutefois pas le bouchon trop loin.

Si vous louez une voiture avant votre départ pour Chypre, les agences de location ont souvent l'habitude de laisser les véhicules à l'aéroport, ouverts, avec les clés sous le tapis de sol. Ne soyez pas surpris car avec la plaque rouge et un taux de vols de voiture quasi nul, votre véhicule est ici en toute sécurité.

Assurance

La République de Chypre délivre des assurances tous risques lorsque vous louez une voiture. Chypre-Nord délivre aussi des assurances tous risques pour les voitures louées au Nord, mais propose des assurances au tiers spécifiques aux voitures en provenance du Sud. Pour plus d'informations, voir l'encadré p. 265.

Règles sur la route

Seuil d'alcoolémie. La limite autorisée est de 0,9 g d'alcool par litre de sang. Contrôles d'alcoolémie inopinés fréquents. Si vous êtes positif, vous risquez une amende et un retrait de permis.

Ceinture de sécurité obligatoire. Les enfants de moins de 5 ans n'ont pas le droit de s'asseoir à l'avant.

L'âge légal pour conduire une voiture est de 21 ans (République de Chypre), et de 18 ans (Chypre-Nord).

L'âge légal pour conduire un deux-roues est de 18 ans (80 cm^3 et plus) ou 17 ans (jusqu'à 80 cm^3). Permis obligatoire.

Motocyclistes. Utilisation des phares en permanence et port du casque obligatoire pour la conduite des véhicules de plus de 125 cm^3.

Les distances sont indiquées en kilomètres uniquement. Les panneaux de signalisation sont en alphabets grec et latin en République de Chypre, et en turc uniquement en Chypre-Nord.

Rond-points. Priorité aux véhicules engagés.

Côté de circulation. À gauche.

Limitation de vitesse. En zone urbanisée, 50 km/h. 80 km/h sur les routes principales et jusqu'à 100 km/h sur autoroute. Au Nord, la vitesse est limitée à 100 km/h en dehors des agglomérations et à 50 km/h en ville.

Circuits organisés locaux

Les agences de voyages à Chypre proposent un large éventail de voyages organisés.

Au Sud, les circuits dans les terres partent des principaux centres touristiques. Il existe des circuits d'une journée pour le massif du Troodos et le monastère de Kykkos au départ de Paphos (à partir de 30 €), des voyages d'une journée à Nicosie au départ d'Agia Napa ou de Larnaka (à partir de 30 €), des excursions en bateau à Protaras au départ d'Agia Napa (à partir de 25 €) et des circuits d'une demi-journée à Limassol, avec visite d'une exploitation vinicole et du site antique de Kourion (à partir de 25 €). Ce type de circuits n'est pas disponible au Nord.

Parmi les agences les plus prestigieuses au Sud, citons :

Amathus (☎2536 9122 ; www.amathus.com ; Plateia Syntagmatos, Limassol)

Salamis Tours Excursions (☎2535 5555 ; www.salamisinternational.com ; Salamis House, 28 Oktovriou, Limassol)

Langues

POUR ALLER PLUS LOIN

Indispensable pour mieux communiquer sur place : le *Guide de conversation Grec* et le *Guide de conversation Turc* de Lonely Planet. Pour réserver une chambre, lire un menu ou simplement faire connaissance, ces manuels permettent d'acquérir des rudiments de grec et de turc. Inclus : un minidictionnaire bilingue.

Avant de partir, révisez votre anglais, car la plupart des habitants, au Sud comme au Nord, parlent la langue de Shakespeare. Les Chypriotes grecs ou turcs ne s'attendent pas à ce que les visiteurs s'adressent à eux dans leurs langues respectives, et encore moins dans les dialectes chypriotes. Toutefois, prononcer quelques mots dans la langue locale aide toujours à briser la glace. Le grec et le turc parlés à Chypre sont un peu différents des versions parlées en Grèce et en Turquie. Pour autant, si vous utilisez les langues du continent – que nous avons choisies dans ce guide – vous serez très bien compris.

GREC

Le grec est la langue officielle de la Grèce et l'une des langues officielles de Chypre (avec le turc).

L'alphabet grec est présenté page suivante. La prononciation pose peu de problèmes aux francophones, et si vous suivez les indications de prononciation données en bleu dans ce chapitre, vous vous ferez comprendre. Les rares sons étrangers au français se retrouvent dans d'autres langues (anglais, allemand ou espagnol). La seule difficulté réside dans l'accentuation des mots, aléatoire et pourtant primordiale.

Sachez que le dh se prononce comme le "th" anglais de "then", le gh est une version plus douce et légèrement gutturale du son "g". Tous les mots grecs de deux syllabes ou plus portent un accent tonique (´). Dans le guide de prononciation, les syllabes accentuées sont en italique.

Les trois genres, masculin, féminin et neutre, sont indiqués dans ce guide par "m/f/n".

Formules courantes

Salut	Γειά σας	*ya*·sas (poli)
	Γειά σου	*ya*·sou (fam)
Bonjour	Καλή μέρα	ka·*li mè*·ra
Bonsoir	Καλή σπέρα	ka·*li spé*·ra
Au revoir	Αντίο	an·*di*·o
Oui/Non	Ναι/Οχι	nè/*o*·hi
S'il vous plaît	Παρακαλώ	pa·ra·ka·*lo*
Merci	Ευχαριστώ	ef·rha·ri·*sto*
Je vous en prie	Παρακαλώ	pa·ra·ka·*lo*
Désolé(e)	Συγγνώμη	si·*ghno*·mi

Comment t'appelles-tu ?
Πώς σας λένε; poss sè *lè*·nè

Je m'appelle...
Με λένε... mè *lè*·nè...

Parlez-vous/Parles-tu (anglais/français) ?
Μιλάτε/Μιλάς (αγγλικά/Γαλλικά); mi·*la*·tè/mi·*lass* (an·gli·*ka*/gha·li·*ka*)

Je (ne) comprends (pas).
(Δεν) καταλαβαίνω. (dhèn) ka·ta·la·*vè*·no

Hébergement

Où puis-je trouver... ?	Πού είναι...;	pou *i*·nè...
un terrain de camping	χώρος για κάμπινγκ	*rho*·ross yia *kam*·ping
un hôtel	ξενοδοχείο	ksè·no·dho·*chi*·o
une auberge de jeunesse	γιουθ χόστελ	yiouth *rho*·stèl

ALPHABET GREC

L'alphabet grec compte 24 lettres, présentées ci-dessous en minuscules et majuscules. Certaines lettres ressemblent à des lettres françaises mais se prononcent très différemment. Ainsi, le B se dit "v" et le P se prononce comme un "r". La prononciation des lettres dépend par ailleurs de leur combinaison : par exemple, le ου est équivalent au "ou" français et le οι se dit "i".

Grec		Prononciation	Exemple		
Α α	a	ouvert de "bar"	αγάπη	a·*gha*·pi	amour
Β β	v	de "vin"	βήμα	*vi*·ma	marche
Γ γ	gh	mélange de g dur et de h devant "a" et "o"	γάτα	*gha*·ta	chat
	y	de "yaourt"	για	ya	pour
Δ δ	dh	comme th du mot anglais "then"	δέμα	*dhè*·ma	colis
Ε ε	è	ouvert de "frère"	ένας	*è*·nas	un
Ζ ζ	z	de "zoo"	ζώο	*zo*·o	animal
Η η	i	de "lit"	ήταν	*i*·tan	était
Θ θ	th	anglais dur de "thunder"	θέμα	*thè*·ma	thème
Ι ι	i	de "lit"	ίδιος	*i*·dhyos	même
Κ κ	k	de "karaté"	καλά	ka·*la*	bien
Λ λ	l	de "la"	λάθος	*la*·thos	erreur
Μ μ	m	de "ma"	μαμά	ma·*ma*	mère
Ν ν	n	de "net"	νερό	nè·*ro*	eau
Ξ ξ	x	de "axe"	ξύδι	*ksi*·dhi	vinaigre
Ο ο	o	ouvert de "port"	όλα	*o*·la	tout
Π π	p	de "pierre"	πάω	*pa*·o	je vais
Ρ ρ	r	de "route"	ρέμα	*rè*·ma	courant
		r roulé	ρόδα	*ro*·dha	pneu
Σ σ, ς	s	dur de "assez"	σημάδι	si·*ma*·dhi	marque
Τ τ	t	de "tu"	τόπι	*to*·pi	balle
Υ υ	i	de "lit"	ύστερα	*is*·tèra	après
Φ φ	f	de "fil"	φύλλο	*fi*·lo	feuille
Χ χ	rh	allemand dur de "achtung" devant "a" et "o"	χάνω	*ha*·no	je perds
	h	ou h aspiré	χέρι	*hè*·ri	main
Ψ ψ	ps	de "psaume"	ψωμί	pso·*mi*	pain
Ω ω	o	ouvert de "port"	ώρα	*o*·ra	temps

GROUPES DE LETTRES

Les groupes de lettres ci-dessous se prononcent de la manière suivante :

Grec		Prononciation	Exemple		
ει	i	de "lit"	είδα	*i*·dha	j'ai vu
οι	i	de "lit"	οικόπεδο	i·*ko*·pè·dho	pays
αι	è	ouvert de "père"	αίμα	*è*·ma	sang
ου	ou	de "mou"	πού	pou	où
μπ	b	à l'initiale	μπάλα	*ba*·la	balle
	mb	à l'intérieur	κάμπος	*kam*·bos	forêt
ντ	d	à l'initiale	ντουλάπα	dou·*la*·pa	armoire
	nd	à l'intérieur	πέντε	*pè*·dè	cinq
γκ	g	de guide à l'initiale	γκάζι	*ga*·zi	gaz
γγ	ng	de "anglais"	αγγελία	an·gè·*lia*	annonce
γξ	x	de "axe"	σφιγξ	sfinks	sphinx
τζ	dz	de "dazibao"	τζάκι	*dza*·ki	cheminée

Les voyelles des groupes indiqués ci-dessus se prononcent séparément si la première voyelle est pourvue d'un accent aigu ou la deuxième d'un tréma, comme l'illustrent les exemples suivants :

γαϊδουράκι	ga·i·dhou·*ra*·ki	petit âne
Κάιρο	*ka*·i·ro	Le Caire

La lettre Σ a deux formes minuscules, σ et ς – ς ne s'utilise qu'en fin de mot. Le point d'interrogation grec est désigné par notre point-virgule ";".

Avez-vous une chambre... ?	Έχετε ένα ένα... δωμάτιο;	è chè·tè è·na... dho·ma·ti·o
simple	μονόκλινο	mo·no·kli·no
double	δίκλινο	dhi·kli·no

Quel est le prix pour/par... ?	Πόσο είναι για κάθε...;	po·sso i·nè yia ka·thè...
une nuit	νύχτα	nirh·ta
personne	άτομο	a·to·mo

climatisation	έρκοντίσιον	èr·ko·di·ssi·on
fenêtre	παράθυρο	pa·ra·thi·ro
sdb	μπάνιο	ba·nio
télévision	τηλεόραση	ti·lè·o·ra·ssi
ventilateur	ανεμιστήρας	a·nè·mi·sti·rass

Orientation

Où se trouve...?
Πού είναι...; — pu i·nè...

Quelle est l'adresse?
Ποια είναι η διεύθυνση; — pia i·nè i dhi·èf·thin·si

Pouvez-vous me montrer (sur la carte) ?
Μπορείς να μου δείξεις (στο χάρτη); — bo·riss na mou dhik·siss (sto rhar·ti)

Tournez à gauche
Στρίψτε αριστερά — strip·sè a·ris·tè·ra

Tournez à droite
Στρίψτε δεξιά — strip·sè dhèk·si·a

Au prochain carrefour
στην επόμενη γωνία — stin è·po·mè·ni gho·ni·a

Au feu
στα φώτα — sta fo·ta

à côté de	δίπλα	dhi·pla a·po
devant	μπροστά	bro·sta
derrière	πίσω	pi·sso
en face	απέναντι	a·pè·nan·di
loin	μακριά	ma·kri·a
près de	κοντά	kon·da
tout droit	ολο ευθεία	o·lo èf·thi·a

Au restaurant

Je voudrais réserver une table pour...	Θα ήθελα να ένα τραπέζι για...	tha i·thè·la na è·na tra·pè·zi yia
(2) personnes	(δύο) άτομα	(dhi·o) a·to·ma
(20)h	τις (οχτώ)	stis (orh·to)

Je ne mange pas de/d'...	Δεν τρώγω...	dhèn tro·o...
poisson	ψάρι	psa·ri
viande (rouge)	(κόκκινο) κρέας	(ko·ki·no) krè·ass
arachides	φυστίκια	fi·sti·kia
volaille	πουλερικά	pou·lè·ri·ka

PHRASES CLÉS

Utilisez et combinez ces phrases types avec les mots de votre choix :

Quand est (le prochain bus) ?
Πότε είναι (το επόμενο λεωφορείο); — po·tè i·nè (to è·po·mè·no lè·o·fo·ri·o)

Où est (la gare) ?
Πού είναι (ο σταθμός); — pou i·nè (o stath·mos)

Je cherche (...)
Ψάχνω για (...) — psakh·no yia (...)

Avez-vous (une carte) ?
Έχετε οδικό (τοπικό χάρτη); — è hè·tè o·dhi·ko (to·pi·ko khar·ti)

Y a-t-il (un ascenseur)?
Υπάρχει (ασανσέρ); — i·par·hi (a·san·ser)

Puis-je (l'essayer) ?
Μπορώ να (το προβάρω); — bo·ro na (to pro·va·ro)

J'ai (une réservation).
Έχω (κλείσει δωμάτιο). — è·kho (kli·si dho·ma·ti·o)

Je voudrais (louer une voiture).
Θα ήθελα (να ενοικιάσω ένα αυτοκίνητο). — tha i·thè·la (na è·ni·ki·a·so è·na af·to·ki·ni·to)

Que me recommandes-tu ?
Τι θα συνιστούσες; — ti tha si·ni·stou·sèss

Que contient ce plat ?
Τι περιέχει αυτό το φαγητό; — ti pè·ri·è·chi af·to to fa·yi·to

C'était délicieux !
Ήταν νοστιμότατο! — i·tann no·sti·mo·ta·to

Je suis végétarien.
Είμαι χορτοφάγος. — i·mè rhor·to·fa·ghoss

Santé !
Εις υγείαν! — is i·yi·an

L'addition, s'il vous plaît.
Το λογαριασμό, παρακαλώ. — to lo·gha·riaz·mo pa·ra·ka·lo

Que recommandez-vous ?
Τι θα συνιστούσες; — ti tha si·ni·stu·sèss

Qu'y a-t-il dans ce plat ?
Τι περιέχει αυτό το φαγητό; — ti pè·ri·è·hi af·to to fa·ghi·to

Vocabulaire de base

agneau	αρνί	ar·ni
amuse-gueule	ορεκτικά	o·rèk·ti·ka
assiette	πιάτο	pia·to
avec/sans	με/χωρίς	mè/rho·riss
bar	μπαρ	bar
bœuf	βοδινό	vo·dhi·no
bol	μπωλ	bol
bouteille	μπουκάλι	bou·ka·li
café	καφετέρια	ka·fè·tè·ri·a

chaise pour bébé	καρέκλα για μωρά	ka·rè·kla yia mo·ro
chaud	ζεστός	zè·stoss
couteau	μαχαίρι	ma·chè·ri
crème	κρέμα	krè·ma
cuillère	κουτάλι	kou·ta·li
déjeuner	μεσημεριανό φαγητό	mè·si·mè·ria·no fa·yi·to
desserts	επιδόρπια	è·pi·dhor·pi·a
dîner	δείπνο	dhip·no
épicerie	οπωροπωλείο	o·po·ro·po·li·o
fourchette	πιρούνι	pi·rou·ni
froid	κρυωμένος	kri·o·mè·nos
fromage	τυρί	ti·ri
fruit	φρούτα	frou·ta
herbe	βότανο	vo·ta·no
huile	λάδι	la·dhi
légumes	λαχανικά	la·rha·ni·ka
marché	αγορά	a·gho·ra
menu	μενού	mè·nou
noix	καρύδι	ka·ri·dhi
nourriture	φαγητό	fa·yi·to
œuf	αβγό	a·vgha
pain	ψωμί	pso·mi
petit-déjeuner	πρόγευμα	pro·yèv·ma
plat	φαγητό	fa·yi·to
plats cuisinés	ντελικατέσεν	dè·li·ka·tè·sèn
plats principaux	κύρια φαγητά	ki·ri·a fa·yi·ta
poisson	ψάρι	psa·ri
poivre	πιπέρι	pi·pè·ri
porc	χοιρινό	chi·ri·no
poulet	κοτόπουλο	ko·to·pou·lo
restaurant	εστιατόριο	è·sti·a·to·ri·o
sel	αλάτι	a·la·ti
souvlaki	σουβλάκι	souv·la·ki
sucre	ζάχαρη	za·rha·ri
traiteur	ντελικατέσεν	dè·li·ka·tè·sèn
végétarien	χορτοφάγος	rhor·to·fa·ghoss
verre	ποτήρι	po·ti·ri
vinaigre	ξύδι	ksi·dhi

Boissons

bière	μπύρα	bi·ra
café	καφές	ka·fèss
eau	νερό	nè·ro
jus	χυμός	chi·moss
lait	γάλα	gha·la
boisson sans alcool	αναψυκτικό	a·nap·sik·ti·ko
thé	τσάι	tsa·i
vin (blanc)	(άσπρο) κρασί	(a·spro) kra·ssi
vin (rouge)	(κόκκινο) κρασί	(ko·ki·no) kra·ssi

Mots interrogatifs

Comment ?	Πώς;	pos
Quoi ?	Τι;	ti
Quand ?	Πότε;	po·tè
Où ?	Πού;	pou
Qui ?	Ποιος;/Ποια;	pi·os/pi·a (m/f)
	Ποιο;	pi·o (n)
Pourquoi ?	Γιατί;	yi·a·ti

Urgences

À l'aide !	Βοήθεια!	vo·i·thi·a
Allez-vous-en !	Φύγε!	fi·yè
Je me suis perdu(e).	Έχω χαθεί.	è·rho rha·thi
Il y a eu un accident.	Εγινε ατύχημα.	è·yi·nè a·ti·chi·ma

Appellez un médecin !
Κάλεσε ένα γιατρό. ka·lè·ssè è·na yia·tro

Appellez la police !
Κάλεσε την αστυνομία. ka·lè·ssè tin a·sti·no·mi·a

Nombres

1	ένας/μία	è·nass/ mi·a (m/f)
	ένα	è·na (n)
2	δύο	dhi·o
3	τρεις	triss (m et f)
	τρία	tri·a (n)
4	τέσσερεις	tè·ssè·riss (m et f)
	τέσσερα	tè·ssè·ra (n)
5	πέντε	pè·dè
6	έξη	èk·ssi
7	επτά	èf·ta
8	οχτώ	orh·to
9	εννέα	è·nè·a
10	δέκα	dhè·ka
20	είκοσι	ik·o·ssi
30	τριάντα	tri·a·da
40	σαράντα	sa·ra·da
50	πενήντα	pè·ni·da
60	εξήντα	èk·si·da
70	εβδομήντα	èv·dho·mi·da
80	ογδόντα	ogh·dho·da
90	ενενήντα	è·nè·ni·da
100	εκατό	è·ka·to
1000	χίλιοι/χίλιες	chi·li·i/chi·li·èz (m/f)
	χίλια	chi·lia (n)

Achats et services

Je souhaiterais acheter...
Θα ήθελα να αγοράσω... tha i·thè·la na a·gho·ra·sso...

Je ne fais que regarder.
Απλά κοιτάζω. a·pla ki·ta·zo

Puis-je le voir ?
Μπορώ να το κοιτάξω; bo·ro na to ki tak·sso

Cela ne me convient pas.
Δεν μου αρέσει. dhèn mou a·rè·si

Combien cela coûte-t-il ?
Πόσο κάνει; po·sso ka·ni

C'est trop cher.
Είναι πάρα πολύ ακριβό. *i*·nè *pa*·ra po·*li* a·kri·*vo*
Pourriez-vous baisser le prix ?
Μπορείς να κατεβάσεις την τιμή; bo·*riss* na ka·tè·*va*·ssiss tin ti·*mi*

banque	τράπεζα	*tra*·pè·za
carte de crédit	πιστωτική κάρτα	pi·sto·ti·*ki* *kar*·ta
cybercafé	καφενείο διαδικτύου	ka·fè·*ni*·o dhi·a·dhik·*ti*·ou
DAB	αυτόματη μηχανή χρημάτων	af·*to*·ma·ti mi·rha·*ni* rhri·*ma*·ton
office du tourisme	τουριστικό γραφείο	tou·ri·sti·*ko* ghra·*fi*·o
poste	ταχυδρομείο	ta·chi·dhro·*mi*·o
téléphone portable	κινητό	ki·ni·*to*
toilettes	τουαλέτα	tou·a·*lè*·ta

Heure et date

Quelle heure est-il ?
Τι ώρα είναι; ti o·*ra* *i*·nè

Il est	είναι	*i*·nè
(10) heures.	(δέκα) η ώρα.	(*dhè*·ka) i o·ra
(10) heures et demie	(Δέκα) και μισή	(*dhè*·ka) kè mi·*ssi*

aujourd'hui	σήμερα	*si*·mè·ra
demain	αύριο	*av*·ri·o
hier	χτες	rhtèss
matin	πρωί	pro·*i*
après-midi	απόγευμα	a·*po*·yèv·ma
soir	βράδυ	*vra*·dhi

lundi	Δευτέρα	dhèf·*tè*·ra
mardi	Τρίτη	*tri*·ti
mercredi	Τετάρτη	tè·*tar*·ti
jeudi	Πέμπτη	*pèm*·ti
vendredi	Παρασκευή	pa·ras·kè·*vi*
samedi	Σάββατο	*sa*·va·to
dimanche	Κυριακή	ki·ria·*ki*

janvier	Ιανουάριος	i·a·nou·*a*·ri·oss
février	Φεβρουάριος	fèv·rou·*a*·ri·oss
mars	Μάρτιος	*mar*·ti·oss
avril	Απρίλιοςα	a·*pri*·li·oss
mai	Μάιος	*ma*·i·oss
juin	Ιούνιος	i·*ou*·ni·oss
juillet	Ιούλιος	i·*ou*·li·oss
août	Αύγουστος	*av*·ghou·stoss
septembre	Σεπτέμβριος	sèp·*tèm*·vri·oss
octobre	Οκτώβριος	ok·*tov*·ri·oss
novembre	Νοέμβριος	no·*èm*·vri·oss
décembre	Δεκέμβριος	dhè·*kèm*·vri·oss

Panneaux

ΕΙΣΟΔΟΣ	**Entrée**
ΕΞΟΔΟΣ	**Sortie**
ΠΛΗΡΟΦΟΡΙΕΣ	**Information**
ΑΝΟΙΧΤΟ	**Ouvert**
ΚΛΕΙΣΤΟ	**Fermé**
ΑΠΑΓΟΡΕΥΕΤΑΙ	**Interdit**
ΑΣΤΥΝΟΜΙΑ	**Police**
ΑΣΤΥΝΟΜΙΚΟΣ ΣΤΑΘΜΟΣ	**Commissariat**
ΓΥΝΑΙΚΩΝ	**Toilettes (femmes)**
ΑΝΔΡΩΝ	**Toilettes (hommes)**

Transports

Transports publics

autobus	λεωφορείο	lè·o·fo·*ri*·o
avion	αεροπλάνο	a·è·ro·*pla*·no
bateau	πλοίο	*pli*·o
bus	αστικό	a·sti·*ko*
train	τρένο	*trè*·no

Où puis-je acheter un billet ?
Πού αγοράζω εισιτήριο; pou a·gho·*ra*·zo i·ssi·*ti*·ri·o
Je souhaite aller...
Θέλω να πάω στο/στη... thè·lo na *pao* sto/sti...
À quelle heure part-il ?
Τι ώρα φεύγει; ti o·ra *fèv*·yi
Dois-je faire un changement ?
Χειάζεται να αλλάξω; khri·a·zè·tè na a·*lak*·so
Est-ce direct/express ?
Είναι κατ'ευθείαν/εξπρές; *i*·nè ka·tèf·*thi*·an/èks·*prèss*
Est-ce qu'il s'arrête à (...)?
Σταματάει στο (...); sta·ma·*ta*·i sto (...)
Je voudrais descendre à (...)
Θα ήθελα να κατεβώ στο (...) tha *i*·thè·la na ka·tè·*vo* sto (...)

Je voudrais (un)...	Θα ήθελα (ένα)...	tha *i*·thè·la (è·na)...
aller simple	απλό εισιτήριο	a·*plo* i·ssi·*ti*·ri·o
aller-retour	εισιτήριο με επιστροφή	i·si·*ti*·ri·o mè è·pi·stro·*fi*
1re classe	πρώτη θέση	*pro*·ti *thè*·ssi
2e classe	δεύτερη θέση	*dhèf*·tè·ri *thè*·si
annulé	ακυρώθηκε	a·ki·*ro*·thi·kè
retardé	καθυστέρησε	ka·thi·*stè*·ri·ssè
quai	πλατφόρμα	plat·*for*·ma
guichet	θυρίδα αγοράς εισιτηρίων	thi·*ri*·dha a·gho·*rass* i·ssi·ti·*ri*·on
horaires	πρόγραμμα	*pro*·ghra·ma
gare ferroviaire	σιδηροδρομικός σταθμός	si·dhi·ro·dhro·mi·*koss* stath·*moss*

Voiture et vélo

Je voudrais louer un/une...	Θα ήθελα να ενοικιάσω ένα...	tha i·thè·la na è·ni·ki·a·sso è·na...
4x4	4W ντράιβ	for·ghou·il dra·iv
jeep	τζιπ	tzip
moto	μοτοσακό	mo·to·ssa·ko
vélo	ποδήλατο	po·dhi·la·to
voiture	αυτοκίνητο	af·to·ki·ni·to

Ai-je besoin d'un casque ?
Χρειάζομαι κράνος; — rhri·a·zo·mè kra·noss

Avez-vous une carte routière ?
Έχετε οδικό χάρτη; — è·hè·tè o·thi·ko khar·ti

Est-ce bien la route pour... ?
Αυτός είναι ο δρόμος για... — af·toss i·nè o dhro·moss yia...

Puis-je me garer ici ?
Μπορώ να παρκάρω εδώ; — bo·ro na par·ka·ro è dho

La voiture/moto est tombée en panne (à...).
Το αυτοκίνητο/η μοτοσυκλέττα χάλασε στο... — to af·to·ki·ni·to/i mo·to·si·klet·ta kha·la·sè sto...

Mon pneu est crevé.
Επαθα λάστιχο. — è·pa·tha la·sti·cho

Je n'ai plus d'essence.
Εμεινα από βενζίνη. — è·mi·na a·po ven·zi·ni

Où puis-je trouver une station-service ?
Πού είναι ένα πρατήριο βενζίνας; — pu i·nè è·na pra·ti·ri·o vèn·zi·nas

TURC

Le turc est la langue officielle de la Turquie et l'une des langues officielles de Chypre (avec le grec).

La prononciation du turc est assez simple, il suffit de suivre quelques conseils.

La lettre turque ı – sans point en minuscule et majuscule (par exemple Isparta eus·par·ta) – se prononce eu (comme dans "jeu"), tandis que le i – avec point en minuscule et majuscule (par exemple İzmir iz·mir) – se prononce i. De la même façon, o se prononce o comme dans "olive", ö se prononce eu comme dans "beurre" (sans le son "r"), u se prononce ou comme dans "loup" et ü est u comme dans "sucre". Sachez que la lettre ğ est muette et qu'elle allonge la voyelle la précédant. Le h est toujours aspiré. La lettre ç se prononce tch comme dans "tchao" et le ş se prononce ch comme dans "chat". Notez que le "r" est toujours roulé et que le "v" est moins appuyé qu'en français.

Assez léger, l'accent porte généralement sur la dernière syllabe d'un mot. Nous l'avons mis en évidence en italique.

Ne vous préoccupez pas trop de ces subtilités. En suivant les indications de prononciation en bleu données dans ce chapitre, vous vous ferez comprendre.

Formules courantes

Bonjour	*Merhaba*	mèr·ha·ba
Salut	*Selam*	se·lam
Bonjour (le matin)	*İyi sabahlar*	i·yi sa·bah·lar
Bonsoir	*İyi akşamlar*	i·yi ak·cham·lar

Au revoir (dit par la personne qui part)
Hoşçakal — hoch·tcha·kal (fam)
Hoşçakalın — hoch·tcha·ka·leun (poli)

Au revoir (dit par la personne qui reste)
Güle güle — gu·lé gu·lé

Oui/Non	*Evet/Hayır*	è·vèt/ha·yeur
S'il vous plaît	*Lütfen*	lut·fèn
Merci (beaucoup)	*(Çok) Teşekkür ederim*	(chok) té·chèk·kur è·dè·rim
Merci	*Teşekkürler*	té·chèk·ku·ler
Je vous en prie	*Birşey değil*	bir·chey dè·il
Désolé	*Özür dilerim*	eu·zur di·lé·rim

Comment vous appelez-vous ?
Adınız ne? — a·deu·neuz nè (fam)
Adınız nedir? — a·deu·neuz nè·dir (poli)

Je m'appelle...
Benim adım... — bè·nim a·deum...

Parle-vous (anglais/français) ?
(İngilizce/Fransızca) konuşuyor musunuz? — (in·gi·liz·djè/fran·seuz·dja) ko·nou·chou·yor mou·sou·nouz

Je comprends.
Anlıyorum. — an·leu·yo·roum

Je ne comprends pas.
Anlamıyorum. — an·la·meu·yo·roum

Hébergement

auberge de jeunesse	*gençlik hosteli*	gèntch·lik hos·tè·li
camping	*kamp yeri*	kamp yè·ri
hôtel	*otel*	o·tel
Avez-vous une... ?	*...odanız var mı?*	...o·da·neuz var meu
chambre simple	*Tek kişilik*	tèk ki·chi·lik
chambre double	*İki kişilik*	i·ki ki·chi·lik

Quel est le prix... ?	*...başına ne kadar?*	...ba·cheu·na nè ka·dar
pour une nuit	*Geceliği*	gè·djè·li·i
par personne	*Kişi*	ki·chi

climatisation	*klima*	kli·ma
fenêtre	*pencere*	pen·djè·rè
salle de bains	*banyo*	ban·yo
télévision	*TV*	tè·vè
ventilateur	*fan*	fan

Orientation

Où est... ?	*...nerede?*	...nè·rè·dè
Tournez à gauche	*Sola dön*	so·*la* deun
Tournez à droite	*Sağa dön*	sa·*a* deun
C'est...	*Tam...*	tam...
à côté (de)	*...yanında*	...ya·neun·*da*
devant	*...önünde*	...eu·nun·*dè*
derrière	*...arkasında*	...ar·ka·seun·*da*
en face (de)	*...karşısında.*	...kar·cheu·seun·*da*
près (de)	*...yakınında*	...ya·keu·neun·*da*

C'est...	*Tam...*	tam...
à l'angle	*Köşeden*	keu·chè·*den*
aux feux de signalisation	*Trafik ışıklarından*	tra·*fik* eu·cheuk·la·reun·*dan*
ici	*Burada*	bou·ra·*da*
là	*Şurada*	chou·ra·*da*
près	*Yakın*	ya·*keun*
tout droit	*karşıda*	kar·cheu·*da*

Au restaurant

Que recommandez-vous ?
Ne tavsiye edersiniz? — nè tav·si·*yè* è·*dèr*·si·niz

Qu'y a-t-il dans ce plat ?
Bu yemekte neler var? — bou yè·mèk·*tè* *nè*·lèr var

Je suis végétarien.
Ben vejeteryanım. — ben vè·jè·tèr·*ya*·neum

C'était délicieux !
Nefisti! — nè·*fis*·ti

Santé !
Şerefe! — chè·rè·*fè*

Puis-je avoir l'addition, s'il vous plaît ?
Lütfen hesabı getirir misiniz? — *lut*·fèn hè·sa·*beu* gè·ti·*rir* meu·seu·*neuz*

Je voudrais réserver une table pour...	*...bir masa ayırtmak istiyorum*	...bir ma·*sa* a·yeurt·*mak* is·*ti*·yo·roum
(2) personnes	*(İki) kişilik*	(i·*ki*) ki·chi·*lik*
(20) heures	*Saat (sekiz) için*	sa·*at* (sè·*kiz*) i·*chin*

Je ne mange pas de/d'...
...yemiyorum — ...yè·mi·yo·roum

poisson	*Balık*	ba·*leuk*
viande (rouge)	*(Kırmızı) Et*	keur·meu·*zeu* èt
arachides	*Fıstığa*	feus·teu·*a*
volaille	*Tavuk eti*	ta·*vouk* è·*ti*

PHRASES CLÉS

Utilisez et combinez ces phrases types avec les mots de votre choix :

Quand est (le prochain bus) ?
(Sonraki otobüs) ne zaman? — (son·ra·*ki* o·to·*bus*) nè za·*man*

Où est (le marché) ?
(Pazar yeri) nerede? — (pa·*zar* yè·*ri*) *nè*·rè·dè

Avez-vous (une carte) ?
(Haritanız) var mı? — (ha·ri·ta·*neuz*) var meu

Y a-t-il (des toilettes) ?
(Tuvalet) var mı? — (too·va·*lèt*) var meu

J'ai (une réservation).
(Rezervasyonum) var. — (rè·zèr·vas·yo·*noum*) var

Je voudrais (le menu).
(Menüyü) istiyorum. — (mè·nu·*yu*) is·*ti*·yo·roum

J'ai besoin (d'aide).
(Yardıma) ihtiyacım var. — (yar·deu·*ma*) ih·ti·ya·*djeum* var

Vocabulaire de base

agneau	*kuzu*	kou·*zou*
amuse-gueule	*mezeler*	mè·zè·*lèr*
assiette	*tabak*	ta·*bak*
avec	*ile*	i·*lè*
bar	*bar*	bar
bœuf	*sığır eti*	seu·*eur* è·*ti*
boissons	*İçecekler*	i·tchè·djèk·*ler*
bol	*kase*	*ka*·sè
bouteille	*şişe*	chi·*chè*
café	*kahve*	kah·*vé*
chaise haute	*mama sandalyesi*	ma·*ma* san·dal·yè·*si*
chaud	*sıcak*	seu·*djak*
couteau	*bıçak*	beu·*tchak*
crème	*krema*	krè·*ma*
cuillère	*kaşık*	ka·*cheuk*
déjeuner	*öğle yemeği*	eu·*lè* yè·mè·*i*
desserts	*tatlılar*	tat·leu·*lar*
dîner	*akşam yemeği*	ak·*cham* yè·mè·*i*
fourchette	*çatal*	tha·*tal*
froid	*soğuk*	so·*ouk*
fromage	*peynir*	pay·*nir*
fruit	*meyve*	mey·*vè*
glace	*dondurma*	don·dour·*ma*
herbe	*bitki*	bit·*ki*
huile	*yağ*	ya
kebab	*kebab*	kè·*bab*
légume	*sebze*	sèb·*zè*
marchand de fruits et légumes	*manav*	ma·*nav*
marché	*pazar*	pa·*zar*
menu	*yemek listesi*	yè·*mèk* lis·tè·*si*
noix	*çerez*	tchè·*rèz*
nourriture	*yiyecek*	yi·yè·*djek*

Mots interrogatifs

Comment ?	*Nasıl?*	na·sil
Quoi ?	*Ne?*	nè
Quand ?	*Ne zaman?*	nè za·man
Où ?	*Nerede?*	nè·rè·dè
Qui ?	*Kim?*	kim
Pourquoi ?	*Neden?*	nè·dèn

œuf	*yumurta*	you·mour·ta
pain	*ekmek*	èk·mèk
petit-déjeuner	*kahvaltı*	kah·val·teu
plats principaux	*ana yemekler*	a·na yè·mèk·lèr
poisson	*balık*	ba·leuk
poivre	*kara biber*	ka·ra bi·ber
poulet	*tavuk*	ta·vouk
traiteur	*şarküteri*	char·ku·tè·ri
porc	*domuz eti*	do·mouz è·ti
restaurant	*restoran*	res·to·ran
salade	*salata*	sa·la·ta
sans	*-sız/-siz/ -suz/-süz*	·seuz/·siz/ ·souz/·suz
sel	*tuz*	touz
soupe	*çorba*	tchor·ba
sucre	*şeker*	chè·kèr
végétarien	*vejeteryan*	ve·jè·tèr·yan
verre	*bardak*	bar·dak
vinaigre	*sirke*	sir·kè

Boissons

bière	*bira*	bi·ra
boisson sans alcool	*meşrubat*	mech·rou·bat
café	*kahve*	kah·vè
eau	*su*	sou
jus	*suyu*	sou·you
lait	*süt*	sut
thé	*çay*	tchaï
vin	*şarap*	cha·rap
blanc	*beyaz*	bè·yaz
rouge	*kırmızı*	keur·meu·zeu

Urgences

Au secours !	*İmdat!*	im·dat
Allez-vous-en !	*Git burdan!*	guit bour·dan
Je suis perdu(e).	*Kayboldum.*	kaï·bol·doum
Je suis malade.	*Hastayım.*	has·ta·yeum
Il y a eu un accident.	*Bir kaza oldu.*	bir ka·za ol·dou

Appelez un médecin !
Doktor çağırın! dok·tor tcha·eu·reun

Appelez la police !
Polis çağırın! po·lis tcha·eu·reun

Nombres

0	*sıfır*	seu·feur
1	*bir*	bir
2	*iki*	i·ki
3	*üç*	utch
4	*dört*	deurt
5	*beş*	bèch
6	*altı*	al·teu
7	*yedi*	yè·di
8	*sekiz*	sè·kiz
9	*dokuz*	do·kouz
10	*on*	on
20	*yirmi*	yir·mi
30	*otuz*	o·touz
40	*kırk*	keurk
50	*elli*	el·li
60	*altmış*	alt·meuch
70	*yetmiş*	yet·mich
80	*seksen*	sèk·sèn
90	*doksan*	dok·san
100	*yüz*	yuz
1000	*bin*	bin

Achats et services

Je voudrais acheter...
...almak istiyorum. ...al·mak is·ti·yo·roum

Combien ça coûte ?
Ne kadar? nè ka·dar

C'est trop cher.
Bu çok pahalı. bou tchok pa·ha·leu

Avez-vous quelque chose de moins cher ?
Daha ucuz birşey var mı? da·ha ou·jouz bir·chey var meu

banque	*banka*	ban·ka
carte de crédit	*kredi kartı*	krè·di kar·teu
cybercafé	*internet kafe*	in·ter·nèt ka·fé
DAB	*bankamatik*	ban·ka·ma·tik
office du tourisme	*turizm bürosu*	tou·rizm bu·ro·sou
poste	*postane*	pos·ta·nè
téléphone portable	*cep telefonu*	djep tè·lè·fo·nou
toilettes	*tuvalet*	tou·va·lèt

Heure et date

Quelle heure est-il ?	*Saat kaç?*	sa·at katch
Il est (10) heures.	*Saat (on).*	sa·at (on)
Il est (10) heures et demie.	*(On) buçuk.*	(on) bou·tchouk

aujourd'hui	*bugün*	bou·gun
demain	*yarın*	ya·reun

hier	*dün*	dun
matin	*sabah*	sa·*bah*
après-midi	*öğleden sonra*	èr·lè·*dèn* son·ra
soir	*akşam*	ak·*cham*
lundi	*Pazartesi*	pa·*zar*·tè·si
mardi	*Salı*	sa·*leu*
mercredi	*Çarşamba*	tchar·cham·*ba*
jeudi	*Perşembe*	per·chèm·*bè*
vendredi	*Cuma*	djou·*ma*
samedi	*Cumartesi*	djou·*mar*·tè·si
dimanche	*Pazar*	pa·*zar*
janvier	*Ocak*	o·*djak*
février	*Şubat*	chou·*bat*
mars	*Mart*	mart
avril	*Nisan*	ni·*san*
mai	*Mayıs*	ma·*yeus*
juin	*Haziran*	ha·zi·*ran*
juillet	*Temmuz*	tèm·*mouz*
août	*Ağustos*	a·ous·*tos*
septembre	*Eylül*	ey·*lul*
octobre	*Ekim*	è·*kim*
novembre	*Kasım*	ka·*seum*
décembre	*Aralık*	a·ra·*leuk*

Transports

Transports urbains

avion	*uçak*	ou·*tchak*
bateau	*vapur*	va·*pour*
bus (de ville)	*şehir otobüsü*	chè·*hir* o·to·bu·*su*
bus (inter-urbain)	*şehirlerarası otobüs*	chè·hir·*lèr*·a·ra·seu o·to·*bus*
train	*tren*	trèn

Où puis-je acheter un billet ?
Nereden bilet alabilirim? — nè·rè·dèn bi·*lèt* a·*la*·bi·li·rim

Quelle est l'heure de départ ?
Ne zaman kalkacak? — nè za·*man* kal·ka·*djak*

Dois-je faire un changement ?
Aktarma yapmam gerekli mi? — ak·tar·*ma* yap·*mam* gè·rèk·*li* mi

Est-ce qu'il s'arrête à... ?
...durur mu? — ...dou·*rour* mou

Quel est le prochain arrêt ?
Sonraki durak hangisi? — son·ra·*ki* dou·*rak* han·gi·si

Je voudrais descendre à...
...inmek istiyorum. — ...in·*mèk* is·*ti*·yo·roum

Un aller simple, s'il vous plaît.
Gidiş bileti lütfen. — gi·*dich* bi·lè·*ti* *lut*·fèn

Un billet, s'il vous plaît.	*...bilet lütfen.*	...bi·*lèt* *lut*·fèn
1re classe	*Birinci mevki*	bi·rin·*dji* mèv·*ki*
2e classe	*Ikinci mevki*	i·kin·*dji* mèv·*ki*
aller-retour	*Gidiş-dönüş*	gi·dich·deu·*nuch*

Panneaux

Açık	a·*tchuk*	Ouvert
Çıkış	tchuh·*kuch*	Sortie
Danışma	da·neuch·*ma*	Information
Erkek	er·*kèk*	Hommes
Giriş	gi·*rish*	Entrée
Kadın	ka·*deun*	Femmes
Kapalı	ka·pa·*leu*	Fermé
Tuvaletler	tou·va·lèt·*ler*	Toilettes
Yasak	ya·*sak*	Interdit

annulé	iptal etmek	ip·*tal* èt.mèk
retardé	gecikme	ge·chik·mè
gare ferroviaire	*tren istasyonu*	trèn is·tas·yo·*nou*
guichet	*bilet gişesi*	bi·*lèt* gi·chè·*si*
horaires	*tarife*	ta·ri·*fè*
quai	*peron*	pè·*ron*

Voiture et vélo

Je voudrais louer un/une...	*Bir... kiralamak istiyorum.*	bir... ki·ra·la·*mak* is·*ti*·yo·roum
4x4	*dört çeker*	deurt tchè·*kèr*
moto	*motosiklet*	mo·to·sik·*lèt*
vélo	*bisiklet*	bi·sik·*lèt*
voiture	*araba*	a·ra·*ba*

Dois-je porter un casque ?
Kask takmam gerekli mi? — kask tak·*mam* gè·rèk·*li* mi

Est-ce bien la route pour... ?
...giden yol bu mu? — ...gi·dèn yol bou mou

Combien de temps puis-je me garer ici ?
Buraya ne kadar süre park edebilirim? — bou·ra·*ya* nè ka·*dar* su·rè park è·dè·bi·li·rim

La voiture/moto est tombée en panne (à...).
Arabam/motosikletim ...bozuldu. — a·ra·*bam*/mo·to·sik·lè·*tim* ...bo·zoul·*dou*

Mon pneu est crevé.
Lastiğim patladı. — las·ti·*im* pat·la·*deu*

Je n'ai plus d'essence.
Benzinim bitti. — ben·zi·*nim* bit·*ti*

Pour le vocabulaire lié à la cuisine chypriote, voir p. 37 et p. 262.

Abréviations : (Gr) = grec ; (Tr) = turc ; (m) = masculin ; (f) = féminin ; (n) = neutre

agios (m), **agia** (f ; Gr) – saint, sainte

bedesten (Tr) – marché couvert

belediye (Tr) – hôtel de ville

bouzouki – instrument à cordes pareil à un luth

bulvarı (Tr) – boulevard, avenue

burnu (Tr) – cap

caddesi (Tr) – rue, souvent abrégée "cad"

camii (Tr) – mosquée

caravansérail – vaste gîte fortifié où faisaient étape les caravanes de marchands et où étaient entreposées les marchandises

commanderie – district sous le contrôle du commandant d'un ordre de chevaliers

CTO – Cyprus Tourism Organisation ; office du tourisme de la République de Chypre

derviche – membre d'une confrérie musulmane mystique, qui suit les préceptes de Djalal ad-Din Rumi, dit Mevlâna (Le Sage). On parle aussi de derviches tourneurs, ou Mevlevi.

dolmuş (Tr) – minibus, taxi collectif (littéralement "rempli")

Empire byzantin – cet Empire, caractérisé par la fusion de la culture hellénistique et du christianisme, doit son nom à Byzance (actuelle İstanbul), la cité du Bosphore qui devint la capitale de l'Empire romain en 324. Après le partage de l'Empire romain en 395, Rome déclina tandis que la capitale orientale, rebaptisée Constantinople en l'honneur de l'empereur Constantin Ier, prospéra. L'Empire byzantin (324 av. J.-C.-1453) disparut après la prise de Constantinople par les Turcs en 1453.

Empire ottoman – Empire turc fondé au XIe siècle, qui domina Chypre de 1571 à 1878 et fut aboli en 1922

Enosis (Gr) – union (avec la Grèce) ; demande formulée à de nombreuses reprises par les Chypriotes grecs avant 1974

EOKA – Ethniki Organosi tou Kypriakou Agona (Organisation nationale des combattants chypriotes) ; guérilla nationaliste qui lutta pour l'indépendance vis-à-vis de la Grande-Bretagne

EOKA-B – Réincarnation de l'EOKA après l'indépendance, qui combattit principalement les Chypriotes turcs

ethnarque (Gr) – dirigeant d'une nation

hellénistique (période) – période de prospérité et de rayonnement de la civilisation grecque (323-146 av. J.-C), inaugurée par les conquêtes d'Alexandre le Grand. Elle dura jusqu'à la destruction de Corinthe par les Romains.

Hittites – peuple d'Anatolie du IIe millénaire av. J.-C.

kafeneio (Gr) – café (établissement)

kalesi (Tr) – château, forteresse

kato (Gr) – bas, exemple : Kato Pafos (partie basse de Paphos)

KKTC (Tr) – Kuzey Kıbrıs Türk Cumhuriyeti (République turque de Chypre-Nord ; RTCN)

KOT (Gr) – Kypriakos Organismos Tourismou ; organisme touristique officiel de la République de Chypre ; (voir CTO)

leoforos (Gr) – avenue

Ligne verte – frontière qui sépare Nicosie (Lefkosia, côté chypriote grec) de Nicosie-Nord (Lefkoşa, côté chypriote turc) ; également la frontière Nord-Sud dans son ensemble

Lusignan – Dynastie chypriote fondée en 1187 par un membre de la noblesse française, Guy de Lusignan, et qui dura jusqu'en 1489

maronites – ancienne secte chrétienne du Moyen-Orient

Mésorée, **Mesaoria** (Gr), **Mesarya** (Tr) – vaste plaine entre la chaîne de Kyrenia (Girne) et le massif du Troodos

Mevlâna – Le Sage, surnom du grand poète mystique Djalal ad-Din Rumi (1207-1273). Il fonda l'ordre des Mevlevi ou derviches tourneurs

mevlevi – derviche tourneur

meydanı (Tr) – place

mezze – littéralement "hors-d'œuvre" ; à Chypre, assortiment de nombreuses petites portions

narthex (Gr) – sur le côté ouest des églises paléochrétiennes, vestibule fermé utilisé par les femmes et les pénitents

NCTO – North Cyprus Tourism Organisation ; office du tourisme de Chypre-Nord

neos (m), **nea** (f), **neo** (n ; Gr) – nouveau ; préfixe courant dans les noms de lieux

panagia (Gr) – Mère de Dieu ; nom souvent donné aux églises

panigyri (Gr) – fête ou festival

Pantokrator (Gr) – le Tout-Puissant ; fresque traditionnelle du Christ, peinte sur la voûte des églises orthodoxes

paşa (Tr) – titre ottoman plus ou moins équivalent à “seigneur”

pazar(ı) (Tr) – marché hebdomadaire, bazar

plateia (Gr) – place

Ptolémées – Souverains gréco-macédoniens, dans l'Égypte du IVe siècle av. J.-C.

rembetika (Gr) – équivalent grec du blues américain, qui serait né dans les cafés mal famés dans les années 1870

RTCN (Tr) – République turque de Chypre-Nord (voir KKTC)

selamlık – dans une demeure, quartier réservé aux hommes et où l'on reçoit

sema – cérémonie de derviches

sokak, sokağı (Tr) – souvent abrégé “sk” ; rue ou ruelle

soufi (Tr) – mystique musulman, membre d'un ordre religieux (tels les derviches)

Taksim (Tr) – division (de Chypre), demandée par les Chypriotes turcs en réponse aux demandes d'*Enosis* (union) formulées par les Chypriotes grecs

taverna (Gr) – restaurant traditionnel

tekke(si) (Tr) – lieu de rassemblement des derviches ; mosquée

tholos (Gr) – dôme d'une église orthodoxe

En coulisses

VOS RÉACTIONS

Vos commentaires nous sont très précieux et nous permettent d'améliorer constamment nos guides. Notre équipe lit toutes vos lettres avec la plus grande attention. Nous ne pouvons pas répondre individuellement à tous ceux qui nous écrivent, mais vos commentaires sont transmis aux auteurs concernés. Tous les lecteurs qui prennent la peine de nous communiquer des informations sont remerciés dans l'édition suivante, et ceux qui nous fournissent les renseignements les plus utiles se voient offrir un guide.

Pour nous faire part de vos réactions, prendre connaissance de notre catalogue et vous abonner à Comète, notre lettre d'information, consultez notre site Internet : **www.lonelyplanet.fr**

Nous reprenons parfois des extraits de notre courrier pour les publier dans nos produits, guides ou sites Web. Si vous ne souhaitez pas que vos commentaires soient repris ou que votre nom apparaisse, merci de nous le préciser. Pour connaître notre politique en matière de confidentialité, connectez-vous à : **www.lonelyplanet.fr/confidentialite/index.cfm**

UN MOT DES AUTEURS

Josephine Quintero

Je voudrais remercier toutes les personnes qui m'ont aidée dans les différents offices du tourisme de la CTO, en particulier Alexis Christodoulides à Larnaka, Selin Feza à Nicosie et Niki Alitoupoulou à Limassol. Je remercie également Athina Papadoupoulou du bureau du Nicosia Master Plan pour son aide inestimable. Merci à mon collègue auteur Matt Charles et à toutes les personnes ayant participé à l'élaboration de ce guide dans les bureaux de Lonely Planet à Londres et à Melbourne. Enfin, merci à Robin Chapman pour avoir partagé une bouteille de vin avec moi après beaucoup de longues journées sur la route.

Matthew Charles

Un grand merci à Stephanie et Jordan (HOF), Andreas pour ses conseils quasiment parfaits, Anita et la famille Christodoulou, M. C Smilas et Dino Smilas, Aki et Chris Kyriacou, Parthenoula Michaels, Jason Constantine, la famille Florent, Nikos Afxentiou, Viki Kyriakopoulos, Cath Lanigan, Brandon Presser, Josephine Quintero, maman et James Botterill, Amber, Kyri (sur la route), papa et le reste de ma grande

À PROPOS DE CET OUVRAGE

Cette première édition du guide *Chypre* est une traduction-adaptation de la 5e édition du guide *Cyprus* qui a été rédigée par Josephine Quintero et Matthew Charles. Les 3e et 4e éditions avaient été écrites par Vesna Marić et les 1re et 2e éditions par Paul Hellander. Ce guide a été réalisé par l'équipe suivante :

Traduction Julie Chevalier, Xavière Quincy et Jeanne Robert

Direction éditoriale Didier Férat

Adaptation française Juliette Stephens

Coordination graphique Jean-Noël Doan

Maquette David Guittet

Couverture Annabelle Henry

Cartographie AFDEC

Merci à Dolorès Mora pour sa précieuse contribution au texte ainsi qu'à Dominique Spaety pour son aide ultra-précieuse, et à Charlotte Monnier pour les renvois de pages. Merci également à Darren O'Connell, Chris Love, Craig Kilburn et Carol Jackson du bureau australien et à Clare Mercer, Tracey Kislingbury et Joe Revill du bureau de Londres.

famille. Je vous dois beaucoup à tous et j'espère bien vous rendre la pareille un jour.

REMERCIEMENTS

Données des graphiques de climat adaptées de Peel MC, Finlayson BL & McMahon TA (2007) "Updated World Map of the Köppen-Geiger Climate Classification", *Hydrology and Earth System Sciences*, 11, 163344.

Photographie de couverture : Colonnes corinthiennes et vestiges d'une basilique, site antique de Kourion, Photolibrary/Getty©. La plupart des photos publiées dans ce guide sont disponibles auprès de notre agence photographique Lonely Planet Images : www.lonelyplanetimages.com.

index

Les références des cartes sont indiquées **en gras**, celles des photos en bleu

Les références des cartes sont indiquées **en gras**, celles des photos en bleu

I

J

K

L

M

Les références des cartes sont indiquées **en gras**, celles des photos en bleu

INDEX DES ENCADRÉS